Da sedução
e outros perigos

FUNDAÇÃO EDITORA DA UNESP

Presidente do Conselho Curador
Mário Sérgio Vasconcelos

Diretor-Presidente
José Castilho Marques Neto

Editor Executivo
Jézio Hernani Bomfim Gutierre

Assessor Editorial
João Luís Ceccantini

Conselho Editorial Acadêmico
Alberto Tsuyoshi Ikeda
Áureo Busetto
Célia Aparecida Ferreira Tolentino
Eda Maria Góes
Elisabete Maniglia
Elisabeth Criscuolo Urbinati
Ildeberto Muniz de Almeida
Maria de Lourdes Ortiz Gandini Baldan
Nilson Ghirardello
Vicente Pleitez

Editores Assistentes
Anderson Nobara
Jorge Pereira Filho
Leandro Rodrigues

FLÁVIA REGINA MARQUETTI

DA SEDUÇÃO E OUTROS PERIGOS
O MITO DA DEUSA MÃE

editora
unesp

© 2013 Editora UNESP

Direitos de publicação reservados à:
Fundação Editora da UNESP (FEU)
Praça da Sé, 108
01001-900 – São Paulo – SP
Tel.: (0xx11) 3242-7171
Fax: (0xx11) 3242-7172
www.editoraunesp.com.br
feu@editora.unesp.br

CIP – Brasil. Catalogação na fonte
Sindicato Nacional dos Editores de Livros, RJ

M315d

Marquetti, Flávia Regina
Da sedução e outros perigos: o mito da Deusa Mãe / Flávia Regina Marquetti. São Paulo: Editora Unesp, 2013.

II.

ISBN 978-85-393-0473-8

1. Arte – História - Estudo e ensino. I. Título.

13-04651
CDD: 709
CDU: 7(09)

Este livro é publicado pelo projeto Edição de Textos de Docentes e Pós-Graduados da UNESP – Pró-Reitoria de Pós-Graduação da UNESP (PROPG) / Fundação Editora da UNESP (FEU)

Editora afiliada:

Asociación de Editoriales Universitarias
de América Latina y el Caribe

Associação Brasileira de
Editoras Universitárias

Às mães que tornaram esta obra possível:
Helena Gallerani,
Marcília Marchetti,
Maria Celeste Consolim Dezotti,
Daisi Malhadas,
Silvia Maria Schimuzger de Carvalho,
Maria de Lourdes O. G. Baldan.

Não quero rosas, desde que haja rosas.
Quero-as só quando não as possa haver.
Que hei-de fazer das coisas
Que qualquer mão pode colher?
Não quero a noite senão quando a aurora
A fez em ouro e azul se diluir.
O que a minha alma ignora
É isso que quero possuir.

Fernando Pessoa

SUMÁRIO

Apresentação: canta, memória e vida de Afrodite   11
Introdução: um solo fértil a ser semeado   15

1 Os segredos de Afrodite   31
2 À luz do fogo: uma herança arcaica
   (da pré-história à cultura creto-micênica)   83
3 A teia e o labirinto   153
4 Entre o brilho e a sombra   203
5 De criadora a criatura   211
6 O último sortilégio   309
7 A Deusa Rósea ou a sedução da diferença   367

Referências bibliográficas   443
Anexos   459
Crédito das ilustrações   491

Apresentação:
Canta, memória e vida de Afrodite

Flávia Regina Marquetti realiza neste livro uma das mais belas e desafiadoras metas do humanismo moderno: resgatar Afrodite, com seu poder e beleza. Resgatar Afrodite, com seus dons e efeitos sobre a cultura e a condição humana, em seus acervos materiais e simbólicos, em sua vitalidade helênica e em todas as fendas da saga humana onde se pode vislumbrar a suave e terrível deusa do amor. O livro tem, ao mesmo tempo, um núcleo rigoroso e robusto de conhecimento acadêmico e de erudição e a doçura e imaginação que cabem no trato com a grei de Afrodite. Raras vezes o leitor moderno terá em mãos um encontro tão feliz entre trabalho, inteligência, crítica acadêmica, beleza e sensibilidade eróticas. Inicia-se, pois, leitura de destino intrinsecamente prazeroso.

Na primeira parte da obra, a helenista traduz e comenta o hinário relativo a Deméter, Ártemis e Afrodite. "Inclusive Ártemis, a casta?" Sim, aqui considerada em seu elemento telúrico, as forças vitais da terra, que unem a linhagem da Deusa Mãe (Terra), Deméter, e a sua forma mais erótica e estética, Afrodite. Os hinos homéricos são documentos muito expressivos da cultura religiosa grega antiga. Referem-se à religiosidade tradicional olímpica, praticada do século IX a.C. ao IV d.C. na Grécia e no Mediterrâneo helenizado; em sua maioria, datam dos séculos VII e VI a.C., como estes. Eram possivelmente entoados em templos e altares, como parte da ritualística. O leitor deve se tornar um ouvinte coreógrafo e cinematográfico, para superar a solenidade dos versos e atingir com a imaginação a cena e o movimento de uma performance envolvida também por aromas de muitas flores e temperos, guirlandas, mel, vinho, pétalas e galhos queimados... O leitor logo perceberá a intensidade sensorial dos versos, que revelam a plenitude de uma paisagem celebratória, a Grécia ainda povoada por deidades e cultores festivos. Além disso, esses hinos homéricos contêm vocabulário precioso, que Flávia Marquetti, com grande sensibilidade exegética, resgata e comenta.

No capítulo seguinte, Flávia Marquetti prospecta as raízes pré-históricas do imaginário mais poderoso da história da humanidade, o de Afrodite, ora lida como Deusa Mãe. Os hinos homéricos são, tal como toda a épica antiga, monumentos complexos, situados na fronteira entre mundo oral e escrito, pré-história e modernidade clássica. A visão sofisticada de deuses, deusas e da condição humana que a cultura grega clássica produziu foi o resultado avançado de tradição cultural multimilenar, procedente do paleolítico e transmitida em grande amálgama de memórias culturais. Todo helenista intrigado com seu objeto quer examinar o genoma complexo dessa cultura, e sabe que encontrará na Idade do Bronze, no Neolítico e no Paleolítico, não apenas precedentes, mas sobretudo partes constitutivas do mesmo ente histórico tardio, transformado em solo grego. Cada momento dessa tradição tem algo a dizer do mito, como parte de um imaginário complexo. O olhar sobre bens simbólicos afrodisíacos pede uma certa abertura, uma retina viscosa o suficiente para encontrar até mesmo entre bisões o signo de Vênus.

O terceiro capítulo, por seu turno, é o prêmio dado ao leitor que segue as veredas do texto e da arqueologia: a exploração dos símbolos, alusões, alegorias, insinuações e demais especulações provocadas pelo contato com esse material tão prenhe de potência significativa. Abre-se aqui campo fértil para soluções inusitadas, tanto quanto para hipóteses e debates que têm seu sabor também na impossibilidade de se resolverem peremptoriamente as questões. Nada mais afrodisíaco: sinais e símbolos, insinuações, aberturas e fecundas possibilidades. No lastro dessas evoluções, a Deusa Mãe, e seus desdobramentos em nossa era, ainda grega.

Flávia Regina, ousada como toda discípula de Afrodite, não se detém no fundamento, mas segue-lhe sempre a progênie histórica, mesmo que seja (ou especialmente se for) recôndita. Esse passo significa explorar a dimensão afrodisíaca da mais pudica de todas as figuras sagradas jamais criadas, Maria. Com investigação semântica e estrutural, e certa exegese, Flávia explora as dimensões simbólicas e culturais com que se pensa a misteriosa expressão cristã de Afrodite. Desdenhados quaisquer pudores confessionais, abrem-se caminhos entre mito grego e imaginário mariano, mas esses caminhos são sendas complexas, paradoxais... Em que pese a exuberância de analogias e heranças, como esquecer que cristãos iconoclastas, na Antiguidade tardia, desferiram os ataques mais sórdidos à cultura de Afrodite e à condição feminina? O recalque sexual que preocupa Freud tem gênese histórica clara, a histeria antierótica inaugurada pelo cristianismo e imposta ao Ocidente europeu por quinze ou dezesseis séculos. Portanto, embora subsuma muitos símbolos e memórias da mulher, da Grande Mãe e de várias deusas do panteão helênico, Maria foi um totem pavorosamente eficiente contra aspectos do mundo e da condição humana belamente interpretado ao longo de milênios: beleza, mulher e sexualidade. Será preciso o engenho e o atrevimento de artistas modernos como Alessandro Botticelli e Lucas Cranach para se reinaugurar a visão do paganismo antigo, e se encontrar a dimensão erótica de Maria, e a dimensão mariana de Afrodite. Desde então (final do século XV, início do XVI), prosseguimos em uma infinda campanha pelo encontro cultural com Afrodite, e este livro ajuda muito, profilaticamente.

Por fim, desde os estudos de Propp, as relações entre mito, cultura e conto maravilhoso estão equacionadas, por meio de análises de estrutura da narrativa e de aproximações simbólicas variadas. Do conto maravilhoso ao romance, o passo é pequeno e necessário, e Flávia o faz indicando possibilidades de análise fadadas a frutificar em ensaios e estudos monográficos. Não há como exaurir o inventário do afrodisismo moderno, ou das versões culturais do mito da Deusa Mãe, ou as recepções de texto e imaginários clássicos; este inventário é parte enorme de toda a cultura moderna e contemporânea. Todavia, há que se perceber a presença de traços desse genoma cultural antigo, sempre prontos a irromper em fenotipias atuais.

Amplia-se com essa leitura nosso conhecimento da condição humana, em sua dimensão profunda, aquela em que luz e sombra de muitos milênios, consagradas na imaginação helênica, vêm fecundar nossa cena hodierna. As páginas escritas por Flávia Marquetti, aqui, abriremos com o prazer e a tentação de quem flerta e descobre a si e aos outros com Afrodite.

Francisco Marshall
Historiador, arqueólogo e cliósofo,
professor do Departamento
de História da Universidade Federeal
do Rio Grande do Sul

Introdução:
um solo fértil a ser semeado

Estabelecer a protofiguratividade para as representações da Deusa Mãe é tarefa sedutora, mas que guarda em seu caminho vários perigos. O fascínio que o tema tem exercido sobre vários pesquisadores fica evidente na extensa bibliografia de títulos que lhe fazem referência. Desde trabalhos acadêmicos de representantes notáveis das ciências humanas, até especulações místicas sobre o tema, passando por obras de cunho poético e informativo, muito já se falou e se fez sobre essa senhora. Essa pluralidade, aparentemente benéfica, é, na verdade, uma armadilha capaz de enredar o pesquisador, pois, diante de tantos caminhos teóricos e de tantas leituras, o risco de neles se perder, quando não o da paráfrase, é constante.

Buscando escapar a esses perigos e trazer alguma contribuição para o tema, neste estudo, partimos, por um lado, do pressuposto greimasiano de que sob a superfície de todo texto, verbal ou não, ressoa uma figuratividade profunda que estabelece com a figuratividade de superfície uma relação denominada pela teoria semiótica de "figurativização"; e, por outro, da proposta de Assis Silva de uma "orientação dupla" na leitura desse percurso (que vai da estrutura profunda à de superfície) para estabelecer um suporte figural para a Deusa Mãe. Assim, sob essa perspectiva, o caminho que se apresenta é verificar como se estrutura o funcionamento dos primitivos figurativos na camada profunda, organizando o substrato figurativo a partir do qual o texto entrama e molda o tema que o discurso põe em andamento – uma vez que toda transformação sofrida pelo texto guarda, na nova forma, traços da anterior. Essa estrutura elementar depreendida dos traços pertinentes é a matriz figurativa sobre a qual se inscreve uma representação tensiva que oscila de uma tendência ao esvaziamento da forma, em direção ao nada, a uma tendência ao sobreinvestimento, à plenificação, à orientação para o tudo. Essa ondulação do ponto de vista dos significados, como quer Bernard Pottier ao tratar dos sinusoides, corresponde à tensão percebida entre os valores de base, míticos, e os valores de uso, práticos/pragmáticos, que acompanham as representações da Deusa Mãe e as transformações dos signos "naturais" em "culturais", como demonstrou Algirdas Julien Greimas em *Des Dieux et des Hommes*.

No estabelecimento dessa estrutura profunda será possível referendar, a partir do conjunto figurativo, as leituras feitas pela Antropologia e pela Arqueologia sobre os vestígios encontrados, desde o período paleolítico até o creto-micênico, das imagens femininas e contrapô-las à representação mitopoética das Deusas do período arcaico grego e sua contextualização no mundo helênico. Assim, riscar esse contorno sinuoso que vai das representações escultóricas do período paleolítico até o período arcaico grego é o objetivo da primeira parte deste trabalho, elucidando a questão da equivalência da vênus pré-histórica com a Deusa Mãe e suas várias faces nos hinos homéricos e como podem ser percebidas essas equivalências nas representações artísticas desses períodos.

A segunda parte, compreende um estudo sobre a permanência dos traços figurais da Deusa Mãe no arcabouço mítico que envolve a Virgem Maria e o nascimento de Jesus; as heroínas das narrativas maravilhosas de origem europeia; e, finalmente, os romances B das décadas de 1930 e 1940, os chamados romances para moças. Todos esses textos revelam uma ideologia sobre a visão do feminino que marcou o século XIX, perdurou por todo século XX e que ainda hoje se faz presente. Para a realização dessa tarefa, serão utilizados basicamente três instrumentais: a Semiótica, a Antropologia, e a Etimologia, contando ainda com informações oferecidas pela Arqueologia, pela História e pela Helenística. Apesar do amparo que essas disciplinas oferecem, ainda assim a proposta não esgota o campo, dada a plataforma de que se dispõe e a complexidade da questão.

Da teoria semiótica serão utilizados os conceitos e estudos de embasamento figurativo, como os trabalhos de Ignácio Assis Silva sobre *Figurativização e Metamorfose no mito de Narciso*; de Algirdas Julien Greimas em *Du Sens* I e II e na *Semântica Estrutural*, bem como em *Des Dieux et des Hommes*; o excelente *Le conte populaire: poétique et mythologie* de Joseph Courtés, além de outras obras na área da semiótica enunciativa, dentre as quais não podemos deixar de citar Claude Zilberberg e seu *Essai sur les modalités tensives*, Jean-Marie Floch e suas *Petites mythologies de l'oeil et de l'esprit*, Roland Barthes e suas *Mythologies*, entre outros que serão referidos a seu tempo.

Na área de Antropologia será possível contar com os trabalhos de Pierre Lévêque, sobretudo *Bêtes, dieux et hommes. L'imaginaire des prémières religions*, além de vários artigos de sua autoria; de Claude Lévi-Strauss, a *Antropologia estrutural* e as *Mitológicas* e *O cru e o cozido*; de James Frazer, *O ramo de ouro*; de Sinclair Hood sua obra sobre os minoicos; de Martin P. Nilsson e uma grande quantidade de estudiosos que pensaram o homem em sua origem e em seu desenvolvimento, estudos que, aliados à Arqueologia, não só balizam o caminho, mas também compõem a fundamentação para o *corpus* levantado. Nesse sentido, as publicações de Henri Delporte, *L'image de la femme dans l'art pré-historique*, e de René Treuil, *Les civilisations égéennes du Néolithique et de l'Age du Bronze*, são essenciais, pois não só contribuem para o levantamento do *corpus* como acrescentam valiosas informações sobre os sítios arqueológicos, a descrição das peças e ambientes onde foram encontradas, além de datações precisas, divisão geográfica e discussão sobre o estilo e a técnica utilizados nas representações femininas – duas obras sem as quais seria impossível o desenvolvimento da pesquisa correspondente à pré-história.

Igualmente imprescindível para o bom desenvolvimento da pesquisa serão os textos voltados para a cultura grega. Englobados sob o título genérico de Helenística, eles contemplam desde estudos sobre a tragédia e a comédia e os mitos até obras literárias, como os hinos homéricos e os textos de Eurípides e Hesíodo.

Na área de Etimologia, a obra de Pierre Chantraine será de auxílio inigualável, permitindo, através do estudo dos termos gregos utilizados por Homero e outros, o desvendamento da construção do plano semissimbólico nos textos e, assim, a descoberta do que se oculta sob o véu da palavra poética.

Interdisciplinar, ou mais acertadamente multidisciplinar, a análise do sistema mítico da Deusa Mãe convoca quase a totalidade dos estudos sobre o homem e sobre a arte numa tentativa de elucidar esse tema abrangente, de difícil contorno e fugidio que é a Deusa Mãe e suas manifestações na história do homem e em sua arte.[1]

Do *corpus*

A escolha do *corpus* fundamenta-se na busca da origem figural da Deusa Mãe e seus desdobramentos na arte. O ponto de partida recai, naturalmente, nas primeiras representações femininas feitas pelo homem, ou seja, as chamadas vênus paleolíticas,[2] seguindo-se, cronologicamente, as representações dos ídolos dos períodos neolítico e creto-micênico e concluindo-se com os hinos homéricos dedicados a Afrodite, Ártemis, à Mãe dos Deuses e Deméter. Na segunda parte, o recorte estabelecido vai das representações da Virgem Maria, aos contos maravilhosos e os romances para moças, compreendendo, dessa forma, as transformações sofridas pelo arcabouço figural da deusa junto da cultura cristã e suas transformações ao longo dos séculos.

---

1 O estudo sobre o mito da Deusa Mãe será feito através da arte, fio condutor e produto que caminha junto com o homem desde sua origem, refletindo sua visão de mundo. Embora arte e realidade sejam próximas, não serão tomadas como idênticas. Sempre que possível, será feita a correlação entre as manifestações artísticas e a realidade em que elas se inscrevem.

2 Dada a dificuldade na obtenção dessas imagens e de informações palpáveis sobre elas no início da pesquisa, a ordem dos capítulos não segue a cronologia dos períodos. Felizmente, foi possível ampliar o quadro inicial da iconografia paleolítica em tempo hábil.

Embora as análises recaiam sobre esse recorte, outros textos foram utilizados sempre que se julgou necessário o esclarecimento de algum ponto.

É no início desse quadro absurdamente vasto que se encontram as vênus – o período paleolítico, idade antiga, ou da pedra lascada, corresponde à existência de grupos humanos que viviam da caça e da coleta, estendendo-se das origens até próximo de 10.000 a.C. As primeiras manifestações artísticas têm lugar com o Homem de Neandertal, no período paleolítico superior, mais especificamente no fim do período mousteriano e início do gravetiano.[3] Antes dessa data, encontram-se nos sítios o que Delporte (1993) define como objetos *pré-artísticos*, ou seja, objetos nos quais já se percebe um investimento de valor na forma criada. Com os aurignacianos surgem as primeiras obras de arte figurativa, parietal e mobiliária. Ainda segundo o mesmo pesquisador, só se pode pensar numa tal complexidade explicando-a pela existência de atividades artísticas mais antigas, talvez sobre materiais perecíveis ou onde a estruturação não se conservou (Delporte, 1993, p.8-16).

Diante disso é impossível não admirar a qualidade e, mesmo, o requinte das representações. As figurações femininas datam igualmente do período paleolítico superior, a mais antiga (recentemente descoberta) é a estatueta de Galgenberg, Áustria, datada de 30.000 a.C. Mais de quinze ou vinte mil anos antes das grandes civilizações clássicas mesopotâmicas, egípcias ou egeias, os auragnacianos e os perigordianos já haviam esculpido as estatuetas de Galgenberg, Tursac, Brassempouy ou Sireuil.

A definição das imagens para este trabalho obedeceu aos seguintes critérios: qualidade da imagem, dando-se prioridade às esculturas mais bem conservadas e às que possuíam uma identificação arqueológica segura; e representatividade dentro do grupo a que pertencem; finalmente, segue-se a divisão geográfica, em blocos, tal como proposta por Delporte. Com o intuito de mostrar a recorrência do motivo feminino em áreas e grupamentos culturais diversos – principalmente, verificar a permanência dos traços figurativos –, a seleção das imagens não se restringiu a uma única região, mas procurou-se contemplar desde a re-

---

3 Anexo 5.

gião dos Pirineus até o Mediterrâneo, passando pela do Reno-Danúbio e a russa. A partir desse amplo leque, as imagens escolhidas foram: as vênus de Willendorf, Vestonice, Brassempouy, Lespugue, Laussel e Angles; o *Torso de Petrkovice*, a *Mulher em pé*, o *Camarim das vulvas*, a *Mulher sob a rena*, *La Marche*, o fragmento de Pavlov e o *Rond du Barry*.

Passando do período paleolítico para o neolítico,[4] também chamado de idade nova ou da pedra polida, foram selecionados dois ídolos de fora da região das Cíclades: a vênus de Cucuteni e a Orante, que estabelecem um elo figurativo entre as vênus paleolíticas, realistas, e os ídolos cicládicos, estilizados; e ainda a Grande Mãe de Senorbi, dada sua "ligação" com o duplo machado.

O período do Bronze médio e recente, aproximadamente século XII a.C., é marcado pelo surgimento dos primeiros palácios e pelas representações das chamadas Deusas ou Sacerdotisas cretenses. O período apresenta uma sociedade já bastante desenvolvida e hierarquizada, com organização política, econômica e religiosa, como mostram as plaquetas e os selos encontrados nos palácios, bem como os costumes funerários e os santuários (Treuil et al., 1989, p.213-218).

Como as representações desse período são bastante variadas, indo dos ídolos mais estilizados de Gúrnia até um ultrarrealismo nas Deusas com serpentes, buscou-se uma sequência cronológica e figural, partindo-se dos mais antigos e despojados até chegar aos mais elaborados ou detalhados. Aliados às representações, os mitos de Zeus e do Minotauro compõem o quadro do universo cretense, possibilitando a ligação com o período arcaico grego e suas representantes: Afrodite, Ártemis, Deméter, a Mãe dos Deuses – deusas cantadas nos hinos homéricos.

A análise dos hinos sob a ótica da Etimologia e do percurso figurativo permite verificar a permanência de uma matriz figural comum a todas as representações pré-históricas e à Deusa Mãe.

Embora o conjunto dos hinos homéricos apresente um número maior de textos dedicados às deusas, foram selecionadas aquelas de maior relevância no panteão grego e que são tidas como versões hele-

---

4 Início por volta de 7.000 a.C. no Oriente e 4.000 a.C. na Europa; vai até a idade do Bronze. Cf. Treuil et al., 1989, p.112.

nizadas da Grande Mãe asiática. Como seria impossível falar dessas Senhoras sem tocar no lado oposto e complementá-lo, a figura masculina – mais precisamente, o macho – vem representado pelo touro, pelo bisão e/ou pelo leão.

O *corpus* da segunda parte

Período cristão

Um dos problemas encontrado no levantamento do *corpus* foi a necessidade de separar os textos da Bíblia dos textos dos Evangelhos Apócrifos, uma vez que são de fontes distintas e, sobretudo, conflitarem sobre as narrativas. Os textos bíblicos do *Antigo Testamento* trazem pouquíssima informação sobre Eva, e nenhuma sobre Lilith; Maria é apenas citada em algumas passagens, cabendo aos Apócrifos alguma informação adicional, mas mesmo estas são escassas para a análise.

Diante disso, a escolha foi ater-se minimamente aos textos, de acordo com o material disponível, e explorar a iconografia, as representações da Virgem Maria, de Nossa Senhora da Imaculada Conceição e outras, mas que só se fazem presentes, a grosso modo, a partir do século XII.

Os contos maravilhosos

As transformações pelas quais passaram as vênus levam do natural ao cultural e são sentidas já no período arcaico grego. Nos contos maravilhosos essa tensão entre natural e cultural se intensifica; o conto oculta a Deusa Mãe sob as vestes negras da bruxa e a faz visível na graça e beleza da jovem heroína. A análise estabeleceu dois blocos, agrupando os contos em relação à temática: *A bela Deusa e sua fera* e *A Bela sem a fera*. Os contos analisados foram:

- dos irmãos Grimm, editados pela Editora Kuarup: *Chapeuzinho vermelho, Rapunzel, A Bela Adormecida* e *Branca de Neve.*

- de Charles Perrault, editado pela Editora Kuarup: *Borralheira: o sapatinho de vidro, O Barba Azul* e *Chapeuzinho vermelho*.
- de Charles Perrault, com tradução de Monteiro Lobato: *Pele de asno, A Gata Borralheira* e *A Bela Adormecida*.
- dos contos apresentados por Beetz: *O primeiro que aparecer, Os sete corvos* e *O monstro peludo*.[5]

Nos dois grupos de contos analisados é perceptível a dessemantização sofrida pelo mito da Deusa Mãe, como também é possível descobrir, sob a máscara racional, referencial, os valores míticos, como os ecos de antigos rituais iniciáticos, com a volta da heroína ao útero da Mãe-Terra; ou seja, ao universo natural e seu posterior retorno para junto do grupo, revigorada; dos ritos propiciatórios para a fertilidade/fecundidade da Deusa Mãe, com a união da sacerdotisa/jovem ao consorte animalesco e dos ritos de substituição da mãe pela filha na espiral do tempo que, igual a si mesma, é também sempre nova.

Os romances

Ao tomarem os contos maravilhosos como estrutura de base para a narrativa, os romances acabaram fundindo dois suportes figurais: o primeiro é o da Deusa Mãe, cujo eixo encontra-se na função geradora e fertilizadora, representada por ela e pelo sexo; e o segundo é o da Virgem Maria e outras santas, que recai sobre a entrega abnegada, a bondade e outros preceitos da moral cristã. Ao conjugar esses dois pólos contrários e contraditórios, o romance transforma a força fertilizadora do sexo em amor sublime, a beleza sedutora em despojamento. A passividade absoluta, ou em termos semióticos: o *não querer, o não saber e o não poder*, que caracterizariam um *"não sujeito"*, é valorizada na figura feminina, sobretudo em relação ao sexo. Observa-se, nesse momento, a transformação do sujeito-feminino em objeto de desejo da sociedade patriarcal e cristã.

---

5 A repetição de alguns títulos foi muito útil, pois pode-se cotejar as traduções e se estabelecer um arcabouço comum para esses contos.

O *corpus* inicialmente sugerido foi ampliado com o intuito de permitir uma maior visibilidade e confirmar a ocorrência dos mesmos motivos visto nos três romances escolhidos para análise. O *corpus* lido abarca os seguintes romances:

- de M. Delly: *A casa dos rouxinóis; Entre duas almas; Escrava ou rainha; Miséria dourada e Marísia* (1ª e 2ª parte); *Mitsi; Vencido*.

- de Max de Veuzit: *A Mulher que venceu; A noiva do autômato; Casamento tentador; Filha de príncipe; John; Chauffeur russo; Meu marido; O desconhecido de Castel-Pic; O mistério de Malbackt; O poço misterioso; O segredo de montjoya; Paixão que domina; Sombra dominadora; Um marido ideal*.

- de Eugênia Marlitt: *Elisabete dos cabelos de ouro* (2 volumes).

- de Léo Dartey: *Noiva por acaso*.

- de May Christie: *O jardim do desejo*.

- de E. M. Hull: *A cativa do deserto*.

- de Dyvonne: *O rapto de Jadette*.

Dos 24 títulos,[6] três foram selecionados para análise: *O segredo de Montjoya, Escrava ou rainha* e *Mitsi*.

Diante desse *corpus* aparentemente heteróclito, é bastante bem-vinda a afirmação de Courtés: "o código figurativo é uma grade de leitura que permite dar sentido às observações à primeira vista disparatadas" (1986, p.213).

Ainda é necessário fazer algumas considerações sobre o *corpus* e seu encaminhamento neste trabalho. A primeira é a de que, embora as representações sejam de idades e estruturas sociais bem diversas, todas se encontram sob a mesma "égide", constituindo um conjunto que, em essência, surge na arte como representativo das diferentes faces da Deusa Mãe. A segunda é a presença do conceito ou mito da Deusa Mãe em todas as mitologias orientais e ocidentais, fator que leva à tentativa de estabelecer o que é definido pelo lexema "mãe" em vários idiomas e qual seria a protofigurativdade que se depreende dessa mãe divina.

No limite entre o profano e o sagrado se impõe, igualmente, o limite entre a função pragmática e a função mítica, mais perceptível nos hinos

---

6 No anexo 6 há uma sinopse dos romances lidos.

homéricos – de onde a necessidade de iniciar o levantamento sêmico pelos hinos (é sob a cobertura discursiva da beleza e da riqueza de Afrodite ou Ártemis que se encontra seu valor mítico) para só depois ser possível contrastar esses valores com os semas encontrados nas demais representações iconográficas.

Busca-se nesse *corpus* o vínculo comum entre as diferentes produções humanas, aquilo que constitui o substrato figural do sistema mítico da Deusa Mãe e que recobre suas diversas imagens. Esse vínculo é o que Assis Silva (1995, p.44) denomina "a possibilidade de definição do homem como um *animal symbolicum*". Ou, como quer Cassirer (1972, p.115), ao falar sobre a transformação sofrida mesmo pela forma mítica mais simples: "há um reino no qual a palavra não apenas conserva, mas também renova o seu poder figurador original. Essa regeneração dá-se quando ela se transforma em expressão artística".

Das definições

Para não sobrecarregar as análises com um excesso de definições e delimitações teóricas, optou-se por apresentá-las previamente, liberando delas o leitor. Uma das primeiras delimitações necessárias é a de *mito*.

O sistema mítico apresenta inúmeras tentativas de definição. Antropólogos, helenistas, semioticistas e outros buscaram dar um contorno a esse objeto tão difícil de precisar. De maneira geral, o sistema mítico é visto como uma narrativa de significação simbólica, ou semissimbólica, cujas partes constitutivas só possuem um verdadeiro sentido a partir de um processo de relação mútua. Para um melhor balizamento, entretanto, vão relacionadas abaixo algumas dessas definições.

Para Lévi-Strauss, "todo discurso mítico é tratado como uma espécie de metalinguagem, cujas unidades constitutivas seriam *temas* ou *sequências*, privados em si mesmos de significação, ao modo dos fenômenos da língua, e que só ganham sentido através de sua articulação em sistema" (1984, p.241).

Cassirer, ao tratar da linguagem e do mito, aproxima-os, dando--lhes um início comum: "o homem só vive com as coisas na medida em que vive nestas *configurações*, ele abre a realidade para si mesmo e por sua vez se abre para ela, quando introduz a si próprio e o mundo neste *medium dútil*, no qual os dois mundos não só se tocam, mas também se interpenetram" (1985, p.24). Ainda para Cassirer, a "linguagem, como a arte ou o mito, é uma espécie à parte do ver e abriga, em seu íntimo, um foco de luz próprio e peculiar" (1985, p.25).

Para Jacyntho Lins Brandão, "o mito rompe a rigidez da linguagem, instituindo a palavra totalizadora capaz de nomear o inominável" (1984, p.14).

Segundo Claude Calame, citado por Assis Silva (1995, p.43), "o mito é uma máquina de reformular e transformar a ordem das coisas e a realidade social".

Já Greimas, em *Des Dieux et des Hommes*, assim define: "a mitologia, enquanto sistema, é a expressão da cultura de uma sociedade" (1985, p.14).

No capítulo "O rumor também é um Deus" de *A escrita de Orfeu*, Marcel Detienne faz um belíssimo levantamento do que é o rumor no mundo grego, dando-o como "uma palavra muito pequena", mas acaba por associá-lo, sob a ótica platônica, ao mito: "É no rumor, e somente nele, que se aloja o segredo da unanimidade profunda, das crenças mudas partilhadas em comum, da adesão inteira de uma cidade a princípios, a narrações fundadoras, a isso que Platão chama de 'mitologia'" (1991, p.113).

Rumor, expressão da cultura, máquina transformadora, foco de luz, limite interpenetrante entre o homem e o mundo, metalinguagem... A essência fugidia e inapreensível do mito ainda aguarda aquele que a possa delimitar. Discorrer sobre o mito da Deusa Mãe é mergulhar em um universo sem fronteiras ou contornos definidos, que se mescla e se confunde com os universos da arte, da psicanálise e tantos outros, sem se fixar a nenhum, mas tocando a todos. A própria definição de Deusa Mãe é delicada. Nicole Loraux diz ser ela um fantasma, "fantasma muito potente, dotado de uma estonteante faculdade de resistência" (1991, p.54). A autora completa esse pensamento afirmando ser a Deusa o "nome de um fantasma muito *partilhado*. E também verdadeira como é um fantasma no momento em que ele resiste à prova (ao testemunho) do real" (1991, p.56, grifo nosso).

A melhor "metodologia" encontrada para essa aventura "mítica" é deixar-se levar, ir ao sabor das ondas, observando as estrelas para se tentar uma localização, sem no entanto definir a rota, ou seja, o mito. Entretanto, se o objeto de estudo foge a uma definição, os termos da análise não.

Apesar do prazer despertado pelas imagens e pelos hinos homéricos numa primeira leitura, para se chegar a seu entendimento, à sua compreensão, é preciso ir além, transformar essa *volúpia de sentidos* em um todo organizado, passível de ser transmitido e recebido – é para esse fazer que a Semiótica concorre com seu instrumental.

Tomando-se as definições dadas pelo *Dicionário de Semiótica* e a construção de um processo analítico estabelecido por Greimas, Courtés, Floch, Zilberberg, Assis Silva, Edward Lopes e outros, pode-se dizer que uma leitura pautada no figurativo é uma tentativa de descobrir o rosto dos temas que embasam o ser-estar do homem no mundo e de como eles se expressam no que Lévi-Strauss chamou de "estruturação dos primitivos figurativos".

Existe entre a estrutura profunda e a estrutura de superfície um jogo de reflexos no qual as estruturas profundas, de natureza lógico--conceptual, convertem-se em estruturas discursivas. Na passagem de uma a outra, observam-se transformações que vão recobrindo esse "esqueleto" lógico-conceptual até chegar a um texto/imagem pleno. A leitura figurativa se dá na ação, ou, como diria Assis Silva, no caminho de construção/desconstrução desse texto.

Courtés (1986, p.18) define o nível figurativo como:

> [...] todo conteúdo de uma língua natural ou de um sistema de representação que possui um correspondente perceptível no plano de expressão do mundo "natural" (dado ou construído)[...]; inversamente, o nível dito temático, considerado como mais profundo no percurso gerativo de sentido, se caracteriza por um investimento semântico abstrato, de natureza conceitual, não tendo nenhuma ligação necessária com o universo do mundo "natural".

Não estando os dois obrigatoriamente ligados de uma maneira biunívoca, cabem a um tema diversas representações figurais e vice-versa.

Pode-se dizer que existe uma relativa autonomia entre o temático e o figurativo, o que possibilita dois tipos de análise: uma que se faz a partir da organização das diferentes figuras sobre uma mesma base temática, e outra que propõe codificar as semelhanças figurativas apoiadas sobre contextos temáticos variáveis. A primeira é o que Courtés chama de "lévi-straussiana"; a segunda, proposta por ele, considera os chamados "valores variáveis" de V. Propp, devido à sua recorrência, como invariantes, por oposição, nesse caso, às formas narrativas (aquelas de V. Propp e de seus sucessores) e mesmo temáticas (como as de Lévi-Strauss), dadas como igualmente variáveis (ibidem, p.19).

O que Courtés sugere em seu livro é buscar um novo tipo de organização subjacente, de natureza "sêmio-poética": *o código figurativo*, a partir do qual o jogo sutil e complexo dessas figuras do mundo (re) envia a um nível figurativo profundo que organiza um código particular (estruturando o imaginário) no qual os "motivos" constituem, em superfície, outras tantas manifestações possíveis.

O conceito de *motivo*[7] em Courtés surge dos postulados de Erwin Panofsky, "que oferece uma noção de 'motivo' às vezes um pouco vaga, integrando-o numa conceptualização do jogo de significação no domínio do artístico" (ibidem, p.22).

Após uma longa discussão sobre os postulados de Panofsky, e aliando-os aos de Propp e de Greimas, Courtés (ibidem, p.199)

---

7 Greimas e Courtés, em seu *Dicionário de semiótica*, definem o motivo como "unidade de tipo figurativo, que possui, portanto, um sentido independente de sua significação funcional em relação ao conjunto da narrativa em que se encontra. Se a estrutura – com seus percursos narrativos – é considerada como uma invariante, os motivos se apresentam, então, como variáveis e vice-versa: daí a possibilidade de estudá-los em si mesmos, considerando-os como um nível estrutural autônomo e paralelo às articulações narrativas. Nessa perspectiva, pode-se assimilar os motivos às configurações discursivas, tanto no que se refere à sua organização interna própria (no plano semântico e também no sintáxico), quanto no que concerne à sua integralização em uma unidade discursiva maior". Já as configurações discursivas aparecem como espécies de micronarrativas que têm uma organização sintático-semântica autônoma e são suscetíveis de se integrarem em unidades discursivas mais amplas.

propõe o figurativo como forma conotativa e apresenta os seguintes esquemas:

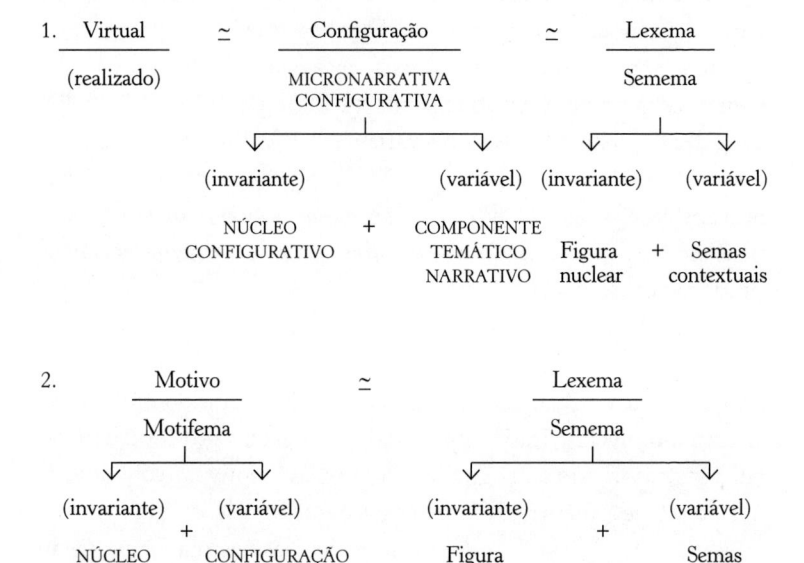

1. Virtual ≃ Configuração ≃ Lexema
    (realizado)   MICRONARRATIVA   Semema
                  CONFIGURATIVA

    (invariante)   (variável)   (invariante)   (variável)
    NÚCLEO   +   COMPONENTE
    CONFIGURATIVO   TEMÁTICO   Figura   +   Semas
                      NARRATIVO   nuclear   contextuais

2. Motivo ≃ Lexema
    Motifema   Semema

    (invariante)   (variável)   (invariante)   (variável)
         +   +
    NÚCLEO   CONFIGURAÇÃO   Figura   Semas
    MOTIFÊMICO   nuclear   contextuais
    (OU MOTIVO)

Courtés (ibidem, p.201) chega à seguinte hipótese:

> [...] diferentemente da configuração, o motivo (ou "núcleo motifêmico") não possui base narrativa própria: as figuras que o constituem são susceptíveis de se unirem tanto a elementos sintáxicos quanto aos dados figurativos, já dotados de funções narrativas: aqui prevaleceria então a impressão de que ele não passa de um detalhe "gratuito", sobreposto.

A partir dessa última observação, o autor reconhece a existência da simultaneidade de duas figuras que podem ser opostas, eventualmente, segundo uma articulação do tipo denotação/conotação ou prática/mítica, retomando uma outra distinção proposta pela *Semântica estrutural*. Para Courtés (ibidem, p.201), a oposição não se faz entre as figuras ou grupos de figuras dados, "mas no nível das relações que aquelas estabelecem umas com as outras, relações de caráter sintagmático num caso, de forma paradigmática em outro".

É sob essa perspectiva que se fará a análise dos componentes figurais da Deusa Mãe.[8] A partir de um levantamento sêmico e de suas transformações é que será possível perceber as novas relações criadas. O conceito de semissimbólico, segundo Assis Silva (1995, p.41-47), surge desse movimento de recriação de sentido, ou, mais exatamente, na recuperação polissêmica que o poeta/artista faz de cada palavra/ traço dentro da obra. O valor de uso cotidiano é somado a todas as possibilidades de sentido, todos os valores são mantidos, a pluralidade de significados não desaparece na imagem poética, pois, como diz Octávio Paz (1982, p.35-119 e 225-40, passim), a palavra poética é a ponte entre o homem e a realidade exterior: ao dissolver a distância entre ambos, permite o regresso ao mundo natural. Embora a arte seja feita a partir de um contexto, ela o ultrapassa, ela é linguagem em tensão, veículo que permite ao homem entrar no ser.

Buscar esse movimento contínuo, simultâneo, que leva do referencial ao mítico, é apreender o semissimbólico, essa "máquina de reformular e transformar a ordem das coisas e a realidade social" (Calame, 1988, p.149), presente no discurso mítico e no artístico, "reino no qual a palavra não apenas conserva, mas também renova o seu poder figurador original" (Cassirer, 1972, p.115).

Antecipando as análises, mas apenas a título de exemplo, pode-se tomar a descrição das joias usadas por Afrodite em seus hinos – a princípio mero adorno que indica o poder econômico/social da deusa, sendo portanto da ordem do pragmático ou do referencial, mas que encobre um outro valor, da ordem do sagrado, do mítico. Ao conjugar ambos, o poeta não faz uma simples transposição do humano cotidiano para uma classe já existente, a do sagrado, mas cria a classe em direção à qual está indo, e essa criação reside no próprio movimento de sair de uma classe e rumar para outra. Esse movimento bascular, como diria Assis Silva, é o semissimbólico criado a partir da tensão entre os termos de partida e os de chegada no discurso. Para apreender esse

---

8 Ver no Anexo 1 as principais definições dos termos semióticos utilizados.

movimento é necessário trilhar o caminho no qual os semas se sobrepõem e permitem ler o mesmo lexema com vários/todos sentidos. Ou como diz Greimas (1966, p.78):

> [...] é no novo contexto, no qual se integra o semema transferido, que se lhe fornecem seus novos classemas, sendo que o semema original, aquele que é chamado a servir de denominador, constitui, com seus semas nucleares e seus classemas, uma nova figura para o novo semema denominativo.

Diante desses postulados, observa-se a necessidade de uma leitura que contemple, ao mesmo tempo, a dimensão vertical, que leva em conta a tensão entre o elementar, figural, da camada profunda, e o complexo, figurativo, polimórfico, da superfície, e a dimensão horizontal, que leva de um estado figural a outro, de um contorno temático-figurativo a outro, do sujeito. E, como já apontavam Courtés e Assis Silva em suas obras, a Semiótica, embora seja um instrumental valioso para a análise, encontra-se ainda no início de suas reflexões sobre o figurativo e deve buscar a parceria de outras disciplinas, como a Etimologia;

> [...] repensando as aquisições da gramática comparada numa perspectiva diferente daquela sob a qual tem sido pensada até agora. Em vez de uma perspectiva diacrônica, uma perspectiva diegética, narratológica, discursiva. O que a faz surgir como um recurso semiótico para a descoberta, na camada profunda do discurso, dos procedimentos figurais de que se vale a discursivização para revestir o texto de um efeito de concretude, de iconicidade. (Assis Silva, 1995, p.42)

Ou a Antropologia, que, a partir da experiência etnográfica, do desenvolvimento das investigações taxionômicas, muito contribuiu para a teoria semiótica geral.

E se a sedução é vertigem, turbilhão, queda que aprisiona, movimento estático ao modo de Zenão e sua flecha – lançar-se em queda-livre nesse abismo é conjugar o prazer e o perigo. Ação "louca" daqueles que sabem que a vida é um contínuo risco e que viver é se expor.

1
OS SEGREDOS DE AFRODITE

Sem paixão não há história...
(Assis Silva, 1995, p.126)

Hino a Afrodite I

Organização do hino

O *Hino a Afrodite I*, segundo Jean Humbert (In: Homère, 1967, p.146), é tão antigo quanto o *Hino a Deméter*,[1] datando de aproximadamente 610 a.C.; outros estudiosos, como H. Jeanmaire (1939, p.65), o situam no século VI a.C. Esse primeiro hino é o mais longo dos três dedicados a Afrodite apresentados na edição de Les Belles Lettres e o que traz mais informações sobre a deusa e suas relações com o mundo dos mortais e dos imortais.

Pode-se dividir o *Hino a Afrodite I* em três grandes blocos. O primeiro deles, que compreende os versos 1-44, delimita os domínios da deusa, quais os corações que não podem escapar à sua vontade e quais os que ela não pode atingir. O segundo bloco, que abrange

---

[1] Apesar da controversa "questão homérica", aqui Homero será considerado o autor dos hinos. Os hinos analisados encontram-se na íntegra no Anexo2.

os versos 45-167, apresenta os desígnios de Zeus, sua determinação de unir Afrodite a um mortal e a razão dessa intenção, bem como os preparativos de Afrodite para o encontro com Anquises e a consumação dessa união. O último bloco corresponde ao restante do hino, versos 168-293, e apresenta a vergonha de Afrodite por se ter unido a um mortal, o futuro reservado a Anquises e seu filho Enéias, a alusão aos que foram amados pelos deuses e que pertencem à raça de Anquises e, finalmente, a imposição de silêncio a Anquises sobre sua união com a deusa.

O início da análise será feito pelo segundo bloco, versos 45-167, o relato das transformações pelas quais passam Afrodite e Anquises. Esse bloco é englobado pelo bloco de abertura (1) e pelo bloco de fechamento (3). Intimamente associado ao relato da transformação sofrida por Afrodite está o de Anquises, criando "um efeito de sentido de pseudocausalidade engendrado pela consecução temporal e pela periodização dos programas narrativos" (Assis Silva, 1995, p.121). O hino apresenta um programa narrativo (PN) de base do aedo – cantar os trabalhos de Afrodite de ouro – e vários PNs de uso – cujo encadeamento constitui as histórias de Afrodite e de Anquises. Assim sendo, cada bloco é articulado em dois segmentos menores que respeitam a categoria anterioridade/posterioridade.

No bloco englobado, recorta-se o segmento *antes* – Afrodite poder se vangloriar de unir deuses e deusas a mortais; e Anquises, vagar livre pelos montes, senhor de seu destino. No segmento *depois*, a paixão de Afrodite por um mortal e a vergonha por ter se unido a ele – o que a impede de se vangloriar, ou seja, silencia-a; Anquises é paralisado e silenciado em decorrência de sua paixão/união com a deusa. O segmento da paixão tem como constituintes a sedução e o envolvimento ou, como bem definiu Assis Silva (1995, p.125), a *tentaculização*. A fase nuclear do percurso de apaixonamento é subdividida em: envolvimento, enredamento pelo desejo e imposição do silêncio juntamente com a imobilização dos atores. O silêncio imposto a Afrodite entre os deuses e a Anquises entre os homens é articulado em: vergonha e silêncio para Afrodite, medo da morte e silêncio para Anquises.

Os desígnios de Zeus

Zeus, intentando impedir que Afrodite se vanglorie entre os deuses de tê-los unido a mortais, faz que ela prove do mesmo destino e desperta nela o desejo por Anquises, belo e jovem príncipe troiano. A partir do momento em que o desejo se apodera de Afrodite, ela dá início aos preparativos para seu encontro com Anquises, ou seja, aos preparativos para seduzi-lo. Sua primeira ação é dirigir-se a Páfos, situada em Chipre (um dos principais locais de culto da deusa e onde teria aportado após seu nascimento), onde ela tem um templo no qual as Cárites a esperam para banhá-la e ungi-la com óleo doce como a ambrosia e perfumado só para ela. Após ser banhada e perfumada, ela é vestida e adornada. Nesse primeiro momento, a indicação da vestimenta é genérica, não ocorre um detalhamento da indumentária que compõe a imagem da deusa. Será somente nos versos 80-90 que será dada ao *leitor* a oportunidade de contemplar, juntamente com Anquises, a imagem apresentada pela deusa. Observa-se, então, uma composição que mescla a beleza física, o talhe e a aparência ao brilho das vestes e joias. Ela traz "um peplo mais brilhante que a chama do Sol, espirais recurvadas e botões de flores brilhantes, magníficos colares trabalhados em ouro que envolvem seu delicado pescoço e seu peito delicado brilha como a Lua para a admiração do olhar". Um pouco mais adiante, nos versos 161-167, quando Anquises e ela já estão junto ao leito, é intensificada essa imagem, bem como o fascínio exercido por ela sobre o amante.

Há uma gradação na intensidade do fascínio/desejo despertado por Afrodite, que é acompanhada pelo detalhamento de sua vestimenta e seus ornamentos, levando a pensar no movimento de aproximação da deusa: do distante, o mundo dos deuses, ao medial, quando ela se apresenta a Anquises, e finalmente junto ao leito dele. Se, nos versos 80-90, ele a contempla, agora ele é "*envolvido* pela harmonia, beleza e brilho de seu corpo, seus broches, espirais recurvadas, flores e colares" (I, 161-163).

Nota-se que a beleza sedutora, que desperta o desejo no homem, não é apenas a das formas físicas da deusa e de sua pele delicada e perfumada pelo óleo, mas também a fusão dessa beleza física às vestes e ornamentos. Enquanto as formas da deusa quase não são reveladas, mantendo a distância generalizante do início, as vestes e joias parecem ganhar o primeiro plano, a ponto de "ofuscar" a visão do corpo da deusa. A única exceção está no ápice da sedução, quando Anquises desnuda a cintura de Afrodite, ou lhe desprende o cinto, tira as vestes brilhantes e as coloca sobre o trono (I, 164-166). O ato de desnudar a cintura, o desvelamento específico e pontual dessa parte do corpo, será revelador não só para Anquises.

Parece, à primeira vista, que a descrição dos preparativos de Afrodite para seduzir Anquises é a expressão de uma ação normal e cotidiana. Talvez o fosse, se essa ação não tivesse como personagem central uma deusa – Afrodite, a reconhecida deusa do amor e da beleza. Como imaginar que a mais sedutora das deusas tenha de se preparar para encantar um mortal? Sua simples beleza física, muito superior à de qualquer outra mortal, bastaria – mas ela se prepara com requinte. Esse fato leva a duas hipóteses que não se excluem: a primeira é a de que Afrodite apresenta-se diante de Anquises como o faria uma jovem noiva mortal, ou seja, os expedientes seguidos pela deusa têm um paralelo com os ritos femininos que antecedem o casamento;[2] a segunda hipótese é que os objetos descritos estão investidos de um significado maior. Ou, como informa Assis Silva (1996, p.18):

> Estamos falando aqui da figuratividade profunda, lugar de uma metamorfose radical na qual os perceptos, figuras do mundo engendradas pela percepção, se transmutam em figuras de sentido, em semas. Então, quando ocorre um evento de fratura,[3] que rompe a continuidade, a transformação desse evento em evento estético é como uma recuperação desse ato fundador da linguagem e do ser, dessa semiose radical que metamorfoseia a experiência em significação.

Trata-se do universo mítico, do semissimbólico, da matriz fundadora do imaginário.

---

2 Essa hipótese será aprofundada mais adiante.
3 Cf. também Greimas (1990, p.29-61).

Para estabelecer um modo de expressão do que é a sedução, deve-se depreender os suportes figurais profundos sobre os quais a discursivização ocorre, tanto na diacronia extratextual como na diacronia intratextual, diegética, que reconfigura a sedução de Afrodite, levando-a ao estatuto de mito.

Ao tomar Assis Silva (1995, p.138) como ponto de apoio, tem-se que, "subjacente à mudança das formas, existe a permanência de um modelo, cuja depreensão pode ser facilitada, recorrendo a informações etimológicas encontráveis em indo-europeístas" – aqui especificamente Chantraine, *Dictionnaire étymologique de la langue grecque* (1980). É a partir do exame de algumas dezenas de termos empregados nos hinos homéricos que se torna possível recolher os semas que compõem a figuratividade profunda da deusa do amor, cotejá-la com outras deusas e outros hinos selecionados e, do conjunto de semas encontrados, estabelecer a relação entre sujeito/deusa e o objeto/sedução, e como essa figuratividade é transfigurada no mundo mítico. O encontro dessa protofiguratividade pode levar a um aclaramento das propostas arqueológicas e antropológicas sobre a possível ligação entre as representações dos períodos paleolítico e neolítico com os mitos gregos.

Sob os véus de Afrodite

A visão de Anquises

> Αγχίσης δ' ὁρόων ἐφράζετο θαύμαινεν τε
> εἶδος τε μέγεθός τε καὶ εἵματα σιγαλόεντα.
> (I, 84-85, grifo nosso)
> Anquises, admirado, observa com atenção
> sua aparência, seu talhe e suas vestes brilhantes.

Nesses dois versos em epígrafe, tem-se o momento do encontro de Anquises com Afrodite. Os verbos utilizados para descrever a visão de Anquises são três: ὁροων, do verbo ὁράω "ver, olhar para, ver com interesse, observar, contemplar"; ἐφράζετο, do verbo φράζω "colocar-se na alma, ou no espírito, formar ideias, pensar em, meditar, preparar, ter o pressentimento" (notar que ambos foram usados no imperfeito médio-passivo) e ainda θαύμαινεν, do verbo θαυμαίνω, com o sentido de "admirar" (Magnien; Lacroix, 1969) (usado no imperfeito ativo). O surgimento de Afrodite diante de Anquises faz o aedo usar três verbos cujos sentidos se aproximam e se intensificam; há no original grego uma sobrecarga semântica posta nesse olhar difícil de ser mantida na tradução. É muito mais que um olhar atento o que Anquises dispensa à deusa; o uso da voz média confirma essa percepção, pois a voz média traz em si a ideia de intensidade na vontade da ação expressa pelo verbo. A aparição de Afrodite *captura* o olhar do jovem pastor completamente, absolutamente, sem deixar possibilidade de desvio: é como se ele estivesse hipnotizado pela imagem da deusa.

Os três verbos deixam claro que a imagem da deusa não só é admirada, mas ela penetra (φράζω) na alma de Anquises – ou seja, o invade. Na segunda passagem:

Οἱ δ' ἐπεὶ οὖν λεχέων εὐποιήτων ἐπέβησαν,
κοσμον μέν οἱ πρῶτον ἀπό χροὸ εἷλε φαεινόν,
πόπὰ τε γναμπτὰ θ' ἕλικὰ κάλικά τε καὶ ὅρμοῦ.

(I, 161-163)

Quando eles para o leito bem construído iam subir,
ele é envolvido pela harmonia, beleza e brilho de seu corpo,
seus broches, espirais recurvadas, botões de flores e colares,[4]

um único verbo é usado para descrever o "comportamento" de Anquises diante da deusa: trata-se da forma εἷλε, do verbo εφίλλω, na forma do imperfeito ativo e cujo sentido é "enrolar, envolver, apoderar-se, perseguir, bloquear, envolver" (Magnien; Lacroix, 1969). O sujeito desse verbo é o desejo, figurativizado na vestimenta e nos adornos que enredam Anquises – um ser passivo, capturado/paralisado diante da deusa. A opção na tradução por "envolver", embora mantenha uma certa nuança, não oferece ao leitor toda a carga de sentido que o verbo

---

4 No corpo do trabalho, sempre que possível, a ordem do grego na tradução será mantida; embora esse procedimento possa truncar a leitura em português, ela facilita a comparação dos trechos citados.

tem em grego. O verbo εἴλλω é uma das formas de εἰλέω, verbo que compreende, segundo Chantraine (1980), pelo menos três variantes expressivas: εἰλέω 1, εἰλέω 2 e εἰλύω. A atestação do etimólogo cobre os sentidos de "apanhar, juntar, caçar, acuar" (εἰλέω 1), cujo tema pode expressar a ideia de "cadeia, laço", que remete a εἰλέω 2 "fazer voltar, voltar", por vezes "ligar" e suas derivadas "turbilhão, vertigem, aquilo que envolve"; finalmente, ligado aos anteriores temos εἰλύω, cujo sentido primeiro é "ser envolvido, envolver-se de, envolver", com sentidos técnicos que podem ser tirados da noção de "girar, rolar, voltar, torcer-se, enroscar". Como se pode facilmente depreender, em todos os três verbos, é comum sua associação com os movimentos da serpente, da vinha e da espiral.

A sedução apresenta-se, dessa forma, como tema primeiro do mito de Afrodite: o desejo despertado pela deusa, marcada pela figuratividade do sinuoso, do curvo – uma vez que a tradução de εἶλε por *envolver* significa também *enrolar-se, circunvolver*, "aquilo que envolve". Pertencente ao mesmo campo semântico, o verbo εἰλέω tem como eixo "caçar, acuar" – o que, somado à forma ativa na qual o verbo é expresso, figurativiza o desejo/sedução como um elemento dotado de "vida própria", um *caçador* capaz de acuar e prender sua vítima.

Se, no primeiro trecho, a visão da deusa invade Anquises, no segundo ele é envolvido por sua beleza e pelo desejo que ela desperta.[5] O sentido conotado, aqui, remete à imagem sinuosa da beleza sedutora que vai se enroscando, girando em torno do corpo de Anquises, como uma serpente que o prendesse completamente em seus anéis. Dessa forma, quando se usa εἶλε tem-se a simultaneidade dos sentidos vistos.

A confirmação dessa figuratividade do desejo/sedução marcado pelo sema curvilíneo vem da análise dos adornos utilizados por Afrodite para a sedução de Anquises.[6] Nos versos 86-90 tem-se:

---

5 É interessante notar que o verbo εἷλε é usado apenas para Anquises e Afrodite (I, 57, 91 et seq.); para fazer referência ao desejo despertado nos animais por Afrodite, tem-se o uso de βάλλω "lançar"; o mesmo ocorre com os deuses: os verbos usados são δαμάζω (I, 3), "submeter", e πείθω (I, 7), "persuadir".

6 Os adornos de Afrodite representam muito mais que *status* e poder econômico, como se poderia supor numa primeira leitura.

Πέπλον μὲν γὰρ ἕεστο φαείοτερον πυρὸς αὐγῆς,
εἶχε δ' ἐπιγναμπτάς ἕλικας κάλικάς τε φαεινάς,
ὅρμοι δ' ἀμφ' ἁπαλῇ δειρῇ περικαλλέες ἦσαν,
καλοί, χρύσειοι, παμποίκιλοι· ὡς δὲ σελήνη
στήθεσιν ἀμφ' ἁπαλοῖσιν ἐλάμπετο, θαῦμα ἰδέσθαι.

Ela estava vestida com um peplo certamente mais brilhante que a chama do Sol,
trazia *recurvadas espirais* e *botões de flores* brilhantes,
colares magníficos, trabalhados em ouro, estão em torno de seu delicado pescoço,
como a Lua, seu peito delicado brilha para a admiração do olhar.

O termo ἕλιξ, -κος tem como sentido mais abrangente "espiral", donde os empregos diversos: "braceletes, espiral em geometria, gavinha da vinha ou da hera", "sinuosidade/ondulação de uma serpente". Em Homero e Hesíodo, é usado com relação aos bois, sobretudo compreendidos como "de chifres recurvados" (Chantraine, 1980).[7] Entre as derivadas atestadas pelos lexicógrafos tem-se: ἑλικό-κραιρα, "negro", e os adjetivos ἑλικός, "turbilhonante", e ἑλικωψ, εἱλικόεις com sentido geral de "provido de espirais", mais especificamente: ἑλικωψ, "de olhos que giram, de olhos vivos", ou numa proposta mais antiga, "que faz girar os olhos, de olhos negros ou belos olhos"; εἱλικόεις, "sinuoso, tortuoso, helicoide". O verbo denominativo ἑ-λίσσω, ἵττω tem o sentido de "voltar" e a série de termos expressivos de εἴλιγξε, "turbilhão, vertigem", é tirada diretamente de εἰλέω, há pouco analisado.

No *Hino a Afrodite II*, 19,[8] encontra-se o adjetivo ἑλικοβλέφαρε, epíteto de Afrodite, que é um derivado, segundo Chantraine (1980), de ἑλίκωψ, e tem como tradução "de olhos vivos, de olhos arqueados

---

7 O curvo alia-se novamente à beleza, à serpente e à vinha. Note-se que, mais adiante, ao tratar dos rituais e das representações iconográficas das deusas e da Deusa Mãe, essa recorrência será de grande importância, bem como a ligação com o touro e seus chifres recurvados.

8 Χαῖρ', ἑλικοβλέγαρε, γλυκυμείλιχε. Salve, deusa *dos belos olhos* e do doce sorriso.

ou oblíquos"; o etimólogo, entretanto, faz uma ressalva, lembrando que o tema de ἑλίσσω não significa apenas "curvo", mas também "rolar em muitas voltas". A interpretação antiga mais atestada é a de "olhos negros". O olhar de Afrodite é semelhante aos seus adornos, elíptico, cheio de curvas – portanto, envolvente. A interpretação "de olhos negros" tem correlação com a serpente e o mundo ctônico, que para os antigos se assemelhava à espiral.

Juntamente com ἕλιξ,-κας temos o termo κάλυξ,-υκος, que designa em botânica todos os tipos de invólucros ou membranas; o *"cálice da flor"*, em Homero usado no plural, é nome de adorno feminino "rosinhas ou colares"; em poesia, a tradução atestada é "botão de flor, ou botão de rosa". Os compostos καλυκο-στέφανος "coroa com botão de rosa" e καλυκ-ῶπις, "de face como botão de rosa"[9] estão ligados ao verbo καλύπτω, "cobrir, envolver, fechar", raramente atestado em prosa; são frequentes, porém, as formas com prefixos (com ἀνα-, ἀπο-, δια-, ἐκ-, os sentidos são "descobrir, desvelar"); há ainda a forma derivada κάλυμμα, "véu"; com απο-, "ação de descobrir, revelação", com ἐγ-, "festa do véu", com ἀνα-, "festa do desvelamento, ou retirada do véu" no casamento.[10] Assim como ἕλιξ, o termo κάλυξ, "cálice, botão de rosa ou colar", traz inscrito no figural o sema curvilíneo, uma vez que o cálice pode ser descrito como uma forma esferoidal com corte horizontal no eixo medial, sustentado por uma haste vertical apoiada em base geralmente circular e que se une à forma esferoidal na face convexa.

O verso apresenta ainda um reforço desse sema: *"pleonasticamente"* o aedo canta: "traz recurvadas espirais e cálices de flores" (I, 87), em que o termo ἐπιγναμπτός, ή, ον, "recurvado", é um adjetivo proveniente do verbo ἐπιγνάμπτω, "curvar, vergar" (Magnien; Lacroix, 1969).

---

9 Ao final do Hino I, 284, Afrodite usa para se definir o termo καλυκώπιδος "fresca como um botão de rosa".

10 A relação da flor com o véu e a festa de casamento é importante para o entendimento da metáfora da jovem virgem como um botão de flor que ainda não se abriu, bem como o sentido de rasgar o véu contido no termo "deflorar". Esse tema será tratado mais adiante.

Não fosse já suficiente o semantismo apresentado, há ainda outras recorrências no mesmo grupo de versos (I, 80-90), como os termos ὅρμοι, "colares", e ἀμφί, "em torno de". O termo ὅρμοι, além de "colar", seu sentido primeiro, pode significar ainda "cadeia e corda" (Chantraine, 1980), o que retoma não só o sema da circularidade e, por extensão, do curvilíneo, mas também o sentido visto em εἷλε de laço e cadeia. Os colares circundam, estão em torno do pescoço da deusa, da mesma maneira que suas vestes, seus véus e seus mantos (I, 64) envolvem seu corpo – ou, ainda, como o desejo em torno de Anquises.

A diacronia mostra que os termos apresentados no hino têm como eixo semântico o sinuoso, o curvo, o ondulante – estabelecendo, portanto, que o tema da sedução, desejo suscitado pela deusa, é marcado por uma figuratividade de formas curvas, sinuosas e elipsoides, o que permite depreender o sema *curvilíneo* como um dos semas da matriz figural da sedução.[11]

O cinto de Afrodite

Uma vez estabelecida a ligação do sema curvilíneo para a matriz figural da sedução, chega-se ao ápice dessa ação a ser analisada: é quando Afrodite, junto ao leito de Anquises, desnuda a cintura ou, como quer a tradução mais corrente, "desprende o cinto". A possibilidade de ambas as traduções vem da pluralidade de sentidos que o verso grego apresenta. Diz o poeta:

Λῦσε δὲ οἱ ζώνην ἰδὲ εἵματα σιγαλόεντα
ἔκδυε καὶ κατέθηκεν ἐπὶ θρόνον ἀργυρόηλου 'Αγχίσης·

---

11 No *Hino a Afrodite II*, 4-15, encontra-se novamente a descrição dos adornos de Afrodite: "bela coroa de ouro bem trabalhada, brincos de flores de ouropel e de ouro precioso, colares de ouro". Todos esses adornos são marcados igualmente pelo sema curvilíneo. Sua descrição, tomando a maior parte do hino, indica a importância conferida a eles enquanto indicadores do poder de sedução de Afrodite. No final do Hino I, 287, Afrodite tem por epíteto ἐϋστεφάνῳ, "a de bela coroa ou cintura": tanto a cintura quanto a coroa têm conotação sexual e ambas são marcadas pelo curvilíneo.

Anquises desnuda-lhe a cintura [desprende-lhe o cinto], as
vestes brilhantes
tira e coloca-as sobre o trono tauxiado com prata.

O verbo λύω tem os sentidos de "*desnudar*, tirar, desfazer, desamarrar, *desprender* o cinto ou couraça" (Magnien; Lacroix, 1969). O termo ζώνη apresenta como sentido geral o significado de "cingir, envolver-se", possuindo várias formas e derivadas associadas à ideia de "cinto, cinturão e cintura". O termo ainda indica "separação, zona", tudo o que possua a forma de um cinto ou faixa estreita. O principal uso, no entanto, é como substantivo, indicando "cinto" usado por uma mulher ou "cintura", parte do corpo (Chantraine, 1980).

A ambiguidade está presente tanto no verbo λύω, "desnudar e/ou desprender", quanto no substantivo ζώνη, "cintura e/ou cinto". A opção na tradução apresentada por "desnuda a cintura", contrariando a mais corrente, é calcada na relação de Ζώνη com o baixo ventre[12] e com o contexto apresentado no verso 281:

Ἥν δέ τις εἴρηταί σε καταθνητῶν ἀνθρώπων
ἥ τις σοὶ φίλον υἱόν ὑπό ζώνῃ θέτο μητηρ,...

Se qualquer homem mortal perguntar a ti
quem é a mãe que levava seu filho amado *sob a cintura*...

Ζώνη é empregado no verso como a faixa que divide a parte superior do corpo da parte inferior, a cintura – e por extensão o ventre. Embora o grego possua o termo γαστήρ, γαστρός para designar o ventre (assim como o estômago, os seios e as entranhas – Magnien; Lacroix, 1969), o poeta prefere usar a expressão *sob a cintura*, ὑπό ζώνη, para fazer referência ao útero/ventre que abriga o feto. Essa escolha é devida, principalmente, à ligação existente entre a figuratividade do desnudar a cintura, do levantar o véu, com o ato de defloração da jovem (Figura 1).

---

12 Ζωστήρ diz na *Ilíada* de um cinturão de couro recoberto de metal que recobre o baixo ventre (Chantraine, 1980).

Figura 1 – Casal vestido para cerimônia nupcial

As expressões *desnudar a cintura, desprender o cinto* ou *desprender a cintura* são usadas não só em Homero (*Hino a Afrodite I*, 164-166; *Odisséia* XI, 235-245), mas também em autores como Plutarco[13] para designar o casamento ou o ato sexual, sobretudo quando o autor se refere à primeira noite de uma jovem. A associação do cinto/cintura com o sema curvilíneo é evidente: da mesma forma que exprime a ideia de cadeia e laço que prende também oculta/vela algo que não deve ou não pode ser revelado/visto. Dessa forma, cinto e véu (hímen) formam um duplo,[14] pois ambos protegem a jovem ninfa dos olhares alheios.

Ninfa, νύμφη, é a palavra usada para designar a jovem recém-casada ou em idade de se casar, servindo de nome também para as divindades

---

13 Segundo o autor, o ritual de casamento entre os espartanos ocorreria como um *antigamos*. Para um guerreiro laconiano, o dia do casamento é igual aos outros, nada muda em sua rotina; à noite, o prometido vai ao encontro da noiva (ninfa) em segredo, sem qualquer cerimônia e, "na obscuridade total, ele lhe *desprende a cintura*, passa com ela um tempo curto, após o que retorna para junto de seus camaradas" (1964, p.XV, 5-9).

14 Como informa Maria Celeste C. Dezotti (1997, p.188), o véu e o cinto são, juntamente com o fuso e o cesto de linhas – signos do feminino –, usados por Lisístrata para caracterizar o comissário espartano em mulher na peça homônima de Aristófanes.

menores ligadas às águas e às florestas. A palavra tem sentidos derivados que designa a extremidade superior da relha do arado, o buraco sob o lábio, o côncavo de um nicho, a larva da abelha e o clitóris[15] – além de poder estar na origem de *lympha*, de etimologia obscura, mas associada pelos latinos à *aqua* e designando todas as criaturas divinas das águas. A proximidade do verbo grego *nubere*, "casar-se", e as variações com *nuptus*, *nuptiae*, *Neptunus*, leva a englobar na mesma raiz todo o domínio "nupcial" da água: a celeste (*nuber*), a terrestre (*lympha*) e a marinha. Do mesmo modo, os latinos aproximam de *nubo* o sentido de "jovem casada", "casar-se" (em especial com referência à mulher), e atribuem a *nubes* o sentido de "velar-se", "cobrir-se com véu" (Chantraine; 1980; Triomphe, 1989, p.241).

A evidência etimológica da relação do cinto ou ventre com o sexo revelado pela ninfa ao *levantar o véu* está na própria imbricação entre a denominação da jovem recém-casada com o clitóris, por extensão com a vulva, e com o véu/hímen (Figura 2).

Figura 2 – Cena erótica (machado)

---

15 Todos os elementos citados guardam o sema curvilíneo inscrito em sua figuratividade. No tocante à larva da abelha, Triomphe (1989, p.213) informa que as ursas, como as abelhas, são símbolos de virgindade e estão ligadas à iniciação das jovens. A ninfa é a abelha que sai do alvéolo e ganha nova vida – assim é a jovem que sai da reclusão do gineceu e se transforma em mulher, manifestando sua plenitude.

Ao cantar o desnudar/desvelar da deusa, o aedo imprime ao canto toda a força erótica contida na fratura, ou seja, na transformação estética que é a recuperação do semissimbólico presente na linguagem. O cinto da deusa, elo que prende e guarda o véu, é desatado: o véu é retirado, deixando, assim, franqueado o acesso ao ventre da ninfa/deusa. A ninfa fechada é, então, feita para ser desvelada, como o hímen (ὑμην) foi feito para ser rompido. Esse romper aparenta-se à eclosão da flor na primavera. Etimologicamente, Hesíquio assinala que também se chamam νυ-´μφαι, "ninfas", os cálices das rosas no momento em que eles se abrem. A imagem da rosa, do cálice da flor e da membrana ou invólucro está presente em κάλυξ, "cálice, colar ou rosinhas", que evoca καλύπτω, "cobrir, envolver, fechar", e sugere por si mesma – como o casamento, as ἀνακαλυπτήρια – "a iminência de uma abertura, de uma defloração". De outra parte, nos *Pervigilium Veneris*, a virgem e a rosa portam o mesmo véu cor de chama, *flammeum* (Triomphe, 1989, p.234-235).

No *Hino a Afrodite I*, 86 as vestes da deusa são descritas como "mais brilhantes que a chama da luz do Sol", φαεινότερον πυρὸς αὐγῆς, embora na tradução o sentido de πυρός se esvaneça: a indicação precisa do termo é fogo, chama – Afrodite comparece diante de Anquises trajando véus cor de fogo,[16] ou de um amarelo intenso e brilhante.

O véu também possui estreita ligação com o mito siciliano da *koré* Perséfone. Triomphe (1989, p.250) diz ser a Sicília, entreaberta pelo Etna sobre o mistério brilhante das profundezas, a terra do rapto da deusa, que teria dado um *presente de desvelamento*, ἀνακαλυπτήριον, a Perséfone após seu casamento com Hades. Ainda segundo o autor, a ligação do véu nupcial com a obscuridade das profundezas ctônicas é encontrada em muitas outras cenas de mistérios. O véu é um modelo vegetal do tecido e, na associação simbólica da νύμφη humana, ele conjuga os modelos vegetais com as ninfas divinas. Essa ressonância encontra-

---

16 No *Hino a Afrodite* I, 82, Afrodite aparece diante de Anquises como uma παρθε-´νος, jovem virgem não submetida ao jugo. O uso de παρθένος equivale, no hino, a νυμφή, pois ambos os termos designam a jovem em oposição a γυνή, a mulher madura. Segundo Giulia Sissa (1987, p.111), o termo é de difícil definição, pois indica tanto a jovem virgem que não teve relações sexuais quanto a jovem que ainda não teve filhos. A ambivalência de παρθένος é a mesma encontrada em νυμφή.

-se na estação da colheita que empresta seu nome à jovem madura para o casamento, ωραια, que será colhida como uma fruta (ibidem, p.243). Polux, *Onomasticon* III, 36, citado por Giulia Sissa (1987, p.116), informa que os ritos relativos ao casamento, *gamos*, são uma mimese do princípio que se organiza em torno do presente ofertado e do véu levantado para revelar a imagem da ninfa. Os presentes (dons) ofertados pelo marido chamam-se *hedna, opteria, anakalypteria* – essa última palavra designa não apenas o dia no qual a jovem é desvelada, *ekkalyptei*, mas também os presentes que são ofertados nesse mesmo dia. Na descrição de um alabastro datado de 470 a.C., Lisserrague (1990, p.182-184) explicita a relação existente entre a jovem recém-casada, o perfume, as coroas de flores, os ornamentos e demais elementos que concorrem, no cortejo nupcial, para embelezar a noiva. A cena oferecida pelo vaso de alabastro é a de uma jovem sentada, usando uma coroa; atrás dela, uma pequena jovem avança entregando-lhe um alabastro, vaso de perfume idêntico ao vaso suporte, flores e perfume, imagem clássica da toalete. Diante dela, um homem imberbe, apoiado sobre um bastão que caracteriza o cidadão. Ele tem na mão direita *um cinto da jovem noiva*. Cena de conversação e de troca de presentes/dons entre dois personagens que são nomeados: Timóteo o belo e a bela noiva (Figura 3).

Figura 3 – *Timóteo e a bela noiva*, alabastro de figuras vermelhas, 500-450 a.C.

A dissimetria das inscrições – ele é chamado pelo nome, ela é nomeada de maneira genérica – faz dessa imagem um paradigma: a noiva em sua toalete recebe uma cinta cuja função é essencial no casamento. A mulher, sentada, coloca-se sob o olhar do homem, em pé; e a pintura reproduz, sobre o vaso de perfume, essa relação visual que faz da mulher uma noiva bela ao olhar.

Lisserrague não conclui seu pensamento sobre a função importante que o cinto da noiva assume nos ritos nupciais, apenas a indica, mas, como vem sendo mostrado pelos hinos, a troca de presentes que se estabelece nessa cena é a do perfume/alabastro ofertado à jovem pelo marido que, em retribuição, oferece seu cinto – ou seja, ela dá a ele o direito de a desvelar, de a deflorar. A simbologia torna-se ainda mais marcante nessa cena do alabastro se atentarmos para a forma do vaso de perfume, idêntico ao falo: o jovem noivo oferece à noiva um símile do falo e ela lhe oferece um símile da vulva, conotação mais do que explícita das trocas estabelecidas no matrimônio.

No contexto da vestimenta feminina, o véu não é um acessório reservado apenas à jovem. Seu emprego em Homero, por exemplo, mostra que, além de Nausicaa, que é jovem e o tira para jogar bola (Homero, *Odisséia*, VI, 100), também o usam tanto Calipso, que o recoloca a cada manhã após uma noite de amor (*Odisséia*, V, 232), quanto Penélope, que o coloca sobre sua face para ir ao encontro dos pretendentes (*Odisséia*, I, 334). As *partenos* – ninfas (virgens) e esposas (jovens) – partilham o mesmo adorno que materializa a ambiguidade entre o pudor e a sedução: é vestida precisamente dessa transparência que cobre e que promete que a primeira mulher, Pandora, faz sua aparição diante dos deuses maravilhados (Hesíodo, *Teogonia*, 573-575). Portanto, esse objeto que não se justifica sobre o corpo enquanto vestimenta adquire todo seu valor simbólico no *anakalypterion* (Sissa, 1987, p.117).

Assim é com Afrodite, que, após se unir a Anquises, faz o sono cair sobre ele e se veste, envolvendo bem todo o seu corpo (I, 172-173). A deusa retoma o véu deixado sobre o trono, cobrindo-se pudorosamente antes de despertar o amante e, quando o faz, não é mais como a jovem *partenos* e sim como Citeréia Coroada. A transformação sofrida por

Afrodite, após se recompor, velar-se novamente, é tal que Anquises, ao despertar, desvia os olhos de sua imagem e, suplicando, pede por sua vida. A imagem que se coloca diante dele é a da deusa que não deve ser olhada, αἰδοίην, daquilo que não se deve ver. Confirmando Sissa, Triomphe (1989, p.244-245) afirma que o espaço do pudor se desenvolve em torno de um princípio erótico e visual. Esse princípio atravessa a perspectiva que une o olhar ao sexo, fechado ordinariamente pelo véu da vestimenta. O *aidos* (αἰδώς) consiste em "negar o ver", é o que justifica a abordagem etimológica popular da palavra α-ιδως (Hades – "não conhecido"), mas também o próprio nome do sexo: αἰδοῖα, do qual deriva. No *Hino a Ártemis II*, 2, a deusa é denominada Παρθένον αἰδοίην, "virgem respeitável" – ela é a deusa que guarda a fronteira que não deve ser transposta antes do tempo adequado e uma das três divindades, junto com Atena e Hestia, sobre as quais Afrodite não tem poder. Aos tabus, inscritos no véu pudico do alfa privativo, a deusa confia à guarda do sagrado tanto a defesa quanto o franqueamento de sua fronteira.

A jovem noiva deve deixar o coro de Ártemis para ingressar na nova vida. Após a corrida ritual, quando a jovem *partenos* despe suas vestes cor de açafrão, na grande festa quinquenal de Brauron, deixa sua "vida de ursa" para participar dos ritos de integração em seu novo estatuto, aqueles que a fazem entrar na idade da puberdade, última etapa antes do casamento. Agora ela está pronta para transpor a fronteira que separa Ártemis de Hera/Afrodite.

Segundo Louise Zaidman (1990, p.363), as jovens bem-nascidas passam por três etapas antes de se tornarem esposas e mães: como servidoras de Palas Atena dos 7 aos 10 anos; como pequenas ursas ao cuidado de Ártemis dos 10 até a puberdade, e finalmente como canéforas, portando a corbelha do sacrifício, o *kanoum*, o cesto ritual que contém os grãos de cevada sacra que serão espalhados pelo altar e sobre a cabeça da vítima.[17] À jovem canéfora é permitido o uso de maquilagem, joias, perfumes – todos os elementos que lhe são veta-

---

17 A participação nesses rituais parece não ter sido estendida a todas as jovens bem--nascidas, apenas algumas escolhidas deles participavam (Zaidman, 1991, passim).

dos no dia a dia enquanto mulher honesta. Somente às prostitutas é permitido apresentar-se em público adornadas, perfumadas e maquiladas. A jovem noiva é perfumada e adornada, mas não maquilada.[18]

Um véu cor de fogo

> *Um lenço púrpura-aromado*
> *para que o Sol demais não morda a trança –*
> *condigna oferenda a Afrodita*
> *de sua súdita em Foceia.*
>
> (Safo, 1987, frag.101)

Os rituais matrimoniais compreendem, entre os gregos, um número considerável de ritos, uma vez que não há uma cerimônia religiosa oficial. O casamento é um momento em que a vida privada se integra à vida da cidade, pois é uma ocasião de restabelecimento das ligações com a comunidade, uma festa propiciatória destinada a assegurar a prosperidade futura dos esposos; é um exemplo dos ritos que têm por função assegurar a passagem decisiva, e a mais importante, na vida da jovem noiva (Zaidman, 1991, p.386-7). No *Hino a Afrodite I*, 141-142, a deusa incita Anquises a oferecer uma festa de casamento, δαίνυ γάμον ἱμερόεντα, que, segundo ela, são caras aos homens e aos deuses.

Ao se apresentar diante de Anquises, Afrodite o faz como jovem ninfa no dia de seu casamento; narra a ele como Hermes a retirou[19] da

---

18 Cf. Detienne 1972, Introdução, passim.
19 O verbo usado para indicar que Afrodite foi retirada do coro é αν-άρπαζυ e seu sentido é o de *"arrancar,* apanhar, *colher,* arrastar" (Magnien; Lacroix, 1969); sua origem está na palavra ἄρπη, "foice", ligada ao latim *sarpoe* e *sarpio,* "talhar a vinha" (Chantraine, 1980). Ao usá-lo, Afrodite aproxima-se da fruta colhida e, ainda, remete à ideia do desejo, que, como um ciclone, a arranca de seu espaço natural, num movimento vertiginoso, e a leva, pelo ar, até o Ida. Esse mesmo verbo é usado nos versos 203 e 218 do mesmo hino para referência ao rapto de Ganimedes por Zeus e de Títon por Aurora. A foice aparece associada a Afrodite desde o momento de sua concepção, pois ela nasce dos testículos de Urano cortados por Cronos com uma foice e jogados ao mar. A foice também está ligada à lua crescente, à fecundidade e ao signo feminino, bem como o foicinho e todas as armas recurvadas (Chevalier; Gheerbrant, 1989, p.443).

multidão que a cercava, enquanto ela e outras jovens preciosas dançavam num coro dedicado a Ártemis, como ambos percorreram campos cultivados e florestas até chegarem ao Ida (111-144).

Tanto Ártemis quanto Hermes são deuses ligados aos ritos de casamento.[20] Ártemis é a deusa que acompanha a jovem até o momento de deixar seu domínio, o mundo selvagem da ursa, e de entrar no mundo civilizado da cidade como esposa e mãe. Ártemis preside essa passagem, assim como Hermes é o deus que preside as trocas, inclusive as matrimoniais, as uniões sexuais, juntamente com as Cárites. Ele representa, no espaço e no mundo humano, o movimento, a passagem, a mudança de estado e é sob suas prerrogativas que se estabelece o contrato/união de Afrodite com Anquises.

Na fala de Afrodite, temos, ainda, a indicação de outros elementos que compõem os ritos nupciais; sua alusão ao coro de jovens e a forma como é transportada até o Ida fazem lembrar o cortejo nupcial que transporta a noiva de sua morada até a casa do marido – nesse cortejo, a jovem é levada sobre um carro, sem que seus pés toquem a terra fecunda (I, 125), mas cercada por outras jovens que cantam o himeneu à luz de tochas.[21] Mas o que mais caracteriza Afrodite como uma jovem noiva são os preparativos por ela cumpridos antes de ir ter com Anquises, ou seja, seu banho e unção com óleo perfumado feito pelas Cárites, bem como suas vestes brilhantes, cor do Sol, e adornos de ouro.

Um momento ritual importante é aquele do banho pré-nupcial, atestado por vários estudiosos,[22] que confere à futura esposa os valores purificadores e fecundantes da água. Após banhar-se numa fonte ou rio, ela é perfumada por suas acompanhantes ou mãe, que friccionam sua pele com unguentos e deixam correr sobre ela, gota a gota, os perfumes mais preciosos.[23] Banhada e perfumada, a jovem

---

20 Cf. Zaidman, 1991, p.386-389; Vernant, 1973, Capítulo III, passim.
21 Cf. Zaidman, 1991, p.390; Sissa, 1987, p.116-122, passim.
22 Cf. Triomphe, 1989, p.23 e 210; Sissa, 1987, p.140; Zaidman, 1991, p.389-390; Detienne, 1972, p.I-XLVII; Vrissimtzis, 1996, p.29-40.
23 Entre os objetos que cercam a noiva, encontramos os frascos de perfume, alabastros, e os lutróforos, vasos destinados a conter a água do banho. Cf. Aristófanes, *Pluto*, V, 529-530; Zaidman, 1991, p.389; Vrissimtzis, 1996, p.35-36.

é ricamente vestida e enfeitada com colares, braceletes, brincos e coroa. Antes de deixar o gineceu de sua casa, ela recebe, ainda, o véu que a envolve completamente e a cobre da cabeça aos pés. Esse véu cor de fogo é o símbolo de seu estatuto de virgem e ela o guardará até o fim desse dia, até o momento em que seu esposo, enfim, a desvele[24] (Figura 4).

Figura 4 – O desvelamento da noiva, lutróforo de figuras vermelhas, c. 430 a.C.

Percebe-se na descrição dos ritos que antecedem as núpcias os mesmos elementos indicados no *Hino a Afrodite I*, 58 et seq. e *Hino a Afrodite II*, 5 et seq.: em ambos as Cárites banham, perfumam e vestem a deusa para que ela seja vista, desejada e, consequentemente, se una a um mortal (Hino I) ou a um deus (Hino II), cabendo a ela a escolha de seu par, pois todos os deuses a desejam como legítima esposa. Mortal ou imortal, o desejo do homem é desvelar sua ninfa, desnudar sua cintura e gozar dos prazeres de Afrodite.

---

24 No poema de Safo, o véu púrpura-aromado é ofertado a Afrodite, alusão ao sexo, confirmado na imagem do Sol/macho violador.

O véu cômico

A confirmação dessa relação entre os adornos, o sexo, o casamento e Afrodite é bem atestada na Antiguidade pela comédia. Maria Celeste C. Dezotti, em sua tese *Pandora Cômica*, oferece subsídios importantíssimos para essa leitura. A polissemia e a ambiguidade exploradas por Aristófanes em suas peças demonstram que, para o grego do século V a.C., muitos dos termos empregados nos hinos a Afrodite possuíam, realmente, conotação sexual na linguagem coloquial.

Em *Acarnenses* tem-se o estabelecimento da relação entre joias e sexo/seios. Diceópolis diz à filha, canéfora, por ocasião das Dionisíacas que ele realiza:

> Avança, mas muito cuidado no meio da multidão, não vá alguém à socapa roer aos poucos tuas joias. (V, 257-258)

"Joias", τά χρυσία, é também "seios", sentido confirmado no final da peça, v. 1130 et seq., quando Diceópolis nomeia χρυσίω os rijos seios das cortesãs que o acompanham (Dezotti, 1997, p.146). Da mesma forma, καλή, "bela", ἀστεία, "graciosa", e ὡραία, "na flor da idade, formosa", acabam se equivalendo para qualificar os predicativos sedutores da mulher-prostituta, valorizada pela juventude e por sua beleza. Como a filha de Diceópolis, na condição de canéfora sedutora, καλή, e os órgãos sexuais femininos das duas *"porquinhas"*, também qualificados de καλαί. O termo *porquinhas* é usado pelo megarense ao se referir a suas duas filhas, vendidas como escravas a Diceópolis, indicando sua futura prostituição. Ainda segundo o megarense, é apenas a Afrodite que se sacrificam porcas[25] (v. 794). A passagem do âmbito de Deméter para o âmbito de Afrodite se faz, na peça, pelas conotações sexuais que envolvem o termo *porquinhas*, confirmadas no alimento que elas devoram com gulodice: grão-de-bico, ἐρεβίθους (v.

---

25 Malhadas e Carvalho (1978, p.12-3) informam que porcos eram consagrados à divindade-serpente de Creta; posteriormente, nas festas áticas Skiros e Tesmofórias, eles foram consagrados a Deméter e Perséfone, duas deusas ctônicas ligadas à fecundidade vegetal e animal.

801), e figos, ἰσχάδας (v. 802), duas designações do membro viril. O diminutivo χοῖρος (v. 733), "porquinha", nomeia a genitália da menina nova, rosada e sem pelos como a leitoazinha nova. Outra aproximação acontece entre os termos κόριον, "mocinha", e χοιρίον, "porquinha", foneticamente intercambiáveis, como o emprego de χρυσόν, "ouro", usado com sentido obsceno em *Aves*, v. 670, associado a κύσος, "vulva" (Dezotti, 1997, p.146-7).

Embora nos hinos a Afrodite não haja a intenção do riso, é difícil acreditar que o ouvinte não estabelecesse um paralelo entre os termos presentes nos hinos e que qualificam a deusa do amor erótico com o uso dos mesmos termos na comédia. Na verdade, a vinculação do sentido obsceno dos termos a Afrodite só vem confirmar a ligação implícita existente, nos hinos, entre ela e o sexo.

O *Hino a Afrodite II* é especialmente profícuo nesse sentido. A maior parte dos versos é dedicada à *apresentação* de Afrodite, com especial destaque para o verso 2, que traz uma afirmação intrigante: ἣ πάσης Κύπρου κρήδεμνα,· *Deusa veneranda que se tornou senhora de todos os adornos de Chipre.*

Seguindo a relação dos termos vinculados à deusa tem-se:

- αἰδοίην, "venerável" e também "vulva" (1);
- χρυσοστέφανος (1 e 7), "coroa de ouro", funde, χρυσός/κύσος, "ouro/vulva", à "coroa", στέφανος, joia que traz bem marcado o sema curvilíneo e sua associação com o sexo e a sedução;
- καλή (1 e 8), adjetivo que qualifica a deusa de "bela", mas também recupera os "predicados" da prostituta – do sexo;
- ἄνθεμ' ὀρειχάλκου χρυσοῖό (9), "brincos de flores de ouropel e ouro"; as flores e o botão de rosa possuem conotação sexual;
- ὅρμοισι χρυσέοισιν (11), "colares de ouro" com os quais as próprias Horas, Ὧραι, de diademas de ouro, χρυσάμπυκες, estão ornadas. As Horas são as divindades que presidem as estações, mas o termo também designa a jovem madura para o casamento, a prostituta e, por extensão, o sexo feminino. Os colares que adornam Afrodite são o próprio sexo, vulva, que a ela é votado.

A indicação de que as vulvas são um apanágio de Afrodite é confirmada no segundo verso do hino II: "ela que se tornou senhora de todos os adornos/véus de Chipre". Κρήδεμνα, o véu, como já foi visto, é um símile do hímen, o que permite a confirmação da leitura anterior e, ao mesmo tempo, constatar que em Chipre, famosa pela prostituição sagrada, todas as virgens, ou seus hímens, eram consagradas, "sacrificadas" a Afrodite. Além dessa associação, a referência feita pelo megarense (v. 794) de que somente a Afrodite se sacrificavam porcas/vulvas confirma a imbricação sedução/sexo e sua figurativização em véu, cinta, colares, braceletes e demais adornos.[26]

Ainda em Aristófanes, na comédia *Lisístrata*, a sedução é obtida pelas vestes transparentes, pelos perfumes, pelas sandálias, pelo ruge. Na peça, a personagem Mirrina encarna os encantos sedutores de Afrodite para tentar seu marido fazendo uso de todos esses elementos. Henderson, citado por Maria Celeste C. Dezotti, informa que Mirrina é nome de prostituta, mas também um nome muito frequente: seu sentido é o de "mirto", ou "pequeno mirto", e designa o órgão sexual feminino, como ῥόδον, "rosa". Anteriormente, levantou-se a ambivalência da expressão "botão de rosa" para indicar a jovem ninfa e, em decorrência, seu sexo, assim como a relação entre o deflorar a jovem e a abertura da flor. Com Maria Celeste C. Dezotti temos a confirmação dos valores obscenos atestados para esses termos na Antiguidade: é graças à comédia e sua linguagem ambígua e licen-

---

26 Reforçando o destaque dado nos hinos ao colo/garganta da deusa, há a associação da boca à garganta e ao sexo. A garganta é uma zona erógena por ligar dois orifícios simétricos e igualmente marcados pelo curvilíneo: a boca e o sexo. Na substituição da degola pela defloração, ocorre uma condensação tardia que sobrepõe a garganta da virgem sacrificada à boca do sexo deflorado (Triomphe, 1989, p.206; Sissa, 1987, p.16). A etimologia nos auxilia nessa correlação: à boca, *stoma*, corresponde a boca inferior, *stoma uterin* – vulva –, existindo na tradição antiga uma representação entre as duas aberturas do corpo feminino como intercambiáveis. Daí a mulher ser um símile da serpente, da víbora, que devora o macho na hora da cópula: as duas bocas são simétricas, possuem sincronia. Confirmando, Chantraine, citado por Sissa, diz que *gaster* (γαστήρ) sobrepõe duas imagens precisas: comer e digerir pelo alto, ser penetrado e conceber pelo baixo (Sissa, 1987, p.76). Dessa forma, os colares que ornam o belo pescoço de Afrodite recuperam toda essa ressemantização, são similares ao cinto sobre o ventre.

ciosa que se recuperam as possibilidades semânticas percebidas pelo ouvinte no período em que era linguagem corrente.

O sorriso de Afrodite

De todos os elementos levantados até o momento, nenhum traz inscrito tão claramente o elo entre Afrodite e o sexo quanto seu epíteto mais comum nos hinos homéricos: ela é φιλομμειδής, ou φιλομειδης, *a sorridente* ou *a que ama sorrir*, na tradução mais corrente. Na *Teogonia* de Hesíodo, porém, o verso 200 coloca um problema ao denominar Afrodite de φιλομμεδέα, ou seja, *a amante do pênis*, uma vez que a deusa teria nascido do μήδεα, sexo/pênis, de Urano. Segundo Chantraine (1980), a pronúncia no tempo de Hesíodo, na Beócia, possibilitava uma fácil aproximação entre as duas versões, ocorrendo um jogo etimológico entre μήδεα e φιλομ(μ)ειδής.

Partindo desse contexto, é fácil compreender o jogo estabelecido por Aristófanes, ao associar o sexo feminino à porca e sua gula pelo grão-de-bico e pelo figo, o sexo masculino. Tanto as "porquinhas" quanto sua deusa tutelar amam o pênis e ambas o devoram com voracidade. Ao proteger e estimular o apetite feminino, Afrodite também representa um grande perigo para o homem, pois devorar o pênis pode assumir sua conotação mais literal e aterradora, tornando-se sinônimo de castração, impotência e mesmo morte do amante. Esse lado terrível do doce sorriso de Afrodite, que a equipara à grande Senhora dos animais, Πότνια Θερόν, é que faz Anquises suplicar por sua vida. Ele lhe diz:

᾽Αλλά σε πρὸς Ζηνός γουνάζομαι αἰγιόχοιο.
μή με ζῶντ᾽ ἀμενηνόν ἐν ἀνθρώποισιν ἐάσης
ναίειν, ἀλλ᾽ ἐλέαιρ᾽ ἐπεὶ οὐ βιοθάλμιος ἀνήρ
γίγεται, ὅς τε θεαῖς εὐνάζεται ἀθανάτῃσι.

(I, 187-190)

Eu te *suplico*, por Zeus que porta a égide,
não me deixe viver *impotente* entre os homens
mas tem piedade, pois não chega ao *florescimento da vida*,
o homem, que se deita com as deusas imortais.

Anquises, príncipe troiano, conhece bem as narrativas asiáticas dos amantes emasculados por uma união divina. Segundo Jean Humbert (1967, p.142-4), Afrodite é indubitavelmente asiática, seja pelo caráter muito particular de seu culto (com a prostituição sagrada das sacerdotisas de Pafos e o hermafroditismo), seja pela forma mesma de seu nome, sem forma constante em grego, ou formado de *Afrô* e de *Deti*, velho nome pré-helênico de divindade marinha que, em Éfeso, manteve-se sob a forma *Daitis*: ᾿Αφροδίτη Δαιτίς, e onde a imagem está ritualmente banhada pela água do mar. Ao lado de seu nome ritual, os gregos conhecem um hipocorístico᾿ Αφρώ, como Δηώ, de Deméter. Ao reconhecer a senhora diante de si, a única opção de Anquises é suplicar por sua indulgência, pedindo claramente que não o deixe impotente, ἀμενηνός – sem ardor, ou que não o impeça de chegar ao florescimento da vida, βιοθάλμος, matando-o. O verbo εὐνάζω, "deitar", apresenta também um outro sentido, menos usual, que é o de matar ou ainda colocar em emboscada, preparar uma emboscada (Magnien; Lacroix, 1969). Deitar-se com Afrodite é cair numa emboscada – prazerosa, mas que pode levar à morte. Tanto é assim que as palavras usadas para designar leito – εὐνή (I, 154) e λέχος (I, 158) – não só nomeiam a cama e o leito nupcial, mas também designam a tumba, assumindo os versos uma dupla leitura: o amante tanto vai para o leito quanto para a tumba.

Εὐνή, "leito", apresenta ainda outros importantes significados: "toca de animais, pocilga, ninho de pássaros"; no plural, designa as pedras sobre as quais são colocados os navios e os barcos na praia, no seco (Magnien; Lacroix, 1969). A associação desses outros sentidos ao *leito* de Afrodite permite ir descobrindo sua face de Πότνια, Senhora, ligada às feras, ao ctônico e à morte. No verso 154 do mesmo hino encontra-se mais uma vez um termo de sentidos intrigantes, o verbo ἐπιβαίνω, traduzido no contexto do hino por "subir ao leito", mas cujo sentido remete, na verdade, à linguagem militar: "pôr os pés sobre, marchar sobre, subir a, montar, embarcar, marchar contra, atacar, avançar etc." (Magnien; Lacroix,1969). A ação de ir para o leito com a deusa assume também o sentido de uma ação, de uma empresa de guerra, na qual se coloca a vida em jogo. É o perigo de seduzir ou ser seduzido por uma dessas belas Senhoras.

A Povtnia ou a Senhora dos animais

A evidência de um elo entre a deusa do amor erótico e a Senhora dos animais pode ser percebida pela análise etimológica, como até o momento, e também pelo motivo temático comum a ambas – o da mãe terrível. Esse motivo é expresso nos suportes figurativos que, juntamente com a forma narrativa, põem em jogo o componente temático (Courtés, 1986, p.42).

Do movimento à paralisia

Neste momento, é necessário retomar um dos pontos levantados, qual seja, o da ideia contida no verbo εἰλέω, "envolver, apanhar, caçar". O desejo, como foi visto, envolve Anquises, captura-o e o faz passar do movimento à paralisia:

Πάντες, ὁ δὲ σταθμοῖσι λελειμμένος, οἷος ἀπ' ἄλλων,
Πωλεῖτ' ἔνθα καὶ ἔνθα διαπρύσιον κιθαρίζων.

(I, 79-80)

Isolado nos estábulos longe de todos,
vai e vem tocando a cítara de som penetrante.

O verbo πολέομαι, "ir e vir", marca o caminhar a esmo de Anquises, sem destino ou coerção. Antes de Afrodite colocar-se diante dele, nada impedia seu movimento, ele era um sujeito destituído de querer, livre. Após vê-la, entretanto, Anquises é capturado pela deusa, ele para e a contempla atentamente. A partir desse momento, é guiado por um querer, mas não o seu, o da deusa, que o faz querer poder se deitar com ela. Cada vez mais enredado pelas palavras sedutoras e enganosas de Afrodite e preso à sua bela imagem, Anquises vai perdendo a liberdade anterior e sendo aprisionado/acuado pelo desejo até chegar à paralisia completa, momento em que o desejo saciado dá lugar ao medo. O querer poder amar a jovem passa a um saber não mais poder fugir à punição da deusa: é a transformação da ingênua e bela ninfa na terrível, ainda que bela, Citeréia.

Anquises passa do espaço aberto – os vales e pastagens do Ida – para um espaço fechado, local de união com a deusa – a cabana. A mudança no espaço marca também sua imobilidade: Anquises sofre transformações modais da ordem do poder, querer, saber e mesmo do crer – pois, se antes ele era detentor de um poder/querer/saber ser livre, após seu encontro com Afrodite, ele não mais é detentor dessa liberdade, ao contrário, seu querer é transformado no querer da deusa e a partir desse momento ele não mais pode/quer/sabe se afastar dela.

Esse novo saber é da ordem do crer, pois, erroneamente, ele crê na imagem que lhe é apresentada– acredita ser a de uma jovem mortal a forma que tem diante de si – da mesma forma que crê nas palavras enganosas de Afrodite (I, 107-112). Após a união com a deusa, esse falso saber é transmudado em verdadeiro saber, confirmando a perda irremediável de seu querer e poder para a deusa, que lhe impõe a imobilidade do silêncio (I, 281-290).

Anquises é despertado pela deusa com palavras bem menos ternas que as proferidas anteriormente e, instigado a lhe responder, se seus olhos a percebem agora, tal qual a haviam visto pela primeira vez. Se na primeira visão da deusa seu olhar não pôde se desviar, agora, ao percebê-la, ele é tomado pelo medo e volta seus olhos para outro lado, ocultando seu rosto sob o manto, incapaz de fixar seu olhar sobre ela. A beleza harmônica da deusa, anteriormente descrita, é agora substituída por uma imagem grandiosa na estatura e no brilho: Afrodite "toca, com a cabeça, a viga que sustenta o teto da cabana, sobre suas faces brilha uma beleza imortal, é como Citeréia coroada" (I, 173-175).

Enquanto o poeta usa o termo πρόσωπα, "face", para Anquises, para Afrodite utiliza παρεία, palavra que no jogo sonoro/etimológico aproxima face de serpente, e é essa deusa de faces de serpente que se assemelha à Citeréia, Κυθερεια,[27] um dos nomes de Afrodite, mas

---

27 Afrodite assume, aqui, a face de Medusa, terrível, impossível de ser olhada de frente, cabeça e olhos com um brilho insuportável; é o terror cuja presença ela encarna. Mas Medusa é, ainda, a representação crua, brutal, do sexo, representação que, da mesma forma que a face monstruosa a que sob certos aspectos equivale, pode provocar igualmente o pavor de uma angústia sagrada e a gargalhada libertadora (Vernant, 1988, p.38).

que tem ligações com κεύθεα, "esconderijo, profundeza", usado geralmente para indicar as profundezas da terra, ou ainda de uma tumba, e que fala do mundo subterrâneo. Se a beleza antes apresentada era um convite ao prazer, a que se mostra agora é terrível e ctônica, ligada à morte e à escuridão. À semelhança da serpente, da víbora, a deusa pode devorar seu amante, transformando o gozo em morte; seu convite ao prazer é também um convite a descer às profundezas da terra, às suas entranhas, uma vez que Afrodite *é como* Citeréia – a terra negra e profunda que guarda o grão/semente em sua morte cíclica para depois o fazer renascer. Senhora da morte e da fecundidade, daí sua associação com a serpente e com o sexo.

A união mítica entre deuses e mortais ocorre, geralmente, em locais subterrâneos, subaquáticos ou celestes. No caso do *Hino a Afrodite I*, a união da deusa com Anquises se dá numa cabana, localizada no topo do monte Ida, coberto de bosques e próximo às fontes (I, 53-55 e 75-78).[28] O hino mostra que Anquises apascenta seus bois junto às fontes harmoniosas nas altas montanhas do Ida (I, 53-55) e Afrodite vai para junto dos abrigos bem construídos onde o encontra só, nos estábulos abandonados (I, 75-80).[29] Essa representação do espaço é um correlato das grutas e locais subterrâneos dedicados às Senhoras, ligados ao seu culto, e que geralmente apresentam, em seu interior ou nas suas proximidades, uma fonte de água doce. Na visão do homem primitivo, da pré-história e mesmo posteriormente a ela, as grutas ou cavernas são uma representação espacial da Deusa Mãe, da Terra, e, como tal, semelhantes ao seu útero e sexo, devido à sua forma arredondada, com entrada estreita e longa, muitas vezes de difícil acesso, que liga o exterior às entranhas e profundezas, escuras e desconhecidas. Por sua umidade e vegetação circundante é, invariavelmente, esconderijo de serpentes e de animais selvagens como o urso, o leão e outros. A gruta

---

28 Há indícios de santuários dedicados à Deusa Mãe no cume do Ida desde o Minoico Antigo III, ou Bronze Médio (Treuil et al., 1989, p.215-6).

29 A ligação entre Afrodite e o touro/Anquises já é perceptível nessa passagem. Anquises é o único "macho" que ficou nos estábulos, todos os demais estão ausentes. O isolamento, o distanciamento do grupo e dos companheiros é outro ponto comum aos mitos de amores divinos.

ou caverna é marcada pela bipolaridade: vida/fecundidade do útero e morte, a serpente e o desconhecido. Idêntica representação surge na cabana utilizada por Afrodite e Anquises em sua união (I, 157-160). O leito macio e coberto de peles, no qual a união sexual se faz, é uma figurativização do útero fecundo, portanto, da fecundidade, ao passo que a transformação de Afrodite, após a união, em Medusa de olhar terrível é o lado negro – da morte.

No *Hino a Afrodite II*, 19, Afrodite é a deusa dos belos olhos e doce sorriso, ἑλικοβλέφαρε e γλυκυμείλιχε, dois epítetos que somam as qualidades do terrível e do doce: ἑλικοβλέφαρε não só designa os belos olhos da deusa, mas também seu olhar negro e/ou arqueado, oblíquo, sinuoso como a serpente; γλυκυμείλιχε é composto por γλυκύς, "doce", e μείλιχος, "doce, amável, favorável", embora sem etimologia certa é associado ao nome do mel,[30] μέλι (Chantraine, 1980).[31] Intercambiáveis os sentidos, eles vêm demonstrar como, na imaginação arcaica, a terra negra e fértil é também a serpente que habita em suas entranhas e traz a morte ao homem.

O desejo/sedução se funde à imagem de Afrodite/serpente, uma vez que ambos envolvem Anquises num abraço que paralisa sua vítima e cujo desfecho só pode ser a morte. É por isso que o amante da deusa suplica temeroso por seu destino. Mas ele será poupado, os deuses o amam, não só Afrodite.

---

30 O mel é uma droga relacionada ao veneno das serpentes, mas é sua antítese benéfica em vez de ser venenoso (Wasson et al., 1992, p.237). Por outro lado, o mel costuma ser também comparado ao sêmen e seu poder gerador de vida (Lévi-Strauss, 1966, p.44-7 e p.197-202).
31 A abelha, segundo Triomphe, 1989, p.194, é uma serpente alada que se esconde no cálice entreaberto da flor para punir o roubo do mel, simbologia erótica que une a rosa colhida e o mel perfumado da experiência primitiva e dolorosa da iniciação sexual dos jovens de ambos os sexos.

Citeréia

A surpresa da transformação de Afrodite em Citeréia só ocorre para seu amante, pois, ao longo do hino, o poeta vai informando que se está diante de uma Πότνια θηρῶν, uma Senhora das feras, forma helenizada da Grande Mãe egeo-asiática. Nos versos 69-74 do hino I, Afrodite se dirige ao Monte Ida, mãe das feras, "alegrando-se de todo coração com a companhia dos lobos cinzentos, dos leões de olhares brilhantes, dos ursos e das rápidas panteras, todos lhe fazem festa e ela lhes lança o desejo no peito, e par a par as feras se deitam nas sombras dos vales".

A alegria que invade Afrodite ao ver-se cercada pelas feras é a mesma retratada no *Hino à Mãe dos Deuses*, de Homero. A venerável Senhora se apraz com "o grito agudo dos lobos e dos leões de olhares brilhantes, bem como com o ressoar do tambor, o vibrar da flauta, com as sonoras montanhas e os vales cobertos de bosques" (3-5). Semelhante a ambas, Ártemis, no *Hino a Ártemis II*, 6-8, também se alegra entre as feras, fazendo "o cume das altas montanhas tremer e a floresta cheia de sombras ressoar com seu grito agudo". Nas três deusas o motivo da *pótnia*, Senhora das feras, se faz presente: a paixão pelas feras, o prazer da caça, o grito agudo, o som estridente, as terras não habitadas, não cultivadas – a floresta e os bosques; mas a Senhora não é só terror e destruição, é também fecundidade e fertilidade.

Como Senhora das feras, Afrodite conjuga todos esses traços. A paixão pelas feras culmina na união sexual delas para celebrar sua alegria. Celebração que se estende à deusa e a seu amante, não no vale umbroso, mas num leito guarnecido pelas peles de ursos e leões que o próprio Anquises abatera. O urso e o leão assumem os signos feminino e masculino, evidência da união entre a ninfa/ursa do cortejo de Ártemis – Afrodite – e do leão/touro – Anquises. Nele a força, a coragem e a virilidade são figurativizadas na sua função de pastor de gado – o que o aproxima do touro – chefe da manada, e no caçador destemido, que abate o leão e, portanto, iguala-se a ele.

O leão e o touro assumem, geralmente, o papel de consortes da Deusa Mãe. Nos períodos Paleolítico e Neolítico, ela é representada junto a um touro, ou mesmo, parindo um pequeno touro (Lévêque, 1985, p.22).

No período creto-micênico, a Grande Mãe é associada à árvore e sua representação como Senhora dos animais a une ao touro selvagem. Em Creta o touro selvagem, antes de ser domesticado, era caçado com redes, tendo uma vaca por chamariz. Na Grécia, o leão assume seu lugar ao lado da *pótnia*. Ambos compartilham os signos de ferocidade, virilidade, força e coragem e, enquanto caça, devem ser subjugados pelo caçador.[32] Anquises é aproximado a esses dois animais, que subjugou, quer pela domesticação, quer pela caça, provando ser um igual na força, virilidade e coragem e, como eles, é caçado, enredado por Afrodite, tornando-se sua presa (pelo emprego do verbo εἰλέω). O medo da morte ou castração é resultado do conhecimento das lendas dos amores entre as deusas e os mortais, mas também dos ritos, ainda praticados no período, nos quais o neófito, após unir-se à deusa ou à sua sacerdotisa, oferecia sua virilidade à deusa – ou seja, castrava-se, o que o podia levar eventualmente à morte (Chippaux, 1990, p.579).

Anquises está tão enredado pelo desejo que declara à deusa consentir em descer à morada de Hades, ou seja, morrer, após ter subido em seu leito.[33] O uso de ἐπι βαίνω, "subir, marchar, atacar, avançar" (Magnien; Lacroix, 1969), empresta à fala de Anquises (I, 150-154) toda a força guerreira e caçadora, mas também antecipa o fim, consentido, uma vez que o verso grego apresenta um paralelismo espectral, semântico e gráfico, entre subir ao leito e descer ao Hades:

Σῆς εὐνῆς ἐπιβάς / δῦναι δόμον 'Αϊδος εἴσω.
Teu leito subir / penetrar morada Hades para dentro / interior

Subir ao leito da deusa é espectralmente o mesmo que descer à morada de Hades.

---

32 No simbolismo dos caçadores é frequente um dualismo sexual, em que a caça, enquanto está sendo perseguida, morta e manipulada pelo homem, tem uma conotação feminina. A contrapartida ritual é oferecida pela imagem da mulher possuída e às vezes dilacerada pelo animal (Malhadas; Carvalho, 1978, p.11).

33 Quando imoladas em sacrifícios, era necessário que as vítimas dessem seu assentimento, o que poderia ser feito com um sinal de cabeça ou, como no caso de Anquises, por sua própria voz (Detienne, 1991, p.73).

As duas faces da Senhora

Logo na invocação do *Hino a Afrodite I*, Homero a chama de *Afrodite de ouro* ou *Cipres*, que faz nascer o doce desejo nos deuses e *submete* a raça dos mortais, dos pássaros vindos de Zeus e *todas as feras selvagens* que a *terra nutre*... todos são objetos de cuidado dos trabalhos de *Citeréia de bela coroa* (1-8). Não é o caso de retomar a figuratividade da coroa, do ouro, nem de Citeréia, já mencionados, mas de buscar os motivos da Senhora das feras presente desde o início no hino.

Afrodite tem como objeto de cuidado de seu trabalho μέμηλεν ἔργα, fazer nascer o doce desejo nos deuses e submeter os mortais, bem como as feras e pássaros ao seu desejo. Se nos deuses ela faz surgir o desejo – ἵμερον ὥσερ –, os demais são colocados sob seu jugo – ἐδαμάσσατο – aoristo médio de δαμάζυ, "domar, dominar, subjugar, colocar sob os arreios, *submeter*, vencer", por extensão *"matar"* (Magnien; Lacroix, 1969). Como já foi visto, o verbo na voz média indica vontade própria do sujeito na ação, empenho. Assim é o domínio de Afrodite: ela impõe sua vontade aos demais, que não podem escapar a ela – é a senhora de seus quereres, de seus desejos, de suas vidas, uma vez que pode dispor deles como lhe aprouver, quer para o crescimento e a fertilidade, quer para a morte.

O epíteto Cipres confirma seu lado benéfico. O termo Κύπρες, além de nomear a ilha de Chipre, votada a Afrodite, está ligado ao verbo κυπρίζω, "florir, desabrochar", (Magnien; Lacroix, 1969) – Cipres é a que faz florir, a que faz desabrochar, a senhora que possibilita o florescimento, o crescimento e a fertilidade dos seres e também a que preside a defloração, mais uma vez atestada pelo epíteto. No verso 60 do Hino I, temos a chegada de Afrodite ao seu santuário em Pafos: *"ao entrar as portas brilhantes ela abre"*. A ambiguidade expressa nesse verso é sutil e, ao mesmo tempo, saborosa se se prestar atenção a dois pontos. Em primeiro lugar, a correlação entre as *portas brilhantes* e o sexo feminino, atestada também no verso 236 do mesmo hino, quando Aurora, outra *pótnia*, cerra sobre Títon as portas brilhantes de seu palácio. O verbo usado aqui é ἐπιτίθημι, "colocar, pôr, atirar sobre, impor" e, ainda, *"colocar um véu sobre o rosto"* (Magnien; Lacroix,

1969; Bailly, 1947). Aurora, após o envelhecimento de Títono, afasta--o de seu leito e o encerra no fundo de seu palácio – ou seja, vela-se novamente, interditando ao amante suas *portas brilhantes* antes franqueadas. Em segundo lugar, Afrodite abre as portas de seu templo assim que entra no santuário; como deusa patrona do prazer erótico, sua presença é marcada pelo desvelamento, pelo franqueamento do sexo – pela defloração. Afrodite abre as portas para que se manifestem a fecundidade e a fertilidade entre todos os seres vivos, uma vez que elas estão, na cultura arcaica, intimamente ligadas ao sexo e à iniciação sexual da jovem. É por isso que Aurora se afasta de seu amante, velho, sem vigor, incapaz de gerar; ele não mais poderá compartilhar de seu leito, pois sua função, enquanto consorte fecundador da deusa, não mais existe. Como no caso do rei divino – que a cada período de nove anos deveria passar por rituais para provar sua força, seu valor e sua virilidade, caso contrário poderia contaminar e fazer perecer sua senhora, expressão da terra fecunda, trazendo a fome e a morte aos homens (Frazer, 1956, p.280) – o amante de Aurora é encerrado numa cova, "morto", e abandonado por ela.

Embora o poeta não use o termo *pótnia*, Senhora, que corresponde a "soberana, rainha, a que governa", ele descreve Afrodite como tal. No verso 92, Hino I, ela é ἄνασσα, "a senhora, a rainha, a soberana", enquanto no *Hino a Afrodite III*, 5, ela é nomeada μεδέουσα – "a que reina, a soberana, a que protege".[34] Em todos os hinos a Afrodite, ela é correlacionada ao cargo de soberana dos homens e das feras. No Hino III, o emprego de μεδέουσα torna-se ainda mais polissêmico, pois ao mesmo tempo em que a designa como Senhora de Salamina e Chipre, "a desabrochada", a associa à Medusa, uma das Górgonas; esta é a forma mesma do nome da deusa de olhar terrível e cabelos de serpente e, como já foi dito, Medusa encarna o terror e a morte. Num só termo, o poeta conjuga as duas faces de Afrodite: a da mãe protetora,

---

34 O termo μεδέουσα faz lembrar, foneticamente, μήδεα, "pênis" e suas variantes, uma vez que Senhora vem de μέδω, "comandar, governar, reinar sobre". A aproximação síncrona dos termos pode estabelecer um paralelo que equivaleria a dizer que a Senhora é também "a que reina sobre o pênis".

que cuida, e a da mãe terrível que, se olhada de frente, leva à morte – a senhora do sexo prazeroso e fertilizador e a senhora do sexo infrutífero, da impotência, da castração.

As muitas pótnias

Afrodite não é a única a apresentar a dupla face da Senhora dos animais. Essa face também está refletida na imagem de Ártemis, da Mãe dos Deuses, de Perséfone, de Deméter, entre outras. Todas essas deusas se comprazem com as florestas, vales, os bosques umbrosos. O úmido, a sombra, as fontes e as árvores, constantes em seus hinos, esses locais conjugam a ambivalência do benéfico e do terrível: benéfico, pois a umidade, a sombra, protege a terra do dessecamento, mantendo-a fértil, assim como aqueles que as habitam; terrível, pois são espaços limítrofes entre o civilizado e o natural, limite entre o cultural e a selvageria. Constata-se essa dicotomia no *Hino a Afrodite I*, quando a deusa chega ao Ida de numerosas fontes e mãe de todas as feras (68-74), coberto de bosques umbrosos onde a deusa se alegra com a companhia das feras. No mesmo hino, 122-125, nova menção às terras não cultivadas e selvagens, cheias de vales profundos e sombrios, que fazem limite com os campos dos homens. Nos versos 256 et seq. a deusa anuncia que dará à luz e que as ninfas de seios fartos, que habitam os montes luxuriantes e nascem ao mesmo tempo que os pinheiros e carvalhos, serão as nutrizes de seu filho. Os bosques e as florestas são também o habitat de Afrodite.

No *Hino a Ártemis II*, 4-10, a deusa habita as montanhas umbrosas e as florestas cheias de sombra onde caça e faz ressoar o grito agudo dos animais selvagens. O lado fértil das terras dedicadas a Ártemis fica mais evidente ainda no Hino I, 5, quando ela se dirige a Claros, *rica em vinhas*,[35] onde seu irmão, Apolo, a espera. As vinhas

---

35 A videira era identificada pelos páleo-orientais à erva da vida, e o signo sumeriano para a vida era, normalmente, uma folha de parreira, planta consagrada às Grandes Deusas. A Deusa Mãe era inicialmente chamada de A Mãe-Cepa de videira ou a Deusa-Cepa de videira (Eliade, 1957, p.292-3).

são, geralmente, ligadas a Dioniso, deus taurimórfico, mas aqui se associam também a Ártemis e seu poder fertilizador. Nada mais natural, uma vez que, como Senhora dos animais, ela é também unida ao leão e ao touro, possuindo não só a face terrível, manifesta na virgem arqueira, que fere de longe suas vítimas levando-as à morte, mas também o lado fértil – presidindo os partos, os nascimentos, a juventude – é a deusa *courótrofa*, que ajuda os jovens de ambos os sexos a chegarem à maturidade.

A dupla face de Ártemis é explicitada quando se volta a atenção para a estátua da deusa encontrada em Éfeso (Figura 5), cujo culto se manteve desde o século VII a.C. e passou pelos períodos helenístico e romano. A imagem apresentada aos fiéis não é a da jovem caçadora, mas a de uma deusa semelhante às asiáticas, ligada à fecundidade e com afinidades cretenses. Essa face fecunda é atestada pelo grande número de seios/testículos[36] que a deusa traz no peito, bem como pelas cabeças de touro que revestem a parte inferior de suas vestes e pelas abelhas que ladeiam sua coroa em forma de torre e o corpo da deusa.[37]

---

36 Pesquisadores como Triomphe (1989, Capítulo V), Seiterli (1979, p.3-16), Fleischer (1993, p.762-3), entre outros, aventam mais de uma possibilidade para os elementos representados no peito da Ártemis de Éfeso. Entre eles, encontram-se: seios; testículos de touros sacrificados à deusa em seus ritos de mistério para a renovação da natureza, como relata Calímaco; ovos de avestruz. Nas três hipóteses, o simbolismo da fecundidade permanece inalterado, pois os seios estão ligados ao aleitamento/nutrição; os testículos à pujança viril da reprodução; e os ovos ao germe da vida.

37 As abelhas presentes no corpo da Efésia estão voltadas para os seios/testículos plenos de mel. Estabelecendo um paralelo entre o leite, o esperma e o mel, observa-se que os três possuem um suco vital e estão acondicionados em "invólucros" de formas oblongas, arredondadas – semelhantes a pequenos sacos cheios de seiva (testículos, seios, alvéolos de abelhas); possuem uma forma e um conteúdo concretos permutáveis na imaginação antiga, eminentemente dialética e dinâmica: o segredo da vida está na turgidez e na maturação do fruto. Entre o avolumar da seiva e a maturação, a fecundação e o aleitamento, porém, há um limite a transpor. O mel, como o casamento, é preparado por uma virgem que se serve do aguilhão como Ártemis se serve do arco (Triomphe, 1989, p.320).

Figura 5 – Ártemis de Éfeso, escultura de mármore, século I

A Ártemis representada na estátua de Éfeso conjuga o lado negro – cor apresentada em seu rosto, mãos e pés, que a associa ao ctônico, à terra, ao desconhecido e perigoso mundo dos mortos e das sombras – ao lado brilhante – o ouro que reveste seu corpo e adornos é a fecundidade/fertilidade pela qual ela é responsável. Como a Deusa Mãe, Ártemis exige, em seus ritos de renovação da natureza, o sacrifício de seu consorte, o touro, cuja virilidade lhe é ofertada para promover a fecundidade da deusa. A ligação de Ártemis com o touro se expressa no epíteto *Taurópole*, empregado para ela – da mesma forma que os sacrifícios de touros/bois feitos à tríade Leto/ Ártemis/Apolo em Xanthos. Percebe-se, assim, que o domínio sobre o touro é também um privilégio da Senhora dos Leões, a *Guardiã dos leões que matam os touros* (ἔφεδρος ταυροκτόνων λεόντων).[38] É sobre a antiga imagem do touro vencido pelo leão que Ártemis pode fundamentar e explorar o benefício de sua virgindade intratável. A imagem do touro é ainda sugerida pela Ártemis-Lua, que é chamada Δίκερως, *"que tem dois cornos"*, ou Ταυρόκερυς, *"de cornos de touro"*. Os cornos taurinos são um elemento essencial da simbólica lunar e da dialética macho/fêmea que lhe é própria (Triomphe, 1989, p.320), basta lembrar dos cornos de consagração, ou cornucópia da fortuna, vertendo alimentos e ouro. Aproximando Ártemis ainda mais da Deusa Mãe, verifica-se a presença de um sumo-sacerdote eunuco (o *Megabyze*) em Éfeso, responsável pelo direito de asilo e pela introdução dos fiéis junto à deusa. O caráter eunuco de seu sacerdote

---

38 Sófocles, *Filoctetes*, 400.

DA SEDUÇÃO E OUTROS PERIGOS 67

é estranho aos gregos e demonstra a ligação da deusa com o Oriente, da mesma forma que Afrodite. Segundo Pseudo-Heráclito, citado por Triomphe (1989, p.314), haveria um acordo tácito entre o *Megabyze* e a natureza feroz da deusa, sendo muito mais que um empréstimo às tradições asiáticas e babilônicas da castração, podendo-se considerá--la como um costume ou rito no qual as tradições dos dois continentes se reencontram numa simbiose greco-asiática. De qualquer forma, Ártemis assume tanto os contornos da *pótnia* terrível como os da Mãe benéfica e fecunda.[39]

Um de seus principais epítetos aclara ainda mais sua dupla face: χρυσηλάκατα, "de flechas de ouro". Χρύσος, "ouro" tem uma conotação sexual, como foi visto; ἠλάκατα, correntemente traduzido por "flechas", é na verdade um termo que designa a *roca de fiar* e o *fuso*, possibilitando a tradução do epíteto por "a de roca de ouro". Assim como a serpente possui uma bipolaridade sexual, a roca/fuso também a possui. A polaridade feminina está na circularidade da roca. Pelo levantamento anterior dos adornos de Afrodite, observa--se que a roca, como os adornos, traz inscrito o sema curvilíneo em sua figuratividade, ao passo que o fuso possui os mesmos semas que o falo. Corroborando essa leitura, o tecer/fiar mostra-se como elo importantíssimo entre a virgem (Ártemis) e a sexualidade (Afrodite). O ato de tecer está intimamente ligado ao da reprodução, segundo Kerényi (1952, p.247-53). Em diversas culturas primitivas, as jovens são instruídas sobre as atividades sexuais ao mesmo tempo em que aprendem a tecer. Essa iniciação, restrita às mulheres, realiza-se nas chamadas "casas das mulheres", onde o tecer é acompanhado por cantos obscenos sob a supervisão de mulheres mais velhas (Eliade, 1964, p.159).

---

39 Na Grécia, um culto à Ártemis Sapo é bem difundido nas regiões lacustres ou pantanosas, como em Delos, segundo Pierre Lévêque (comunicação pessoal, 1995): os pântanos ou lagos representam os limites presididos pela deusa, ao passo que a imagem do sapo se alia à da deusa em decorrência de seu veneno, usado pelos caçadores para envenenar suas flechas. A Ártemis Sapo é a deusa dos limites perigosos e das setas envenenadas que levam a morte aos homens, mas também a que protege o caçador e o auxilia em sua tarefa.

Os gregos não se excluem dessa iniciação feminina: uma das versões sobre o nascimento de Dioniso informa que Perséfone, sua mãe, foi seduzida por Zeus sob a forma de uma serpente enquanto tecia numa gruta aos cuidados de Atena. Embora Atena seja a deusa que patrocina os artífices e a tecelagem em especial, como aponta o *Hino a Afrodite I*, 14-15 – é ela que ensina às jovens virgens, em seu santuário, o esplêndido trabalho, pondo o gosto na alma de cada uma –,[40] Ártemis também está correlacionada à tecelagem. Louise Zaidman (1991, p.393) revela que em Brauron, no coração do santuário de Ártemis, foram encontrados inventários que reportam um grande número de oferendas têxteis, na maioria vestimentas femininas, para a deusa. No final de *Ifigênia em Táurida*, de Eurípides, também há menção de que Ifigênia será sacerdotisa de Ártemis e a ela deverão ser consagrados os suntuosos tecidos deixados pelas mulheres no parto. Essa continuidade assumida pelo santuário na sua vocação feminina, da iniciação das jovens filhas até o termo de seu estatuto de esposa e mãe, põe em destaque, por meio das transformações sucessivas que constroem o destino feminino, a alta figura de Ártemis. Ela não só leva a jovem ursa a se integrar na sociedade como a acompanha até o nascimento de seus filhos, os quais ela tomará a seus cuidados durante a infância e a puberdade.

As correlações entre o tecer/fiar e o sexo e o nascimento podem ser percebidas nos sentidos intercambiáveis dos verbos ὑφαίνω, "tecer, criar, gerar, produzir", e τίκτω, "gerar, dar à luz, criar, produzir": em ambos está presente a ideia de geração, produção, criação. No *Hino a Afrodite I*, 284, o termo usado para filho é ἔκγονος, que também quer dizer "produto"; dessa forma, vê-se a ação de gerar/nutrir/criar um filho como um paralelo do trabalho, exclusivamente feminino, de tecer: assim como a mãe recebe em seu ventre o esperma e dele faz surgir um produto – o filho, a tecelã faz surgir da lã ou fibra o fio e dele um produto inteiro e acabado – o tecido. Ambos têm um período de gestação, produção, transformação, que, decorrido, culmina no sur-

---

40 Observar a semelhança entre os ritos femininos das sociedades primitivas e a informação do hino: as jovens sob a tutela de Atena, em seu santuário, aprendem o gosto pela tecelagem.

gimento de algo novo, diverso do material de origem, mas que guarda sua essência. A mulher é vista como a mediadora entre esses dois polos, a mediadora dessa transformação.

No hino em questão, o tecer é descrito como *esplêndido trabalho*, ἀγλαὰ ἔργα. ἀγλαός é "brilhante, esplêndido" em se falando do ouro ou de beleza, "esplêndido" em se falando de homens, mas é também "fiar". O termo ἀγλαός está diretamente associado a ἀγλαΐα, ας, "brilhante, esplendor, magnificência, beleza e joia": ornamentos, enfeites (Magnien; Lacroix, 1969). Como num círculo vicioso, vê-se novamente a ligação entre a joia, o brilho, o tecer e o sexo. A recorrência desse motivo nos hinos, associados não só a Afrodite, mas às duas deusas virgens Ártemis e Atena, geralmente tidas como versões helenizadas da *pótnia*, permite unir à figura dessas deusas o sema curvilíneo e sua relação com o sexo e a fecundidade.

O oferecimento a Ártemis dos tecidos feito pelas mulheres mortas no parto demonstra sua ligação com o ctônico, com o reino dos mortos e com Perséfone, a *koré* infernal que, como ela, tem um domínio limítrofe entre a maternidade e a virgindade, entre a alegria da vida e o desejo de morte, entre a fecundidade e o mundo infernal.

Os grandes mitógrafos da Antiguidade como Ésquilo (Heródoto, II) e os conhecedores dos velhos mitologemas, como Calímaco, também ousaram insinuar que só haveria uma *koré* e uma mãe: a filha de Deméter, que se chamaria Ártemis ou Perséfone. [...] Ártemis e Perséfone aparecem como dois aspectos da mesma realidade. Ártemis, a realidade ativa: ela porta em si a morte sob a forma de homicídio; após Homero, ela é um leão para as mulheres, como também ela é a ursa na Arcádia e na Ática. Perséfone é totalmente passiva: ela colhe flores quando é levada pelo Senhor do reino dos mortos. [...] É a *koré* destinada a levar uma existência de flor. (Jung; Kerényi, 1974, p.147-53, passim)

Confirmando o lado ctônico de Ártemis, que a aproxima de Perséfone, nos hinos I e II consagrados à deusa ela é a Παρθένου ἰοχέαιρα (I, 2; II, 2, 11) – a virgem lançadora de flechas, ou a que deixa cair suas flechas. ἰός é seta ou flecha, palavra rara e poética, mas que também significa "bebida, *veneno*, designando a bebida, o suco das plantas, os humores dos animais e o veneno destes, sobretudo das serpentes", θηρίον, θηριακός (Chantraine, 1980). Ártemis lança suas setas como a serpente lança seu veneno. Formando-se um duplo com a roca/fuso, a seta e a serpente, pode-se retomar a imagem de Perséfone, deusa ctônica ligada às serpentes e à fertilidade/fecundidade do solo. A mesma imbricação pode ser percebida no uso do verbo ἐπιτρέφω (II, 10), "fazer crescer, sustentar, florir, semear", usado no hino sob forma negativa, pois Ártemis faz nascer/semeia a morte entre os animais selvagens. A ambiguidade expressa no verso é a mesma sentida na figura da deusa, que ora é boa, ora é má.

Como faces de uma mesma moeda, Ártemis – Perséfone – Atena guardam em sua virgindade toda potência fecundante/fertilizante das mães, assim como o fio traz em si o tecido. É por isso que elas estão ligadas, como Afrodite, aos campos e bosques luxuriantes e não cultivados, ao grito agudo dos animais, ao tambor e à flauta.

Ártemis, embora sendo uma virgem respeitável, αἰδοίην, não dispensa as belas vestes e os sedutores ornamentos. No hino II, após alegrar-se com a caça, ela deixa o arco, veste-se sedutoramente, ruma a Delfos para dirigir os coros de doce canto. Como Afrodite, ela vem para o coro ornada e sedutora; seu canto, ao contrário dos gritos agudos e terríveis dos animais, é doce, ἀμβροσίην, como ambrosia. Tão sedutora quanto a deusa do amor é a selvagem Ártemis, tão desejável com suas *doces palavras e belas joias* quanto Afrodite diante de Anquises. E, se ela é a arqueira de flechas de ouro, é também a sedutora tecelã de roca de ouro. Se com as flechas ela mata os animais e as mulheres, com a roca ela fia a vida do jovem sob sua tutela, protegendo-o da barbárie e da selvageria do mundo natural.

Um outro mito une o fiar e a vida de maneira exemplar. Trata-se do mito das Moiras Átropos, Cloto e Láquesis, as fiandeiras do destino. Hesíodo (*Teogonia*, 900-905) diz que elas são filhas de Zeus e de Têmis e a elas o deus concedeu a grande honra de atribuírem aos homens mortais os haveres de bem e de mal. É delas que depende o nascimento, a vida e a morte de cada ser mortal e nenhum deus, nem mesmo Zeus, pode intervir para mudar sua decisão. Assim, Cloto fia o fio da vida de cada homem, Láquesis fixa as partes reservadas a cada um e a inflexível Átropos corta o fio e traz a morte. Como as deusas vistas anteriormente, as Moiras têm seu aspecto benéfico, vida/bens, e seu aspecto maléfico, morte/sofrimento; a distribuição desses dons vem do fio tecido para cada um dos mortais. Divindades irmãs das Horas, as Moiras regram a vida do homem, assim como as Horas regram a Natureza. O ciclo de vida e morte é metaforizado no fio da vida, no novelo – motivo que se faz presente em quase todas as culturas e que ganha destaque no mito de Ariadne e Teseu, aliando-se ao touro e ao labirinto. Como se verá mais adiante, Ariadne assume as faces da Senhora e Teseu a de seu consorte.

As mães

Dentre os deuses louvados nos hinos homéricos, duas deusas assumem explicitamente seu estatuto de Mãe: a Mãe dos Deuses e Deméter. Um terceiro hino, dedicado a Gaia, compõe com os demais a figura da Mãe, mas, de certa forma, retoma os dois anteriores, pois Gaia é a terra fecunda da qual todos os seres dependem para sua existência, sendo, na verdade, um duplo de Deméter, que também é associada à terra. Ambas são responsáveis pela riqueza dada ao homem (Deméter 489 e Gaia 12), pela felicidade do homem piedoso (Deméter 486 e Gaia 7-8) e, sobretudo, são as nutrizes dos seres. Em decorrência dessa semelhança, o *Hino a Gaia* não será especificamente abordado.

Até o momento, os hinos mostram dois momentos do universo "feminino": por um lado, a potencialidade de uma fecundidade/ fertilidade das deusas virgens, das ninfas ainda não tocadas pelo sexo, e, por outro, o do despertar do desejo, da eclosão da jovem ninfa em mulher sob a tutela de Afrodite. A possibilidade de fertilidade torna-se realidade com Afrodite – tanto é assim que, após se unir a Anquises, ela declara trazer um filho no ventre (Afrodite I, 196-199, 255). Se Afrodite, porém, gera um filho, não é ela que o irá nutrir em seu seio, mas serão as Ninfas de seios fartos, habitantes das montanhas, que nutrirão Enéias. Aí reside a diferença entre essas deusas e as chamadas Deusas Mães, pois estas assumem não só o gerar, como também o nutrir, o cuidar, desse filho ou filha. Embora Afrodite e Hera sejam mães, pois geraram filhos, elas não são nomeadas *Mães*, como ocorre com a Mãe dos Deuses em seu hino. A palavra que abre o hino homérico é Μητέρα, *mãe* – é ela que será cantada, a mãe. Homero não emprega seu nome: Gaia, Terra, como faz Hesíodo (*Teogonia* 117), Γαῖ' εὐρύστερνος – *Terra de amplo seio* –, mas destaca sua função: acima de tudo, ela é a mãe de todos os deuses e de todos os homens.

O termo μήτηρ, além de designar a mãe de família, exprime uma dignidade social e pode ter também um emprego religioso correspondente a Πατήρ, pai, no sentido de "Senhora da casa". Possui ainda outros sentidos, apontados por Chantraine, como: "matriz, nutriz, molde, útero, a vulva da porca, o coração da mata, a rainha das abelhas" etc. (Chantraine, 1980).

Etimologicamente, μητήρ ou μήτρᾶ traz em si a ideia de que a mãe é o próprio útero, a matriz, onde será gerado/produzido o filho, o qual ela nutrirá em seu seio. Assim como Gaia, a Terra, produziu todos os seres, mortais e imortais, e é responsável por sua nutrição, seus seios são os frutos da terra: as sementes, as frutas e mesmo os pequenos animais, uma vez que esse é o sentido de Καρπόσ, "fruto" (Magnien; Lacroix, 1969).

Ao se verificar que o termo μητήρ pode ser utilizado para designar também a vulva da porca e a abelha rainha, pode-se estabelecer outro elo com a sexualidade, pois a vulva da porca está ligada a Afrodite, quer pelo contexto já visto, quer pela grande fertilidade do animal.[41] A abelha e o mel também possuem conotações sexuais – os dons de Afrodite são doces como o mel e ela profere palavras doces/sedutoras. A ligação com a abelha rainha se dá pela geração, pois ambas, Deusa Mãe e abelha rainha, são as matrizes de onde surgiram todos os seres, respectivamente, mortais/imortais, e a colmeia. Sob essa perspectiva, tem-se na colmeia um paralelo do universo humano, no qual a mãe exerce papel fundamental e superior, tal qual na sucessão matrilinear, da qual emer-

---

41 A associação do termo "mãe" com a prostituição é perceptível nos derivados: μάτρυλλα, "proprietário de bordel", μάτρυλλος, "cafetão", e ματρυλεῖον, "bordel"; os derivados apresentam um ᾱ não ático e seu sentido é pejorativo (Chantraine, 1980).

giu o mito da Deusa Mãe, da Senhora terrível e benéfica.[42] Como a abelha rainha, é dela que vem a vida, a fertilidade, o lado doce dos prazeres e os frutos – mas, tal qual a abelha rainha, ela escolhe um macho/zangão que é morto após a cópula, podendo-se perceber aí uma correlação estabelecida dentro do próprio termo Mãe e que aponta para suas duas faces.

Triomphe (1989, p.300) revela ainda uma estreita ligação entre o seio nu e o ventre da abelha. Nas placas de Rodes, tem-se representado um busto feminino alado, com seios descobertos, prolongado a partir da cintura em ventre anelado, semelhante ao abdômen da abelha, e que está associado à Ártemis de Éfeso, ou ainda a uma deusa abelha, como Melissa – a ninfa serva de Deméter. Na verdade, a imagem mostra-se como uma bipolarização: o alto do corpo é feminino, o baixo do corpo é animal, o que a associaria a uma Deusa Mãe minoico-cretense, da qual Ártemis seria herdeira.

Assim, o seio/leite equivale ao mel, ambos sinônimos de fecundidade e maternidade, e o ventre anelado às portas do sexo, faixa a ser transposta com o auxílio divino.

No *Hino a Deméter*, mais extenso que o *Hino à Mãe dos deuses*, as relações tornam-se mais explícitas – a começar pelo próprio nome da deusa e seu epíteto. Deméter é, segundo Chantraine (1980), a fusão de Δῆ = Γῆ (Terra) + μητήρ (mãe), ou seja, a Terra-Mãe, várias vezes nomeada no hino como a deusa ἀγλαόκαρπος – *de belos frutos* (v. 4) –, a Πότνια Δημήτηρ, ὡρηφόρε, ἀλαόδωρε – a *Senhora Deméter, que traz as estações das frutas, e dá esplendidos dons/presentes* (v. 54) –, ou ainda a καλά τιθηνοίμην – a *bela/boa nutriz* (v. 142) –, a deusa de θυώδει κόλπῳ – *seios/colo perfumado* (v. 231) –, e ἐϋστέφανος Δημήτηρ – *Deméter coroada* (v. 224).

Ao mesmo tempo em que ela é nutriz, a que oferece aos homens os belos frutos e os esplêndidos presentes,[43] ela é também uma *pótnia*; nos versos 188-189 a descrição de Deméter diante de Metanira é idêntica

---

42 Cf. Petazzoni, 1953, capítulo "As origens", passim. Ou Daremberg; Saglio s.v. Ceres, passim.

43 Tanto Deméter quanto Afrodite oferecem aos mortais presentes valiosos: Deméter dá esplêndidos presentes e Afrodite, doces presentes (*Afrodite III*, 2), e todos esses dons estão ligados ao sexo e a fertilidade/fecundidade.

à de Afrodite, como Citeréia Coroada, diante de Anquises (*Afrodite I*, 173-174). Mais de uma vez, ela é denominada de Senhora e as indicações não deixam dúvidas sobre seu lado negro, ctônico e terrível: no verso 47, ela é Χθόνα Πότνια Δηώ – *a ctônica ou negra Senhora Deo ou Terra* –, traduzido geralmente por "a venerável Deméter", forma que perde a intensidade da invocação feita por Hécate; no verso 39, ela é a Πότνια μητήρ – *a Senhora Mãe, ou a Mãe venerável*; no verso 211 o epíteto usado é Πολυπότνια Δηώ – *a muito Senhora/venerável Deo*.

Seu lado terrível é evidenciado não só nos epítetos, mas também numa preciosa indicação do hino sobre a troca de véus que a deusa faz após o rapto de sua filha Perséfone. Antes do rapto, Deméter porta um véu cor de *ambrosia*, ἀμβροσίας κρηδεμνα (v. 41), que traz inscrito todo o lado benéfico da deusa. A ambrosia é o alimento dos deuses e, quando o aedo nos informa que essa é a cor das vestes de Deméter, ele está se referindo à fertilidade/fecundidade como seu apanágio. Mas, após o rapto, ela retira esse véu e se cobre com um véu negro, sombrio, κυάνεον δέ κάλυμμα (v. 41): ela agora não mais deixará a terra e os homens produzirem – é o lado terrível, da esterilidade, da fome e da morte que a deusa ultrajada oferece. Sua face terrível é sentida ainda no verso 385, quando é comparada a uma mênade; a imagem da deusa assemelha-se à de uma divindade enlouquecida, desalinhada no trajar e no pentear-se – o que faz pensar, novamente, em Medusa e sua face impossível de ser olhada.

Embora o hino não faça referência a qualquer instrumento musical, sabe-se que estão associados à deusa, em seu culto nos mistérios eleusinos, os címbalos e as castanholas. Magnien e Lacroix (1969) referem-se a outro rito em que Deméter é evocada retinindo os címbalos e batendo os tamborins à procura de Perséfone. Por causa desse barulho, ela teria sido chamada de *Achaea*, a "ruidosa". Sua associação com as serpentes e com o touro, já referida, reforça o elo com Medusa e as demais *pótnias*, que também amam os animais selvagens, os bosques, os sons estridentes e penetrantes de címbalos, tambores e flautas, e cujos amantes mortais foram mortos após uma união sexual.[44]

---

44 No caso de Deméter, o amante é Jasão; cf. o ciclo mítico dos Argonautas.

O doce pomo

> *como a maçã mais doce enrubescendo-se*
> *no alto do mais alto ramo, a sós,*
> *que os colhedores esqueceram lá –*
> *não, esqueceram não; nenhum pôde alcançar.*
>
> (Safo, 1987, frag.105)

O termo μῆλον, "maçã ou pomo", bem como toda e qualquer fruta que possua uma forma arredondada como o marmelo, a romã, o limão, o pêssego, o damasco etc., é equivalente ao termo καρπός, "fruto", que designa, ainda, pequenos animais como o carneiro e a ovelha, o bode e a cabra e, mais raramente, o gado e o touro selvagem. μῆλον é ainda empregado como metáfora para os seios da mulher (Chantraine, 1980 e Magnien; Lacroix, 1969).

A correspondência fica evidente – pois, se a terra alimenta seus filhos com os frutos, e a mulher os nutre em seu seio, a relação fruto/seio/alimento é clara, principalmente porque os seios também possuem a forma arredondada dos frutos, são túmidos como eles, têm a pele macia e estão cheios de sumo/leite (Figura 6).

Além dessas evidências, a associação dos frutos com os deuses se dá principalmente no âmbito do feminino. A romã, por exemplo, é associada a Perséfone, a Afrodite e a Hera. Sua ligação com Perséfone ocorre porque a romã é um símile do mundo ctônico: como guarda sob sua casca um sem-número de sementes, é um fruto sem par no reino vegetal – "caso raro em que o ovário é formado por dois vértices carpelares superpostos, às vezes até por três, e se encontra soldado à casca em toda a sua extensão" (Fragosos et al., 1953, p.352-354); ou seja, a romã equivale a um *útero*, uma vez que a fruta é composta apenas por sementes e, ao mesmo tempo, é idêntica aos seios, pois das sementes extrai-se seu suco, que é nutritivo e refrescante; sua abundância em sementes remete à fertilidade e à abundância. Perséfone é a romã plena de vida e fertilidade, a fruta colhida por Hades. A ligação da romã com Afrodite e Hera se faz em razão da fertilidade, uma vez que as duas deusas são responsáveis pelo casamento e pela fertilidade do casal (Figura 7).

Figura 6 – *Deméter*, terracota, século IV a.C.

Figura 7 – *Eros e Afrodite*, espelho de bronze, 480-323 a.C.

De modo semelhante à romã, a maçã e o marmelo são frutas ligadas a Ártemis, Afrodite e Eros.[45] A maçã de ouro do Jardim das Hespérides é o fruto da árvore da vida e o fruto da imortalidade. Segundo Diel (1976, p.58), a maçã, por sua forma esférica, significa globalmente os desejos terrestres, daí sua ligação com Afrodite. No mito de Atalanta,[46]

---

45 Embora Eros seja uma divindade masculina, ele é associado à fruta em decorrência de seu elo com Afrodite e o sexo/fertilidade. Alem de ser um jovem ainda imberbe, o que o liga mais ao feminino que ao masculino.

46 Atalanta é companheira de Ártemis e, como ela, é caçadora e não se predispõe ao casamento. A corrida pré-nupcial de Atalanta é um duplo da corrida da jovem ursa instituído por Ártemis.

Afrodite dá a Anfidamas três maçãs de ouro tiradas de seu santuário em Chipre para que ele possa vencer Atalanta na corrida nupcial imposta por ela a seus pretendentes. Durante a corrida, ele vai jogando as maçãs para que ela não o alcance, pois isto significaria a morte para Anfidamas; Atalanta, curiosa, vai recolhendo os frutos de Afrodite e perde a corrida para o jovem, e assim eles se casam (Guimarães, 1995, p.78-9).

A forma circular e curvilínea da maçã e sua cor dourada retomam os adornos de Afrodite e a matriz figural do desejo/sedução;[47] além disso, é suculenta e seu valor alimentar é inegável. O marmelo, da mesma forma que a maçã, é uma fruta marcada pelo curvilíneo e está associada à união sexual, permutável com a maçã, e igualmente dedicada a Ártemis, Afrodite e Eros. Ela é o limiar erótico que conduz os caminhos de Ártemis até Afrodite, pois toda virgem amadurece como uma fruta destinada a ser colhida na *hora* das núpcias. Segundo Triomphe (1989, p.105), o marmelo, ou cidônia, foi imposto por Sólon no ritual de casamento, sendo um signo de fecundidade, pois sua forma evoca a dos seios. As maçãs e os marmelos são ofertados a Ártemis como prova de amor entre os enamorados – oferta atestada pelas estátuas de Brauron, situadas dentro de seu templo na sala de ex-votos, bem como pelos jogos de Eros e dos enamorados com frutas, atestados na poesia erótica e que são reprisados na simbologia órfica. Um epigrama erótico, atribuído pela *Antologia* a Platão e citado por Triomphe, precisa, por sua vez, o simbolismo do pomo e o gesto ritual que o ajuda a fixar-se: "a jovem que *apanhar do chão o pomo lançado por seu amante*, promete, pelo feito mesmo, *a ele abandonar sua virgindade*" (ibidem, grifo nosso).

Existe, ainda, o costume ritual de as jovens oferecerem flores e frutos às deusas como uma troca pela *chegada da* ὥρα (hora) *de seu próprio corpo* – ou seja, de sua noite de núpcias (Triomphe, 1989, p.105).

Paralelamente, o termo καρπóσ nomeia não só o fruto, mas também o punho que lança a fruta, e é justamente pelo punho que se tocam as Horas e os maridos tomam suas jovens esposas nas cenas de casamento

---

47 Os valores sedutores da maçã de Afrodite se reencontram na concepção da maçã do Éden, colhida por Eva, símbolo do desejo erótico e da transgressão.

(Figura 8). A mão que lança o fruto, com um movimento de punho, é a que vai colher a jovem madura.[48]

Figura 8 – Núpcias de Peleu e Tétis (vaso)

Esse simbolismo da fruta que se colhe e se superpõe aos seios da virgem, enquanto promessa de fecundidade nupcial, e o dos pomos lançados no solo – limite de Afrodite com a benção indispensável de Ártemis e Hera – faz considerar mais atentamente o mito de Acôntio e Quidipe. Numa festa de Ártemis, Quidipe apanha um marmelo que veio até seus pés e lê a inscrição em alto e bom som, diante do altar da deusa: "Por Ártemis, eu desposarei Acôntio". A jovem é prometida a outro, mas nos ritos pré-nupciais cai doente [a jovem cai num sono profundo, como se estivesse morta, portanto, em coma][49] e só se recupera quando, após uma consulta feita a Apolo, por ele é revelado o fato de que Quidipe deve desposar Acôntio. Ambos se casam e tudo corre bem. (Triomphe, 1989, p.111)

Como no mito de Atalanta, em que Afrodite e os pomos de ouro são responsáveis pela união do casal, no mito de Quidipe, Ártemis e o marmelo promovem a união do casal.

---

48 Ideia contida no belo fragmento de Safo citado acima.
49 O sono de Quidipe é em tudo semelhante ao de Ariadne em Naxos, onde Teseu a abandona e Baco a encontra, levando-a como sua esposa para o Olimpo.

As frutas e os seios se inscrevem, assim, na fecundidade madura, pronta a gerar e nutrir, ao passo que a flor é a fecundidade por se realizar. Assim é Perséfone, a esposa florescente, θαλερήν κεκλῆσθαι ἄκοιτιν, de Hades (Deméter 79), a jovem que chega ao *belo momento de seu crescimento*, plena de vida e de seiva, como a romã, florescente e ardente, pois são esses os sentidos dados a θαλέω, derivado de θάλλω, "verdejante, luxuriante", plena de vida como as frutas do outono, e também a θάλος, "ramo verdejante", usado no verso 66 do mesmo hino, juntamente com γλυκός, "doce", para qualificar Perséfone: γλυκερονθάλος, "doce ramo", ou, como quer a tradução mais corrente, "doce jovem". Ela é, ao mesmo tempo, a flor e a romã, ambas plenas de vida e prontas a serem colhidas. Ela é a deusa τανύσφυρον, "de finos tornozelos"[50] (Deméter 2) – epíteto semelhante é usado para Deméter no verso 453: καλλισφύρον, "de belos tornozelos". Os tornozelos são usados aqui como equivalentes ao punho e, portanto, seios, marcando seu contexto erótico próximo ao da garganta e do sexo, todos marcados pela forma circular, cuja expressão mais marcante no *Hino a Deméter*, é βαθυζώνοιο θύατρός, v. 201, referindo-se a Perséfone como a *"filha de vestes bem acinturadas"* ou *de larga cintura* (referindo-se a ancas), *de cintura profunda ou baixa*. Como Afrodite, Perséfone tem muito bem marcada a região do ventre/sexo.

As formas arredondadas, curvas, sinuosas, apresentadas pelos frutos e pelos seios/ventre e sua relação com o gerar/nutrir, visto não só como função feminina, mas também da Terra e suas deusas representativas, são as mesmas vistas nos adornos de Afrodite: seus braceletes recurvados, seus colares de ouro e, principalmente, sua cintura/cinta estão marcados pelo sema curvilíneo, que se inscreve, a princípio, na matriz figural do desejo/sedução. Após a análise dos demais hinos, porém, percebe-se que desejo/sedução é, na realidade, um patamar intermediário entre a estrutura de superfície (a figurativização das deusas) e a estrutura profunda contida em seus mitos e ritos (o conceito de fertilidade/fecundidade, no qual o desejo e a sedução exercem um papel fundamental).

---

50 Em Creta os tornozelos, bem como os punhos e o colo, eram adornados, como mostram as pinturas palacianas e dos vasos encontrados em Cnossos.

O conceito ou ideia de fecundidade/fertilidade só pode ser estabelecido a partir do par opositivo macho/fêmea, uma vez que é necessária a fusão de ambos para que haja a fecundação. Dessa forma, os semas constitutivos da matriz figural da fertilidade/fecundidade devem ser apresentados aos pares, sendo os semas femininos depreendidos da figuratividade das deusas, que abrangem os semas da sedução, e os semas masculinos estabelecidos pela oposição ao feminino e associados à figuratividade do consorte da deusa, quer seja ele o touro, o leão ou um seu correlato qualquer.

Partindo-se dessa análise dos hinos, pode-se depreender os semas femininos: *curvilíneo, modelado, arredondado, formado, sólido, continente, profundo, liso, brilhante* e *cromático*. No sistema sêmico proposto por Greimas (1973, p.42-74), observa-se que as estruturas elementares se articulam em conjuntos: desse modo, portanto, os elementos analisados até aqui que apresentam o sema /curvilíneo/, como por exemplo os seios; também apresentam o sema /modelado/, uma vez que a forma dos seios é arredondada, túmida e, portanto, sólida – base dos semas /formado/, /arredondado/ e /sólido/. Pode-se observar ainda que os seios podem conter leite: portanto, apresentam o sema /continente/ e /profundo/; sua superfície é lisa, brilhante e cromática, razão que sustenta a presença dos semas /liso/, /brilhante/ e /cromático/. Da mesma forma, o lexema útero é apresentado com o mesmo conjunto sêmico e etimologicamente permutável com o lexema seios, assim como os adornos, os véus e a roca.

Os semas formadores dos pares opositivos e ligados ao masculino são: *retilíneo, achatado, anguloso, não formado* (aqui entendido como *esquemático*), *não sólido, conteúdo, plano* (ou *superficial*), *rugoso, opaco, acromático*.

Alguns pares de semas como humano/não humano, animal/vegetal, animado/inanimado serão permutáveis, dependendo do contexto mítico. A oposição humano/não humano pode ser assumida tanto pela deusa quanto por seu consorte, pois a deusa pode ser figurativizada pela gruta (não humano) e seu consorte pelo homem (humano) ou, ao contrário, a deusa como mulher e o consorte como animal selvagem. O mesmo ocorre com o par animal/vegetal: ora a deusa é uma deusa vaca ou árvore, ora seu consorte é um touro ou é metamorfoseado em planta, como ocorre com Átis, o amante de Cibele. O par animado/inanimado é complementar dos anteriores.

No contexto mítico dos hinos homéricos, observa-se ainda a presença da oposição central/periférico, cabendo à deusa a posição central e ao seu consorte a posição periférica. Dada a ligação da deusa com a natureza e seus ciclos, também é possível depreender os semas contínuo/descontínuo, múltiplo/uno, forma fechada/forma aberta: a noção de continuidade se alia ao uno e à forma fechada, características da permanência do uno – deusa/natureza, como forma acabada e regulamentada em si mesma, mas que possui em seu interior a multiplicidade e a descontinuidade dos ciclos que apresentam uma variação e, portanto, uma forma aberta. Esse conjunto sêmico também pode ser inferido pela associação com a serpente e o labirinto, vida/morte, elementos que, embora abertos, fecham-se sobre si mesmos, continentes e conteúdos de si próprios, o mesmo ocorrendo com o feminino: porta "mágica" por onde a vida e a destruição vêm ao mundo.

O conjunto de semas observado pode ser assim sistematizado:

- curvilíneo/retilíneo;
- modelado/achatado;
- arredondado/anguloso;
- formado/não formado (esquemático);
- sólido (túmido)/ não sólido;
- continente/conteúdo;
- profundo/plano (superficial);
- liso/rugoso;
- brilhante/opaco;
- cromático/acromático;
- animal/vegetal;
- humano /não humano;
- animado/inanimado;
- central/periférico;
- contínuo/descontínuo;
- múltiplo/uno;
- forma fechada/forma aberta

Essa relação leva ao seguinte suporte figural: <esferoidal> + <medial>, uma vez que o universo feminino apresentado pelos hinos homéricos privilegia as formas curvas, arredondadas, sinuosas, inscritas, portanto, no sema <esferoidal> – além de privilegiar a região mediana do corpo feminino: tronco e baixo ventre, região <medial>, sema que se opõe a <extremidade>.

Dessa forma, o grupo véu/adornos > cintura > sexo apresenta uma imagem tripla de natureza semissimbólica, mítica, que sincretiza classematicamente os percursos temáticos figurativos:
- Véu/adorno => cintura: sobreposição do objeto (vegetal/mineral) ao humano => atributos do feminino => sedução;
- Cintura => sexo: passagem do cultural (sedução) para a natureza (sexo).

A sedução jamais se dá na natureza, mas sim no artifício, na tensividade desse movimento alternativo e complementar entre o distante e o próximo, na instigante relação atração-repulsão, fascínio-terror. A sedução é ritual e como tal vem mediada pelo corpo – não um corpo nu e exposto, mas vestido de transparências, perfumado e adornado: é o brilho da joia que revela o colo de Afrodite, assim como o véu, a sua nudez. Entre o olhar desejante e seu objeto, interpõe-se uma barreira, fratura estética, intersecção entre o prazer e a morte, a luz e a sombra: o cinto de Afrodite é um tempo e um espaço – dentro dos quais se encena um drama de energias (Valéry, 1973, p.1134).

2
À LUZ DO FOGO:
UMA HERANÇA ARCAICA
(DA PRÉ-HISTÓRIA
À CULTURA CRETO-MICÊNICA)

> *A realidade não é o objeto, mas a transfiguração que ele sofre ao identificar-se com o sujeito.*
>
> (Boccioni, 1975, p.69)

A figuratividade concebida

Entre a luz do fogo e as trevas da noite, o primeiro homem riscou, nas paredes das cavernas, seus desejos e seus medos – e no centro de ambos estava representada uma figura feminina. Formas arredondadas, seios e nádegas volumosos, vulva aberta, convidativa ao macho, mas também devoradora. A seu lado, bisões, cavalos, ursos e um ser híbrido: meio homem, meio gamo. Flechas fálicas rompendo o dorso feminino dos animais: chagas – vulvas sangrantes, estava instaurada a representação da primeira *diakosmésis* e/ou da primeira *hierogamia*.[1]

É possível perceber nessas representações vindas dos períodos Paleolítico e Neolítico índices importantes para a definição dessa figura feminina como a Deusa Mãe ou a Grande Mãe. Dentre esses

---

1 *Diakosmésis* – ordenação do cosmos, do universo, do mundo; *Hierogamia* – casamento sagrado (Magnien; Lacroix, 1969).

índices, a supremacia que ela assume nas representações. A forma feminina apresenta-se como o tema principal de interesse entre os vestígios escultóricos dos períodos Paleolítico e Neolítico. Enquanto as, relativamente raras, figuras masculinas encontradas entre pinturas de animais são mascaradas ou modificadas de maneira a sugerir seres mitológicos, façanhas mágicas, ou uma simbiose entre o homem e os animais cornudos, as estatuetas femininas, esculpidas em diversos materiais, apresentam duas tendências: uma naturalista, na qual estão nuas e possuem formas esteatopígeas, e outra esquemática, ou estilizada, mas que ainda destaca os quadris largos, o triângulo púbico e os seios fartos. Contrastando com as formas masculinas, elas jamais são mascaradas ou modificadas para sugerir animais.[2]

Segundo Treuil et al. (1989, p.146), desde o período paleolítico e o período neolítico antigo até o período neolítico recente, predominaram as figuras femininas naturalistas. As figuras esquemáticas são mais raras nos períodos neolíticos antigo e médio mas, a partir do recente, também são bem atestadas, em particular nas Cíclades e em Creta; as nádegas e pernas são exageradamente volumosas e elas já apresentam a forma do violino.

As imagens das chamadas vênus paleolíticas e neolíticas não só foram encontradas em maior número nos nichos arqueológicos do que qualquer outra figura humana, como também possuíam ali uma posição de destaque, quer pela disposição dos objetos, quer por sua dimensão em relação às demais figuras representadas.[3]

---

2 Cf. Campbell, 1997, p.258; Lévêque, 1985, p.18-19; Treuil et al., 1989, p.146.

3 "Sobre os vasos de Nagada encontram-se cenas de hierogamia, numa delas a união é consumada num santuário entre a Deusa, de grandes proporções, e um deus muito pequeno. Em uma palheta de Gerzeh a cabeça da deusa é ornada de estrelas, o que mostra bem sua autoridade cósmica" (Lévêque, 1985, p.44).

Todos os atributos dados a essa figura feminina indicam que, na origem do pensamento humano, a mulher, a fêmea, era representada a partir de características específicas: os seios, o púbis e o útero, as nádegas.[4] Essas características encontram um paralelo na definição etimológica do lexema *mãe* em diversas línguas indo-europeias.[5] Em todos os idiomas pesquisados, o lexema *mãe* apresenta como sentido primeiro o de mulher ou fêmea que deu à luz um ou mais filhos – mas o termo recobre também os sentidos de *matriz*,[6] fonte, origem, *útero e seio*, e o de *nutriz*. Percebe-se, portanto, uma fusão de sentidos nos diversos idiomas, o que permite definir o lexema *mãe* a partir das funções *gerar e nutrir*. Essas duas funções, interligadas no inconsciente humano desde tempos imemoriais, só podem ser percebidas como ações ligadas ao feminino;[7] em decorrência disso, as noções

---

4 Pesquisadores como Duhard e Pales aplicaram os conhecimentos da medicina, mais precisamente da anatomia e da fisiologia, à arte pré-histórica e propuseram uma distinção entre os caracteres sexuais primários e secundários das figuras representadas nos abrigos e nas estatuetas. Segundo eles, os caracteres primários masculinos, órgão reprodutor, são externos e sua presença, ou seu esboço, apenas confirma o sexo de muitas figuras. Ao contrário, os caracteres primários femininos não são visíveis, os ovários são intra-abdominais, mas é possível reconhecer as representações femininas a partir dos caracteres sexuais secundários: *a vulva*, a mais característica, composta pelo monte de Vênus e a fenda vulvular. Os *seios* ou mamas, não desenvolvidos nos homens, só nas mulheres respeitam critérios individuais, sobretudo, idade e o fato de já ter aleitado; *as nádegas* são típicas, devido à localização adiposa mais que anatômica do esqueleto ou muscular. A adiposidade privilegiada, mais flagrante, da região das nádegas sugeriu a atribuição, a um certo número de figuras femininas, do qualificativo de *esteatopígeas* (Delporte, 1993, p.18). Daí a relevância dessas características para a definição da mulher e da mãe.

5 Ver levantamento feito no Anexo 3.

6 *Matriz* vem do latim *matrice*. "s.f. 1 *lugar onde algo se gera ou cria*. 2. *Órgão das fêmeas dos mamíferos onde se gera o feto; útero*. 3. Manancial, fonte, nascente. Molde para a fundição de qualquer peça. [...] 21. *Reprodutriz*. Adj. (f.) que é fonte ou origem" (Ferreira). Como se percebe, *matriz* abarca o lexema útero e, portanto, liga-se ao ventre e ao sexo. Ao passo que *nutriz* está ligada a seio: "*nutriz* (do lat. *nutrice*) s.f. 1. Mulher que amamenta, ama-de-leite. Adj. 2. Que alimenta" (Ferreira).

7 Muito embora, em vários períodos da história, o homem tenha tentado deslocar os princípios geradores do feminino para o masculino, considerando a mulher apenas como receptáculo que acolhe o feto criado pelo homem, não se pode negar o fato de ser a mulher a responsável pela gestação do embrião, por seu nascimento e aleitamento.

de fertilidade e fecundidade também estão relacionadas ao feminino, uma vez que o corpo feminino "sempre foi vivenciado em sua própria natureza como uma força divina, como corporificação do princípio da continuidade da vida, bem como o símbolo da imortalidade da matéria terrena que é em si informe, mas que ainda assim veste todas as formas" (Campbell, 1997, p.258).

De mãe a vênus

Tomando como balizas mestras os postulados de Greimas (1966, p.67-85) e Assis Silva (1995, p.89-95) sobre a organização sêmica, bem como os postulados de Courtés (1986, p.195-208) sobre o motivo, depreende-se que os motivos ou metatermos são síntese (produto) dos termos categóricos, podendo-se observar no discurso, no ato de linguagem, a ocorrência de um constante conflito que ora tende em direção ao específico, ora em direção ao genérico – *tensão* que pode ser vista também como uma formulação dos textos privilegiando ora o temático, ora o figurativo.[8]

Segundo Assis Silva (1995, p.94),

[...] é sobre o binômio greimasiano denominação/definição que se pode esclarecer o papel da figurativização [...], pois cabe à figura nuclear, enquanto matriz figural, constituir a figuratividade profunda, o estenograma a partir do qual será engendrada a nova forma. Já o papel dos semas (contextuais) que, acrescentados à figura nuclear simples, constituem a figura nuclear complexa [...], é fundar a figurativização, o aporte de traços que conferem ao ator os contornos figurativos.

Assim sendo, o lexema *mãe* pode ser definido tematicamente como *aquela que gera*, a matriz ou geratriz, em primeiro lugar; e *aquela que nutre*, a nutriz, em segundo lugar – uma vez que esses dois semantismos são comuns a todos os idiomas vistos, direta ou indiretamente. Decorrente

---

8 Cf. Introdução.

dessa definição temática, observa-se, no âmbito do figurativo, que, metonimicamente, o motivo *mãe* é figurativizado pelo ventre/útero expandido ou inchado, pelos seios fartos e pelo sexo ou púbis – já que os traços que conferem à mãe seu contorno figurativo são: o ventre, que guarda o feto; os seios que nutrem; e o sexo, necessário à concepção.

O útero/ventre, os seios e o sexo são figurativizados por formas curvas, arredondadas e sinuosas, das quais se depreende os semas <arredondado>, <curvilíneo>, <modelado> e <formado>. Tanto os seios quanto o útero/ventre apresentam o sema <continente>, pois os seios contêm o leite e o útero contém o feto; quando intumescidos, os seios são também marcados pelo sema <sólido>. Além disso, como ambas as superfícies são macias e lisas, de tato agradável, pode-se englobá-las no sema <liso>. Postulam-se aqui ainda os pares humano/não humano, já que *mãe* tanto é a mulher ou a fêmea que deu à luz quanto a terra/origem. A partir dessa oposição, definem-se outras: animado/inanimado, <animado> para os seres vivos e <inanimado> para a terra; orgânico/mineral e animal/vegetal, pois o lexema recobre o sentido de Terra-Mãe, natureza, estabelecendo a oposição entre <mineral> (solo) e <orgânico> (ser vivo), bem como entre <animal> e <vegetal> (sementes, frutos, plantas). O conjunto dos semas contextuais apresentados possibilita o estabelecimento da matriz figural, ou do estenograma a partir do qual é engendrada a imagem da mãe.

As categorias:
- arredondado;
- curvilíneo;
- modelado;
- formado;
- continente;
- sólido;
- liso;
- humano/não humano;
- animado/inanimado;
- orgânico/mineral;
- animal/vegetal

denotam qualidades físico-espaciais e permitem estabelecer uma configuração mínima, ou núcleo sêmico, composta por <medial> + <esferoidal>, uma vez que os atributos sexuais secundários (seios, ancas, ventre, sexo) situam-se na mediatriz do tronco, ou eixo mediano, e apresentam formas esferoides. Portanto: NS = <medial> + <esferoidal>.

Da correlação estabelecida entre a mulher e a fecundidade/fertilidade, vista como capacidade de gerar e nutrir seus filhos, é que decorre sua ligação com a terra, quer seja o conjunto Natureza, que abrange terra, céu, rios, matas, animais etc., quer seja como substrato telúrico e profundidade ctônica. Firmando um paralelo entre a mulher-mãe e a terra fecunda, é possível entender a razão de a imagem feminina dominar o centro das representações dos períodos paleolítico e neolítico, bem como a razão da valorização das formas esteatopígeas – os seios, o útero e o sexo – que sintetizam o gerar e o nutrir, condensando na figura opulenta das vênus toda a simbólica arcaica da fertilidade/fecundidade da terra.

As vênus paleolíticas

As principais imagens femininas encontradas no período Paleolítico são: a Vênus de Willendorf, a Vênus de Vestonice, a Vênus de Lespugue, a Vênus de Brassempouy e a Dama de Laussel, todas pertencentes ao período paleolítico superior. As vênus, a Dama de Laussel, bem como as pinturas rupestres da grande sala de Lascaux, do abrigo de Blanchard e outras são exemplares da arte aurinhacense/gravetiense, datando aproximadamente de 21.000 a 28.000 a.C.[9]

O conjunto formado pelas Vênus de Willendorf, Vênus de Vestonice e pelos Torso de Petrkovice e *Rond du Barry* são da região do Reno-Danúbio. Já as vênus de Brassempouy, de Lespugue, de Laussel, as mulheres de La Magdaliene, as vulvas de Blanchard, as vênus de Angles e a Mulher sob a rena de Laugerie-Basse compõem o grupo encontrado na região pirinaico-aquitaniana. Da região do Mediterrâ-

---

9 Cf. organograma anexo das mudanças climáticas e culturais na Europa.

neo, datando do período madaleniense antigo, tem-se o Camarim das vulvas; do grupo russo, a Vênus de Cucuteni.[10] As vênus de Willendorf, Vestonice, Lespugue e a Dama de Laussel caracterizam-se pelo traço naturalista dado às formas esteatopígeas: todas apresentam uma hipertrofia dos caracteres sexuais secundários, acompanhada por uma atrofia ou esboço dos demais membros: mãos, pés, braços e parte inferior das pernas – além da ausência de rosto.

A Vênus de Willendorf

A Vênus de Willendorf (Figura 9) é a mais conhecida e a mais típica.[11] Tem 110 mm de altura, é esculpida em calcário olítico e *conserva traços de coloração vermelha*. A forma geral é massiva e adiposa: é a figuração mais "obesa" da estatuária paleolítica. A cabeça, esférica e ligeiramente aplainada, é ocupada, principalmente, por uma *"cabeleira feita de nódulos que se enrolam em espiral e se subdividem em muitos tufos"* (Delporte, 1993, p.133-5, grifo nosso).

O tronco é curto e espesso; os seios volumosos pendem pesadamente sobre o ventre. Os braços, atrofiados, estão dobrados, de forma que o antebraço e as mãos, de dedos esboçados, pousam sobre os seios; *nos punhos, o exame de Marshack confirmou a existência de braceletes, obtidos por meio de duas séries de incisões em ziguezague já assinaladas por L. Passemard*. O ventre é maciço; o umbigo e o monte de Vênus com a vulva são realistas. As ancas são espessas, as nádegas volumosas. As coxas são curtas e espessas; a articulação e o detalhe dos joelhos, com as rótulas, são excepcionalmente bem-feitas; as pernas, muito curtas, são separadas uma da outra, elas esboçam a barriga da perna mas, em suas extremidades, faltam os pés (Delporte, 1993, p.135, passim).

---

10 Cf. Delporte, 1993, p.30-156; Bozal, 1995, p.16-17, escultura 1; Lopera, 1995, p.20, pintura 1. A distribuição das representações mostra a importância que essas figurações tiveram no período, não se caracterizando por uma manifestação isolada de determinada área ou grupo, mas sim um conjunto bastante expressivo e que abarcou os diversos grupamentos culturais, demonstrando o valor dado às vênus pelo homem pré-histórico.

11 Em virtude de sua representatividade, recairá sobre ela a análise mais exaustiva; as demais representações do período serão vistas como reforço desse modelo.

Figura 9 – *Vênus de Willendorf*, c. 24.000 a.C.

A Vênus de Willendorf foi encontrada em 1908 por Hugo Obermaler numa estação de caçadores de mamutes na baixa Áustria. Atualmente, ela se encontra no Museu de História Natural de Viena (Delporte, 1993, p.133; Bozal, 1995, p.16).

A partir do levantamento sêmico feito anteriormente, pode-se afirmar que o contorno figurativo da vênus é assim ordenado a partir dos semas contextuais depreendidos das formas esteatopígeas apresentados pelos seios, útero, sexo, nádegas e coxas:

- arredondado;
- curvilíneo;
- liso;
- modelado;
- sólido;
- formado;
- continente;
- humano/não humano;
- orgânico/mineral;
- descontínuo.

Como se pode perceber, os nove primeiros semas correspondem aos estabelecidos para a base classemática de *mãe*. O sema <descontínuo> é inferido das formas côncavas e convexas e, principalmente, da demarcação do baixo-ventre por um sulco, ou arco de círculo, presente na vênus. Esse sulco, além de reforçar o sema <curvilíneo> e suas conotações, oferece uma segmentação ao torso da vênus criando uma rima plástica entre os volumes (<modelado>): na parte superior do tronco, os seios volumosos (formas convexas) criam zonas côncavas entre eles; no centro, o umbigo (forma côncava) em superfície convexa (o ventre); e na parte inferior encontram-se o sexo (formas côncava e convexa) e as coxas (formas convexas). Depreende-se dessa alternância e/ou repetição de formas convexas e côncavas uma aproximação entre: coxas ↔ seios e sexo ↔ umbigo.[12]

A rima plástica perceptível no corpo da vênus ocorre entre os volumes das coxas e dos seios, marcados pelas formas convexas, e pelas formas côncavas presentes no umbigo e no sexo – cavidades simétricas no eixo vertical que estabelecem pares equivalentes com os seios e as coxas.

Essa mesma rima plástica pode ser percebida entre o colo e o monte de Vênus – sendo o colo delimitado pela linha circular da garganta (ou pescoço) e o volume dos seios (formas convexas), formando um triângulo invertido, tal qual o monte de Vênus, delimitado pelo sulco do baixo ventre e o volume das coxas. Essa rima plástica foi denominada por Leroi-Gourhan (1965) de *ritmo isométrico*, ou seja, as estatuetas analisadas pelo pesquisador, dentre elas a Vênus de Willendorf, apresentam

[...] uma repetição, duas, três vezes ou mais, de blocos de igual valor, frequentemente verticais, que ordenam as proporções e são para a estatuária figurada o elemento determinante da impressão de harmonia: esses são os intervalos que coincidem frequentemente com os pontos notáveis do corpo, tal como o queixo e o umbigo. (Delporte, 1993, p.241-2)

---

12 A hipertrofia das coxas, terminadas por dois cotos, que formam um triângulo invertido, bem caracterizado na Vênus de Willendorf, amplia o sexo e torna as coxas uma extensão sua. Essa relação entre as coxas e o sexo feminino é atestada por Jacqueline Roumeguère-Eberhardt em seu artigo sobre as bonecas de fertilidade e estatuetas de argila encontradas entre os venda (1992, p.13-33). Segundo a autora, essas bonecas eram utilizadas nos ritos de fertilidade e, desde muito cedo, eram dadas às meninas. Essas estatuetas de argila não se parecem com crianças e são assim descritas: 1. a cabeça, habitualmente apresentada como falo; 2. o *sulco* na base do pescoço; 3. os seios; 4. o umbigo; 5. as nádegas; 6. os pelos pubianos e 7. as pernas. Somente essas partes compõem as bonecas, não sendo citada nenhuma outra parte do corpo. Observa-se, pela descrição, que nas bonecas se dá destaque aos caracteres sexuais secundários de forma idêntica aos das vênus.

A vênus apresenta, portanto, três blocos de ritmo isométrico, como define Leroi-Gourhan, ou três sequências de rimas plásticas que conferem não só harmonia à estatueta, mas também reforçam o percurso temático-figurativo presente no conjunto englobante que é a representação da Vênus. Cada bloco sincretiza o percurso temático--figurativo ou motivo depreendido no todo. Assim sendo, a partir do conjunto de semas contextuais apresentados, pode-se estabelecer a seguinte base sêmica para o corpo da vênus: <medial> + <esferoidal>, tal qual o visto para *Mãe*.

Quanto ao conjunto dos semas contextuais referentes à cabeça da vênus, ele é constituído por:
• arredondado;
• curvilíneo;
• modelado;
• descontínuo;
• sólido;
• formado;
• rugoso;
• forma aberta;
• profundo;
• orgânico/mineral;
• continente/conteúdo.

A cabeça possui a forma de uma esfera: <arredondado> + <curvilíneo> + <sólido>; os semas <formado> + <descontínuo> + <rugoso> vêm do aspecto granuliforme que compreende 80% de sua superfície. Esse "penteado elaborado", como alguns denominam, assemelha-se à romã, com suas sementes sobrepostas umas às outras, e/ou à pinha.[13] A presença de um orifício logo abaixo do "penteado", no centro e à frente, reforça os semas <descontínuo> + <forma aberta> + <profundo>, pois oferece uma descontinuidade à superfície, marcando-a com

---

13 A correlação entre a cabeça e os frutos está presente também entre os indígenas do Brasil. O mito barasana, *história de Luna*, conta como as onças, ou jaguares, após devorarem Méneri-Ya, usam sua cabeça para jogar bola; o filho de Méneri-Ya, Warimi, ouve a cabeça de sua mãe chamá-lo, disfarça-se de onça e, durante o jogo, com uma patada, lança-a sobre a mata, transformando-a, assim, em fruta (Carvalho, 1979, p.188-90).

uma forma aberta (orifício) e profunda, que se opõe ao plano, além de estabelecer uma equivalência plástica entre o orifício-boca, o umbigo e o sexo – todos alinhados no mesmo eixo vertical e caracterizados pela forma côncava. Encontram-se presentes, ainda, os pares opositivos: orgânico/mineral e continente/conteúdo, uma vez que a cabeça da vênus ora pode ser percebida como cabeça "humana" (animal), ora como "bulbo" ou "semente" (vegetal), em decorrência de sua superfície granuliforme. Os semas continente/conteúdo se pautam, igualmente, sobre a ambiguidade de: cabeça – continente/semente – conteúdo. Já os semas orgânico/mineral são extensivos a toda a deusa: <orgânico> humano/<mineral> Terra-Mãe.

A base sêmica de cabeça é dada pelos semas nucleares: {<extremidade> + <superatividade>}[14] que, somados ao sema <esferoidal>, apresentam-se como suporte figural. Verifica-se, pois, a ocorrência da sobreposição de semas contextuais e de núcleos sêmicos, oferecendo várias leituras do mesmo lexema. Essa possibilidade de sobreposição foi detectada por Greimas ao tratar das representações na arte e na poesia. Segundo o autor (1966, p.78), tem-se aí uma *denominação translativa*, na qual,

[...] no lugar de examinar o funcionamento metalinguístico do ponto de vista da transmissão, adota-se o da recepção das mensagens e da análise do texto transmitido, constatando-se que:
1. É no novo contexto, no qual se integra o semema transferido, que se lhe fornece seus novos classemas (C1S).
2. O semema original, aquele que é chamado a servir de denominador, constitui, com seus semas nucleares e seus classemas, uma nova figura para o novo semema denominativo: $(Ns + Cs) = N1S$

Dessa forma, o semema denominativo transferido pode ser representado pela seguinte fórmula: $Sm(t) = (Ns + Cs) \, C1S$.

---

14 Como Greimas (1973, p.62-4) e Assis Silva (1995, p.239-41) já estabeleceram todos os passos para a definição do núcleo sêmico de cabeça, não é necessário refazê-los aqui. A única alteração apresentada é o uso do termo <esferoidal> no lugar de <elipsoidicidade>, usado por Assis Silva (p.240). A escolha de *esferoidal* se deve à sua melhor adequação tanto para a análise do corpo quanto da cabeça.

É devido a essas transposições classemáticas, ou metaclassematizações, que se desencadeiam as transformações sêmicas, possibilitando o surgimento do semissimbólico.

Um caminho sinuoso: da mulher à Terra e da Terra à Deusa Mãe

Transformações classemáticas na Vênus de Willendorf

É possível observar nessa vênus as seguintes transformações classemáticas:[15]
<humano> → <vegetal> → <mineral> ⇔ Mãe-Terra
no percurso:

cabeça → fruto → bulbo/semente → pedra/rocha

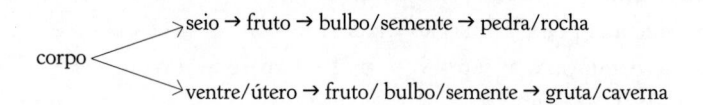

corpo ⟨ seio → fruto → bulbo/semente → pedra/rocha
        ventre/útero → fruto/ bulbo/semente → gruta/caverna

Os semas contextuais envolvidos na articulação espacial são:
• <verticalidade>/<horizontalidade>
    compreendendo ainda as variantes:
        verticalidade superativa ≅ ascensão
        verticalidade inferativa ≅ descensão
        horizontalidade superativa ≅ avanço (esquerda >direita)
        horizontalidade inferativa ≅ recuo (direita >esquerda)
• <perspectividade>/<lateralidade>
• <perpendicularidade> /<diagonalidade>

---

15 Todas as análises e levantamentos feitos daqui em diante seguem os postulados de Assis Silva (1995, p.239-43), que estabeleceu magistralmente um modelo a ser seguido.

As metaclassematizações na Vênus de Willendorf

As transformações classemáticas e sêmicas por que passa a forma ovoide levam do humano ao vegetal:
<humano> "cabeça" → <vegetal> "bulbo"/"semente";
<superatividade> "cabeça" → <inferatividade> "bulbo" (semente subterrânea).

Tanto o ovoide "cabeça" quanto o ovoide "bulbo" têm em comum o aspecto amarfanhado, rugoso (curvilineidade + sinuosidade), que os faz tenderem ao amorfo e convocam para o contexto a aparência externa do cérebro (a superfície granuliforme da vênus corresponde ao que o autor denomina de aspecto amarfanhado); o traço tosco (rugoso) faz mediação entre "cabeça" e "bulbo". (Assis Silva, 1995, p.241)

Na passagem do contínuo ao descontínuo, o granular/rugoso é delimitado por um arco de círculo ou sulco, semelhante ao observado junto ao baixo-ventre e à base do pescoço, início do colo.

A metaclassematização seguinte é a que leva do <vegetal> "bulbo" a uma "cabeça" <mineral>, fossilizada, petrificada, mas que guarda virtualmente a possibilidade germinativa.

Confirma essa possibilidade germinativa da rocha/pedra o mito de Deucalião e Pirra. Únicos sobreviventes do dilúvio, pediram ajuda aos deuses companheiros, sendo orientados por Têmis a jogarem, por sobre os ombros, os ossos de sua mãe – a Terra; das pedras arremessadas por Deucalião surgem homens, das pedras jogadas por Pirra surgem mulheres.[16] Esse mito, encontrado já em Homero e Hesíodo, descreve o surgimento/nascimento de uma nova raça após o fim da Idade de Bronze: as pedras/ossos da Mãe-Terra guardam o germe da vida, como a semente. No caso da estatueta da Vênus de Willendorf, a cabeça/bulbo/semente traz inscrita toda a virtualidade germinativa da terra, perceptível tanto na boca-orifício quanto sob o arco de círculo

---

16 Schwab, 1994, p.24-8; Davembez, 1966, p.157; Grimal, 1993, p.377. O mito de Deucalião e Pirra é atestado por Hesíodo, Frag. 24 e 25; Homero, *Ilíada*, I, 126 e XII, 307; Apolodoro, *Biblioteca;* Píndaro, *Olímpica*, IX, 41 et seq. e Píndaro, *Pítica*, IX, 64 et seq. (Grimal, 1993, p.377).

que marca o fim da superfície granuliforme. O conjunto boca-orifício/ arco de círculo compõe com os elementos do torso da vênus (seios/ umbigo/sulco do baixo ventre/sexo/coxas) uma equivalência, na qual boca/umbigo/sexo são permutáveis, uma vez que são orifícios simétricos, marcados pelos semas curvilíneo, continente, formado, convexo, profundo e forma aberta. Quanto à articulação espacial, os semas contextuais envolvidos são:

- *boca*: tomando-se a cabeça como um todo distinto do corpo, o orifício-boca encontra-se sob o arco de círculo formado pelo fim do "penteado" da vênus; como esse penteado ocupa cerca de 80% da face, o orifício apresenta uma *verticalidade inferativa* e equidistante das laterais do rosto, ou seja, centrado;
- *umbigo*: situado na mediatriz do ventre, apresenta em relação ao tronco uma *verticalidade inferativa*, mas não tão descendente quanto o *sexo*, situado abaixo do sulco que circunda todo o tronco.

Os três orifícios apresentam, portanto, uma verticalidade inferativa e centrada quando analisados a partir das três sequências de rimas plásticas, ou dos três blocos de ritmos isométricos que compõem a vênus, além de se encontrarem sob formas que remetem à nutrição: cabeça/seio/útero ≅ fruto.

Ao analisar-se o corpo da vênus sob o prisma das transformações classemáticas e sêmicas, torna-se necessário, para maior clareza, subdividi-lo em dois segmentos:

1. seio → fruto → bulbo/semente → pedra/rocha
2. ventre/útero → bulbo/semente → gruta/caverna.

O primeiro segmento apresenta a metaclassematização do <humano> "seio" ao <vegetal> "fruto"/ "bulbo"/ "semente". Essa transformação sêmica apresenta uma correlação dos semas espaciais referentes aos seios e ao fruto, ambos marcados pelo <medial> acrescido à <verticalidade superativa>, pois tanto os seios quanto o fruto localizam-se na parte superior do tronco, quer seja o humano, quer seja o vegetal. Além do sema <medial>, eles compartilham os semas relativos ao aspecto: formas arredondadas e curvilíneas <esferoidal>; túmidos e plenos de seiva ou leite <continente> + <sólido> e partilham o motivo da nutrição, existindo uma equivalência entre a redondez fecunda do fruto e o seio volumoso.

Os seios da Vênus de Willendorf não possuem mamilos, o que facilita sua associação com o fruto, que raras vezes apresenta uma irregularidade intumescente sobre a superfície arredondada.

Os seios e o fruto de <verticalidade superativa> opõem-se à <inferatividade> do "bulbo", semente subterrânea. A correlação dos seios com o bulbo ou semente segue a desenvolvida para cabeça, alterando-se apenas em relação ao sema <rugoso>, pois, comparativamente, os seios da vênus são marcados pelo sema <liso>, embora a textura apresentada pela estatueta, esculpida em calcário, seja áspera e porosa, portanto, de aspecto "não liso" ou não completamente "polido". A porosidade do calcário é que faz os seios se assemelharem à superfície das sementes ou bulbos. A ausência de mamilos também facilita a transformação sêmica <vegetal> "bulbo" → <mineral> "rocha", auxiliada pelo cromatismo, pela forma e pela textura; os seios podem ser tomados por uma forma rochosa qualquer, uma pedra, um monte ou morro.

O conjunto seio-fruto-bulbo/semente-pedra revela uma imagem no mínimo quádrupla e, por conseguinte, semissimbólica, mítica, pois sincretiza os percursos temático-figurativos:
• seio → fruto: ao modo classemático, uma fusão (sobreposição) do humano ao vegetal – há um compartilhamento da função de nutrição;
• fruto → bulbo: ainda no âmbito do humano – vegetal; é a regressão (ou a progressão) ao estágio germinativo, com sua latência de vida;
• bulbo → pedra: classematicamente, passagem do vegetal ao mineral; figurativamente, solidificação – é a rocha – pedra, a terra – nutriz, à qual tudo volta.

As transformações sêmicas observadas apresentam os seguintes estados: "seio-fruto" → "seio-bulbo" → "seio-pedra", fórmula que pode ser esquematizada no quadro seguinte.

	Seio (humano/ animal)	Fruto (humano/ vegetal)	Bulbo (humano/ vegetal)	Pedra (humano/ mineral)
Continente	invólucro membranoso (pele)	invólucro membranoso (pele) e/ou rugoso	invólucro membranoso (pele) e/ou rugoso	invólucro calcário
Conteúdo	líquido com propriedades nutritivas/leitoso: suco/leite, portanto, necessário à vida de homens e animais	líquido com propriedades nutritivas: suco ou sumo, portanto, necessário à vida da própria planta bem como à de homens e animais; conduz a semente	germe da vida da planta	inexplícito (não marcado)
Cromatismo	continente terroso	variável de todas as cores*	continente terroso	continente terroso

* O cromatismo avermelhado que a vênus exibia na origem e do qual só restaram alguns vestígios facilitaria sua correlação com o fruto maduro; infelizmente, não foi possível estabelecer com exatidão como era distribuída a cor sobre sua superfície; os textos consultados e as reproduções encontradas não trouxeram nenhuma contribuição para o esclarecimento dessa questão. No entanto, a Dama do Chifre e a Vênus V de Vestonice, analisadas mais à frente, apresentam coloração vermelha: a primeira sobre os seios e o ventre; a segunda, composta apenas pelo ventre, sobre ele. Os seios e o ventre avermelhados sugerem o fruto maduro e pronto para ser colhido.

A leitura dos seios leva à sua correlação com o ventre/útero, ambos marcados pelos semas <esferoidal> + <medial>, mas acrescidos da verticalidade inferativa – donde sua equivalência no mundo semis-simbólico com a gruta/caverna.[17] Sua disposição quase circular, sua penetração subterrânea e a sinuosidade de seus corredores evocam as entranhas humanas. Possuindo, ao menos, uma abertura ou fenda que leva a seu interior, as cavernas ligam o mundo da superfície às profundezas da terra, a vida em sua realização plena à substância latente capaz de gerá-la. O útero, como a caverna, esconde em suas profundezas maravilhas e perigos, podendo ser abrigo ou cova/sepultura. Espaço desconhecido e, por isso, temido, ao ser conquistado, ocupado, transforma-se em local seguro, que protege das intempéries e perigos externos.

As cavernas guardam em seu interior formações surpreendentes: lagos, estalactites e animais, como ursos e leões. Os leões, como os demais animais de caça, são concebidos como saídos das grutas e cavernas, daí a utilização desse espaço para rituais e sacrifícios – esse universo ambivalente, marcado pelo prazer e pelo medo, iguala-se, para o homem pré-histórico, ao corpo da mulher: seu útero-caverna, do qual surge a vida, e seu sexo-abertura ctônica, que recebe o falo, devorando-o, no ato sexual, assemelham-se à terra que se abre para receber o cadáver. Tanto o falo/sêmen quanto o cadáver são sementes plantadas na Terra-Mãe que permitem a regeneração e o reaparecimento do ser sob uma nova forma.

O mistério da mulher, portanto, não é menor que o mistério da morte. Dar à luz não é menos mistério, tampouco o fluxo do leite materno, nem o ciclo menstrual – em sua concordância com a Lua. A magia criativa do corpo feminino é um milagre em si mesma (tal qual a magia criativa da terra). E assim, enquanto os homens em seus ritos se cobrem com fantasias mágicas, a magia mais poderosa do corpo feminino é inerente à própria mulher (sua

---

17 Grutas e antros também são genericamente denominados de caverna, embora a sinonímia não seja perfeita. Entende-se por caverna um lugar subterrâneo ou rupestre, de teto abobadado, mais ou menos afundado na terra ou na montanha e mais ou menos escuro.

nudez é tão terrível quanto o desconhecido, a morte, as forças da natureza) – é por isso que há uma ênfase iconográfica no simbolismo de sua própria forma mágica (os caracteres sexuais secundários). (Campbell, 1997, p.316)

Por todas essas semelhanças simbólicas e mais o compartilhamento dos semas contextuais é que se evidenciam as transformações classemáticas e sêmicas que levam do <humano> "útero" ao <mineral> "caverna", que também é <vegetal> "semente"/"bulbo". Se a cabeça fossilizada da vênus guardava virtualmente a possibilidade germinativa, o útero/ventre é sua realização. Como a semente, o ventre é invólucro, <continente> + <sólido> + <descontínuo> + <liso/rugoso>, de cromatismo variável, cujo conteúdo é marcado pelo <amorfo>, germe necessário à vida, plasma que vai do <líquido> "sangue menstrual" ao <sólido> "feto".

A Vênus de Willendorf compõe-se, portanto, de três blocos recorrentes: cabeça, colo e ventre passíveis de serem lidos isoladamente, mas que se harmonizam num todo temático-figurativo: a Deusa Mãe – Mãe porque guarda em sua protofiguratividade o poder de gerar e nutrir, perceptível na mulher/fêmea e na Natureza; e Deusa porque princípio supremo da criação, a que detém toda a fecundidade e fertilidade do mundo. Dessa inter-relação nasce a Deusa Mãe, sintetizando esse universo mítico-mágico em suas formas opulentas e arredondadas, nos orifícios simétricos que devoram e dão vida e no sulco que delimita cada bloco, sobretudo, o que marca o baixo-ventre – o cinto que protege e incita, o limite a ser transposto, que ressalta o triângulo púbico, ampliado pelas coxas, num convite ao macho, mas que deve ser temido, pois guarda o mistério da vida e da morte.

A Vênus de Vestonice

A Vênus de Vestonice (Figura 10) foi descoberta em 1925 entre as cinzas de uma fogueira; mede 110 mm de altura (Delporte, 1993, p.137-9):

> A cabeça é original, bastante alongada e não esférica; a face possui duas fendas oblíquas, situadas um pouco abaixo da posição normal dos olhos; na superfície do crânio, quatro pequenas cavidades que poderiam ter servido

para o encaixe e a fixação de elementos ornamentais, plumas por exemplo, ou mechas imitando cabelos [...] O pescoço e os ombros são bem definidos; o busto, estreito, possui seios volumosos que pendem pesadamente sobre o ventre e os braços, esboçados, mas separados do tronco, sobre as duas faces, por duas incisões profundas; o ventre é largo, mas pouco saliente, com o umbigo muito pronunciado; os órgãos sexuais estão ausentes; as nádegas são mais desenvolvidas lateralmente que posteriormente; sobre toda a circunferência, entre o ventre, as ancas e as nádegas de um lado, as coxas de outro, é traçado um sulco contínuo profundo. Sobre a face dorsal, a depressão da coluna vertebral é marcada, de cada lado dessa depressão, por um grupo de duas incisões oblíquas situadas acima da curvatura dos rins e que simulam sem dúvida dobras de gordura. A extremidade dos membros inferiores está quebrada, de sorte que ignoramos se os pés estavam representados ou se, o que é mais verossímil, as pernas terminavam em ponta; de todo modo, os membros inferiores estão separados um do outro, em cada face, por uma incisão profunda, sem indicação de qualquer detalhe, nem mesmo a articulação do joelho.

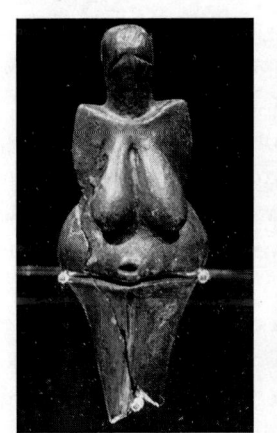

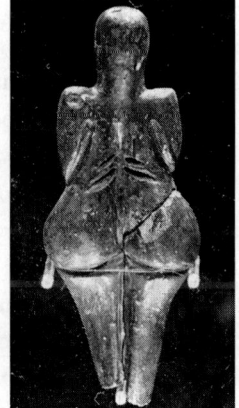

Figura 10 – Vênus de Vestonice, c. 26.000 a.C. a 28.000 a.C.

Datando do período gravetiense, aproximadamente 27.000 a.C., a Vênus de Vestonice pertence à região da Morávia meridional, grupamento Reno-Danúbio. Segundo Valdiver (apud Delporte, 1993), a estatueta é de terra modelada, cozida a uma temperatura de 500° a 800°, tendo sido uma das primeiras cerâmicas confeccionadas pelo homem. Em Vestonice também foram encontradas esculturas em marfim, como a Vênus V, descoberta em 1931, e que se reduz à representação da bacia, na qual Marshack observou a presença de vestígios de coloração vermelha (apud Delporte, 1993, p.139).

A figurativização da Vênus de Vestonice

A Vênus de Vestonice apresenta uma protofiguratividade semelhante à da Vênus de Willendorf, apenas com algumas variações figurativas. O conjunto de semas contextuais, depreendidos das formas esteatopígeas, e as transformações classemáticas e sêmicas por que passam são comuns. Dessa forma, pode-se constatar a permanência da transformação sêmica que leva do <humano> → <vegetal> → <mineral>, ou da "mulher" ao "fruto/semente" e deste à "natureza-Terra-Mãe".

O que difere nas duas representações é a ausência, na Vênus de Vestonice, do sexo, da boca e do "penteado" vistos na Vênus de Willendorf. Em contrapartida, observa-se uma maior definição do sulco que corta o baixo-ventre[18] e a desproporção do umbigo, de diâmetro e profundidade bem mais acentuados.

O umbigo da Vênus de Vestonice, marcado pelos semas *arredondado, curvilíneo, continente, convexo, profundo e forma aberta*, situa-se quase junto do sulco do baixo-ventre, ocupando o ponto mais baixo do eixo vertical do tronco, limitado pelo sulco. Essa descensão do sema espacial, percebida em relação à Vênus de Willendorf e à anatomia humana, confirma a equivalência observada na vênus anterior entre a boca, o umbigo e o sexo. Ao descentrar o umbigo, aproximando-o do sulco, é estabelecida uma dinamização na articulação do espaço, criando uma tensividade, uma espécie de sintatização que metamorfoseia esse orifício, marcado pelos semas <esferoidal> + <verticalidade inferativa>, em umbigo-sexo, ou seja, em abertura que conduz ao desconhecido, ao interior da fêmea-terra.

---

18 Entre os karajá, encontram-se as *litxoko*, antigas bonecas, muito semelhantes à Vênus de Willendorf, nas quais também são privilegiados os seios, o umbigo, as nádegas e os membros inferiores (Fratucci de Gobbi, 1992, p.9-12).

O aumento no diâmetro do umbigo e sua maior profundidade aproximam-no de uma goela aberta e voraz e, como ocorria na Vênus de Willendorf: com a ampliação do sexo pelas coxas, torna-se sedutor, convidativo ao macho, mas também um perigo. Embora o sexo esteja ausente na Vênus de Vestonice, a hipertrofia das coxas e seu afunilamento final criam uma forma triangular delimitada na parte superior pelo sulco, e, como ocorre nas bonecas venda e lemba, "as pernas reduzidas a dois cotos apresentam o V invertido [triângulo púbico], conotando o órgão sexual feminino. É assim, por exemplo, que no caso dos *hakata*, ossinhos de adivinhação, os que apresentam esse V invertido representam a mulher" (Roumeguère-Eberhardt, 1992, p.21-2).

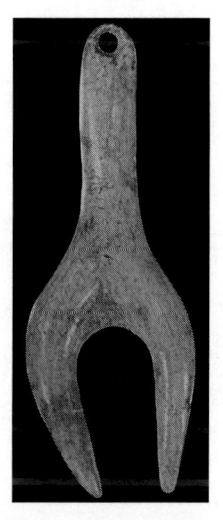

Figura 11 – Vênus de Vestonice XIII, c. 26.000 a.C. a 28.000 a.C.

A Vênus XIII de Vestonice (Figura 11), descoberta em 1935 e considerada pelos arqueólogos como uma forma hiperestilizada da figura feminina, aproxima-se muito dos *hakata*. A correlação dessa "forquilha" com a figura feminina se dá pela forma arredondada, semelhante às ancas, além da presença de um "relevo junto ao arco de círculo, marcando sem dúvida o monte de Vênus, enquanto uma incisão situa-se no lugar da vulva. Dois apêndices separados e terminados em pontas figuram as pernas" (Delporte, 1993, p.140).

Tanto nas representações mais realistas quanto nas mais estilizadas, nota-se que o sexo feminino é representado por um triângulo, variando do planar à forma cônica. Como ocorre na Vênus XIV de Vestonice (Figura 12), bastão cilíndrico com seios volumosos, a região do ventre é marcada por sete incisões circulares, formando um cinturão que delimita as partes superior e inferior, que termina por uma forma cônica e com incisões na diagonal (loc. cit.).

Figura 12 – Vênus de Vestonice XIV, c. 26.000 a.C. a 28.000 a.C.

O Torso de Petrkovice confirma a representação do sexo pelo triângulo, cuja base, sulco do baixo-ventre, muitas vezes perde sua linha sinuosa e se transforma em segmento de reta, tornando a forma triangular mais explícita (Figura 13). Pertencente ao mesmo período e à mesma região das vênus de Vestonice, esse torso foi esculpido num molar de mamute, medindo 46 mm; a cabeça, a extremidade dos membros inferiores e os braços estão ausentes. O tronco é normal, sem adiposidade; o seio direito e o flanco esquerdo apresentam-se danificados; o seio esquerdo, globuliforme, não é pendente (ibidem, p.148). A forma não esteatopígea e a presença de um seio não pendente indicam a representação de uma jovem, que ainda não deu à luz – uma *ninfa*, portanto, e, como tal, promessa de eclosão de vida.[19]

---

19 Cf. Capítulo 1.

Figura 13 – Torso de Petrkovice, c. 27.000 a.C.

Nas representações parietais, a forma feminina muitas vezes se restringe à representação do monte de Vênus com a fenda vulvar (Figura 14), persistindo o triângulo púbico, que em alguns casos sofre um arredondamento das formas, como no *Camarim das vulvas* (Figura 19); apesar de possuírem formas curvilíneas, essas vulvas sofrem um afunilamento na parte inferior, assemelhando-se à forma ovoide.[20] Diante dessa constância perceptível nas diversas vênus e pinturas rupestres, pode-se afirmar que, embora o sexo esteja ausente na Vênus de Vestonice, ele é indicado pelo triângulo formado pelas coxas e pelo sulco junto ao baixo-ventre, mantendo a rima plástica do torso.

Figura 14 – Mulher em pé (*Femme debout*), c. 11.000 a.C.

---

20 Cf. Figura 19.

O conjunto cabeça-base do colo da Vênus de Vestonice apresenta variações interessantes em relação à Vênus de Willendorf. A ausência da boca – orifício simétrico ao umbigo e ao sexo no eixo vertical – é compensada pelo arco de círculo que vai de uma espádua a outra harmonizando tanto o bloco temático-figurativo "cabeça" quanto o todo que é a vênus. Esse arco de círculo, ou "colar", equivale ao sulco do baixo-ventre, pois delimita a cabeça e o torso, embora não possua continuidade na face dorsal, mas permite a recorrência plástica dos três blocos: cabeça, colo e ventre.

A forma ovoide da cabeça não altera as transformações classemáticas e sêmicas, que levam do <humano> "cabeça" → <vegetal> "bulbo/semente" → <mineral> "pedra" visto na Vênus de Willendorf, mas faz lembrar as representações parietais das vulvas ovaladas do *Camarim das vulvas*, uma vez que a cabeça da vênus é marcada pelos semas <liso> + <curvilíneo> + <descontínuo> + <formado> + <modelado>, que também se aplicam às vulvas – além de ambas, cabeça e vulva, se localizarem junto a um arco de círculo.

A superfície lisa do crânio da vênus talvez fosse compensada por adornos colocados nas quatro cúpulas localizadas no topo da cabeça, mas não se pode chegar a qualquer conclusão nesse sentido, porque não foi encontrada nenhuma evidência da presença deles nos sítios.

A presença das fendas oblíquas na face indicam a tentativa de representação de olhos, ou talvez de alguma expressividade para a face da vênus. Devido à sua posição em diagonal, que corta cada lado da face num movimento descendente, partindo do eixo central para a lateral, esses "olhos" dão um ar de tristeza à face da figura – mas, assim como os adornos, não é possível afirmar qual era a intenção ou o efeito desejado pelo escultor.

Apesar dessas incertezas sobre alguns traços da Vênus de Vestonice, ela confirma nas formas opulentas, em seu "cinto pubiano" e no umbigo desproporcional as transformações sêmicas vistas na Vênus de Willendorf, reiterando a leitura semissimbólica dessa figura como representação da Deusa Mãe do universo mítico mágico dos caçadores-coletores paleolíticos.

A Vênus de Brassempouy

Descoberta em 1892 (Figura 15), datando do período aurinhacense, muito mutilada, a Vênus de Brassempouy foi reconstituída a partir de uma dezena de fragmentos. Mede 79 mm de altura; seu ventre é proeminente, suas ancas e coxas são bastante desenvolvidas; é adiposa sem ser verdadeiramente esteatopígea. "Segundo Piette, os órgãos sexuais dessa figura são notáveis pelo desenvolvimento das ninfas (pequenos lábios da vulva) terminadas por um apêndice vulviforme" (Delporte, 1993, p.25). Os seios volumosos e túmidos pendem sobre o ventre; os braços, atrofiados, estão dobrados, de forma que os antebraços e as mãos, de dedos esboçados, pousam sobre os seios.

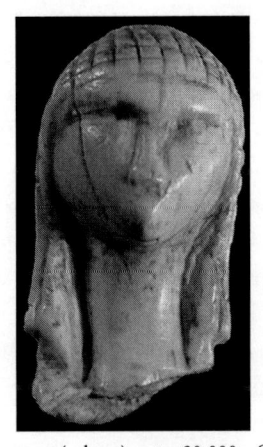

Figura 15 – Vênus de Brassempouy (cabeça), entre 30.000 a.C. e 20.000 a.C.

Chama a atenção nessa vênus a representação do rosto: de forma subtriangular, é bem equilibrado; a fronte, as sobrancelhas, o nariz e o queixo são em relevo; a boca, ausente; quanto aos olhos, percebe-se a pupila, principalmente do olho direito. Sobre a cabeça, um quadriculado foi obtido pela intersecção regular de incisões verticais profundas e incisões horizontais mais superficiais, indicando uma "cabeleira" ou penteado.

A Vênus de Brassempouy pode ser caracterizada, como o Torso de Petrkovice, como uma *ninfa*, jovem mulher, devido a seus traços de menina e às formas rijas do corpo, mas, ao contrário daquela, essa vênus apresenta o ventre e os seios volumosos, inchados, como ocorre com a Vênus de Willendorf, indicando uma possível gravidez.[21] Em decorrência de sua forma, a Vênus de Brassempouy é também denominada *A Pera*. Essa explicitação das formas permite, mais facilmente, a correlação dos semas contextuais e das transformações classemáticas, vistas na Vênus de Willendorf, à Vênus de Brassempouy.

Os seios de base sêmica <medial> + <esferoidal>, acrescida da verticalidade superativa e a presença de todos os semas contextuais vistos para a Vênus de Willendorf, permitem a transformação sêmica que leva do <humano> "seio" ao <vegetal> "fruto/bulbo/semente" e ao <mineral> "rocha/pedra". Da mesma forma, a transformação sêmica de útero/ventre em caverna é facilitada pela proeminência do ventre e o detalhamento do sexo da vênus. Como nas demais vênus analisadas, o triângulo púbico é bem definido e a recorrência da rima plástica em três blocos se mantém. A forma triangular do rosto aproxima-o sobremaneira do triângulo púbico. Embora a boca esteja ausente, ao se reduzir o rosto às linhas mais evidentes, chega-se a um símile da parte inferior do torso: as linhas curvas das sobrancelhas, somadas à reta do nariz, que cortam o triângulo facial ao meio, assemelham-se à curva da virilha e à incisão que delimita as coxas na parte interna, cabendo ao sulco pubiano a correlação com o arco de círculo que marca o fim do penteado no rosto da vênus. Há uma alternância de volumes entre as rimas: os dois segmentos de curva mais o segmento de reta, que na parte inferior do corpo, são traçados por incisões mais ou menos profundas, assemelhando-se a um baixo-relevo; no rosto são marcados por um alto relevo. Essa relação "macho-fêmea" cria um jogo de complementaridade, reforçando o todo temático-figurativo que é representado pelo poder de fecundidade e fertilidade da Deusa Mãe.

---

21 Em decorrência do aspecto jovem do corpo da Vênus de Brassempouy, pode-se pensar numa primeira gravidez, ao passo que a Vênus de Willendorf seria uma mãe já mais experiente, uma senhora. Essa conjectura, feita por vários arqueólogos, em nada altera a leitura feita até aqui, mas traz uma informação curiosa.

A Vênus de Lespugue

Uma das representações mais intrigantes e discutidas do período gravetiense é a Vênus de Lespugue (Figura 16), lamentavelmente incompleta, pois lhe falta parte dos seios e do ventre; quanto ao sexo, talvez seja mesmo impossível determinar se ele estava presente na estatueta. Esculpida em marfim, tem 147 mm de altura; a cabeça, pequena, é um ovoide regular, cujos polos correspondem ao alto da cabeça e ao queixo. Não há sinal de rosto e o limite entre o crânio e a face não pode ser precisado. O "cabelo" é representado por riscos, ranhuras paralelas, separadas umas das outras por espaços de dois milímetros. Esses "cabelos" descem na frente sobre 3/5 da altura do ovoide, cobrindo quase completamente a face. Na parte de trás, eles se estendem até a altura da vértebra da omoplata e terminam segundo uma linha horizontal regular. Sobre as faces laterais, eles se prolongam até a base do ovoide (Delporte, 1993, p.34).

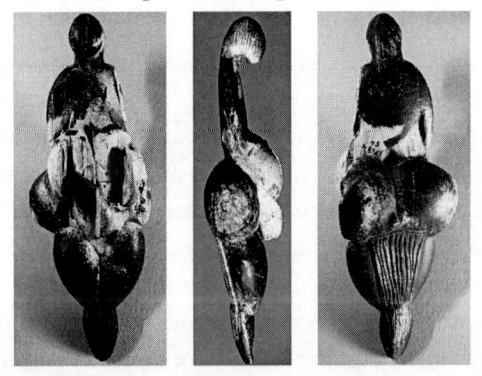

Figura 16 – Vênus de Lespugue, c. 26.000 a.C. e 24.000 a.C.

O pescoço é bem proporcionado, delicado, bem destacado do tórax em diante. A forma delgada do pescoço e sua ligação saliente na altura do externo criam uma espécie de concavidade inferior. A face posterior, ao contrário, é plana, achatada, e se liga à nuca sem saliência.

O tórax é chato, magro, pouco musculoso. Na frente, *vê-se nitidamente a separação dos seios, que, posicionados muito baixo, descem separando-se um do outro* e aumentando progressivamente de volume;

apenas sua metade externa foi conservada, mas é possível divisar que eles apresentariam uma forma volumosa, repousando sobre o ventre, como os demais. A face dorsal é lisa, com algumas ranhuras, *mas sem qualquer relevo, nem mesmo a coluna vertebral*. A região abdominal é bastante reduzida pelo aumento considerável dos seios, que se projetam sobre ela e projetam o ventre para a frente. Entretanto, observa-se que o ventre é pequeno, ligeiramente curvo.

O braço direito, colocado ao longo do tórax, é limitado *por dois entalhes, um anterior, profundo, o outro, posterior, menos perceptível*. O antebraço flexionado, repousa sobre o seio e vai se adelgaçando progressivamente até a mão; os dedos são indistintos. O braço esquerdo está ausente devido a uma fratura antiga, mas o antebraço ocupa uma posição simétrica à do direito.

Os membros inferiores apresentam particularidades interessantes. As nádegas são enormes, ampliadas lateralmente, mas pouco proeminentes. O sulco existente entre as nádegas ocupa toda a altura delas. Vê-se, na extremidade inferior do sulco, um ponto que religa as nádegas e sobre cada uma das partes uma pequena iminência triangular. As coxas são separadas das saliências das nádegas por um profundo sulco; elas apresentam uma curvatura acentuada sobre a face anterior e lateral. As pernas, fortes e curtas, limitadas no interior por uma incisão bem evidenciada, terminam por um esboço dos pés.

Uma vestimenta, bastante singular, cobre a face posterior das coxas da estatueta. Ela é constituída por uma série de faixas longitudinais, estreitas, atravessadas por estrias horizontais na altura do côncavo da nádega; a partir desse ponto, cada faixa separa-se uma da outra em simples tiras verticais, que descem até os pés, terminando por franjas. Na parte superior, as faixas se unem a *um cordão horizontal; ele está colocado 3 mm abaixo das nádegas, contornando-a, terminando na parte média da face anterior das coxas* (ibidem, p.34-6).[22]

---

22 Segundo Maria Heloísa F. Costa (1978, p.58), as mulheres karajás trajam uma tanga presa ao corpo por um cordão firmemente amarrado à região do baixo-ventre, cortando a silhueta exatamente na região do sulco da vênus. Essa tanga é tão apertada ao corpo que chega a criar uma "dobra" no tecido adiposo do ventre, que cai sobre a tanga.

Uma das hipóteses levantadas por Coppens é a da total simetria da estatueta. Sua discrepância anatômica seria resultado de uma possível permuta entre a frente e as costas, inversamente esculpidas: a cabeça permutaria com os pés, os seios com as nádegas, de forma a se obter não apenas uma mulher, mas duas, opostas pela bacia; a segunda teria as nádegas como seios. Ao se olhar a figura de costas, a segunda mulher aparece com uma nitidez estonteante. O mesmo ocorre com as personagens opostas de Laussel [Figura 17], que representam também duas personagens opostas pela bacia e que são consideradas como figuração de uma cópula ou nascimento. (ibidem, p.36)

Figura 17 – Personagens opostas de Laussel, c. 30.000 a.C. e 20.000 a.C.

A representação instigante da Vênus de Lespugue e das personagens de Laussel põe em cena um dado não levantado pelos arqueólogos, o da percepção da circularidade do tempo pelo homem paleolítico – ou seja, do ciclo da natureza no qual as estações se sucedem mas retornam ao ponto de partida. A natureza, a Terra-Mãe, é sempre a mesma, porém diversa, outra. À estação fecunda (dos frutos e flores) sobrevém a da esterilidade (da seca e/ou inverno) e após ela uma nova estação fecunda. Uma nasce da outra, como o fruto da semente enterrada no solo. Diante dessa correlação, a imagem frontal da Vênus de Lespugue corresponde à estação fecunda, pois apresenta o conjunto cabeça/seios/ventre em sua totalidade. Vale lembrar que esse conjunto tríplice, já reiterado, apresenta os semas curvilíneo, arredondado, modelado, forma aberta etc. e a mesma base sêmica das demais vênus, que levam às transformações sêmicas de <humano> →« <vegetal> → <mineral>, ou seja, conotam a fecundidade/fertilidade. Em contrapartida, a segunda vênus, representada na parte dorsal e invertida, possui a cabeça e o colo marcados pelos semas *plano* e *achatado*, pois essas partes não apresentam um volume modelado, arredondado, como a forma ovoide anterior. Além disso, a superfície da cabeça é coberta por incisões retilíneas que se estendem da parte superior da cabeça até o sulco profundo (ou cordão), que corta horizontalmente o tronco, delimitando o fim do plano chato do colo, do início do volume curvilíneo dos seios. Essa "vestimenta", como foi denominada, vela a superfície do rosto e colo,[23] vedando a visão. O que nas demais vênus era uma <forma aberta>, quer seja pela ausência do "véu", quer pela presença de orifícios (boca/olhos) indicando uma abertura e, portanto, <profundidade>, na segunda vênus é marcado pela <forma fechada>. A boca/orifício, e mesmo a forma <esferoidal> assumida pela cabeça, está oculta, sepultada, como a semente/bulbo, por uma forma <plana>, <rugosa>, <retilínea>, com sulcos regulares que remetem à imagem da terra gretada ou arada, aparentemente destituída de vida.[24]

Os seios guardam os mesmos semas das análises anteriores, marcados pelo <esferoidal> + <medial>; assumem, no entanto, uma posição mais baixa que a normal, cortando a estatueta ao meio, e, ao contrário dos seios da primeira vênus, que possuem uma gradação de volume, indicando uma curva mais suave que tem início no colo e vai se acentuando em sua forma arredondada e volumosa, os da segunda iniciam-se abruptamente logo após o sulco profundo, terminando

---

23 O velar-se da segunda vênus assemelha-se ao velar-se da jovem noiva/ninfa, que, após os ritos do casamento, é desvelada/fecundada pelo marido, gerando uma nova vida. O véu guarda/protege a ninfa no período interdito ao macho (cf. Capítulo 1) e se associa também ao velar-se das sombras infernais de Hades. Na tragédia *Alceste*, de Eurípides (1968, v. 1050 et seq. e 1120 et seq.), ela volta do reino dos mortos com o rosto completamente coberto por um véu.

24 Levando-se em conta as análises feitas até o momento, nas quais as vênus figurativizam a Terra-Mãe em seu sentido mais pleno, natureza que engloba o solo, as matas, animais etc., a forma plana e com ranhuras conota uma fase de esterilidade.

numa curvatura tão abrupta quanto a inicial, na parte inferior. Por serem mais desenvolvidos para as laterais do que proeminentes, e graças à formação triangular seguida de incisão não muito profunda, a transformação sêmica dos seios em frutos e, principalmente, em bulbo é muito fácil de ser apreendida. Como tal, os seios/bulbo são a promessa de renascimento da vida.

O ventre está ausente e a parte inferior, o triângulo formado pelas coxas, corresponde, na segunda vênus, a uma superfície <plana>, <lisa>, <achatada>, sem nenhuma incisão ou sulco, como ocorre na parte frontal. Se a ampliação do sexo pelas coxas, nas demais vênus, era um convite – com a vulva aberta ao macho –, a ausência de qualquer orifício ou sulco, <forma fechada>, indica o oposto, uma interdição e, portanto, um período em que a fertilidade/fecundidade estão banidas desse universo representado pela Deusa Mãe, embora sua latência se evidencie nos seios/bulbo.

O equilíbrio harmônico encontrado nos três blocos de rimas, que reiteravam o percurso temático-figurativo da Deusa, detentora de toda a fecundidade e fertilidade, é alterado no dorso da Vênus de Lespugue. Em vez de manter a recorrência dos três blocos, ela intercala a base sêmica <esferoidal> + <medial> + <forma aberta> em duas outras bases sêmicas idênticas: <planiforme> + <extremidade> + <fechada>, que, por se oporem à base anterior, conotam a esterilidade – indicando assim uma nova transformação sêmica, que permite ler a segunda vênus como complementar da primeira. Enquanto esta é a estação fecunda, aquela é a estação da estiagem. E, como no ciclo da natureza, uma sucede à outra numa relação de opostos complementares – vida e morte – determinando um todo mais que circular, elíptico: o da existência.

A Vênus de Laussel

A Vênus de Laussel (Figura 18), ou a *Dama com o chifre*, foi descoberta em 1911, esculpida sobre a face vertical convexa de um bloco do sítio de Laussel; está voltada em direção ao interior do abrigo. *Apresenta traços de coloração vermelha em torno da cabeça e do corpo, sobre os seios e o ventre.* A escultura mede 42 cm; a cabeça é figurada de perfil, voltada com o olhar para a sua direita; possui uma abundante cabeleira que tomba sobre a espádua/ombro esquerdo; os traços do rosto estão ausentes. O busto é largo, grande, com seios volumosos e pendentes; o ventre maciço/espesso é posto em relevo pela convexidade da rocha; as ancas são aumentadas por duas massas adiposas; estão representados o umbigo e o triângulo pubo-genital, sem fenda vulvar. As nádegas apresentam um desenvolvimento lateral lembrando a estatueta de Lespugue; as coxas são menos fortes; as pernas relativamente delgadas e curtas divergem e terminam de maneira imprecisa. Os braços, ligeiramente atrofiados, são mais bem traçados que os das estatuetas descritas até aqui; quatro dedos da mão esquerda, pousada sobre o ventre, são delimitados por incisões; quanto à mão direita, ela está erguida e segura um objeto, provavelmente um chifre de bisão, que a personagem olha (Delporte, 1993, p.61).

Figura 18 – Vênus de Laussel, c. 30.000 a.C. e 20.000 a.C.

A dama de Laussel, além de manter as características vistas nas vênus anteriores e reafirmar as transformações classemáticas pelas quais passam, traz algumas contribuições importantes, tais como: a localização dos traços de coloração vermelha, em torno da cabeça e do corpo e sobre os seios e o ventre; a gestualidade divergente das demais, a mão sobre o ventre, e a outra segurando o chifre. Esses elementos permitem fazer dessa vênus um elo entre as variações das vênus paleolíticas, muito embora a dama de Laussel seja uma das primeiras manifestações escultóricas do período, antecedendo as vênus já analisadas.

A indicação precisa de onde se encontram traços de cor vermelha na dama permite avaliar a caracterização buscada pelo escultor: primeiro em ressaltar a imagem como um todo, depois contornar a cabeça e o corpo, destacando-a ainda mais do fundo rochoso; imprimindo uma descontinuidade, uma ruptura entre a forma que salta da rocha e o suporte no qual foi esculpida, buscando conferir, por meio dessa ruptura, uma identidade à imagem. Nascida da rocha, ela é, no entanto, diversa daquela, deixou de ser matéria informe para se tornar uma obra formada/modelada, sobre a qual o escultor investiu seus valores. Ao fazê-lo, não só privilegiou as características sexuais secundárias em seus volumes, mas também imprimiu aos seios e ao ventre um destaque ainda maior, pois sobre eles foram encontrados vestígios de cor vermelha. Até o momento, a análise se pautava na recorrência das formas opulentas para justificar seu valor semissimbólico para o homem paleolítico. Com o destaque dado aos seios e ao ventre pelo cromatismo, obtém-se a confirmação dessa hipótese.[25]

O vermelho não era o único pigmento conhecido e usado pelo homem pré-histórico – além dele, aparecem nas pinturas rupestres o amarelo, o preto, o ocre e o laranja. Com o realce dos seios e do ventre da Vênus de Laussel pela cor vermelha, vê-se uma sobreposição de semas contextuais: os depreendidos das formas arredondadas e curvas dos seios e do ventre – transformados no universo mítico-mágico em conotação de vida; e os depreendidos do cromatismo vermelho, ligado ao sangue e ao fogo: em ambos, o valor vida/morte está imbricado. O sangue como princípio da vida e limite da morte (ao ser derramado, significa morte; matricial e uterino, o sangue menstrual é promessa de vida e, quando expelido, torna-se motivo de tabu e interdição em quase todas as culturas orientais e ocidentais). O fogo, como o sangue, traz a ambivalência do benéfico – aquece e protege – e do perigo destruidor.

---

25 Se a falta de informação sobre a cor não permitia na Vênus de Willendorf a identificação do seio com o fruto maduro, aqui a leitura é possível: os seios e o ventre tintos de vermelho são os frutos prontos para serem colhidos.

O vermelho, como as formas femininas, representa um fascínio e um temor – um universo mágico e desconhecido, já prenunciado nas representações mais arcaicas, como no *Camarim das vulvas* (Figura 19);[26] pintadas em vermelho intenso, formam um grupo de seis; sua forma é circular e a fenda vulvar indicada por um traço ou por um ângulo agudo que rompe o círculo; duas delas são completadas por um traço paralelo ao círculo e aberto em sua parte superior, sugerindo um esboço do corpo feminino. Contemporânea à Vênus de Laussel, a Vênus V de Vestonice também apresenta traços de coloração vermelha sobre o ventre. Ventre, vulva, goela voraz que devora, mas que dá a vida – essa é a imagem conotada na representação da dama e na cor vermelha.

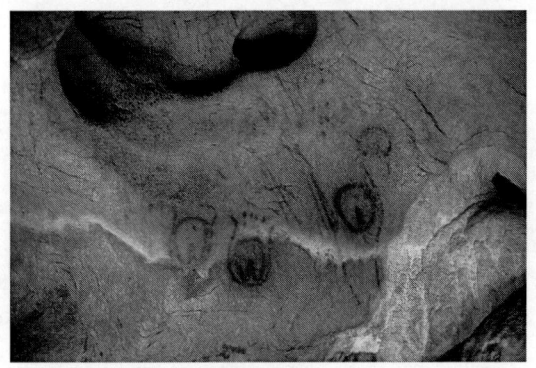

Figura 19 – Camarim das vulvas, c. 12.300 a.C.

A gestualidade da Vênus de Laussel reforça a leitura feita anteriormente para a Vênus de Lespugue de que o homem paleolítico já conhecia/reconhecia os ciclos da natureza e os associava à deusa. A vênus traz na mão direita um chifre de bisão com treze inscrições, já interpretadas por arqueólogos como um calendário lunar, ou seja, os treze meses lunares do ano solar.[27] A própria forma do chifre corrobora

---

26 Datando do período madaleniense antigo, as vulvas foram encontradas na gruta de Tito Bustillo, Oviedo, a 1 km do mar, uma das estações mais importantes das Astúrias, encontrada em 1968 por M. A Garcia Guinea (Delporte, 1993, p.94).
27 Para os caçadores-coletores, a divisão do tempo a partir dos ciclos lunares é, além de mais facilmente perceptível, muito mais eficiente para regular os períodos favoráveis à caça (Sílvia Schmuziger de Carvalho, comunicação pessoal, 2000).

essa ideia. Formado por dois arcos de círculo (semicírculos), cilíndrico, modelado, com uma das extremidades afuniladas e a outra alargada e com a face côncava voltada para cima, o chifre é a imagem da lua crescente; que surge no lado ocidental do céu – oeste – posição em que se encontra representado.

O homem paleolítico, sem dúvida, percebeu a alternância das fases da Lua e sua relação com os ciclos da natureza, passando a guiar-se por eles. Daí a representação da deusa junto desse ciclo e o estabelecimento de uma relação entre a Lua e suas fases com a Deusa Mãe, uma vez que, como a fêmea, a Lua altera suas formas, de arco de círculo a esfera brilhante no céu, de jovem ninfa a mãe opulenta. Ao segurar o chifre em sua mão, a dama de Laussel estabelece a ligação, se não de autoridade, pelo menos de equivalência entre ambas.

A mão esquerda, pousada sobre o ventre, juntamente com o antebraço, traça uma diagonal que incide sobre o umbigo e o triângulo púbico. Essa postura tão diversa das demais, que traziam as mãos sobre os seios, indica, realçando-os, os dois orifícios – umbigo e sexo –, num convite à cópula.

A gestualidade somada ao chifre/Lua e ao vermelho fecha um círculo, no qual se inscrevem os princípios de vida e morte do homem pré-histórico: o medo do desconhecido; o universo mágico criado a partir da observação das fases da Lua; da gestação e aleitamento nas fêmeas; da necessidade de cobrir/fecundar essa fêmea exuberante e mãe potente, que é a natureza, para que ela continue gerando e sustentando a vida. Diante de sua fragilidade, o homem entroniza a figura feminina, nua, com toda a sua magia, e lhe oferece como consorte o macho mais vigoroso – o bisão, o touro, os grandes cornudos.

Esse fascínio causado pelo feminino, retratado no período paleolítico, pode ser sintetizado na visão que uma mulher abissínia, citada por Frobenius (apud Campbell, 1997, p.236-7), oferece sobre a condição feminina:

> A vida de uma mulher é bem diferente da de um homem. Um homem é o mesmo, da época da circuncisão até o fim. É o mesmo antes de ter procurado uma mulher pela primeira vez e depois. Mas, no dia em que uma mulher goza do seu primeiro amor, ela é partida em duas. Torna-se outra

mulher naquele dia. O homem, depois do seu primeiro amor, é o mesmo que foi antes. A mulher é, a partir do seu primeiro amor, outra. E continua assim por toda a vida. O homem passa uma noite com uma mulher e vai embora. Sua vida e seu corpo são sempre iguais. A mulher engravida. Como mãe ela é diferente da mulher sem filho. Ela carrega a marca daquela noite ao longo de nove meses em sua barriga. Algo cresce. Algo surge em sua vida, que jamais a deixa. Ela é mãe. E isso o homem não sabe o que é; ele não sabe nada. Ele não conhece a diferença entre antes e depois do amor, antes e depois da maternidade. Ele não sabe nada. Só a mulher pode saber e falar disso. É por isso que nossos maridos não nos podem dizer o que devemos fazer. A mulher só pode fazer uma coisa. Respeitar a si mesma. Ela tem sempre que estar de acordo com a sua natureza. Ela tem sempre que ser donzela e mãe. Antes de cada amor, ela é uma virgem, depois de cada amor, uma mãe. Nisso, pode-se ver se ela é uma boa mulher ou não.

Essa desconcertante alternância de formas, de existências numa mesma e única vida, é que intrigou o homem primitivo e veio, ao longo dos milênios e séculos, tornando a mulher ora Deusa, ora demônio – fonte de vida e princípio de morte.

As vênus e seus consortes

Nas representações parietais datadas entre o período gravetiense e o período solutrense, mesmo período das vênus, encontram-se expressões da intersecção entre as Deusas Mãe e seus consortes. As mais significativas são: *As vênus de Angles* e *Mulher sob a rena*.

As vênus de Angles. Três delas estão esculpidas no abrigo de Bourdois e datam do período madaleniense superior; limitam-se à parte medial do corpo, têm os ventres bojudos; os sexos são bem trabalhados: o triângulo pubo-genital fortemente incisivo, a vulva apresenta alguma diversidade de uma figura a outra, como também a fenda vulvar; incisão simples, mas longa, na primeira; é mais curta e mais profunda na segunda e na terceira. Essa terceira vênus sobrepõe-se a um bisão muito sumário e é, por sua vez, subposta a outro bisão, que a encobre a partir das coxas (Delporte, 1993, p.85).

Essas três vênus reduzem-se basicamente ao ventre e ao sexo, da mesma forma que a quarta, encontrada numa rocha calcária do mesmo complexo arqueológico (Figura 20); essa figura, associada a dois cabritos, é subposta ao mais jovem deles, que lhe toma a parte superior do corpo (loc. cit.).

Figura 20 – Vênus de Angles IV, c. 12.200 a.C.

Mulher sob a rena, uma das peças mais célebres. Encontrada em Laugerie-Basse, está gravada numa plaqueta, um fragmento de osso de rena, de formato regular, mede 101 mm de comprimento por 65 mm de largura. Nela vê-se uma mulher, deitada sobre as costas, *enquadrada pelas patas posteriores e o ventre de um animal macho* (Figura 21);[28] como as demais representações femininas, a parte principal é o ventre, muito volumoso; o corpo é representado de perfil; o triângulo púbico e a vulva, nitidamente incisiva, são representados em 3/4. Chama a atenção a existência de um bracelete feito por seis incisões, ou seis braceletes, no punho direito (ibidem, p.69).

---

28 Objeto de discussões recentes, alguns arqueólogos tomam o animal por uma rena, outros por um bisão.

Figura 21 – *Mulher sob a rena*, entre 15.000 a.C. e 9.000a.C.

Tanto no caso das quatro vênus de Angles, como no da *Mulher sob a rena* de Laugerie-Basse, ou ainda dos cinco blocos da estação de La Ferrassie, datados dos períodos aurinhacense II e III, no qual um conjunto de vulvas é gravado em associação com animais machos pintados em vermelho ou negro (ibidem, p.53), documenta-se a associação da figura feminina com um macho cornudo, indicando, por meio da sobreposição do macho ao ventre da fêmea, uma união entre ambos. Essa hierogamia destinada a promover a fertilização da Deusa Mãe e de seus domínios – homem e natureza – exige um consorte à altura dos poderes da Deusa, e esse consorte é, invariavelmente, marcado pela força física, ferocidade/agressividade, por uma virilidade acentuada e pela presença de longos chifres. Representados sob as paredes das cavernas, em tons de vermelho e negro, os touros, bisões, renas e mamutes (cujas grandes presas substituem os chifres) são imagens pujantes de um realismo requintado que se opõe ao traço esquemático usado para representar o macho da espécie humana – muito frágil, se comparado a esses animais.

Um olhar mais atento sobre as representações parietais desses animais revela um conjunto de traços comuns – um conjunto sêmico que marca o reconhecimento do consorte da deusa, seja ele um touro ou um bisão, pois se inscreve num contorno mínimo, numa protofigurativadade, que faz ver a pujança fertilizadora. Dentro das reproduções conseguidas para análise, foram selecionadas duas em virtude das formas nítidas na boa qualidade visual e por serem bastante representativas do período.

O *Grande bisão* de Altamira

Há dezenove bisões representados em Altamira, sendo a espécie de animal mais reproduzida ali. Aparecem em formas e atitudes as mais diversas: em repouso ou em movimento, de perfil ou voltando a cabeça para um lado, mostrando as quatro patas bem diferenciadas. Chamam a atenção os efeitos de policromia, admiravelmente obtidos com o vermelho e o preto como cores dominantes. É nas imagens desse animal que as deformidades da rocha são aproveitadas com mais habilidade para se conseguir a sensação de relevo. A melhor mostra do movimento em potência encontra-se no *Grande bisão*, que aparece encolhido com a cabeça virada, mas *disposto a investir, refletindo de maneira admirável a energia contida* (Breuil apud Lopera, 1995, p.24-5).

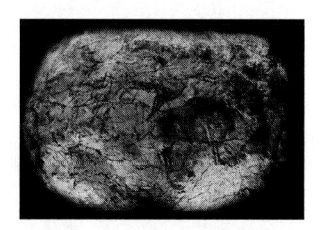

Figura 22 – Bisão de Altamira, entre 18.500 a.C. e 14.000 a.C.

O *Grande bisão* (Figura 22) é datado do período madaleniense, aproximadamente 13.000 a.C. Suas formas, comparadas às das vênus, são marcadas por segmentos de reta, ligeiramente curvos, quase retilíneos, para indicar o corpo forte e musculoso, sólido e formado; apesar da superfície irregular da rocha, ele é caracterizado por uma forma plana, achatada e angulosa: os chifres, as patas, o rabo e os pelos da região dorsal; a forma compacta, sem orifícios ou penetrações é fechada; a textura é lisa, pois não apresenta saliências, embora a superfície da rocha seja, como na Vênus de Willendorf, áspera, não completamente polida. Apresenta ainda uma descontinuidade nas retas e um cromatismo acentuado. O contorno, linhas mestras, em preto, preenchido pela cor vermelha, mostra alguns pontos em ocre. A cor vermelha destaca, principalmente, a região da cabeça, a parte lombar superior frontal e a medial inferior, das patas traseiras, ou seja, a cabeça, o dorso e a região do osso sacro.

O todo, bisão, é segmentado em dois blocos: um que toma todo o corpo do animal, privilegiando as regiões de força/virilidade, o dorso e o sacro (características sexuais primárias – órgãos reprodutores); o outro, formado pela cabeça alongada e os chifres, que, como o corpo, têm inscritos os elementos de força – aqui vistos como arma de defesa ou ataque – os chifres – e, portanto, de virilidade. Como ocorria nas vênus, vê-se a repetição de uma rima plástica que recupera o percurso temático-figurativo presente no consorte da deusa: a força viril ou a pujança criadora e destruidora. Mas ao contrário da rima "tríplice" percebida nas vênus, a dos consortes é dupla – apresentando uma bipolaridade explícita: positiva/vida e negativa/morte, pois ao contrário da Deusa que prenunciava a criação e delimitava o desconhecido, o consorte traz inscrito em sua figuratividade essa oposição entre o criar (órgãos sexuais) e o matar (chifres).

A partir dessas formas podem ser depreendidos os seguintes semas contextuais:
- anguloso;
- achatado (em oposição ao esculpido, com volume);
- descontínuo;
- plano (não profundo ou saliente);
- sólido;
- formado;
- forma fechada;
- liso;
- cromático;
- animado (decorrente da "intenção" de investir e do movimento das patas).

A base sêmica comum à cabeça/chifre e ao falo (região do osso sacro) é: <extremidade> + <superatividade>;[29] e compõe o seguinte

---

29 Visto que ambos são marcados pelo sema *extremidade* e pelo sema *verticalidade*, opondo-se apenas quanto a *superioridade* + *anterioridade* para chifre e *inferatividade* + *posterioridade* para falo – oposição que, para Greimas (1973, p.63-4), "constitui tão somente um caso particular de não concomitância" e que pode ser resolvida pelo sema *superatividade*.

suporte figural: <extremidade> + <superatividade> + <cilindricidade>, pois tanto o falo quanto os chifres[30] podem ser figurativizados por formas cilíndricas, planas ou não.

As transformações classemáticas

Diversamente das vênus, o bisão apresenta uma circularidade nas transformações sêmicas, ou seja: o lexema chifre, após as transformações, recai sobre o lexema falo, e vice-versa. Ambos apresentam o mesmo percurso, só que inversamente, confirmando a leitura antropológica do consorte da Deusa como *veículo fertilizador* por excelência. Dessa forma, o círculo em que ele se inscreve é caracterizado por:

Chifre → bastão/flecha → falo → bastão/flecha → chifre
<animal> "chifre" –» <objeto/arma> "flecha" → <animal/humano> "falo".

Tanto o cilindroide "chifre" como o cilindroide "bastão"/"flecha" têm em comum o aspecto retilíneo, liso e sólido, ambos caracterizados como objetos de perfuração e utilizados para defesa ou ataque, portanto, arma – estabelecendo-se, então, a passagem do "chifre" <animal>, de semas <extremidade> + <superatividade> + <cilindricidade>, para "flecha" <objeto/arma>, de semas <extremidade> + <superatividade> + <cilindricidade>,[31] ocorrendo também uma alternância do <natural> ao <cultural>, visto que a flecha é um objeto feito pelo

---

30 Metonimicamente, os chifres serão considerados "cabeça", pois ambos compartilham do mesmo conjunto de semas contextuais (*anguloso, retilíneo, sólido, formado* etc.), já que a cabeça representada nas pinturas rupestres é alongada, afunilando-se no focinho, tal qual o chifre, que possui uma base mais larga e vai-se afunilando em direção à ponta. O chifre, como a cabeça, possuiriam, em geral, uma forma cônica, mas, nas representações observadas, o chifre assume um contorno delgado e sem uma variação expressiva na largura da base, por isso a escolha do cilindro. A base sêmica de chifre e de cabeça é idêntica.

31 A flecha, em decorrência de seu movimento de ascensão e descensão, sobrepõe os semas espaciais: *verticalidade superativa* e *verticalidade inferativa*, da mesma forma que o chifre e o falo.

homem, portanto, da esfera do <humano>, e não <natural> como o chifre. Compartilhando dos mesmos núcleos sêmicos e semas contextuais, a flecha e o falo parecem entrar em oposição pelo fato de a flecha ser um objeto de perfuração, cultural, que gera a morte, enquanto o falo é um objeto de penetração, natural (humano/animal), que gera a vida. Mas essa oposição é superficial, pois tanto a flecha pode gerar a vida – alimento e proteção do homem – quanto o falo pode gerar a morte – a reprodução humana como fator de destruição/caça de um maior número de animais e coleta de maior número de frutos, portanto, "morte" da natureza. Assim sendo, os termos chifre, flecha e falo assumem uma equivalência[32] nos princípios de gerar e proteger a vida, mas também no perigo mortal que representam.

A equivalência entre flecha/falo é reforçada por outra representação maciça das cavernas paleolíticas – as chagas/vulvas sangrentas sobre o dorso dos animais ou junto de falos. Um dos exemplos mais originais está na gruta de Fontanet: "num grupo de gravuras que compreendem vários bisões, vê-se nitidamente gravada uma estrutura vulvar simples sobre o dorso de um deles" (Delporte, 1993, p.44). A vulva que abre o flanco do animal é um símile da chaga ou ferida feita pela flecha, do mesmo modo como o falo rompe o corpo feminino, "ferindo-o" e fazendo-o sangrar.

É o que se observa na perseguição amorosa (Figura 23), a peça mais interessante descoberta no período madaleniense de Isturitz. É uma lâmina de osso polido com representações gravadas nas duas faces. De 105 mm, ela está quebrada, de sorte que as figurações são fragmentárias. Se a fratura situada no nível do torso do segundo personagem é acidental, aquela que corta o pescoço do primeiro não o é: os ossos parecem ter sido quebrados, mas regularizados por polimento.

---

32 Equivalência que será estendida ao raio, do Sol ou relâmpago, que, como os anteriores, rompe o ar para aquecer/fecundar a terra, mas é também uma "arma" – conduz a morte. Zeus tem por insígnia o raio e em Creta está associado ao touro.

Figura 23 – *Perseguição amorosa*, 18.000 a.C.

Sobre uma das faces, está gravado um belo bisão, cuja anca está mutilada; diante dele, encontra-se a cauda e a anca de um segundo bisão, também parcial mas complementando admiravelmente o primeiro. Sobre a outra face, dois personagens humanos se perseguem, da mesma maneira que os bisões e, por uma extraordinária coincidência, são igualmente quebrados e se completam um ao outro.

O primeiro personagem, "decapitado", é uma mulher nua, corpulenta sem ser obesa; o torso possui um seio pendente, terminado por um mamilo: os braços, ao menos o direito, está erguido, numa posição de orante, frequente no período madaleniense, por exemplo em *La Marche* (Figura 25) ou sobre a plaqueta da *Mulher sob a rena* (Figura 21) de Laugerie-Basse; as coxas e as pernas são espessas, mas bem articuladas e terminadas por pés bem formados; sobre o corpo, em particular sobre o ventre e o seio, observam-se pontuações figurando talvez a pilosidade. Essas personagens portam adornos: a primeira, muitos anéis de tornozelo (tornozeleiras) e um fragmento de colar; a segunda, um bracelete e um colar composto por três fileiras formando uma espécie de quadriculado. Esses adornos assemelham-se profundamente àqueles da *Mulher sob a rena* (ibidem, p.32-3).

Sobre a coxa do primeiro personagem está uma seta idêntica àquela que, sobre a outra face, está cravada no flanco do bisão mais completo.

Segundo Leroi-Gourhan, "esses signos têm valor masculino" (apud Delporte 1993, p.33) e coincidem com a analogia, que por vezes se faz, entre a mulher e o bisão.[33] De qualquer forma, observa-se, na *Perseguição amorosa*, a flecha/falo penetrar o corpo feminino (primeira placa) na altura do sexo, como as duas setas que penetram o torso do bisão da segunda placa.

O intercâmbio entre caça e cópula → flecha /chaga ↔ falo /vulva se estabelece, segundo Lévêque (1985, p.22), por serem essas duas práticas geradoras de vida para a espécie humana e destruição/morte para a espécie animal: a caça mata o animal, enquanto a cópula (humana) põe em cena um aumento da população, gerando a necessidade de maior exploração do meio, criando um círculo de interdependência homem-natureza que terá de ser equilibrado, organizado por regras rígidas para que o homem não esgote sua fonte de vida, destruindo-se a si mesmo.

A escolha de animais portadores de chifres, fortes e agressivos para consortes da Deusa Mãe decorre dessa equivalência entre o falo e o chifre. Esses animais cornudos assumem, na perspectiva paleolítica, uma dupla virilidade, sendo, portanto, mais pujantes que os animais destituídos de cornos e mais competentes para fertilizar a grande-fêmea-terra.

A postura do bisão, descrita por Breuil, pronto a investir contra um oponente não representado, indica toda a energia concentrada nessa massa cilíndrica/compactada que é a imagem do animal. A cor vermelha acentua ainda mais a força fecundante desse animal de natureza ígnea que, como o Sol, rompe o ar para esquentar, estimular e fecundar a terra, mas que pode abrasá-la até secar e esterilizar completamente o solo. Pertencendo à esfera do radiante, os machos providos de chifres possuem um poder ambivalente.

---

33 Segundo Leroi-Gourhan, é possível observar uma sobreposição, em sentido inverso, da forma feminina e do bisão, de maneira que a corcunda do bisão corresponde às nádegas da figura humana; o rabo, por sua vez, ao alongamento em que termina a extremidade superior da mulher, pescoço-cabeça (apud Carvalho, 1982, p.148).

O touro de Lascaux

As pinturas de Lascaux, na Dordonha, datam do período gravetiense, mesmo período da Vênus de Willendorf. Entre as imagens de animais, foi possível individualizar algumas formas humanas, como as silhuetas de mulher – mais perceptíveis na cova de Cabrerets que em Lascaux (Breuil apud Lopera, 1995, p.20-1).

Na grande sala de Lascaux, além de cavalos, íbis, bisões e aruoques, estão representados vários touros – alguns incompletos, outros sobrepostos aos demais animais. O mais belo exemplar é o *Grande touro preto* (Figura 24). Medindo 4 m, o touro de Lascaux está em movimento, indicado pelo posicionamento das patas; a cabeça, representada em três quartos, possui dois longos chifres; em torno dos olhos, formando um semicírculo, há um conjunto de manchas pretas. O corpo, de formas rijas, não possui marcas ou qualquer coloração; o sexo é bem evidenciado.

Figura 24 – Touro de Lascaux, imagem parcial, c. 17.000 a.C.

Assim como o bisão, o touro é composto por segmentos de reta, ligeiramente curvas, tendendo ao retilíneo. Do corpo forte e musculoso podem ser depreendidos os semas sólido, liso, formado, plano, forma fechada, achatado. O sema *anguloso* é dado pelos chifre/cabeça, patas e sexo do animal; compõe-se, dessa forma, o mesmo conjunto de semas contextuais vistos para o bisão, e cujo suporte figural é dado por: <extremidade> + <superatividade> + <cilindricidade>. Seguindo a leitura feita, confirma-se, aqui, a circularidade das transformações sêmicas que levam do <animal> "chifre" → <objeto/arma> "flecha" → <animal/humano> "falo" e vice-versa. A tensão entre <natural> ↔ <cultural> é mantida e reafirmada como no exame do bisão. Essa tensão exprime, na verdade, o equilíbrio tênue, delicado, estabelecido entre o homem e seu meio, a necessidade de se preservar e a decorrente destruição que isso acarreta – destruição que é da ordem do <cultural>, pois se impõe com o uso de artefatos manufaturados.

O touro, o bisão e demais animais caçados pelo homem paleolítico assumem o papel de consortes da Deusa Mãe pois, enquanto animais selvagens e causadores de mortes entre o agrupamento humano, são vistos como protetores da natureza. Na lógica dos caçadores-coletores, a natureza é a Mãe da qual são extraídos os alimentos, mas ela deve ser cuidadosamente explorada: se o homem a espoliar, ela romperá o equilíbrio. Assim sendo, os grandes animais possuem um papel de "vingadores" das afrontas sofridas pela natureza e responsáveis por esse equilíbrio. A mulher que é morta pelo touro selvagem, ou raptada pelo agrupamento vizinho, é tida como aquela que se doou à natureza, se uniu ao animal para gerar mais caça. Seu sacrifício é compensatório – o animal tomou a defesa de sua senhora e privou o grupo humano daquela que gera mais humanos, a responsável pela necessidade de uma prática predatória excessiva, permitindo um reequilíbrio. É por isso que os cornudos possuem a prerrogativa nas representações rupestres: além de caça, eles são os guerreiros e os defensores, os que portam armas, como o homem porta a flecha. Sua representação no interior das cavernas indica, ainda, outra relação que mais tarde será explicitada: a do consorte filho e amante. O germe dessa ideia já se faz pressentir no período paleolítico, pois se os animais nascem da Mãe natureza, saindo de seu útero/caverna, eles são seus filhos; ao serem representados sobre o sexo da deusa ou se aprofundando nas cavernas, atestam a qualidade de amantes – relação sutil aqui, mas que se confirmará no decorrer das representações.

É nessa ambivalência de vida/morte ≅ gerar/destruir que se inscrevem as figurativizações do feminino: mulher, triângulo púbico, vulva – Deusa Mãe; e do masculino: animal cornudo, falo/flecha – consorte da Deusa. Signos bipolares, semissimbólicos, míticos, que somados à percepção do ciclo da natureza, das fases da Lua, estabelecem a primeira hierogamia e ordenam o mundo a partir dos princípios macho e fêmea e de sua união – cabendo à fêmea a ligação com a terra e ao macho, com a força animal e astral, a ligação com o Sol e seus raios, o relâmpago, a chuva, que, como o sêmen, a fecunda.

Os adornos, a sedução e o labirinto

Todas as vênus analisadas apresentam algum tipo de adorno, de uma cabeleira bem trabalhada a uma simples incisão no punho ou tornozelo e, em todas, é nítida a intenção, a disposição do escultor em ali os fazer representar. Essa predisposição é evidenciada no simples esboço de alguns membros, como braços, pés etc., em oposição à presença dos adornos. Um exemplo flagrante disso são os *braceletes* ou *pulseiras* representados nas vênus, como na de Willendorf (Figura 9), na de Lespugue (Figura 16) e na *Mulher sob a rena* (Figura 21), que, embora tragam no punho essas incisões, têm os membros bem pouco definidos. Essa "vontade de adornar" as representações femininas do período paleolítico acabou exigindo uma atenção especial para os adornos, seus formatos, os locais em que são colocados e a frequência com que aparecem nas estatuetas e demais reproduções entalhadas nas paredes das cavernas.

Figura 25 – *La Marche*, c. 12.300 a.C.

Comum a todas as vênus, bem como à quase totalidade das estatuetas femininas do período paleolítico apresentadas por Delporte (1993) e a algumas entalhadas nos abrigos rupestres, é o sulco junto ao baixo-ventre, que corta as representações realçando o triângulo púbico. Esse sulco, muito bem pronunciado na Vênus de Vestonice (Figura 10), e perceptível nas demais, marcado pelos semas <medial> + <esferoidal>, pode ser lido como *cinto*, pois os fragmentos de Pavlov e a plaqueta de *La Marche* não deixam dúvidas sobre sua correlação. Na plaqueta de *La Marche* (Figura 25), "a figura feminina é dotada de um *cinto largo* nitidamente representado por um quadriculado estreito, embora irregular", como interpreta Delporte (1993, p.90, grifo nosso). Já no fragmento de Torso de Pavlov (Figura 26), "entre o ventre e as coxas, sensivelmente *na altura do sulco assinalado sobre muitas figuras, existe uma faixa, em relevo* [...] com incisões oblíquas", ainda segundo o mesmo autor (ibidem, p.147, grifo nosso).

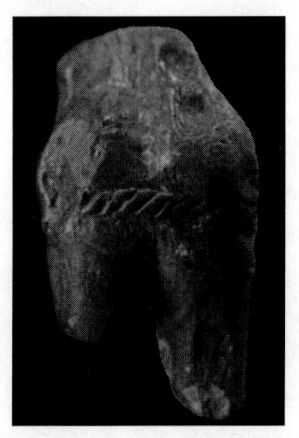

Figura 26 – Fragmentos de Pavlov, entre 25.500 a.C. a 26.500 a.C.

O sulco dá lugar, aqui, ao *objeto cinto*, mas ambos guardam os mesmos semas contextuais e espaciais e, principalmente, a mesma função: realçar o triângulo púbico, tornando-o mais visível, atraindo para ele o olhar e despertando o desejo do macho, ou seja, seduzindo-o. Da mesma forma que o cinto pubiano das vênus paleolíticas revela o sexo e incita o macho à cópula, o cinto de Afrodite, ao ser desprendido, desnudando-lhe a cintura/ventre, indica a união da deusa com Anquises. Desprender o cinto ou desnudar a cintura é o mesmo que ultrapassar o limite representado pelo sulco/cinto: é revelar o que está interdito ao olhar – o poder gerador/criador do sexo feminino –, o limite entre o humano e o bestial. Ele será, mais tarde, colocado sob o jugo de Ártemis, a deusa dos limites, ou representado pela face de Medusa, a Górgona monstruosa, que remete à imagem do sexo feminino.[34] Ártemis o guarda e Afrodite o franqueia. Os demais adornos, pulseiras, tornozeleiras, colares e penteados participam desse contexto erótico, pois são definidos pelos mesmos semas que o cinto, adornando regiões que são intercambiáveis com o sexo. Os colares observados nas imagens da *Perseguição amorosa* (Figura 23) e os arcos de círculo junto ao pescoço de algumas vênus (figuras 9, 10, 17 etc.), destacam a garganta, que, numa posição inversamente proporcional, equivale ao ventre, uma vez que tanto a garganta quanto o ventre são franqueados por orifícios simétricos – a boca e o sexo. Assim, os colares junto do pescoço têm a mesma conotação que o cinto.

Os braceletes e as tornozeleiras[35] compartilham igualmente os semas e a conotação sexual do cinto. O punho e o tornozelo[36] são regiões caracterizadas por um *acinturamento* dos membros anteriores, seguido por formas arredondadas, curvilíneas e semelhantes à forma das ancas; basta observar o contorno da mão quando colocada numa posição de repouso – assemelha-se à sinuosidade das vênus como aquela entalhada no *Rond du Barry* (Figura 27). A imagem aí esculpida pode figurativizar qualquer uma das partes citadas: a garganta, os punhos, os tornozelos, o ventre ou toda a deusa. É por isso que tanto as vênus paleolíticas quanto Afrodite exibem *belos adornos*, numa montagem sinedóquica que articula uma relação da parte com o todo; e também numa montagem metafórica, já que articula uma relação de citação anafórica imprópria entre dois diferentes segmentos de discurso, que se toma como imagem citante e imagem citada, contextualmente

---

34 Para uma complementação, ver Vernant, *A morte nos olhos*.
35 Cf. *La Marche* (Figura 25); perseguição amorosa (Figura 23) e as vênus (figuras 9, 20 etc.).
36 Embora a psicanálise tome o culto fetichista dos pés ou calçados femininos como um símbolo substitutivo do pênis da mulher (Freud, 1969b, p.102); a relação aqui estabelecida entre o tornozelo/pé e as ancas/sexo obedece única e exclusivamente à análise das formas, levantando a uma nova possibilidade de leitura para o culto fetichista dos pés femininos.

instituída.³⁷ Os adornos equivalem ao sulco, que por sua vez equivale ao sexo; da mesma forma que garganta, punho e tornozelo são permutáveis com o ventre.

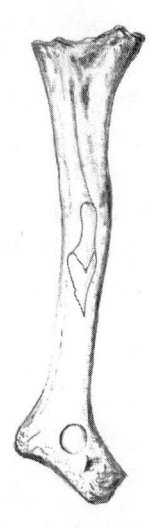

Figura 27 – *Rond du Barry*, entre 7.500 a.C. e 15.800 a.C.

Dentre os adornos, chamam a atenção os braceletes da Vênus de Willendorf (Figura 9) e o seu "penteado" em forma de elipse. Os braceletes – compostos por duas séries de incisões em ziguezague – remetem à forma do raio ou relâmpago, segmentos de reta angulosos, retilíneos, unidos diagonalmente, achatados, planos, cromáticos, descontínuos, de formas fechadas, animados – formando um todo cilíndrico, semelhante ao fuso, embora irregular, marcados por <extremidade> + <superatividade>, ou seja, permutáveis com o chifre, o falo e a flecha. O raio é um signo masculino que fere e fende a terra, poder destruidor e criador, uma vez que está associado à chuva – aspecto benéfico dessa ação transformadora; o raio, ou relâmpago, em sua descarga brutal e abrupta de energia (≅ emissão de esperma), é o símbolo do macho uraniano penetrando a fêmea – Terra/Natureza.

---

37 Os conceitos de montagem sinedóquica e montagem metafórica foram extraídos de Lopes (1986, p.66).

A justaposição do raio-bracelete ao punho-sexo da Vênus de Willendorf confirma sua hierogamia com seu consorte touro/Sol/fogo uraniano, que, nos períodos neolítico e cretense, será ainda mais explicitado na representação dos ídolos e deusas.

O raio, como um fuso, "gira" sobre seu próprio eixo – propagando- -se – aumentando de tamanho. Desse movimento aparente de "desenrolar-se" e da equivalência de todos os demais semas é que se estabelece a ligação do raio e, portanto, da chuva, com a serpente. Ela, como os demais, compartilha da bipolaridade positivo/negativo, pois é dotada de poder destruidor – veneno – mas é também perpetuação da vida: a serpente é uma linha viva, sem começo nem fim, que se perpetua: no eixo horizontal é a reta que tende ao infinito; no eixo vertical é a espiral, que manifesta a aparição do movimento circular, saindo do ponto original mantém e prolonga esse movimento ao infinito, representando, portanto, o caráter cíclico da evolução, os ritmos repetidos e contínuos da vida. Daí a associação da serpente com a Lua e suas fases, bem como com a concha e com o labirinto: todos apresentam um centro sobre o qual se desenvolve/desenrola um movimento contínuo e cíclico.[38]

A figura da espiral, ou elipse, leva ao "penteado" da Vênus de Willendorf e às várias pulseiras das demais vênus.[39] O penteado, composto por módulos que se enrolam em espiral e se subdividem em muitos tufos (bem definidos junto ao arco de círculo e do orifício/boca, vão perdendo a definição/delimitação progressivamente até se tornarem indistintos no topo da cabeça), é uma alusão aos ciclos da natureza, perceptíveis através das fases da Lua, como já prenunciavam o chifre, com treze inscrições, na mão da dama de Laussel (Figura 18), e a alternância da "dupla" Vênus de Lespugue (Figura 16). Os tufos, que seguem em espiral, possuem uma forma arredondada, esferoidal, como a das vênus, bem delimitados, indicando, talvez, uma alternância entre o fruto – fase produtiva – e a sua ausência – a estiagem, a fase

---

38 No capítulo referente a Creta será retomada a relação raio/serpente/Lua/labirinto, bem como sua associação com o mel, as abelhas, o tecer e o touro.
39 Assim como as vênus paleolíticas, Afrodite, nos hinos homéricos, traz *espirais recurvadas*, além de colares e outros adornos semelhantes. Cf. *Hinos a Afrodite I, II e III*, e a análise deles feita no Capítulo 1.

não produtiva (o intervalo entre eles). As pulseiras, arcos de círculo, correspondem a essa mesma ideia de ciclo, pois formam pequenas "espirais" no punho da vênus.

O conhecimento evidenciado dos ciclos da natureza e sua associação com a Lua e suas fases é figurativizado na Deusa Mãe; ao passo que o Sol, o raio e a chuva ligam-se a seu consorte – o touro. Esse animal, com seus chifres recurvados, é por vezes representado trazendo a Lua entre os chifres, signo masculino que possui o feminino: é o macho que protege e fecunda a Deusa Mãe. "É por isso que os mitos de renovação anual, embora apareçam no período neolítico, devido à cerealicultura, são uma tradição do período paleolítico. Eles celebram o renascimento da vegetação e sua relação com os ciclos do Sol e da Lua, sendo grandemente difundidos nas civilizações pastoris" (Lévêque, 1985, p.53).

As vênus ou ídolos neolíticos

Entre as vênus realistas da era paleolítica datadas dos períodos aurinhacense, gravetiense e madaleniense e as representações estilizadas da era neolítica, encontra-se o *grupo oriental*, pouco homogêneo, que compreende, por um lado, figuras que já anunciam um esquematismo nas representações – datadas do período madaleniense superior (de 12.000 a 15.000 a.C.) – e, por outro, um grupo "esquemático", um pouco mais homogêneo, caracterizado, sobretudo, por gravuras parietais, datados do fim do período tardiglaciário, no limite do período holoceno (entre 9.000 e 11.000 a.C.). Essas representações põem fim à história das figurações femininas do período paleolítico (Delporte, 1993, p.214-6).

O período neolítico, nova idade da pedra ou idade da pedra polida, vê os homens assegurarem, ao menos em parte, sua subsistência graças à criação de animais e à cerealicultura. Como o período paleolítico, o período neolítico inicia-se antes em certas regiões que em outras. Entre o fim do período paleolítico e início do período neolítico, há um hiato, período ocupado por civilizações variadas, reunidas sob o nome de período mesolítico ou epipaleolítico.⁴⁰ Esses períodos são bastante pobres de representações femininas, o que já não ocorre com o período neolítico, cujo início ocorre por volta de 7.000 a.C. para o Oriente Médio e 4.000 a.C. para a Europa Ocidental.

A Vênus de Cucuteni

A Vênus de Cucuteni (Figura 28), Romênia, data já do período neolítico (aproximadamente 6.400 a.C.), mas ainda tem algumas características paleolíticas. É moldada em terracota e possui uma ornamentação feita por incisões; os seios são indicados por dois pequenos botões em saliência; o triângulo sexual e a vulva são bem marcados; as nádegas bastante proeminentes e volumosas; estão ausentes a cabeça, os braços e os pés. O pescoço, muito longo, apresenta uma forma cilíndrica. Essas figuras romenas são esteatopígeas quando vistas de perfil, daí sua semelhança com as paleolíticas.

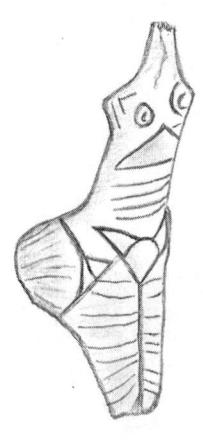

Figura 28 – Vênus de Cucuteni, fim do Paleolítio e início do Neolítico.

---

40 Observa-se o surgimento de uma industria microlítica nesse período. Com o fim da era glacial, o homem começa a se fixar junto de lagos e rios em aldeias palafíticas (Suíça, Alpes), tendo na pesca uma de suas principais práticas, o que o leva a fabricar um "novo" tipo de artefato: pequenas setas para a pesca (Carvalho, comunicação pessoal, 2000).

As incisões que decoram o corpo da vênus a dividem em dois blocos: o primeiro, do pescoço até o início do triângulo púbico; e o segundo, que vai do púbis até o fim das coxas. Os dois blocos possuem uma equivalência entre as formas e os adornos. Enquanto no segundo bloco observa-se a forma triangular do sexo, ladeada por duas formas triangulares menores, delimitando o contorno de uma cabeça de animal com chifres – touro, bisão ou qualquer outro[41] –, o primeiro bloco apresenta um triângulo ladeado pelos seios – formas cônicas, "pontudas", semelhantes a dois pequenos cornos. Embora a disposição do triângulo torácico esteja invertida, com a base voltada para baixo, é retomada a figuratividade dos chifres/falos ladeando, sobrepondo-se ao triângulo/sexo.[42]

O conjunto falo + sexo conota, como nas representações parietais, a união da deusa e seu consorte. Como ocorria nas pinturas rupestres, em que a forma masculina era sobreposta à parte inferior do corpo (sexo + coxas) da Deusa, a representação da hierogamia entre Deusa e touro, no período neolítico, manifesta-se no próprio corpo da Deusa,

---

41 As duas linhas em diagonal que formam os lados do triângulo púbico prolongam-se até a lateral das ancas, formando um dos lados dos triângulos menores – ou seja, a continuidade das incisões da virilha contribui tanto para o desenho do triângulo púbico quanto dos chifres. Essas incisões são parcialmente interrompidas pelo arco de círculo que forma a base do triângulo, além de se prolongarem a partir do vértice num sulco, que delimita as coxas em sua parte interna, salientando a forma já observada na Vênus de Brassempouy.

42 A cabeça do touro sobreposta ao sexo da deusa lembra sua função protetora – o consorte não só fecunda, mas também deve proteger. Esse poder apotropaico da figura do consorte será mais tarde, no período clássico, absorvido pela imagem do falo, nas *hermai:* colocadas nas vias de acesso das cidades gregas, elas tinham por função proteger a cidade e os transeuntes. As cidades, muitas vezes circundadas por muros, são a imagem do feminino protegido pelo masculino – falo/*hermai*. Entre os marajoaras o "duplo jacaré" representado na cerâmica é o Senhor do lago, dono da pesca (o equivalente do touro e do bisão), "que leva vítimas humanas para compensar as vidas animais destruídas pelo homem, é, ao mesmo tempo, divindade-dema de cujo sacrifício nascem plantas cultivadas e que, através do culto que se lhe dedica, protege a mulher tribal contra si mesmo (as tangas marajoaras decoradas com a estilização do jacaré bem podem ter sido um simbolismo análogo ao do uluri: tabu ao contato das mãos masculinas, ele protege a mulher contra o sedutor" (Carvalho, 1986, p.20).

estabelecendo uma fusão ou simbiose de figurativizações.[43] Embora não se possa distinguir completamente o número de incisões da coxa esquerda, observa-se que, ladeando o triângulo púbico e separada pelo sulco divisor das coxas, há uma série de incisões paralelas que dividem a coxa direita em nove segmentos irregulares – alusão bem provável aos meses de gestação da mulher, pois, como toda união divina é frutífera, fecunda, nada mais coerente que se representar sua continuidade no ventre volumoso e inchado com uma indicação do período que deverá decorrer para o nascimento – mostrando, mais uma vez, que o homem vindo do período paleolítico marcava o tempo e reconhecia os ciclos da vida.

A forma cilíndrica e alongada do pescoço, conotando o falo,[44] será amplamente utilizada no período neolítico médio e final, principalmente nos ídolos cicládicos. O pescoço, delimitado pelo arco de círculo bem marcado do colo, repete a figurativização da união sexual entre o macho (pescoço/falo) e a fêmea (arco de círculo/ventre), reforçando o percurso temático-figurativo da Deusa e seu consorte: a fecundidade/fertilidade liberada pelo ato sexual – hierogamia, único capaz de explicar o movimento do universo e sua perpetuidade e de explicar a tensão de seu dinamismo.

A *Orante*

Segundo Delporte (1993, p.217), no Médio e Alto Egito, encontraram-se numerosas estatuetas femininas, mas também masculinas ou de sexo indeterminado, recolhidas nas vilas ou nas sepulturas. Esses sítios correspondem ao fim dos períodos neolítico ou calcolítico e ao início da idade dos metais. As estatuetas encontradas são figuras modeladas em argila, mas às vezes esculpidas em marfim ou pedra. Datando de

---

43 Essa fusão pode explicar a grande quantidade de figuras ditas "andróginas" no período, uma vez que as descrições feitas pelos arqueólogos indicam formas que, além de serem estilizadas, estão compostas simultaneamente por caracteres sexuais secundários femininos e caracteres sexuais primários masculinos.
44 Cf. análise feita para chifre/flecha/falo.

3.000 a.C., a *Orante* (Figura 29) foi recolhida no Alto Egito e pertence à cultura Negare II. Modelada em terracota, tem 290 mm, é esbelta; sua parte inferior, de coloração verde-azulada, com alguns traços de branco e ocre, tem forma cônica, alargada nas ancas e afunilada na extremidade inferior – não possui qualquer incisão que permita individuar as pernas, os pés, as nádegas ou o sexo. As nádegas são sugeridas pelo volume, mas sem fenda ou sulco. A parte superior, de coloração vermelha, com traços de ocre e branco, tem a região da cintura bem acentuada: os braços, erguidos sobre a cabeça, não se distinguem do antebraço, constituindo um todo contínuo e curvo; as mãos, esboçadas, são continuações dos braços e terminadas por pontas. A cabeça é pequena, fusiforme, inclinada para a frente; o pescoço é delgado e longo; os seios, pequenos e pendentes, são ligeiramente cônicos, ou triangulares, e apresentam uma certa dissimetria. As formas elegantes e onduladas da *Orante* acusam um dinamismo na composição.

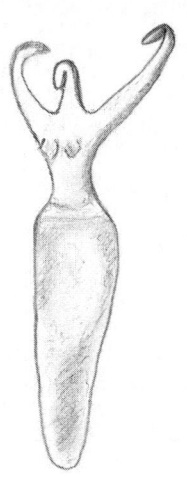

Figura 29 – A *Orante*, 3.400 a.C.

Partindo-se dos semas levantados para as vênus paleolíticas e seus consortes, pode-se constatar que a *Orante* apresenta semas pertencentes tanto a um como a outro. Sua forma sinuosa, com ancas e nádegas bem acentuadas, confirmam os semas arredondado, curvilíneo, formado, modelado, liso, sólido, humano/não humano vistos para as vênus. Já os semas depreendidos da forma cônica dos seios e da parte inferior, e em parte dos braços, são anguloso, retilíneo, descontínuo, animado, formado e liso, vistos para o bisão e o touro.

A figura apresenta ainda alguns semas "interligados" ou "decorrentes", como o cromático, que leva ao descontínuo; é pela delimitação/alternância das cores que seu torso se segmenta. Embora não apresente uma descontinuidade no volume, como ocorria nas vênus, a presença do *cinto* é marcada pela descontinuidade cromática – a passagem do vermelho para o verde junto ao baixo-ventre.

A estatueta é, em seu todo, destituída de qualquer orifício (boca/umbigo/sexo),[45] o que a determinaria como forma fechada, mas o arco de círculo formado pelos braços, acima da cabeça, constitui um símile do ventre, uma vez que marcados pelos mesmos semas – conjugando, portanto, forma aberta e a forma fechada.

Os braços da *Orante* compartilham dos semas vistos para chifre/falo/flecha pois, embora formem um arco de círculo, são também cilíndricos, sólidos, lisos, terminados por mãos "pontiagudas", o que remete a um instrumento de perfuração – além de sua localização espacial – <extremidade> + <verticalidade superativa>.

Os seios e a cabeça, anteriormente marcados apenas pela forma esferoidal, também sofrem uma variação ou conjugação com os semas masculinos, apresentando uma forma mista – arredondada e cilíndrica (cônica), curvilínea na base mas que se prolonga em linhas retas, aproximando-se do triângulo púbico e do chifre cônico: tanto os seios quanto a cabeça possuem os semas continente e sólido.

Essa confluência sêmica leva a estabelecer, para a *Orante*, núcleos sêmicos mistos, ou seja, que conjugam semas femininos e masculinos. Para a cabeça, pescoço e braços: <cilindricidade> + <extremidade> + <superatividade> + <esferoidal>; para o tronco (seios e ancas): <esferoidal> + <medial> + <cilindricidade> – o que permite as seguintes

---

45 Em relação à indicação do sexo na *Orante*, embora não haja qualquer orifício ou triângulo púbico inscrito na região pélvica, o prolongamento das ancas, afunilando até a extremidade, assemelha-se ao triângulo ampliado, formado pelas coxas nas demais vênus, sendo este permutável com o sexo.

transformações classemáticas e sêmicas: <humano> "cabeça + braço" → <animal> "chifre" → <humano/animal> "falo" e <humano> "ancas + seios" → <vegetal> "bulbo/semente" → <mineral> "rocha/caverna"[46] → <humano/animal> "falo".

O acréscimo de <humano/animal> "falo" para a parte inferior da imagem é decorrente da forma cilíndrica (cônica) que ela apresenta.

É interessante observar que as duas transformações sêmicas saem do <humano> e, após várias transformações, chegam ao <humano/animal> e, diferentemente das transformações vistas para as vênus, o último termo recai sobre o macho e não sobre a fêmea, demonstrando a valorização que ele sofreu no período que marca o fim do período paleolítico e início do período neolítico. O macho/consorte assume um papel mais "igualitário" ou equilibrado junto da Deusa, uma vez que essa não domina completamente a cena, como ocorria no período paleolítico, embora ainda seja ela a reger/governar toda a vida. A valorização do macho está ligada à variação sofrida pela Deusa Mãe: enquanto no período paleolítico ela era vista como natureza, força geratriz absoluta, a partir do período neolítico vai-se tornando a terra-solo, substrato telúrico e ctônico, que precisa ser fecundada/plantada para gerar, como mostra sua figuratividade. Essa alteração temático-figurativa do motivo da Deusa Mãe corresponde à nova visão de mundo que começa a surgir no período neolítico – as práticas agrícolas – mas que só apresentará um contorno definitivo no período creto-micênico.

A rima plástica percebida nas vênus e nos consortes se repete aqui, mas, ao contrário das demais, sofre uma segmentação diversa. A oposição entre o verde e o vermelho delimita a estatueta em dois blocos: um superior e outro inferior. O superior apresenta elementos masculinos (braços/chifres, cabeça/falo) e femininos (seios/sexo, braços/sexo), e uma coloração predominantemente vermelha, ligada ao sangue e ao fogo, confirma a bipolaridade sígnica. A parte inferior, pintada de verde, conota certamente o reino vegetal e, em decorrência, as águas. Enquanto o vermelho é vida quente, animal, ativa, pois

---

46 Cf. análise feita para a Vênus de Willendorf e para o bisão de Altamira.

ligada ao sangue e ao fogo, o verde é vida fria, umbrosa, vegetal, passiva, mas que se perpetua infinitamente, já o vermelho é efêmero, pois que seu fim pode ser visualizado: a morte, pelo derramamento de sangue (ou seu esfriamento), pelas cinzas da madeira consumida pelo fogo – são existências curtas e finitas, não se prolongam indefinidamente como a da vegetação, que, mesmo tendo em seu ciclo o inverno (morte/esterilidade), renasce sem alteração, pois a mesma árvore volta a brotar na primavera, ao contrário do animal, que só se perpetua na procriação. Partindo-se dessa relação, constata-se que o vermelho é masculino e o verde, feminino, pois conjunta em sua cor o princípio úmido e o princípio frio, como as cavernas e grutas;[47] seu lado negativo está associado à sombra, ao escuro, ao desconhecido.

A sobreposição dos semas da *Orante* possibilita o surgimento do semissimbólico, já prenunciado na Vênus de Cucuteni. A figuratividade agora não é apenas da Deusa ou de seu consorte, mas de ambos – alternando e conjugando o feminino e o masculino numa hierogamia, cópula, como a representada na junção do arco de círculo formado pelos braços = ventre aberto, com a cabeça fusiforme = falo que se instala no círculo/ventre. Quer segmentada, quer em seu todo, a figura é uma imagem dupla: *fêmea/fruto/terra* que faz derramar o vermelho – *Sol/ touro/sangue* sobre o verde – reino vegetal e, por extensão, natureza como um todo. Deusa da fecundidade e da fertilidade que extrai do "sangue" de seu consorte a vida, é ao mesmo tempo o touro, animal

---

47 Em todas as mitologias, as divindades verdes da primavera hibernam sob a terra, ou nos infernos, onde o vermelho ctoniano as regenera. Por isso, são exteriormente verdes e interiormente vermelhas, e seus domínios estendem-se sobre os dois mundos. Um exemplo é Perséfone, que volta à terra na primavera, com os primeiros brotos dos campos; no outono volta ao Hades, ao qual está ligada para sempre, desde que comeu uma semente de romã (granada). O grão da romã é a parcela de fogo ctônico que condiciona a regenerescência: é o vermelho interno da Perséfone verde (Chevalier; Gheerbrant, 1989, p.941). Também Afrodite, nascida das águas, foi representada por Fídias na cor verde (Portal, 1837, p.206-7). Vale lembrar que o vermelho ctoniano é diverso do uraniano: enquanto o uraniano é energia que se dissipa na descarga do raio, o ctoniano permanece oculto sob a terra. O magma é uma massa natural fluída, ígnea e que, ao se esfriar, solidifica-se originando a rocha magmática. Portanto, origina "algo" novo – uma terra muito produtiva.

de chifres/falo maculados pelo sangue; Sol estival, que amadurece o fruto e faz brotar o pasto. O positivo e o negativo se equilibram nessa delicada tensão de vida e morte que é a *Orante*. Como os animais míticos de cor verde e goelas vermelhas (a serpente e o dragão), que se dobram sobre si mesmos representando o autodevorar-se e também a autofecundação permanente – perceptível no círculo formado pela cauda sendo devorada pela boca, a *Orante* é a expressão da dialética material entre vida e morte, feminino e masculino.

Sua forma, parcialmente estilizada, parcialmente realista, é o elo entre as formas realistas e esteatopígeas do período paleolítico e as formas estilizadas dos chamados ídolos em forma de violino, que, apesar de esquemáticos, ainda apresentam traços sexuais.

Os ídolos cicládicos

Datados do período neolítico recente, esses ídolos são a expressão de uma comunidade diversa da paleolítica. O homem já está fixado à terra, dedica-se ao cultivo de cereais, à industria da cerâmica e da tecelagem e à domesticação de animais – o que desloca sua atenção para a renovação sazonal, muito mais importante agora, pois é a base motor da reaparição da vegetação e dos nascimentos domésticos e selvagens. É por isso que a hierogamia da Deusa com seu consorte sofre uma "alteração" na representação – como já prenunciava a Orante. Do mesmo modo que o macho ganha um certo destaque nas representações, a Deusa, que antes era a Senhora doadora, agora é também a Mãe Terrível, aquela que faz desaparecer a vegetação, a que devora seus filhos, a que se nutre dos cadáveres – tendo sua figurativização gradualmente alterada. Essa ambiguidade já pressentida no período paleolítico, em que a Deusa era fonte de vida mas também era o desconhecido, toma corpo no período neolítico com a sedentarização do homem e o culto aos antepassados, costumes atestados no culto de crânios e na prática do sepultamento em tumbas, não mais na zona de habitação ou próximas a ela, como nos períodos neolítico antigo e médio, mas com tumbas instaladas em grutas ou fora da zona de habitação, agrupadas e simétricas – fenômeno novo nos ritos funerários. Muito embora a inumação já fosse praticada no período paleolítico, isso se fazia sem qualquer critério ou regularidade de orientação, e sem unidade.[48]

O ídolo em forma de violino

O *ídolo em forma de violino* (Figura 30), pertencente à cultura de Pelos, é um exemplo da arte cicládica, datado de aproximadamente 2.000 a.C., esculpido em mármore.

A estilização ou esquematismo que as imagens apresentam nessa região cria um contraste com as formas realistas do período paleolítico. Os escultores neolíticos realizaram belíssimos ídolos em mármore, finamente polidos e policromados, com um desenvolvimento geométrico bastante acentuado; a eliminação de detalhes leva a abstração bastante grande, não tanto em função do contrastante realismo de certos traços, mas de todo o conjunto.

Figura 30 – Ídolo em forma de violino, 2.000 a.C.

---

48 Cf. Lévêque, 1982, p.41-92 e Treuil et al., 1989, p.81-163.

O *ídolo* não possui traços de cromatismo. Sua forma sinuosa lembra a do violino. O pescoço muito longo, de forma cilíndrica, termina por um sulco delicado e circular pouco antes da área das omoplatas. O tronco não possui braços ou pernas, restringindo-se às formas alargadas das ancas; o conjunto é segmentado no eixo medial, região da cintura, por três incisões paralelas, que formam um cinturão largo. De maneira geral, o tronco é marcado pela forma plana e achatada; a descontinuidade dos volumes limita-se ao cinturão e à região superior do tórax, na qual se observa uma alternância de formas côncavas e convexas; no prolongamento da forma cilíndrica do pescoço, tem-se a presença de um triângulo invertido e convexo, delimitado na parte superior pelo arco de círculo da incisão e que sofre uma perda de volume progressiva até o vértice; o prolongamento das linhas côncavas, que formam os lados desse triângulo, terminam pouco antes do cinturão. Não está presente no ídolo qualquer indicação de seios ou sexo.

Seguindo a tendência, já observada na *Orante*, de conjugar semas masculinos e femininos numa mesma escultura, o ídolo em forma de violino apresenta formas curvilíneas e arredondadas, inscritas no eixo medial – levando à conotação de um corpo feminino: a presença do *cinturão*, delimitando a região do ventre/ancas da região superior, reforça essa imagem.

O segmento superior do tronco, mais complexo de semas, apresenta uma forma triangular junto ao arco de círculo, indicando a equivalência entre eles e o sexo, triângulo púbico junto ao cinto – possibilitando a retomada das leituras feitas para as vênus. O núcleo sêmico é: <medial> + <esferoidal>, levando às transformações: <humano> "seio/ventre" → <vegetal> "fruto/bulbo" → <mineral> "caverna/rocha" ↔ Deusa Mãe.

O pescoço de semas retilíneo, anguloso, sólido, formado, liso, forma fechada e núcleo sêmico <extremidade> + <superatividade> + <cilindricidade> sofre as mesmas transformações classemáticas vistas para chifre, ou seja: <humano> "pescoço" → <objeto/arma> "bastão/flecha" → <animal/humano> "falo".

Ao se estabelecer uma união entre o pescoço/falo e o colo/sexo caracteriza-se a figurativização da hierogamia da Deusa e seu consorte, confirmando a tendência vista nas duas representações anteriores, agora com uma maior estilização.

Cabeça de ídolo cicládico

Pertencente ao mesmo conjunto do ídolo em forma de violino e datando do mesmo período, por volta de 2.000 a.c., a cabeça do ídolo cicládico é inserida aqui não só por sua beleza plástica, mas também por sintetizar a visão de comunhão entre o feminino e o masculino descrita até agora.

Figura 31 – Ídolos cicládicos, 2.000 a.C.

Como nos demais ídolos do período (Figura 31), essa cabeça inscreve-se num conjunto que possui corpo feminino, de traços geométricos, compondo um todo figurativo, embora esquemático. Os seios diminutos e salientes têm forma arredondada. Os braços cruzam-se sob os seios, como duas faixas paralelas, marcados por linhas retas e planas, destacando-se do tronco por incisões profundas, o que lhes confere um certo volume e marca o intervalo entre um e outro. As mãos estão ausentes. O ombro de linhas retas compõe com o tronco uma estrutura retangular. O triângulo pubo-genital é bem definido. Em alguns ídolos, há indicação da vulva. O dorso é chato e liso, as nádegas são indicadas apenas por uma incisão, de maneira geral, não são proeminentes. As pernas, os joelhos e as coxas, de boa definição, são longos e com incisão profunda na parte interna, delimitando-os. Os pés e os tornozelos são definidos. As estatuetas são esbeltas e tendem a uma estrutura achatada e plana, bem oposta às formas esteatopígeas do período paleolítico.

Com pequenas alterações na configuração geral, os ídolos cicládicos confirmam a leitura feita para o corpo das vênus; em decorrência, não se fará aqui uma análise completa, apenas a da cabeça.

Apresentando uma constância nas formas, as cabeças dos ídolos cicládicos são acentuadamente ovaladas; o rosto possui uma superfície curva contínua na qual se destaca apenas o nariz reto e saliente, frequentemente semelhante a um bico de pássaro. Em nenhum dos ídolos há indicação dos olhos; na maioria deles, a boca está ausente. A única variação atestada na forma ovalada da cabeça é em relação à sua parte superior, que oscila de um ligeiro achatamento a um alongamento terminado por corte abrupto e reto.

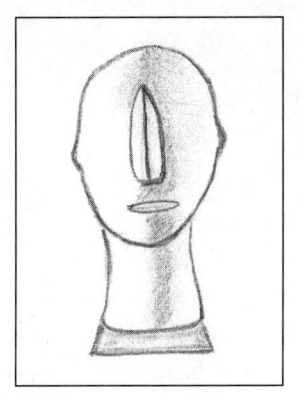

Figura 32 – Cabeça de ídolo cicládico

A cabeça do ídolo cicládico (Figura 32) escolhido é uma das poucas em que a boca é representada. Nessa cabeça de forma ovoide, o nariz saliente e desproporcional toma 70% do eixo vertical; centrado, ele apresenta os semas: retilíneo, anguloso, sólido, forma fechada, formado, liso; assemelha-se a um projétil ou bico de pássaro – o que remete à correlação com a flecha, o chifre e, portanto, o falo. Sua localização espacial, tendo como referência a forma ovoide, é <medial>, pois ocupa a posição intermediária do eixo horizontal, seccionando-o em dois, + <superatividade>, uma vez que está colocado numa posição ascendente no eixo vertical. O outro sema que comporá seu núcleo sêmico é <cilindricidade>, depreendido dos semas contextuais acima listados, confirmando a metaclassematização dada por: <humano> "nariz" → <animal> "bico de pássaro" → <objeto/arma> "flecha/projétil" → <animal/humano> "falo".

As transformações sêmicas por que passa a cabeça/ovoide seguem a análise vista para as deusas, só complementada aqui pela boca; de sema curvilíneo, é figurada por uma forma também ovoide, mas achatada; como abertura possui profundidade; é uma forma aberta, descontínua, continente. Sua base sêmica é dada por: <esferoidal> + <superatividade>, pois ocupa na face a verticalidade descendente, embora centrada.

A partir do conjunto formado pela cabeça e pela boca e de seus semas, observa-se que, como nas vênus, a cabeça retoma o percurso temático-figurativo da Deusa Mãe, no qual a boca é permutável com o sexo/entrada para a caverna/útero – cabeça. O nariz/falo sobreposto à cabeça/útero e junto da boca/sexo é lido como <vulva + falo> ≅ <cópula>, figurativização da hierogamia entre os princípios fecundantes e fertilizantes da natureza, ou seja, da Deusa e seu consorte. Dada a esquematização dos ídolos cicládicos, o consorte resume-se ao falo; em outras culturas, como a cretense do período minoico, ele será figurativizado pelo chifre.

As transformações sofridas pela cabeça obedecem à seguinte ordem: <humano> "cabeça" → <animal/humano> "vulva+falo" → <divino> "hierogamia" → <natureza> "bulbo/semente/ovo", ocorrendo a perpetuação de todas as formas de vida, representadas por suas formas germinativas (bulbo/semente/ovo). Nota-se, portanto, uma gradual complexidade nas relações do homem com seu mundo, perceptível através das combinações figurativas que se tornam mais elaboradas e, simultaneamente, mais "abstratas", ou míticas, "pois inscrevem-se num reino no qual não apenas conservam, mas também renovam o seu poder figurador original" (Cassirer, 1972, p.114). Tem-se, pois, uma transformação que, à primeira vista, é uma transferência, uma mudança de lugar, do humano e cotidiano para o sagrado, mas que, segundo Assis Silva (1995, p.49), "constitui uma *metamorfose verdadeiramente radical*, pois ao transpor-se de uma classe para outra, cria a classe em direção à qual vai". O homem pré-histórico saiu de seu mundo empírico e rumou em direção ao sagrado, criando um novo homem e uma nova maneira mítico/mágica de se relacionar com a natureza, plena de ritos e mitos que regulam e regem seus atos e que têm como intermediário o Divino.

A *Grande Mãe* de Senorbi e o ídolo do raio

A *Grande Mãe* de Senorbi (Figura 33), Sardenha, é esculpida em calcário e data do período neolítico recente, mesmo período dos ídolos cicládicos. A cultura sarda é herdeira da cultura megalítica do II milênio a.C. que invadiu o Mediterrâneo e grande parte da Europa. A maioria dos artefatos foi exumada de jazigos; apresentam influência mesopotâmica e anatólica, mas em geral têm uma unidade de estilo que impede que sejam confundidos com os ídolos cicládicos. Em sua temática, destaca-se a repetida presença da Deusa Mãe; muito significativas também são as naves de bronze, cuja proa se converte no torso de um touro, um antílope ou veado, assemelhando-se a barcas funerárias (Lommel 1966, p.31-2).

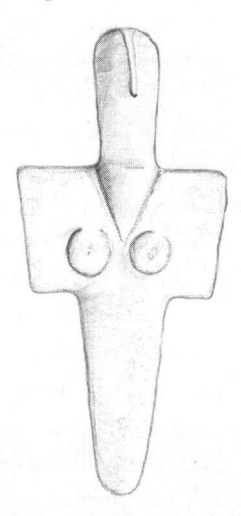

Figura 33 – *Grande Mãe* de Senorbi, c. 2.000 a.C.

A escultura da *Grande Mãe* de Senorbi é composta por uma cabeça ovalada na parte superior e prolongamento em linhas retas, fundindo-se ao pescoço, do qual não há individuação; a face é ocupada única e exclusivamente por um nariz longo, saliente, em forma de bastão – cilíndrico, tomando quase a totalidade da extensão da face; inicia-se junto do arco de círculo da calota craniana e desce centrado. Na parte inferior da garganta, limite entre o pescoço e o colo, observam-se duas incisões formando um ovoide achatado, semelhante à boca do ídolo cicládico. Essas incisões ocupam quase a totalidade do eixo horizontal. Como ocorria com o ídolo, a superfície da cabeça e do pescoço é curva e contínua. Num prolongamento da forma convexa do pescoço, o triângulo torácico invertido é delimitado por dois sulcos laterais que partem dos ombros em direção ao externo.

O torso é retangular, achatado, formado por linhas retas, sem indicação dos braços; a base superior dos ombros é maior que a inferior, o que lhe confere o aspecto de um duplo machado. Os seios, salientes, são túmidos/sólidos, de formas arredondadas e cônicas. As linhas retas do torso dão lugar à forma cônica inferior, semelhante à da *Orante*; não há qualquer incisão que delimite a parte inferior da superior, apenas a alternância dos volumes; a inferior é cilíndrica e cônica, a superior é plana e achatada – muito embora o pescoço e a cabeça apresentem um certo volume, ficando como intermediários entre o plano achatado do tronco e o cilíndrico das "coxas e ancas". Não há representação das ancas, coxas, pernas, pés ou nádegas no cone inferior.

Da análise sêmica da cabeça e do pescoço da *Grande Mãe* de Senorbi inferem-se as mesmas transformações sêmicas vistas para a cabeça do ídolo cicládico: <humano> "cabeça" → <vegetal> "bulbo/semente" → <mineral> "rocha/pedra" acrescida da transformação vista para o nariz: <humano> "nariz" → <objeto> "flecha/projétil" → <animal/humano> "falo" compondo o conjunto {vulva + falo} ≅ {cópula}.

Os seios e o triângulo invertido do colo seguem a leitura feita para a Vênus de Cucuteni e o ídolo em forma de violino: o pescoço/falo sobreposto, unido ao colo/útero; o arco de círculo observado no ídolo é substituído na Grande Mãe por uma boca/vulva, acentuando ainda mais a leitura feita – do mesmo modo que se reafirma aqui a sobreposição dos seios/chifres/falo ao triângulo torácico/sexo.

A parte inferior cônica, como a da *Orante*, conjuga também o feminino e o masculino: o cone tanto é simulacro do triângulo formado pelas coxas nas vênus, feminino – mas também é fálico, masculino.

A "originalidade" instigante da *Grande Mãe* de Senorbi reside na forma de machado de seu tronco – oferecendo uma indicação das relações de complementaridade existentes entre a Deusa Mãe, o touro e o *labrys*, trípode sobre o qual se assentam tanto os ritos cretenses quanto os de Cibele e Átis, dentre outros – ritos ligados ao sacrifício do touro, com o uso do *labrys* para auxiliar a fecundidade e fertilidade da Terra/Deusa Mãe – é a face terrível da deusa que exige vida para gerar nova vida. A cópula/ hierogamia da Deusa Mãe com seu consorte, que no período paleolítico não possuía indicação de morte ou derramamento explícito de sangue, agora ostenta o signo do duplo machado e sua força destruidora/castradora – prenúncio dos mitos de hierogamia das grandes Mães asiáticas, nos quais os parceiros, associados ao touro, são mortos ou castrados, e dos quais Afrodite é herdeira, como mostra o *Hino a Afrodite I*.

O *labrys* na cultura minoico-cretense vem associado a uma divindade masculina, deus das tempestades e do raio, símbolo primaveril, como o touro, sacrificado ao final da primavera como auspício para a chuva e para a renovação sazonal (Triomphe, 1989, p.85).

A ligação entre o deus uraniano (Sol/raio/chuva) com a Deusa é já sentida no período paleolítico, mas sua explicitação figurativa ocorre no final do período neolítico com a *Grande Mãe* de Senorbi e, principalmente, com o *Ídolo do raio* (Figura 34), estatueta recolhida em Cnossos, datando do período neolítico cretense.

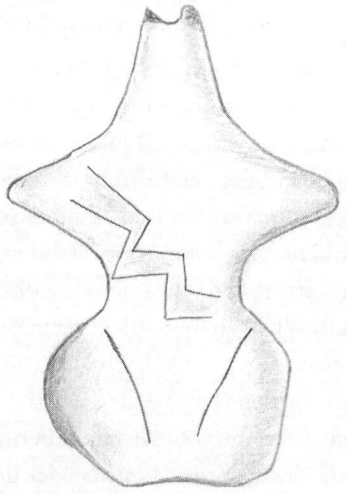

Figura 34 – *Ídolo do raio*, 2.000 a.C.

Estilizada como as demais do período, traz a forma do violino como os ídolos cicládicos; o pescoço, ainda alongado, é mais curto que o do ídolo em forma de violino; o tronco, de "cintura" bem marcada e ancas largas, apresenta duas formas triangulares, cônicas, pontudas, como extensão dos ombros, talvez indicando braços atrofiados. Na região das ancas, observam-se dois sulcos quase formando um triângulo, cortado antes do vértice pelo fim da estatueta. Os seios estão ausentes. Em diagonal, partindo do ombro direito e terminando na curva da anca esquerda, duas incisões em ziguezague, formando um raio, cortam o tronco do ídolo. Segundo Hood (1973, p.165), a superfície do ídolo é polida e de um cinza-acastanhado. As incisões, profundas, foram preenchidas com uma pasta branca.

Se a presença dos braceletes, na Vênus de Willendorf, em forma de ziguezague, podia gerar alguma dúvida em relação à representação do raio e deste como uma montagem sinedóquica e metafórica do touro e sua união com a vênus, o ídolo do raio desfaz essa dúvida. O raio "prata" que corta a superfície cinza-acastanhada da deusa (cor da terra da região de onde proveio o ídolo) é a figurativização do deus das tempestades fecundando com seu raio/falo, através da chuva/ sêmen, a Deusa Mãe – Terra. Os "braços atrofiados", extensões cônicas e pontudas dos ombros, remetem às formas cônicas dos seios – podendo ser associados aos chifres, pois, além de conjugarem os mesmos semas vistos para os chifres, ocupam a parte superior do ídolo e ladeiam uma forma curvilínea semelhante à cabeça do touro ou bisão. Como o touro e demais animais portadores de chifres são tomados como amantes da Deusa e associados ao raio, é nítida a associação entre eles e a chuva fecundante que cai sobre a terra, acompanhada por raios e relâmpagos.

Retomando as análises feitas dos períodos paleolítico e neolítico, percebe-se um conjunto marcado por forte carga erótico-sexual, que prioriza as funções geradoras e de suporte de vida (nutricional) – a princípio ligadas quase exclusivamente à figura feminina e à natureza abrangente, mas que vai paulatinamente dando espaço para o macho. As associações entre a terra, a mulher e as fases da Lua, bem como entre o touro, o Sol, o raio e a chuva, seguem a mesma complexidade e transformação, culminando na união de ambos, mas ainda com o predomínio da terra, mais especificamente o solo, o mundo ctônico. As transformações figurais e temáticas por que passam as vênus e seu consorte acompanham as transformações sociais e culturais do homem: tornando-se cada vez mais complexas, elas deixam o universo da natureza-mãe para comporem o da Terra-Mãe, solo que exige ser semeado/fecundado para gerar. Os machos providos de chifres – defensores da natureza – assumem seu papel de fecundadores, ligados ao céu, às chuvas e ao raio. A morte, antes diluída num conjunto natural, é sentida, agora, como necessidade para o renascimento, fazendo que a troca homem-natureza, antes casual, torne-se prerrogativa: a Deusa a exige, assim como a hierogamia.

Dois binômios regem a vida do homem pré-histórico: proteção e criação, vida e morte – ideias complementares, tiradas da relação do homem com o mundo que o cerca e do desconhecido aterrador. Esses binômios estão figurativizados nas várias representações e no gesto doador das vênus, com as mãos sobre os seios ou sob eles, ou a mão sobre o ventre indicando o sexo: se o primeiro designa uma dádiva (a fecundidade), o segundo designa um "alvo"/"limite" a ser transposto, mas não sem risco. Pode-se mesmo pensar que designam duas fontes fechadas, secretas, que escondem, contêm a nova vida, da mesma forma que a semente, o útero e a terra. Em razão de seu caráter secreto é que essas fontes assumem um caráter sacro, no qual o objeto mediador utilizado para se obter o desejado é o *Dom*, compreendido nesse universo como um poder – *poder fazer querer*, ou seja, poder despertar a vontade (o querer) da Deusa em lhes ser propícia através de ritos – oferendas que visam seduzi-la; da mesma forma que ela os seduz com as grandes dualidades da vida: sobre um corpo feminino dividido entre a fecundidade e a fertilidade do busto virginal e os abismos irreversíveis do sexo, da terra e da morte.

É por meio das transformações figurais que se traça o caminho percorrido da caverna em direção ao santuário, ou do agrupamento pré-histórico à cidade organizada.

3
A TEIA E O LABIRINTO

pisando a grama, a flor intacta: em Creta
dançavam moças ao redor de altares:
seus pés marcavam um tempo além das eras
(Safo, 1987, frag.16)

Creta é a Senhora do Egeu. Sua civilização floresceu no Bronze médio e tardio, embora fosse habitada desde o período neolítico. A cultura creto-micênica é marcada pelos valores vistos nos períodos paleolítico e neolítico, a Deusa Mãe, o touro e o *labrys*. Das primeiras civilizações pouco restou, o período pré-palacial deixou apenas alguns resquícios. Já o período neopalacial (1.700-1.400 a.C.), o dos grandes palácios de Cnossos, Phestos e Mália, guarda valiosas informações sobre essa cultura tão rica e fascinante. Creta foi o centro de uma rede marítima, dominou a navegação e o comércio, o que fez convergir para ela culturas e povos dos mais diversos.[1]

Seus palácios e vilas de intrincados desenhos e cores vivas foram palco ideal para o "surgimento" de mitos e a estruturação de uma arte profundamente religiosa, que permite evidenciar a complexidade alcançada pelas fontes neolíticas – a deificação do mundo natural – e o requinte a que chegou seu culto.

---

1 Sobre Creta cf. Papapostolou, 1981; Hood, 1973; Treuil et al., 1989.

Como a teia de fios delicados e brilhantes que se sustêm no ar – ilusão de luz e sombra – Creta e seu labirinto, povoado pela Deusa da Serpente, Ariadne, Teseu e o Minotauro, atraem e aprisionam, guardando em seu centro os segredos de todos os caminhos.

A dama, a serpente e o touro

Encontrada no templo da cidade de Gúrnia, a *Deusa enlaçada por serpentes* (Figura 35) pode datar de aproximadamente 1.450 a.C. ou do minoico recente III; a dificuldade em precisar o período é decorrente da destruição e reconstrução por que passou a cidade. Junto com ela foram encontrados ainda um altar circular baixo, de três pés, e sobre ele a base fragmentada de um tubo alto, um dos cinco de seu gênero. Um dos tubos apresenta serpentes em relevo e uma asa encabeçada por cornos; Evans os denominou "cornos de consagração", por se parecerem à versão estilizada dos cornos bovinos usados para realçar a santidade de um local ou objeto (apud Hood, 1973, p.163).

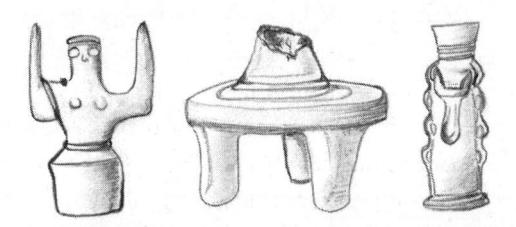

Figura 35 – Deusa do Templo de Gúrnia com tubo e altar, Minóico Recente, c. 1550-1450

No templo dos duplos machados de Cnossos, datando do minoico recente III, também foi encontrada uma deusa de braços erguidos, mas sem a serpente e de estatura bem inferior à de Gúrnia. Junto da deusa, um deus e seu séquito, todos na bancada ao fundo do templo. Além dessas representações, dois pares de cornos de consagração, vasos de barro e um altar circular de três pés, idêntico ao de Gúrnia. A deusa de Cnossos (Figura 36) traz uma pomba sobre a cabeça (Hood, 1973, p.164).

Figura 36 – Deusa de Cnossos, c. 1.400 a.C. a 1.300 a.C.

Tanto a Deusa enlaçada por serpentes de Gúrnia quanto a Deusa com a pomba de Cnossos apresentam traços bastante semelhantes. Ambas possuem a parte inferior do corpo cilíndrica, cortada, formando uma base circular e não o cone visto na *Orante*; a região da cintura é bem marcada por um afunilamento do tronco de formas retilíneas; os braços, erguidos, paralelos ao tronco e à cabeça, formam um ângulo reto; as mãos, esboçadas e desproporcionais, no ídolo de Gúrnia, são mais definidas e estão espalmadas na Deusa de Cnossos. A posição dos braços, em ambas, reflete a forma dos cornos de consagração. Os seios são indicados por dois pequenos botões em saliência. O pescoço, alongado e cilíndrico, termina numa cabeça de forma ovalada – mesclando os semas arredondado e cilíndrico. Os olhos da Deusa de Gúrnia são, na verdade, duas concavidades circulares que ajudam a compor, através do contraste entre côncavo e convexo, o nariz e a testa. A boca está ausente. Como na Vênus de Brassempouy, o relevo criado pela linha reta do nariz e as linhas curvas das sobrancelhas assemelha-se à curva da virilha e à incisão que delimita as coxas na parte interna; o arco de círculo que contorna o topo da cabeça da deusa, semelhante a uma coroa, corresponde ao sulco pubiano.

A serpente, que envolve o corpo da Deusa, contorna sua cintura, como um cinto, prolongando-se em curva sobre o braço direito, sobre o qual repousa a cabeça do réptil.

A face da Deusa de Cnossos é bem definida, com olhos e sobrancelhas bem desenhados, curva do nariz e boca esboçados. Chama a atenção nessa deusa a pintura colorida e detalhada, indicando a vestimenta (saia comprida) e os adornos (muitos colares e pulseiras), como também a presença de um "selo" de pedra em cada punho, além da pomba sobre a cabeça.[2]

Como ocorria na *Orante*, o corpo das deusas cretenses é dividido em dois blocos. O inferior é marcado pelos semas arredondado, curvilíneo, cilíndrico, formado, modelado, liso e sólido; a descontinuidade no volume é dada pela serpente/cinto na Deusa de Gúrnia e pela coloração na Deusa de Cnossos. O bloco superior conjuga os semas masculinos e femininos. Dos olhos, coroa e relevo facial podem ser depreendidos os semas femininos; do pescoço e braços, os masculinos – o que poderia indicar uma continuidade nas representações neolíticas.

Os braços das deusas compartilham dos semas vistos para o chifre/falo/flecha, como na *Orante*, levando às seguintes transformações para o bloco superior: <humano> "cabeça + braço" → <animal> "chifre" → <objeto/arma> "flecha" → <humano/animal> "falo".

O bloco inferior também apresenta a mesma continuidade das vênus paleolíticas e neolíticas: <humano> "ancas" → <vegetal> "bulbo/semente" → <mineral> "rocha/caverna" – reafirmando, dessa forma, que a hierogamia Deusa-Consorte é a união da terra/fruto com o touro/Sol.

A forma estilizada dos cornos, vistos no vaso, bem como a dos braços, de linhas e ângulos retos, é uma tendência já pressentida na arte cicládica e que continua se manifestando no período minoico-cretense, muito embora a arte cretense apresente também um ultrarrealismo em suas representações.

---

2 A presença do selo e da pomba na imagem da deusa será tratada mais adiante.

Da serpente à pomba

A serpente enlaçada à Deusa de Gúrnia compartilha os valores positivos e negativos, presentes na bipolaridade macho-fêmea, figurativizada na Deusa. Sua forma cilíndrica, terminada por extremidades "pontiagudas" ou "afuniladas", corresponde à forma do chifre, da flecha, do falo e do raio. Os semas masculinos cilíndrico, retilíneo, plano, descontínuo, anguloso, liso e animado são reforçados por sua ligação com a morte; a serpente, como o raio, a flecha ou o chifre, atinge seu alvo com movimentos rápidos, geralmente surge de uma abertura escura, fenda ou rachadura, para cuspir a morte e retornar ao invisível; os ferimentos causados por esses "objetos" são perfurações profundas e estreitas – proporcionalmente equivalentes.

Sua semelhança com o falo está não só na forma, mas também na relação estabelecida com a terra, pois as cavernas, as grutas ou qualquer outra concavidade ctônica é permutável com a vulva/útero, como foi observado com relação às vênus. Sempre que a serpente é vista penetrando ou saindo da terra, sua ação é tomada por uma manifestação sagrada, ou seja, uma hierogamia, é o falo/Deus uraniano possuindo a Terra/Deusa Mãe. Esse valor fecundante da serpente é que a liga também às chuvas e ao raio, reflexo prateado, de língua recortada que traz a chuva benéfica.[3] Ligada ao masculino, a serpente se associa ao touro e a seus chifres; a figuratividade de base sêmica comum encontra ecos nos mitos, como mostram as transformações por que passa Archelôo, o maior rio da Grécia antiga, ao enfrentar Héracles: primeiro serpente

---

3 A serpente está associada à terra e às águas "pois quando cai muita chuva, é comum ver-se cobras nadando na superfície das águas, na primeira frente da enxurrada, o que deve ter contribuído para sua identificação com a chuva (água celeste) e reforçado sua ligação simbólica com o céu" (Carvalho, 1979, p.48). Ela é vista em várias culturas sul-americanas e andinas como um ancestral desses povos e, devido a seus hábitos alimentares (ovos, pequenos animais e frutos), um símbolo da coleta e duplo da mulher nessa atividade. Em decorrência de sua capacidade de entrar em buracos e de subir em árvores, a serpente pode propiciar a ligação entre o mundo subterrâneo, a terra, e o céu, constituindo o eixo do centro do mundo; sua identificação, em muitos povos, com o arco-íris é também decorrente dessa ligação com o alto e o inframundo (ibidem, p.44-60).

e depois touro. Ligada também aos deuses taurimórficos, a serpente está associada a Dioniso e às Bacantes; a Zeus, que assume sua forma para fecundar Perséfone e gerar Dioniso Zagreus ou Sabázio, segundo as tradições cretense, frígia e órfica. Posidão também possui sua ligação com as serpentes e o touro, como mostram o mito de Minos e o ciclo troiano. Minos, igualmente ligado ao touro, é alvo da magia de Pasífae, sua esposa, que, tentando impedir sua união com as outras amantes, faz surgir, de todos os seus poros, serpentes que levam a morte às amantes do rei durante o ato sexual.

O lado feminino da serpente está correlacionado à espiral – forma circular, aberta, cujo movimento é contínuo e repetido; é extensão, emanação, desenvolvimento, continuidade cíclica mas em progresso, rotação criacional; ambas ligam-se ao simbolismo erótico da vulva, da concha, da fertilidade e da Lua, pois representam os ritmos repetidos da vida, o caráter cíclico da evolução.[4]

A presença de dois orifícios simétricos em seu corpo – boca e sexo, marcados pelos semas arredondado, curvilíneo, modelado, forma aberta, profundo e continente – tornam-na um equivalente da mulher. Como as vênus, a serpente repete a rima plástica e a simetria dos

---

4 A espiral, sobretudo a logarítmica, possui a propriedade notável de crescer de modo terminal, sem modificar a forma da figura total e, assim, manter-se com forma permanente, apesar do crescimento assimétrico (Ghyka, 1931; Chevalier; Gheebrant, 1989). Entre os bantos, as espirais simbolizam o poder criador, a procriação. O umbigo é considerado como ligação do corpo onde estão presas as duas serpentes que vivem no interior da mulher e "moldam" a criança. O umbigo simboliza, assim, as circunvoluções das origens e é, frequentemente, representado com formato convexo ou por uma dupla espiral – símbolo dos primeiros movimentos da criação. Dessa forma, diz-se de uma mocinha que já atingiu o estágio do período procriativo (ficou menstruada) que "sua serpente acordou, começou a se desenrolar" (Roumeguère-Eberhardt, 1992, p.21). As serpentes e as espirais mesclam-se também em vários selos e sinetes dos períodos pré-palacial e palacial; os vasos provenientes de Cnossos, período palacial, alternam motivos marinhos, espiralados (serpente + espiral) com a presença constante de chifres bovinos e caprinos formando as asas (Papapostoulou, 1981, p.108-111; Iakovidis, 1995, p.119-125). A espiral, associada a Dioniso, é ainda um meio de levar ao entorpecimento e ao êxtase, como indica o pavimento de mosaicos de uma vila romana, datado do séc. I d.C., que traz a espiral com a cabeça do deus no centro (Daremberg; Saglio, 1987; Thémélis, 1990, p.59).

orifícios intercambiáveis; em decorrência, ela é um símbolo uterino, pois é matriz da qual surge o ovo – semente de nova vida.⁵

Figura 37 – Deusa serpente de Ur – Tiamat, entre 2030 a 1980 a.C.

A deusa serpente de Ur (Figura 37) é um belíssimo exemplo dos valores femininos atribuídos às serpentes. Com 150 mm de altura, em terracota, Tiamat "oferece uma imagem ancestral da mãe sagrada com seu filho ao peito; nua, salvo pelo *cinturão mágico* de triângulos, que ressalta e embeleza o delta fértil; ela possui cabelos presos, ombros largos e um sorridente sorriso de réptil" (Getty, 1996, p.32). O triângulo representa o tríplice aspecto da grande Deusa babilônica: como virgem, mãe e velha e, na tradição tântrica, é o símbolo primordial da vida.⁶ A serpente está associada à imortalidade e, portanto, à reafirmação da vida, porque possui o dom de fazer desprender todos os anos sua pele e renascer renovada, enquanto a mulher se desprende de sua pele interna uma vez por mês.

---

5 O mito grego que marca a fundação do templo de Apolo em Delfos mostra como o antigo oráculo ligado à grande Mãe era guardado por uma enorme serpente, Píton, e de como o nome do local é aparentado a *delphys*, "matriz", "útero", "vagina" – razão pela qual Delfos é considerada o "umbigo do mundo" e tem por símbolo o *omphalós* "umbigo" – pedra sacra de forma ovoide (Davembez, 1966; Brandão, 1994, p.270).
6 Getty, 1996, p.32. Os triângulos do cinturão mágico de Tiamat inscrevem-se uns sobre os outros, numa progressão ascendente, fazendo lembrar a espiral e sua evolução – a renovação da vida que passa de mãe a filha, sem alterar seu ritmo, além de referendar a forma triangular ligada ao sexo/cinto visto para as vênus paleolíticas e neolíticas.

Um *pithos* repleto de males

O *pithos* – vaso, jarra ou objeto semelhante –, devido ao formato cilíndrico e/ou arredondado e à presença de uma boca, garganta e bojo (ventre), assume, na representação mítica, uma correlação com a mulher e a serpente. Pandora é comparada a um *pithos* repleto de males ou, como diz Sissa (1987, p.177): "Pandora é uma jarra, a primeira mulher é um vaso de flores" – estabelecendo uma conexão entre a mulher mesma, que é objeto de cerâmica,[7] e o recipiente que surge com ela e como que para ela. A autora lembra, ainda, o mito das Danaides, seu castigo de verter água numa jarra sem fundo pela eternidade, e sua associação ao ventre insaciável que, semelhante a elas, recebe a semente mas não a guarda.

O *pithos*, enquanto objeto doméstico, não perde jamais suas conotações femininas. Sua ambiguidade de corpo oco dividido entre o pleno e o vazio, sua aparência enganosa, no qual tanto o bem como o mal podem se dissimular, corresponde à ambivalência perigosa que Hesíodo dá ao ser feminino. Uma esposa pode ser o ventre sóbrio e fértil em que o homem deposita sua semente (a fim de garantir a continuidade do patrimônio) como um reservatório para longa conservação. Mas, sempre, uma mulher instalada em casa pode se revelar um abismo: ventre esfomeado, sexo ardente de desejo; essa goela aberta e indolente consome a força masculina devorando seu grão, dessecando seu esperma" (Sissa, 1987, p.178).

Essa ligação com o ventre devorador da mulher tem seu correlato na serpente, mais especificamente na víbora, que mata (devora) o macho no momento da cópula (Chevalier; Gheerbrant, 1989).

A associação entre a mulher, a cerâmica e a terra aparece em Hesíodo com toda a força, mostrando seu lado benéfico e maléfico. Da mesma forma, nas demais culturas agrárias, a mulher é a responsável

---

7 Modelada por Hefesto (deus ferreiro e dos nós) em argila, Pandora, a primeira mulher, traz semelhanças com seu criador: como o deus, ela ata, prende o homem a seus encantos.

pelo feitio da cerâmica,[8] pela semeadura nos campos e pela tecelagem – atos que, no imaginário primitivo, estão ligados à criação e ao surgimento da vida. Entre os gregos e os romanos, a mulher/útero é associada à gleba e o trabalho agrícola ao ato sexual, no qual o homem planta a sua semente (Eliade, 1981, p.256-70).

Deriva, assim, o simbolismo erótico do vaso com o sexo feminino, bem como com o fúnebre. Em Creta, no minoico médio, os mortos eram enfaixados em posição fetal e colocados num grande *pithos* do tipo usado para armazenamento de alimentos (Hood, 1973, p.171).

O vaso – como a terra, a mulher e a serpente – conjuga e une os dois extremos: a vida e a morte, o alto e o baixo; são o elo entre o sagrado e os homens. É essa interposição que explica o fato de, em Creta, a deusa apresentar um parentesco simbólico/figural com a árvore, o pilar, ou coluna: "Em Cnossos ela é representada na forma de ídolos cilíndricos e tubulares" (Picard, 1948, p.76).

O vaso – como as frutas: maçã, romã, marmelo e, principalmente, os frutos providos de casca seca, como a avelã, a noz, a amêndoa e outras – insere-se no rol figurativo de "continente" – isotopia do /terrestre/, confirmada pelo tema da /fecundidade/ – invólucro que guarda a semente: promessa de vida, eles justificam sua ligação com a figura feminina: Deusa ou heroína dos contos de fada. Nesses contos, a sedução depende do conteúdo das frutas,[9] que neles assumem o mesmo patamar intermediário visto para os adornos e o cinto nos *Hinos a Afrodite* – manifestação semiodiscursiva e narrativa da fecundidade/

---

8 Segundo Sílvia de Carvalho (1982, p.30-1), a mulher, a cerâmica e a água estão intimamente ligadas. Só a mulher pode fazer as vasilhas de argila para transportar a água, do mesmo modo como ela transporta a vida dentro de si. Essa ligação é comum em quase todas as culturas – as virgens mortas dão lugar a fontes – como mostra a lenda escandinava filmada por Ingmar Bergman em *A fonte da donzela*. Do mesmo modo, a vítima sacrificial inca é a responsável pela construção dos aquedutos; a jovem virgem desposa o jaguar/Sol e é morta onde o aqueduto se inicia; por sobre seu túmulo correrá a água e ela será a "deusa" doadora da água e da vida para a comunidade. Igualmente, no mito das Danaides, Amimone é a responsável pelo ressurgimento das águas, passando a designar na Argólida duas nascentes. Amimone recupera as águas ao desposar Posidão (Detienne, 1991, p.40-1).

9 Cf. Courtés, 1986, caps. 1 e 2.

fertilidade. Igualmente, o *pithos* ou cofre de Pandora se insere nesse contexto de justaposição de várias figuras de "continente", posição temático-narrativa que corresponde a uma só e mesma combinação de percursos figurativos, pressupondo a recorrência de uma mesma categoria sêmica subjacente, o conjunto formado por: /terrestre/ + / segredo/ + /fecundidade/ + /morte/. Tanto no percurso figurativo das frutas como no de Pandora (*pithos*/serpente), observa-se a alternância entre <remeter>/<receber>, <fechar>/<abrir> e <inserir>/<sair>. O conteúdo desses receptáculos apresenta uma protofiguratividade única: /dom escondido/, que, embora possa variar de acordo com o contexto, é em essência o germe/semente da vida. É assim que Pandora é início da vida, de uma nova geração humana, e também a responsável por todos os males. Sedutora, de belo aspecto, Pandora é, no entanto, o *grande mal*.

Unindo o feminino e o masculino, a serpente surge no universo creto-micênico também como um símile dos descansos tubulares – que são ladeados por elas e marcados com os cornos estilizados do touro. De formas cilíndricas, garganta estreita e conjugando o feminino, útero/receptáculo, com o masculino, falo/chifres, os tubos encontrados em Cnossos, posicionados sobre os altares de três pés, assumem nos ritos a posição de eixo – elo entre o alto e o baixo. A sobreposição das formas masculinas/uranianas do consorte à forma feminina/ctônica da Deusa retoma a ideia de uma representação da hierogamia, da qual resultam os benefícios para a comunidade, mas que exige um sacrifício, uma oferta ou compensação. A indicação dessa exigência está nos valores fúnebres inscritos na serpente/Deusa e no touro/*labrys*.

O machado de dois gumes: vida e morte

A presença do duplo machado entre os chifres do animal (Figura 38), sobre a cabeça da Deusa em selos de Cnossos, ou ainda em seus braços, como mostra uma das muitas figuras femininas do tipo Ψ (Figura 39), datadas do período micênico e encontradas em Cnossos e Delfos, é um dos indícios de seu uso ritual e sacrificial.

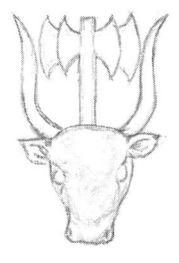

Figura 38 – Touro com *labrys*, idade do Bronze (1.300 a.C. -1.150 a.C.)

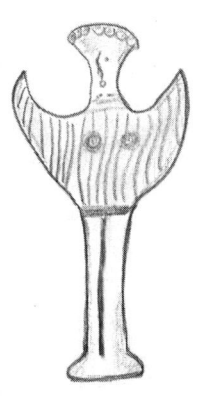

Figura 39 – Deusa Ψ, idade do Bronze (1.300 a.C. -1.150 a.C.)

A figura feminina do tipo Ψ apresenta um tronco contínuo, no qual não se distinguem os braços propriamente ditos: sua forma assemelha-se tanto à cabeça estilizada do touro, com seus chifres pontiagudos, quanto ao *labrys*, cujo cabo é perceptível na parte inferior do ídolo. As listras sinuosas e vermelhas, que decoram o tronco, assemelham-se a "serpentes" e também podem ser lidas como o sangue do touro cobrindo a deusa-*labrys*. Em todas as estatuetas desse tipo, as linhas sinuosas e vermelhas são uma constante, bem como a figura do *labrys*.[10]

---

10 Observa-se, ainda, a existência de uma protofiguratividade entre a forma do *labrys* e a do couro aberto do touro.

É antiga a associação de um sangue masculino, celeste, com a terra maternal, consagrada pelo sangue sacrificial. Dentre os mitos mais antigos de nascimento dos deuses e criação do mundo, a castração/ mutilação do deus uraniano e solar, o verter seu sangue, é o elemento fecundador e gerador de vida, como mostra o mito do nascimento de Afrodite, deusa da união sexual, nascida do falo cortado pela foice, revigorado e prolongado em esperma espumante após cair no mar. Da mesma forma, uma série de nascimentos, maléficos e benéficos, ocorrem por via da castração: as Eríneas e os Gigantes, por exemplo. A vinha selvagem, *kissos*, também nasce do sangue do deus tombado sobre o altar. Mas, além da vinha de Dioniso, nascem do sangue derramado outras plantas: o narciso, nascido do herói homônimo; a violeta, nascida do sangue vertido por Átis, amante de Cibele, ao se emascular nas montanhas; a anêmona, do sangue de Adônis, amante de Afrodite; o açafrão, de Crocus; o lírio ou jacinto, de Jacinto – todas são flores e plantas consagradas às deusas e de uso ritualístico em seus cultos.[11] Em todos esses mitos, o derramamento de sangue, por meio de um objeto cortante (foice, *labrys*, punhal), tem por fim a fecundação da terra e o surgimento da vegetação. A emasculação ou degola aparecem como um meio de auxiliar a deusa a afirmar sua soberania e a assegurar a fecundidade da natureza.[12]

A relação touro – representante na terra do deus uraniano e solar – com o *labrys* é muito clara na iconografia cretense. Eles formam um par antitético, embora complementar e permutável. O *labrys* sobre a cabeça do touro, da tumba IV de Micenas, século XVI a.C., mostra bem sua função ritual, assim como aquele que se pode ver em alguns selos de Cnossos,[13] nos quais a Deusa traz o *labrys* sobre a cabeça, entre os braços-chifres.

---

11 Cf. Marquetti, 2006, p.171-84.
12 Os sacerdotes eunucos de Cibele e Afrodite, os disfarces de homens em mulheres no culto de Leto em Creta e de Hermafrodito em Chipre são uma herança atenuada desses sacrifícios (Triomphe, 1989, p.226-33).
13 Museu Arqueológico Nacional de Atenas – peça 6442, sala do palácio – selos datados dos séculos XV–XVI a.C.

O *labrys* é um instrumento bipolar, veículo de morte[14] e de fecundidade, duplo do touro,[15] signo masculino e solar, como mostra o grande *pithos* do Museu de Heráklion (Figura 40), datado de 1.400 a.C. e proveniente do sítio palacial de Cnossos. Nessa peça, o *labrys* e o Sol cretense, semelhante a uma flor (rosácea), estão suspensos sobre um campo germinado: ramos que saem de pequenos bulbos junto ao tríplice círculo.

Figura 40 – *Pithos* decorado com plantas e machados duplos estilizados, 1550-1500

Esse *pithos*, como ocorria nas representações das vênus neolíticas, ilustra os ritos da hierogamia da grande Deusa Mãe: o útero/*pithos* da Deusa, marcado pelo cinto (tríplice círculo), sobre o qual se inscreve o signo masculino e solar do touro (rosácea) sacrificado pelo *labrys* – quando o sangue/sêmen[16] do deus uraniano verte sobre a terra a

---

14 A presença de duas colunas encimadas por bipenes muito complicados e com aves pousadas no sarcófago de pedra do século XIV a.C., de Hágia Tríada, mostra sua ligação com a morte.

15 Em várias culturas arcaicas ocorre uma equivalência entre o sacrificante (homem e instrumento sacrificial) e o sacrificado; eles possuem a mesma identidade, pois o sacrificante dramatiza o rito como autossacrifício. Era assim entre os astecas e entre os tupinambás (Carvalho, 1983, p.43-4).

16 Segundo Detienne (1991, p.29), "é no funcionamento do corpo feminino que se deixa ver um modelo de fluxos vitais baseado na transmutação dos diferentes humores, desde o leite e o sangue até o esperma e o mênstruo". Citando os tratados aristotélicos, em especial *a geração dos animais* e a *história dos animais*, o autor informa que, para os antigos, o leite é de origem sanguínea, e de natureza idêntica à das regras e do sêmen. "Resíduo da nutrição, o líquido seminal só pode ser sangue ou produto derivado dele [...] o esperma, produzido na região vital do diafragma, é um sangue chegado ao último grau de elaboração" (loc. cit.).

semente germina (ramos) –, promessa de vida e fartura, que crescerá sob o calor solar e a chuva benéfica que o touro/*labrys* representa.

Referendando a equivalência do touro com o Sol, o *rhyton* da tumba IV de Micenas (Figura 41), esculpido em prata, traz os chifres banhados a ouro – figurativizando os raios do Sol que, por sua vez, o animal traz sobre a fronte – a rosácea cretense. Utilizado para verter o vinho, ou o sangue, nos rituais, o *rhyton* é a figurativização dos poderes fecundantes do macho que se oferece à Deusa. O vinho/sangue derramado é a chuva que cai sobre a terra e, para fazê-la, cair é necessário que o raio/*labrys* abata seu senhor uraniano – o Sol/touro.

Figura 41 – *Rhyton* em forma de touro. Vaso ritual (rhyton) de serpentina e madeira dourada de Cnossos, 1500-1450

O valor fecundante do *labrys* é atestado, igualmente, na representação de uma cena erótica sobre um machado do século V a.C.(Figura 2). Nela, vê-se um homem, cujo desejo é evidente, erguer as vestes de uma jovem; ao lado, pode-se distinguir um galo, símbolo de erotismo e animal consagrado a Afrodite.[17]

---

17 Segundo variantes posteriores da passagem narrada por Homero dos amores de Ares e Afrodite, Ares, ao partilhar o leito da deusa, deixava de guarda à porta dos aposentos seu escudeiro, Aléctrion, que o deveria avisar da aproximação da luz do Sol para que os amantes não fossem surpreendidos e delatados – como acabou por acontecer certa feita, quando o jovem Aléctrion, cansado da vigia, dormiu; após se livrar da rede de Hefesto, Ares puniu o escudeiro metamorfoseando-o em galo, que em grego é *alektryón* (Brandão, 1994, p.217-8). Obrigado a cantar toda

A decoração de um machado, no séc. V a.C., com um motivo erótico atesta que a crença nos valores fecundantes das armas persistiu por muitos séculos na Grécia. Essa associação corresponde ao que Triomphe (1989, p.223) definiu como uma função ambígua: o *labrys* e a foice cortam para nutrir e fazer renascer, como o Sol, que ao mesmo tempo em que é fonte de vida, calor benéfico que faz os frutos amadurecerem, é também princípio de morte: a seca destruidora.

No universo cretense, a dança armada dos curetes e de Zeus, a Πρύλισ, muitas vezes é confundida com a pírrica, dança dos guerreiros. Zeus, segundo Triomphe (1989, p.187-9), teria tomado a dança armada de seus curetes de uma divindade feminina anterior – uma Réia ou Ártemis, uma Mãe das Montanhas. De qualquer forma, a dança armada e o culto das armas possuem um valor fecundante e agrário, como demonstram os numerosos símbolos eróticos descobertos na gruta do Ida. Os ritos metalúrgicos e guerreiros podem ser associados concreta e miticamente às uniões sacras, como as de Afrodite com Hefesto e Ares,[18] e com Istar, patrona da guerra e do amor. A união da festa erótica e da guerra, que parece ser a origem das danças orgiásticas,[19] remonta a um ritual de iniciação dos dois sexos, como a iniciação conjunta cretense (Triomphe, 1989, p.198).

A relação caça/sexo e arma/falo, explorada anteriormente,[20] corrobora a leitura desses estudiosos, sendo as armas um símile do falo e do poder fecundador do consorte da deusa e a dança um simulacro

---

madrugada antes do nascimento do Sol, o galo é a sentinela dos amores ilícitos e, portanto, consagrado a Afrodite.

18 Ambos os deuses estão associados ao fogo: Hefesto é o senhor do fogo ctônico (o magma, com o qual fabrica as armas e demais artefatos); Ares é o senhor da guerra, ligada à destruição voraz, como o fogo/raio. A morte está presente em ambos, quer diluída na eficácia da criação de armas, quer em seu manuseio.

19 Essa associação é sem dúvida a manifestação de um princípio geral presente numa série de motivos míticos. Ela não caracteriza apenas a dança dos curetes, mas as danças orgiásticas em seu conjunto, como a dos coribantes, as que servem para honrar Pã e as Ninfas, e ainda a dança guerreira das Amazonas em torno da árvore sagrada (Triomphe, 1989, p.193). Ela é ainda provocadora de êxtase, de vertigem, levando o iniciado à inconsciência e, portanto, a descer ao mundo dos mortos, ao mundo subterrâneo, por meio de uma via mais suave, suas múltiplas voltas.

20 Cf. item As vênus e seus consortes

do ato sexual, pois suas circunvoluções a aproximam da elipse e do círculo – símiles da vulva; a dança armada é uma teatralização da hierogamia e, como ela, tem por finalidade promover a fecundidade e a fertilidade da terra. A arma é o instrumento que faz o sangue ser derramado, cobrindo o solo, o altar e a deusa com sua pujança vital; da mesma forma, o falo derrama seu suco vital, fecundando o útero. A partir dessa equivalência, o sacrifício, como a guerra e a caça (atividades ligadas ao derramamento de sangue) e o ato sexual apresentam-se como opostos complementares e inversamente idênticos, como a relação vida-morte percebida nos ciclos da natureza. O *labrys* e o touro são faces de um mesmo deus, instrumento de que a Deusa se vale para dar continuidade à vida.[21]

O brilho do mel

As pombas estão associadas, no período clássico, a Afrodite e representam a realização amorosa, ligando-se à fecundidade. Na condição de aves, as pombas se opõem às serpentes. Aladas, são elas que ligam os deuses uranianos aos homens, trazendo presságios e mensagens para eles em seus voos e em suas entranhas,[22] ao passo que as serpentes estão

---

21 O *labrys* é a arma portada pelo Zeus cretense e, como tal, símbolo do raio e da tempestade, assim como o touro, animal símbolo do deus. Órion, semelhante a Zeus, porta o *labrys* no mito cretense de Sírius: como os demais consortes das deusas, ele é o Sol/touro abrasador que tenta violar, ou possuir, a ninfa Ôpora, a estação dos frutos maduros, ou a própria Ártemis. A ligação de Órion com o *labrys* indica, segundo Triomphe, seu uso ritual no sacrifício do touro estelar (constelação que desaparece em maio, com as chuvas primaveris) a Dioniso ou Posidão (1989, p.168). O *labrys* é ainda a arma usada pelas Amazonas, virgens guerreiras, fundadoras do templo e as primeiras servas do culto de Ártemis em Éfeso (Triomphe, 1989, p.194-245).

22 A oposição serpente/pássaro e seus presságios é atestada no ciclo troiano, quando Calcas, o adivinho, baseado no assalto de uma serpente de dorso vermelho a um ninho de pássaros, prediz a duração da guerra de Troia e seu desfecho favorável aos gregos (*Ilíada*, II, 299-332). Vê-se nesse presságio a intervenção de um Zeus ctônico, pois a serpente, enviada por ele, surge de sob o altar sobre o qual se celebrava o sacrifício. A cor vermelha lembra não só o fogo/raio, mas também o sangue.

ligadas ao mundo subterrâneo. Algumas representações da árvore da vida trazem pássaros em sua copa e a serpente junto ao tronco, no solo.

A pomba colocada junto às deusas de Gúrnia e de Cnossos são signos femininos, voltados para a fecundidade – "símbolo virginal importante, ela é tímida e amável. Seu maneio amoroso faz dela um modelo pré-nupcial, marca do signo de Ártemis e depois de Afrodite" (Triomphe, 1989, p.49). A pomba ilustra a noção de atributo, não uma noção estática, mas dinâmica: a virgem/pomba que vai em direção a Afrodite, como vai em direção de seu fim natural: a defloração, a maternidade.

Além dessa correlação com as deusas Ártemis e Afrodite, as pombas estão ligadas a um culto ou valor estelar – as *Plêiades*, ou *Sete Estrelo*, identificadas como um agrupamento de sete pombas, ou um enxame de abelhas; elas representam uma constelação formada por seis estrelas fixas e uma sétima que desaparece em determinada época do ano. Situada diante de Aldebarã, estrela que representa, na constelação de Touro, o olho do animal, a sétima plêiade é correlacionada à vítima sacrificial – ela é a virgem/ninfa arrebatada pelo touro (Picard, 1948, p.48-85), como Europa. Na *Odisséia* XII, 63, as Plêiades são as ninfas/pombas ou abelhas que levam ambrosia a um Zeus infante, cretense e associado ao touro, são suas nutrizes. Outra versão diz terem sido as Plêiades incumbidas de levar ao Sol a água do mar; ou as dão como virgens consagradas a Ártemis, que vão se deitar com os deuses, exceto Mérope, que se deita com Sísifo (Triomphe, 1989, p.59).

Em todos os relatos e representações, as pombas/abelhas estão ligadas a um universo úmido, repleto de erotismo e/ou valor nutricional. Elas são as jovens virgens que levam a ambrosia a Zeus, ou oferecem o mel de Afrodite aos deuses. Representadas em plaquetas de Rodes ou junto de Ártemis em Éfeso, a Deusa-Abelha, elas possuem um busto feminino alado, os seios descobertos e, a partir da cintura, um ventre anelado, semelhante a um abdômen de abelha. Nascidas dos cadáveres dos touros,[23] elas conjugam a vida e a morte; a virgem e o guerreiro – o

---

23 Os crânios abandonados num pasto constituem um excelente local para a formação de colmeias. Decorre dessa relação a atribuição do nascimento da constelação de Órion sob o signo do touro sacrificado e do enxame de abelhas. Outro mito

sangue/mel da defloração e o sangue/mel do sacrifício. Como Ártemis, elas manifestam uma dupla natureza: nupcial e funerária. Com relação ao aspecto nupcial,

> [...] o mel e a tecelagem possuem uma dependência comum no mundo vegetal e em sua feminilidade; sua similitude é concreta, fundada sobre a experiência visual e refletida pela linguagem. A rede das células de cera no favo de mel é comparável à malha de um tecido, a confecção do favo pelas abelhas é um tecer [o mesmo verbo usado para tecer, συν-ὑφαίνω, designa a obra das abelhas – συνύφειαι (Magnien; Lacroix, 1969)]. O ato de tecer liga diretamente o símbolo das ninfas-abelhas, que sublimam o estado de virgens, com o do mel do casamento, que lhes vem consagrar com seu véu. (Triomphe, 1989, p.236-7)

Etimologicamente, os termos νύμφη e μείλια confirmam a associação entre o mel, o tecer e as núpcias. Νύμφη é não só a jovem recém--casada ou em idade de se casar, mas também a *larva da abelha* e o clitóris; μείλια designa os doces dons ou dádivas destinadas à carícia, bem como uma oferenda a um deus. O termo supõe um radical ligado ao nome do mel e de *méile*, amor (Chantraine, 1980). Ambos, mel e ninfa, conduzem aos doces prazeres de Afrodite,[24] a seu desvelamento e, portanto, à sua função de nutriz, responsável pelos nascimentos.

Em Creta dá-se um valor simbólico ao cone de pedra em forma de colmeia que constitui o *omphalós* e cobre o teto de certas sepulturas; como a roda e o labirinto, ele é um símbolo propiciatório (Picard, 1948, p.159). O uso do mel no culto dos mortos é bem atestado, desde a *Odis-*

---

atribui o nascimento das abelhas a Deméter, que as fez nascer do corpo de sua sacerdotisa, Melissa, filha do rei de Creta. Cf. Triomphe, 1989, p.161-3 e 168; Lavedan, 1931, p.640.

24 O mel está intimamente ligado a essa deusa. Empédocles sustenta haver uma Afrodite cretense do mel, anterior a Cronos, decorrendo, assim, uma transferência da simbólica erótica do mel para um mito das origens, dominado pela deusa do amor. O valor erótico do mel pode ser atestado ainda no quarto nupcial da sacerdotisa que celebra sua hierogamia com um rei sacerdote (comparado ao leão solar) *"cheio de mel"* – note-se a expressão *"lua-de-mel"* em vários idiomas (Triomphe, 1989, p.132 e 137).

séia (XI 25-28), sendo ele essencial nos cultos das divindades infernais como as Eríneas, Hades, Perséfone e Hécate. Sepultar o morto "dentro" ou "sob uma colmeia" é oferecer-lhe a possibilidade de renascimento, inscrito tanto na imagem do umbigo/*omphalós* que o liga novamente à Terra-Mãe e da qual ele renascerá, quanto na transformação da larva em abelha, sua metamorfose e renascimento.

O mel assume, portanto, uma função intermediária entre o prazer do amor, das festas e uniões divinas, e a castração/morte sacrificial, sobretudo a taurina. Nessa morte, o mel possui uma motivação utilitária: serve para acalmar a vítima, para cicatrizar sua ferida ou acalmar a queimadura, além de perfumar e conservar as partes cortadas, e, de outra parte, proporciona um paralelo idealizado com o esperma e o leite, uma vez que a extração do mel sugere uma castração[25] – permitindo, assim, colocar em cena uma gênese trágica, do sangue em banho de mel, remetendo a um Eros-Dioniso iniciático: picado pelo aguilhão do desejo, castrado ou morto, ele renasce transfigurado.[26] O mel do prazer amoroso se transforma, assim, em mel catártico dos renascimentos eternos (Triomphe, 1989, p.132-7, 189-97, passim).

A associação da abelha com a serpente e o guerreiro é, igualmente, bastante atestada em toda a Grécia e em Creta. As abelhas, consideradas serpentes aladas, são munidas de um aguilhão – como as

---

25 Os alvéolos, como os testículos, possuem a mesma protofigurativitade, pequenos "invólucros" que contêm um líquido precioso, produto natural e divino, que ao serem coletados impõem a ruptura, o corte do alvéolo e/ou seu "esmagamento". A castração caracteriza-se pela supressão dos testículos por meio de um corte peniano ou vindicativo, que pode chegar à emasculação, e pelo esmagamento dos testículos. O sangue/esperma recolhido faz parte do "ritual do sangue", prática iniciática utilizada ainda hoje por alguns povos primitivos; símbolo da nova vida do neófito, esse sangue assegura-lhe um lugar concreto entre os anciãos. Nos rituais de castração, a mutilação é precedida de libações, danças e cantos de cunho sexual e obsceno, que preparam o futuro iniciado, deixando-o em condições de realizar o sacrifício (Chippaux, 1990, p.567-82, passim). A relação testículos/seios será feita mais à frente; por enquanto, basta dizer que ambos compartilham da mesma figuratividade.

26 Cf. Mito de Eros picado pela serpente alada; Glauco, filho de Minos; Dioniso, inventor do mel, Orfismo.

Amazonas,[27] são virgens e guerreiras: seus ventres/rochas guardam o mel, mas impõem resistência ao macho. Seu voo e zunido são associados à dança armada dos curetes (dos quais as Amazonas são símiles) e seu entrechocar de armas é uma dança guerreira e fecundante. As abelhas guardam o limite entre Ártemis e Afrodite, como demonstra a estátua de Ártemis de Éfeso.[28] As abelhas ladeiam sua coroa em forma de torre[29] e sua cintura é circundada por abelhas e flores que se alternam. Tanto a coroa quanto a cintura estabelecem o limite guardado pelos aguilhões das abelhas; a colmeia, "com sua 'cabeleira' de abelhas em torno da abertura, e o tronco feminino com sua cintura [delta pubiano] são seu melhor modelo" (ibidem, p.311).[30] Outra deusa que conjuga as serpentes com o sexo é Medusa: seus cabelos enlaçados de serpentes "envolvem", contornam a boca, abertura simétrica ao sexo.

A parte superior do tronco da deusa de Éfeso é preenchida por inúmeros seios e/ou testículos, enquanto a inferior apresenta cabeças de touros. Tomando-se os seios e os testículos para análise, observa-se que ambos apresentam os semas arredondado, curvilíneo, liso, modelado, sólido, formado, continente, humano/não humano, orgânico/mineral e descontínuo, encontrados aos pares. Esse conjunto de semas contextuais, idênticos ao conjunto visto para as vênus, apresenta a mesma base sêmica: <media> + <esferoidal>, pois ambos localizam-se na região mediana do corpo e se caracterizam por formas esféricas e sofrem as mesmas transformações classemáticas e sêmicas:

---

27 Essa correlação entre a abelha e as Amazonas fica ainda mais forte se se lembrar que a abelha-rainha copula com o zangão e depois o mata; a colmeia é um reino feminino.
28 Cf. Figura 5.
29 A coroa, como o cinto, é um símbolo de proteção. Na *Eneida* VI, 784-787 de Virgílio, a Mãe dos deuses traz sobre a cabeça uma coroa de torres, alusão às sete colinas de Roma que cercavam a cidade como um cinturão de pedras. Outro paralelo é com a coroa nupcial e o cinto da virgem. Cf. caps. 1 e 2.
30 A colmeia e o *omphalós* apresentam os mesmos semas vistos para o triângulo púbico das vênus, sendo marcados por: arredondado, curvilíneo, modelado, sólido, formado, rugoso, forma aberta, profundo e continente.

seio→ fruto→ bulbo/semente→ rocha/pedra ou
testículos → fruto → bulbo/semente → rocha/pedra.³¹

Os testículos compartilham da função nutricional do fruto, pois, assim como ele, podem ser consumidos como alimento; ambos secretam um suco vital; sua função germinativa, fonte de semente, é óbvia. A transformação que o leva à pedra/rocha está embasada na forma e encontra eco no mito de Deucalião e Pirra, já referido, no qual as pedras são criadoras de vida. Portanto, os múltiplos seios ou testículos indicam o poder fecundante/fertilizante da deusa – se os testículos fazem lembrar a pujança viril do macho sacrificado à deusa, os seios são os frutos/sementes, plenos de seiva nutritiva e de possibilidades germinativas. O leite, o mel e o sêmen são líquidos preciosos, tirados da natureza, visam gerar e nutrir a vida. O sêmen e o leite oriundos do homem e dos animais compartilham a cor leitosa; já o mel, nascido da natureza, é brilhante e dourado como o Sol (sêmen divino, do deus celeste, que foi "depositado" na terra) e é doce como os frutos, o que faz convergirem para ele os valores feminino e masculino.

Figura 42 – Anel de Isopata, 1.500 a.C. a 1.450 a.C.

Referendando a imagem da Senhora doadora dos frutos e da vida, ligada às abelhas, o maravilhoso anel da tumba de Isopata (Figura 42), datado de aproximadamente 1.500 a.C., indica a presença da deusa cretense, ao centro, ladeada por duas jovens à esquerda, que lhe rendem culto, e uma à direita. Os seios das duas jovens à esquerda possuem a forma de frutos (romã); os troncos, tanto o da deusa quanto o de suas

---

31 Cf. análise mais detalhada no Capítulo 2 para a Vênus de Willendorf.

adoradoras, assemelham-se ao ventre da abelha, e suas saias possuem a mesma figuratividade da colmeia, do *omphalós* e da montanha. Da saia da deusa "nasce" um pendão com um fruto/semente na ponta. Enquanto o lado esquerdo é tomado pelas duas adoradoras, mais uma pequena menina no alto, o lado direito possui uma única imagem feminina; em atitude diversa das demais, ela está rodeada de plantas e parece receber sobre si os grãos que caem do fruto saído da saia da deusa, ou ser ela própria a semente germinada. A cabeça da jovem, como a semente rompida, exibe uma nova forma surgindo de seu interior. A gestualidade da deusa, voltada para a direita, indica sua receptividade para com a jovem. Por tudo isso, é possível identificar a jovem à direita com a *koré*, ou com um renascimento da própria deusa na primavera.

A Deusa, ao centro, apresenta uma cabeça semelhante à da abelha, com a presença de um "ferrão" no lugar dos lábios, sobre a cabeça de forma alongada, um par de "olhos" semelhante ao dos insetos e um conjunto de dois segmentos curtos e curvos, formados por pequenos pontos esféricos, que se assemelham a sementes ou antenas. Idênticos, os rostos, em três quartos da primeira jovem e de perfil na segunda, trazem o mesmo contorno visto na deusa. Também idênticas são as mãos da Deusa e das jovens, esboçadas e alongadas; apresentam-se como símiles de patas ou ramos tenros de plantas. Confirmando o conjunto semente/renascimento, à direita, entre a Deusa e a *koré*, observa-se um fruto aberto que revela a semente em seu interior, ou uma semente provida de casca, já rompida.

O duplo Deusa-Mãe/ Deusa-filha é encontrado ainda na famosa escultura em ferro das duas deusas agachadas com um infante ao colo, proveniente de Micenas e datando do século XII a.C., na qual as vestes das deusas são em tudo semelhantes às do anel.

O touro aparece metonímica e sinedoquicamente retratado nas saias da Deusa e demais jovens pelo U, estilização dos cornos do animal, junto à cintura e pelo formato dos cornos assumidos pelos babados das saias, sobretudo o último; a gestualidade apresentada pelos braços da *koré* também recupera a forma estilizada do chifre do animal, como se viu em outras esculturas do período. Como no anel de Isopata, a presença de touros na parte inferior da estátua de Ártemis de Éfeso recupera o motivo da hierogamia, na qual o consorte aparece inscrito sobre o corpo/ventre da deusa, imagem semelhante à apresentada pela Vênus de Cucuteni e outras.

A ligação existente entre Ártemis (símile da Deusa Mãe), o touro, as abelhas e os ritos de fertilidade/fecundidade é atestada não só em sua imagem de Éfeso, mas em seu cortejo – formado por sacerdotisas virgens denominadas *Mélissai* e por sacerdotes eunucos, que oferecem sua virilidade à deusa, assim como o touro oferece os testículos – conjunto de elementos que culmina no mito cretense do nascimento de Ártemis e Apolo, no qual Leto/Réia dá a luz num antro, protegida pelos curetes (Triomphe, 1989, Capítulo V).

Ártemis/Afrodite é a Deusa-Abelha que pune com seu aguilhão os que ousam profanar a entrada do templo-colmeia-sexo; seus dardos ou flechas equivalem às serpentes brandidas pela Deusa das Serpentes de Cnossos, mas também oferece o doce mel da vida, intercambiáveis; ambas apresentam protofigurativididade e motivos idênticos, apenas com algumas variações no contorno figural.

A Senhora de Cnossos

> *Todas las noches baja al pazo*
> *ya la mañana reaparece*
> *con un nuevo reptil entre los brazos.*
> (Octavio Paz, 1995, "Dama")

As duas grandes Damas provenientes de Cnossos são representações da Grande Senhora (Πότνια), denominadas pelos arqueólogos como as Deusas das Serpentes. Esses dois ídolos em faiança, provenientes do tesouro do santuário de Cnossos, datam de aproximadamente 1.600 a.C. Ligeiramente divergentes em suas representações, as Deusas das Serpentes guardam a mesma matriz figural e o mesmo conjunto de semas que levam ao motivo da Deusa Mãe e sua hierogamia com o touro.[32]

---

[32] Para facilitar a identificação, a deusa com um felino sobre a cabeça será nomeada como *Deusa com felino*, enquanto a outra será a *Deusa do nó*.

A *Deusa do nó*

Em faiança policromada, a *Deusa do nó* (Figura 43) porta uma saia longa, de formato cônico, adornada por um barrado geométrico de losangos sobrepostos semelhantes a uma rede de pesca ou de caça ou, ainda, a favos de mel, e por linhas finas e horizontais, de cor escura, distribuídas em intervalos regulares que circundam o cone/saia de cor clara dando a ideia de listas. Não há qualquer indicação dos pés. Sobre a saia observa-se um "avental" em formato de U, ligeiramente irregular na parte superior, situado entre a cintura e a metade da saia; ele possui um contorno em relevo, seguido de um barrado de linhas sinuosas, quase uma grega.[33] Mais acima desse barrado, o corpo de uma enorme serpente que, partindo do topo da coroa em forma de tubo, desce num movimento sinuoso, contornando a lateral da cabeça,[34] os ombros, a linha dos seios, a cintura e o ventre, para retornar ao alto, sobre a coroa, onde a cabeça do réptil com a boca aberta encontra a cauda. Sob o corpo da serpente, na região do cinto pubiano, tem-se a presença do nó, ou laço, sagrado. Os seios nus são realçados por um corpete.

Figura 43 – *Deusa do nó* (deusa das serpentes), 1.700 a.C. a 1.550 a.C.

---

33 Denomina-se grega a cercadura arquitetônica formada de linhas retas entrelaçadas (Ferreira, 1986).
34 O que parece uma orelha desproporcional é, na realidade, parte do corpo da serpente que desce pela cabeça da Deusa.

A deusa traz os braços estendidos à frente do corpo e enlaçados por outra serpente. O animal tem a cauda segura pela mão direita da deusa e a cabeça sobre a palma da mão esquerda. O corpo do réptil passa por sobre os ombros, contornando as costas da estatueta.

O rosto é triangular, com nariz, olhos e boca bem definidos – o relevo criado pelo nariz, juntamente com o triângulo do rosto, assemelha-se ao visto na Vênus de Brassempouy. Os cabelos aparecem numa estreita faixa entre a coroa e o rosto. A coroa tubular, de base maior que a extremidade superior, sofre um afunilamento delicado – assemelhando-se aos descansos tubulares de Gúrnia e Cnossos.

A saia de forma cônica triangular mantém os semas vistos para o triângulo púbico e as coxas das vênus, que levam à seguinte transformação classemática: <humano> → <vegetal> → <mineral> ↔ Terra-Mãe. Enquanto nas vênus o último termo do percurso era gruta/caverna, na *Deusa do nó*, vê-se uma ressemantização na qual o ventre/gruta/saia é também colmeia/*omphalós*. A conotação da colmeia é perceptível, além do formato, no barrado da saia, cujo desenho assemelha-se aos favos do mel; na presença da serpente, abelha alada, que guarda a gruta/colmeia; em sua ligação com o touro e no enorme valor atribuído às abelhas na cultura creto-micênica.

A figura do touro presente na estatueta da Deusa, embora sutil, é duplamente marcada: no formato em U do avental – idêntico aos cornos de consagração e, sobretudo, no contorno sinuoso da grande serpente sobre o ventre e o tronco, que desenha a silhueta de uma cabeça de touro cujos chifres são seu prolongamento em redor da cintura e dos seios. Touro e serpente se fundem nas representações de ambos. A serpente desenha o touro com seus volteios e os cornos desse animal são decorados com motivos ofiomórficos. Reiterando a equivalência existente na protofigurativedade desse contorno mítico, observa-se o veículo fertilizador e protetor, o consorte/falo/arma, sobreposto ao sexo/ventre da deusa, que, por sua vez, tem seu limite marcado, guardado, pelo nó sagrado – substituto do cinto/sulco das vênus. Nó, cinto ou laço, sagrado ou não, eles prendem, ligam e protegem os objetos aos quais estão atados. O nó sagrado, sobre o ventre da *Deusa do nó*, é bastante elaborado e se afigura como um desafio aos que pretendem ultrapassar o limite por ele guardado.[35] Equivalendo ao sulco do baixo-ventre das vênus paleolíticas e neolíticas, o nó realça o ventre e seu poder criador, ligando as doçuras do sexo ao perigo de morte,[36] tão bem atestado nos mitos de Glauco, Dioniso e Eros, nos quais a *jarra de mel* (ventre) é fonte de prazer e perigo. Unindo polos opostos – céu/touro/serpente à Terra/Deusa Mãe –, ele se encontra no centro (*medial*), a meio caminho entre o alto e o baixo, o gozo e a morte, o divino e o humano – o ventre, o sexo feminino e seu delta, cingidos pelo cinto e protegidos pelo nó, são a figurativização da vida, como o cordão umbilical, ligando o feto à mãe. A mãe tece em seu ventre uma nova vida; quando pronta, corta o fio que as une – do mesmo modo as Moiras fiam o destino/vida dos homens; no seu final, o fio é cortado e os homens deixam a terra, seguindo para o Hades.

Tecer é não só cardar a lã, mas entrelaçá-la regularmente, atar os fios para deles obter o tecido que, como a vida, deverá apresentar um motivo ou desenho. Nesse sentido, o nó é o início da vida e o novelo é sua promessa.[37] "Tecer não significa somente predestinar (com relação ao plano antropológico) e reunir realidades divinas (com relação ao plano cosmológico), mas também *criar*, fazer sair de sua própria substância, exatamente como faz a aranha, que tira de si própria a teia" (Eliade, 1981, p.159).

---

35 Desatar o nó equivale a possuir a Ninfa; cf. Capítulo 1. A simbologia do cinto, ligado ao sexo, perdurou até a Idade Média, como mostra o costume das viúvas de depositarem seus cintos sobre a tumba dos maridos quando renunciavam à sua sucessão (Chevalier; Gheerbrant, 1989).
36 O selo preso ao punho da Deusa com a pomba de Cnossos equivale ao nó sagrado, uma vez que os punhos são intercambiáveis com o sexo (cf. Capítulo 2 – os adornos das deusas); o selo corresponde ao nó, pois é um fecho, um limite a ser respeitado. Outro selo famoso na mitologia é o cinturão de Hipólita, que Héracles rouba num de seus trabalhos. Insígnia de realeza e poder, ele é também o laço inviolável que protege o ventre da rainha das Amazonas: desprendê-lo é possuir Hipólita.
37 O tecido, a teia e o labirinto compartilham o mesmo motivo do tecer – todos são caracterizados por uma trama/rede que prende e, embora sejam finitos, podem ser tomados por infinitos, como a espiral logarítmica.

O nó é promessa de abertura e limite a ser respeitado; no caso do nó sagrado de Creta, ele indica a união entre a vida contínua e imortal da Terra-Mãe, com seus benefícios, à de seu consorte, o touro/Sol, cujo representante é Minos/Teseu. Os seios/frutos da deusa estão sustentados pelos pequenos nós/laços do corpete, que os ligam ao grande nó sacro. O fruto, produto da terra fecunda, como o leite nos seios da mãe, pressupõe a hierogamia, o desatar do nó ou cinto para a fecundação da Deusa.

A coroa em forma de descanso tubular é referência clara a seu estatuto de coluna/pilar que sustém e liga o alto e o baixo – é sobre a Deusa que repousa o universo, é ela que une os opostos e conjuga em si o todo, o uno.

Na mão esquerda ela prende a cauda da serpente; com a direita, num gesto de oferta, sustém a cabeça do animal – em suas mãos estão o princípio e a continuidade do movimento sinuoso e elíptico da vida, figurativizado pela serpente. A vida nasce, é sustentada por seus ombros e deve sua perpetuação à generosidade da Deusa. A cauda presa em sua mão indica o poder, sua soberania sobre a serpente/vida, e também sobre o falo/macho que a cobre. Embora ela necessite de sua virilidade para ser fecundada, ele é seu dependente, fruto de seu ventre, como tudo o mais, filho e amante, sua vida está nas mãos da Deusa, como a de Teseu nas de Ariadne.

A *Deusa com felino*

Também em faiança policromada, a *Deusa com felino* (Figura 44) apresenta algumas variações em relação à anterior. Sua saia, também em formato cônico, é longa e subdivide-se em camadas horizontais sobrepostas, passando de um tom marrom avermelhado na base, com alguns nuances mais claros, a um marrom quase bege junto à cintura, com matizes mais escuros. As faixas ou babados da saia apresentam, ainda, uma alternância regular de sulcos e/ou listas verticais de cor mais intensa que a da faixa, indo do quase preto, na base, ao marrom/ocre na parte superior.

Figura 44 – *Deusa com felino* (deusa das serpentes), 1.700 a.C. a 1.5 50 a.C.

Esse jogo de cores, do marrom terra ao areia, sulcado por linhas verticais de tons mais intensos, torna a saia da Deusa semelhante à terra arada e cultivada, com sua superfície tomada pela plantação e suas diversas tonalidades, delimitada pelos sulcos, horizontais e verticais, para o escoamento da água da chuva ou para a irrigação do campo. Como a saia compartilha dos semas vistos para o delta fértil das vênus e sua ligação com a terra, fica plenamente justificada a leitura das cores presentes na saia e seus matizes com o da plantação.

Essa imagem de campo produtivo, presente na saia da *Deusa com felino*, faz retomar a imagem da *Deusa do nó*, cuja saia é marcada por linhas horizontais finas e regulares – semelhantes ao campo preparado para o plantio/semeadura, mas que, ao contrário da *Deusa com felino*, ainda não germinou – levando a pensar as deusas como dois momentos consecutivos na representação da Terra-Mãe. Um primeiro momento, com a *Deusa do nó*, no qual a terra está preparada, mas ainda não recebeu a semente: a presença do nó sagrado e da serpente guardando o ventre, além de seu gesto de oferecimento e a placidez no rosto, confirmam a leitura dessa deusa como a virgem, a *koré* não desvelada. E um segundo momento, com a *Deusa com felino*, na qual o nó já foi desatado, a cintura desvelada e fecundada; a terra fértil faz o grão germinar e cobrir os campos. Por sobre o ventre, o "avental" com o signo do touro, o U, agora já não traz mais a serpente, mas os alvéolos da colmeia nascida entre os chifres do animal, ou seja, o mel/colmeia nascido do crânio do touro primaveril sacrificado.

Na cintura vê-se uma faixa estreita, em relevo, que contorna o corpo da *Deusa com felino*; é a base do corpete; contornando essa faixa, no sentido vertical e com espaçamento regular, pequenas linhas marrons; logo acima dela o corpete se abre, deixando os seios nus. Enquanto na *Deusa do nó* observavam-se pequenos laços no corpete sob os seios, na *Deusa com felino*, eles dão lugar a uma forma retangular e vazada, semelhante ao batente de uma porta ou abertura qualquer – indicando um caminho aberto, franqueado para seu interior. O corpete da deusa traz nas mangas a mesma alternância de cores e faixas que a identificada na saia.

Seus braços não mais se estendem à frente do corpo, mas erguem-se em ângulos retos, assemelhando-se ao chifre do touro estilizado, já visto na deusa de Gúrnia ou sobre os tubos. Se o gesto na *Deusa do nó* era de oferta/entrega, aqui indica sua fusão com o touro, amante e protetor; é por isso que em cada uma das mãos a deusa traz uma serpente e as brande como se as fosse lançar sobre um inimigo, como dardos ou raios – é o touro uraniano ameaçando os que ousam se aproximar de sua senhora.

O rosto triangular tem os olhos, o nariz e a boca bem definidos. Chamam a atenção as sobrancelhas bem arqueadas – o que confere à deusa uma expressão facial terrificante. Como Afrodite, Citeréia Coroada, que após sua união amorosa inspira o terror a seu amante, apresentando-se a ele com uma imagem grandiosa na estatura e no brilho e na qual o colo e os olhos desempenham papel fundamental (*Hino a Afrodite I,* 170-175), a *Deusa com felino* aparece em toda a sua grandiosidade terrificante após ser fecundada e se tornar mãe.

Sobre sua cabeça, não mais o tubo e a serpente, mas uma coroa circular baixa e adornada com pequenas "flores" circulares e claras, entremeadas por pequenos triângulos invertidos pintados em tom escuro. Essas pequenas "flores" são na realidade formadas por dois círculos concêntricos, representação simplificada da espiral que pode ser observada em inúmeras representações cretenses, como no selo palacial com motivo de espiral (museu de Heráclion), nos grifos que ladeiam a sala do trono de Cnossos, na faixa decorativa do *mégaron* do rei em Cnossos, no diadema em ouro da tumba III de Micenas e outros. A espiral, símbolo erótico que caracteriza os ciclos da natureza, vem associada na coroa da deusa com o triângulo invertido, símbolo igualmente erótico ligado ao sexo, à fertilidade/fecundidade e à vida. A coroa, como as demais joias (de Afrodite e das vênus), tem sua conotação sexual, podendo ser permutada com o cinto,[38] uma vez que ambos partilham os mesmos semas.

Sobre essa coroa/sexo instala-se um felino, leão, leopardo ou, como querem alguns, gato. Esse felino – cujo suporte figural é dado por <extremidade> + <superatividade> + <cilindricidade>, pois assume o alto da estatueta e apresenta formas marcadas pelos semas anguloso, cilíndrico, formado, sólido, forma fechada, liso e cromático, idêntico ao dos consortes das vênus paleolíticas e neolíticas – pode ser tomado como tal, ainda mais por estar sobreposto ao sexo/coroa da Deusa. Sua coloração amarela aproxima-o do Sol, senhor uraniano e consorte da deusa e sucessor astral do touro. Dessa forma, a interpretação desse felino como um leão ou leopardo, animais representados ao lado de sua senhora (como no selo de Cnossos, no qual a deusa está sobre um monte e é ladeada por dois leões), é muito mais pertinente do que a do gato, animal doméstico e que, segundo aqueles que assim o definem, indicaria a ligação da deusa com os ritos e afazeres domésticos.

A gestualidade e o semblante terrível da deusa a aproximam muito mais de uma *pótnia thêron,* Senhora das Feras, do que de uma "vestal" cretense. Assim como Afrodite e Ártemis, a *Deusa com felino* se inscreve entre as *pótnias* que se comprazem com a companhia das feras e, se o felino ali representado é de estatura pequena, é bom lembrar que as Senhoras sempre foram representadas em tamanho muito maior que seus consortes, assim como a Terra parece maior que o Sol aos olhos dos homens.

---

38 Cf. Capítulo 1, "O véu cômico", e Capítulo 2.

O desenho da teia

Não só o touro e o *labrys* dominam Creta: a espiral e sua contrapartida arquitetônica, o labirinto, assumem nos palácios, vasos, adornos, moedas e demais manifestações artísticas um papel importante, conjugando a beleza do traço e do movimento com a força da presença da Deusa. Mais que simples decoração, a espiral é a epifania da Grande Deusa Mãe. Representada ora pela espiral, ora por dois círculos concêntricos, como se viu na coroa da *Deusa com felino*, ora pela rosácea ou pela flor--de-lis – ela conota o ciclo da vida, sua evolução. De seu nascimento, ou aparição num ponto original, central, até seu prolongamento em movimento infinito, observa-se a protofiguratividade do centro seguido de um ou mais contornos, como a encontrada nos dois círculos concêntricos, ou na rosácea, ela também um centro seguido de um ou dois círculos, borda das corolas. Na flor-de-lis sua presença é perceptível nas pétalas terminadas em caracol, ou espiral. Forma recorrente que pode ser ainda encontrada nos braços dos polvos pintados sobre os vasos, ou no pingente das abelhas encontrado em Mália (Figura 45).

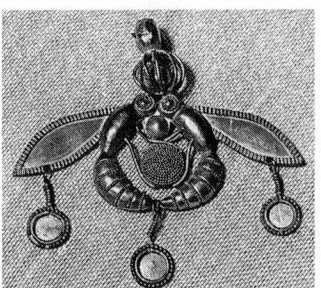

Figura 45 – Pingente das abelhas, 1.700 a.C. a 1.550 a.C.

Todo em ouro, o pingente traz no centro, tecido pelas abelhas, um alvéolo/novelo circular preenchido por pequenos pontos (gotas de mel), que se expande a partir do centro em círculos – como a espiral. Os olhos das abelhas seguem a mesma protofiguratividade, o centro é seguido por um círculo composto por pequenos pontos arredondados. O conjunto formado pelos corpos das duas abelhas retoma o sema circular; colocadas de perfil, com as cabeças e as caudas unidas, elas fecham um círculo ao redor do alvéolo sustentado no ar por suas patas. Marcados por arcos de círculo, que formam uma espiral de movimento crescente, e compostos por pequenos pontos arredondados, como os do alvéolo central, os ventres anelados das abelhas formam uma nova espiral, dupla, unida na base e cujo prolongamento pode ser visto como um conjunto mais amplo, que vai até o topo de suas cabeças e converge para o globo. Sob as cabeças, encontra-se uma outra célula, compacta, sem indicação de descontinuidade, gota de mel sendo produzida entre os ferrões. Essa célula tem sua equivalência na esfera sobre a cabeça dos insetos e é cercada por arcos de círculo na vertical que se alternam com espaços vazios regulares; novamente, a protofigurativadade do centro que se expande. O conjunto formado pelas abelhas e pelos vários alvéolos – células-mãe – recria a ideia da espiral; os elementos se sobrepõem e se multiplicam: do primeiro alvéolo/núcleo saem as abelhas, dos olhos delas e da gota de mel entre os ferrões, tem-se novo conjunto que se amplia e tem continuidade no alvéolo/espiral do centro; todo o grupo formado pelas abelhas/alvéolos é prolongado ainda nos três duplos círculos pendentes, numa progressão infinita, uma vez que da gota de mel pendente da cauda (duplo círculo) é possível tecer o caminho inverso, passando dela para o corpo anelado das abelhas, dele para o centro, para os olhos e por fim para a espiral superior. Movimento contínuo, no qual uma espiral gera a outra *ad infinitum*.[39]

A presença da espiral marca também o disco de Festos e a escrita indecifrável dos cretenses. No disco, o centro é ocupado pela rosácea – espiral em espiral, que remonta a uma origem distante, tendo como princípio o embrião/novelo/Sol, filho-amante, gerado pela Deusa Mãe em seu útero/gruta/labirinto. Inscritos um sobre o outro, confundindo o masculino com o feminino, é na união dessas duas espirais, rosácea e espiral/disco, que se descreve o mundo cretense.

---

39 O alvéolo central do pingente das abelhas é em tudo semelhante ao "penteado" apresentado pela Vênus de Willendorf; como ocorria nas vênus, o pingente apresenta uma rima plástica reincidente e que compõe um todo.

A teia, o fuso e o labirinto

O fio, como o novelo, a espiral e o círculo, compartilha do motivo da fecundidade/fertilidade/continuidade da vida. A correlação estabelecida entre o fio/novelo e a vida é anterior mesmo ao ato de fiar e tecer; ela encontra sua origem na teia e sua senhora, a aranha. Fiando seu mundo a partir de si mesma, a aranha e seu fazer são a prefiguração de uma das divindades mais antigas: as fiandeiras. Elas alimentam a inesgotável compreensão do desenrolar de toda a existência, enquadrada pelo nascimento e pela morte.

Somente à mulher caberia essa função, ela que cria o feto em seu ventre, como o novelo preso à roca por um fio, pacientemente formado; ao nascer, ainda ligado ao útero pelo fio/cordão umbilical, deve ser desligado/cortado para que possa ganhar sua existência. Diante dessa imagem, pouco há a ser discutido sobre o mito das Moiras e outras fiandeiras.

As deusa tecem... vidas... expedientes: amorosos, políticos, guerreiros, propícios ou maléficos – todas possuem entre seus epítetos o de "tecelã de ardis", como Afrodite; ou a de "roca ou fuso de ouro", como Ártemis e Atena. Virgens, amantes ou esposas, elas tecem... a vida da humanidade.[40]

> O fuso, utensílio-instrumento da fiandeira, foi o primeiro a simbolizar a lei do eterno retorno. Segundo Platão, o fuso da necessidade regula o conjunto cósmico, autonomiza a balança da vida e da morte [...] as Moiras fundam o mundo feminino, na medida em que ele é representação da periodicidade, da renovação, da transformação, da ruptura e do nascimento. (Brumel, 1998, p.375)

---

40 A iconografia da deusa tendo nas mãos o fuso ou a roca é bastante difundida também no Oriente. A roca aparece nas mãos de Istar, da grande deusa hitita, da deusa assíria Atargatis e de uma divindade cipriota primitiva, assim como nas mãos da deusa de Éfeso e na deusa com fuso encontrada em Troia, datando de aproximadamente 2.000 e 1.500 a.C.. Todas elas são divindades ligadas à Lua e às serpentes e têm função fertilizante/fecundante comum nos mitos (Eliade, 1981, p.194).

O ciclo – movimento uniforme e rotativo – é, então, o gesto de ligação entre as fiandeiras, a Deusa Mãe e a espiral/novelo. A fertilidade e a fecundidade encarnadas no corpo da fiandeira têm sua origem no sexo da renovação da vida e da instauração da imortalidade, transcendente a toda destruição – como os ciclos da natureza e a sucessão das gerações: a jovem ninfa se tornará mãe e engendrará uma nova *koré*, como Deméter e Perséfone, Pasífae e Ariadne – no rapto e violação da filha está prefigurado o drama da mãe.

O labirinto, como o novelo, partilha a simbologia da teia; ele é um entrelaçar de caminhos; "combinando o motivo da espiral e da trança, representa o infinito sob os dois aspectos de que ele se reveste na imaginação do homem: isto é, o infinito eternamente em mutação da espiral e o infinito do eterno retorno figurado na trança" (Chevalier; Gheerbrant, 1989, p.532). Atingir o centro é encontrar a origem da vida, ligar-se novamente à Terra-Mãe; sair do labirinto, em contrapartida, é renascer, daí seu uso iniciático em diversas culturas e religiões.

Sua origem remonta às cavernas e grutas pré-históricas, de intrincados acessos e corredores sinuosos. A caverna, no Monte Ida, em Creta, na qual Minos se encontrava com Zeus a cada nove anos, seria o mais temível e intrincado labirinto, do qual Dédalo tirou o "modelo" para sua construção. Etimologicamente, λαβύρινθος, "labirinto", é a casa do *labrys* (λάβρυς).[41] É no centro da teia/labirinto da Deusa Mãe que se encontra seu consorte. Como o Sol, que se esconde (morre) nas entranhas da terra para renascer a cada manhã, o touro/*labrys* é representado no interior do labirinto.

---

41 Brandão, 1992, verbetes *Minos* e *Minotauro*.

O fio de Ariadne

> Arruinei a roca, o risco, o fuso,
> doce mãe, no tumultuoso amor por um
> menino que me urdiu a esguia Afrodita.
> (Safo, 1987, p.102)

Creta tem sua origem ligada à paixão e ao touro. Esses dois elementos, somados à figura feminina da Deusa Mãe e suas representantes, constituem o elo da sucessão mítica cretense. Alternando-se, substitui à mãe a filha, e um touro a outro, num movimento contínuo e cíclico, como o da espiral – o universo labiríntico de Creta desenha-se múltiplo, embora uno.

O touro do Ida

Zeus nasce em Creta. É no Ida, buscando refúgio, que Réia dá a luz ao futuro senhor do Olimpo. O pequeno Zeus é protegido por Gaia, que o esconde num antro profundo e inacessível; amamentado pela ninfa Amaltéia, o pequeno deus tem por companhia os curetes – demônios guerreiros e barulhentos, que com sua dança armada abafam o choro do divino infante. É esse Zeus jovem e imberbe que reinará sobre Creta, e ao qual são dados os epítetos de *ómbrios*, *hyétios* (chuvoso), *úrios* (que envia ventos favoráveis), *astrapaîos* (que lança raios), *brontaîos* (que troveja) – e é também aquele que se manifesta, o visível, o claro, o brilhante – qualificativos que o ligam diretamente ao raio e à chuva, mas também ao Sol. Zeus é, antes de mais nada, um deus da fertilidade – aquele que fecunda a Terra-Mãe com seu sêmen/chuva e faz o grão germinar com seu valor.

Devido à sua ligação com a terra, da qual surgiu e a qual fecunda, ele é também *khthónios*; filho e amante, Zeus se une a diversas divindades ctônicas, como Europa, Sêmele, Deméter e outras, reafirmando assim sua hierogamia com a Deusa Mãe e assumindo seu lugar de consorte, representado pelo touro, animal ao qual está intimamente associado, ou pela serpente: *Zeus Meilichios*, *Ktesios* ou *Philios*, epítetos que se ajuntam à representação de um Zeus em forma de serpente, o deus das tempestades. Novamente, o touro, a serpente e o raio aparecem imbricados, confundidos na imagem do consorte da Deusa Mãe, como na *Deusa do nó* de Cnossos (Verbruggen, 1981, p.127-154, passim). Zeus aparece, ainda, em Creta, como *brontaios*, deus da tempestade, do raio e da chuva; *epirnytios*, que reina sobre o mundo vegetal, atestando sua ligação com a fertilidade da vegetação, como mostram outros epítetos a ele ligados: *endendros, epikarpios, karpophoros* e *karpodotes*. O nome *welchanos* é encontrado igualmente em Creta, deus da chuva, do raio e protetor da vegetação, tido como um Zeus arcaico ou ligado a Hefesto e/ou Ares, e ao qual se associa o galo.[42] Como no mito de Ares, Afrodite e Hefesto: o senhor do fogo/raio – Ares – liga-se ao animal, enquanto Hefesto, igualmente senhor do fogo, é o deus dos nós; ambos, amante e marido, de uma senhora cuja marca primeira é a sedução, o cinto no qual se encontram todos os encantos e o sexo – referências que se aproximam sobremaneira do universo cretense da Deusa das serpentes e seu consorte.

É nessa perspectiva de consorte viril e pujante que Zeus é representado em Creta como efebo. O jovem deus dos mistérios do monte Ida, o Zeus ctônico, nasce, tem seus primeiros ritos iniciáticos e morre, assim como os demais amantes/consortes da Deusa Mãe – epifania vegetal e taurimórfica que tem sua continuidade no mito de Dioniso Zagreus.

O Zeus cretense é um deus pré-helênico; segundo Verbruggen (1981, p.21-6), ele assume em Creta o papel de Átis, o amante frígio de Réia-Cibele. Nilsson, Farnell, Bethe e outros confirmam essa ideia – o Zeus cretense é um deus-touro, deus da vegetação e seu culto tem um caráter orgiástico, com características ctônicas e funerárias. Sua relação com os curetes e seu esconderijo nas entranhas da terra é evidência de uma iniciação guerreira, com a morte e renascimento do jovem Zeus que se une à Deusa Mãe – prefigurada na união do touro/Zeus com Europa.

As cerimônias do Ida, nas quais o centro do culto é ocupado por um *Zeus Idaios*, confirmam sua divindade ctônica. Representadas em escudos e outros objetos votivos encontrados junto à entrada da gruta, próximos de um altar retangular talhado na rocha, essas peças

---

42 Cf. Verbruggen, 1981, p.143-4.

mostram uma deusa nua cercada de dois *sphinx* ou leões, ou o deus com os pés sobre o couro de um touro e erguendo um leão acima da cabeça (ibidem, p.71-3). A figurativização do Deus sobre o couro do touro e elevando o leão conota o sacrifício do touro na "estação" do leão, no qual o agente é o deus; elo entre touro e leão, ele é a imagem do Senhor que vence a ambos, o Senhor dos animais.

"Oito metros acima do altar, há uma gruta superior que conduz a uma pequena sala que contém estalactites em forma de falo e um pequeno montículo que faz pensar num trono", na descrição de Verbruggen (1981, p.75), que mostra claramente a representação de uma hierogamia – a gruta/sexo/útero da Deusa invadida pelo falo/ estalactite do macho. Até 700 a.C. era venerado nessa gruta do Ida um deus, senhor do raio. Ele era cercado de símbolos de soberania (águia, touro, leão) e acompanhado de servidores. Na mesma gruta, era venerada uma divindade feminina. Seu culto comportava oferendas para queimar, danças circulares, o jogo dos címbalos, oferendas de estatuetas, de vasos e, sobretudo, de armas. Certas oferendas indicam a presença de homens e outras de mulheres (ibidem, p.78-9).

Segundo autores antigos, os curetes e as ninfas existiam antes do nascimento de Zeus; derivam dos dáctilos, anteriores aos curetes, e eram, a princípio, servidores de uma divindade feminina. Resquícios desse tipo, somados a cerimônias de períodos posteriores, relatadas por diversos comentadores antigos, ainda realizadas nas grutas do Ida e que conjugavam a iniciação masculina e guerreira com a iniciação das jovens cretenses, culminando com seu casamento,[43] assim como o ocorrido entre Zeus e suas nutrizes, demonstram, pela continuidade e autorreferência, o caráter ctônico, guerreiro e orgiástico presente no culto de Zeus e de sua senhora no monte Ida, culto ligado à fecundidade/fertilidade da terra e seus habitantes.[44]

---

43 Esses ritos ocorriam a intervalos regulares, em períodos de sete ou nove anos, sempre na estação de Sírius, ou Canícula, quando o touro solar abrasava a terra--fêmea (Verbruggen, 1981, p.71-99; Triomphe, 1989, p.173-8).
44 Cf. Verbruggen, 1981; Triomphe, 1989; Nilsson, 1950; Picard, 1948 e outros.

O touro do mar

Ao raptar Europa, jovem e bela princesa fenícia, filha de Agenor e descendente, por sua parte, do próprio Zeus e de Posidão, Zeus assume a forma de um magnífico touro branco, com chifres semelhantes à lua crescente. Sob essa forma, ajoelha-se aos pés de Europa, deixa-se acariciar por ela e montar. Ao tê-la sobre o dorso, lança-se velozmente ao mar, chegando a Creta, onde se une à jovem ao pé de uma fonte em Górtina,[45] sob alguns plátanos que, em memória dessa união, conservam o privilégio de jamais perderem as folhas. Dessa união nascem três filhos: Minos, Radamanto e Sarpédon. Europa casa-se posteriormente com Astérion, rei de Creta, que adota os filhos de Zeus.[46]

Nesse mito de origem da dinastia cretense, observam-se vários elementos recorrentes do mito da Deusa Mãe e que se repetirão no de Minos e Ariadne. A começar pelo touro branco com chifres semelhantes à lua crescente. Como foi visto anteriormente, Zeus assume desde seu nascimento as insígnias de um deus uraniano e solar, astro brilhante, representado pelo touro.[47] Zeus será sucedido no leito de Europa por Astérion, nome que tem sua origem em "estrela", ἀστέριος, podendo, ainda, significar "aranha", "planta" ou "astro" (Magnien; Lacroix, 1969). Como Zeus, Astérion apresenta-se sob o signo uraniano e brilhante.

A união do deus com Europa é fecunda, prova disso são os três filhos, mas essa união é também fonte de vida e continuidade para a natureza – a referência aos plátanos, sempre verdes, que não perdem suas folhas, não morrem, portanto, revela o poder dessa hierogamia.

---

45 Europa está associada à deusa cretense de Górtina, *Hellôtis*, esposa do deus Welchanos, confundido com Zeus ou Apolo. O casal reaparece em Maratona e Corinto, sendo a deusa identificada à virgem Atena (Triomphe, 1989, p.179).
46 Cf. Brandão, 1994; Souza, 1973; Jeanmaire, 1939; Dumézil, 1924; Picard, 1948; Verbruggen, 1981; Davembert, 1966; Guimarães, 1995.
47 Confirmando seu valor astral, o touro cuja forma foi assumida por Zeus transforma-se em constelação, que é colocada no céu. Essa constelação é a que desaparece com o surgimento de Órion, em junho-julho, Canícula, e, segundo Triomphe (1989, p.168), é sacrificada com o *labrys* portado pelo gigante.

A presença da fonte é outro indício; em quase sua totalidade, os mitos mostram as uniões/violações míticas ocorrendo junto a fontes, lagos e outros mananciais. Característica que será assumida posteriormente nos rituais iniciáticos, propiciatórios e outros – todos conjugam a água, ou o úmido (feminino), com o fogo (masculino).[48]

Já Europa, na etimologia fenícia, designa a *Sombra*, ou a lua nova (Triomphe, 1989, p.184). Assim como Réia ou Gaia, ela é a senhora que habita o mundo ctônico, é a negra, como Afrodite *Melainis*, associada ao reino de Hades e semelhante a Perséfone – ela é a escuridão da terra, o vazio profundo e perigoso, a terra úmida. Como lua nova, ela é a Lua que vai habitar as regiões infernais. Em ambos os casos, Europa figurativiza a Senhora ctônica, a grande Deusa Mãe ligada à Lua e seus ciclos, terrível e benéfica, como a Vênus de Laussel.

Da satisfação dos desejos...

Após a morte de Astérion, Minos disputa com os irmãos o trono cretense. O futuro soberano alega que, de direito e de fato, Creta lhe pertence por vontade dos deuses e, para prová-lo, declara que os deuses lhe concederiam tudo o que desejasse. Ao fazer um sacrifício a Posidão, solicita ao deus que faça sair um touro do mar, comprometendo-se a imolar o animal logo em seguida em sua honra. Posidão atende o pedido, o que lhe vale o poder supremo, sem mais contestação por parte dos irmãos. No entanto, Minos, impressionado com a beleza do animal, não o sacrifica e o envia para junto de seu rebanho, desejando conservar-lhe a raça. Minos casa-se com Pasífae, filha do deus-Sol Hélios e de Perseis, e com ela tem vários filhos, dentre eles, Glauco, Androgeu, Ariadne e Fedra. Para punir Minos do perjúrio, Posidão alia-se a Afrodite, fazendo nascer em Pasífae uma paixão irresistível pelo touro.[49] Auxiliada por Dédalo, Pasífae

---

48 Cf. a relação ninfa-água no Capítulo 1.
49 A paixão de Pasífae pelo touro é atribuída ora a Posidão somente, ora a ele e a Afrodite, que vinga na filha de Hélio a indiscrição do pai que havia contado a Hefesto sobre os amores clandestinos da deusa com Ares. Posidão em sua ira enfurece o touro, que mais tarde é morto por Héracles ou Teseu (Brandão, 1993).

consuma seu desejo. Dessa união funesta nasce o Minotauro, também chamado Astérion, monstro com corpo de homem e cabeça de touro. Buscando esconder o filho bastardo, Minos faz Dédalo construir, no palácio de Cnossos, o labirinto. Ali encerra o Minotauro, o qual alimenta com vítimas humanas.[50]

A atmosfera que cerca a personagem de Minos e as aventuras de Pasífae e do Minotauro traduzem uma estrutura reincidente: a do consorte, ligado ao touro, que se une à deusa. Minos, filho de Zeus-touro, tem seu poder assegurado igualmente pelo touro, epifania de Posidão, que no universo cretense é um símile de Zeus. Minos é, portanto, também um touro-consorte viril que cobre inúmeras amantes (ninfas ligadas à terra como Prócris, que o livra das serpentes de Pasífae, ou Britomártis, *a doce virgem*, nome dado à Ártemis cretense) e tem por esposa Pasífae, *a que ilumina a todos* – filha do Sol[51] – ela é a personificação da lua cheia. Da união do touro/Sol – Minos com a Lua/Pasífae nasce Ariadne, *a muito bela*, ou *a casta, a pura, a luminosa, a muito sagrada* e/ou *honrada*.[52] Ariadne, como Pasífae, é filha do touro/Sol e da senhora cretense e seguirá um destino idêntico ao dela.

Os valores ctônicos estão figurativizados, em Pasífae, em seu poder de maga; ela é irmã de Circe e, como ela, conhecedora de todas as ervas; no domínio das serpentes, animais que faz nascer do corpo de seu esposo quando ele se une a outras amantes – só a ela as serpentes poupam da morte; além de sua ligação com a Lua.

Ao unir-se ao touro de Posidão, Pasífae gera o Minotauro que, por sua vez, é um avatar da Lua, cujo crescente se assemelha aos cornos do touro. Ao ser denominado Astérion, "estrela", mas também "aranha", vê-se confirmar um ciclo não só estelar, retorno de Sírios, mas também figurativo, pois o novo Astérion-aranha-touro ocupa o centro da teia-labirinto. Chantraine (1980) afirma que o Minotauro é etimo-

---

50 Cf. Brandão, 1993; Guimarães, 1995; Davembez, 1966; Grimal, 1993; Plutarco, 1991, p.28-36.
51 Astro ligado ao touro, como mostra seu enorme rebanho de bois, animais de brancura imaculada e cornos de ouro, que os companheiros de Ulisses ousam comer (*Odisséia* XII, 260-402).
52 Seu nome revela atributos que mais tarde serão conferidos a Afrodite e Ártemis.

logicamente *o Homem-touro*. Filho da Deusa Mãe e de seu consorte, o Minotauro é o sucessor de Minos nessa dinastia taurimórfica – uma vez que Teseu terá de matá-lo para poder se unir a Ariadne, a nova Senhora de Cnossos.

O matador de touros

Após encarcerar o Minotauro no labirinto, Minos lhe oferece como repasto os jovens enviados a ele por Egeu, tributo que o rei de Atenas tem de pagar devido ao assassinato de Androgeu, filho de Minos, ocorrido durante os jogos de Atenas.[53] A cada sete, ou nove anos, as versões variam, Egeu envia a Minos sete rapazes e sete moças. Ao chegar a época do terceiro tributo a pagar, Teseu[54] se oferece como uma das vítimas. Embora Egeu se oponha, Teseu parte com os jovens. O rei dá ao piloto da embarcação duas velas, uma negra para a partida e outra branca (ou púrpura, cor das flores do carvalho)[55] para a volta, que haveria de servir para noticiar a salvação dos passageiros. Teseu parte para Creta, mas antes vai a Delfos orar ao deus, que lhe ordena que tome Afrodite como guia e companheira de viagem. Ao chegar em Creta, Ariadne, filha de Minos e Pasífae, é tomada de um violento amor pelo jovem e lhe entrega o novelo (ou coroa luminosa)[56] para que possa

---

53 Androgeu, após vencer os jogos, é enviado por Egeu para lutar contra o touro de Maratona, quando falece. Alguns mitógrafos dizem ser esse touro o mesmo que saiu das águas a pedido de Minos.

54 Teseu é dado como filho de Posidão e/ou de Egeu. Etra, sua mãe, ter-se-ia unido a ambos no mesmo dia. Egeu é descendente de Hefesto, deus do fogo, e de Gaia/Atena. Hefesto tenta violar Atena, mas ela escapa; no entanto, o sêmen do deus cai sobre Gaia (a Terra), que gera Erictrônio, ancestral de Egeu. Teseu é descendente, portanto, de um deus do fogo com uma Deusa Mãe. Deve-se observar, ainda, que Hefesto, após ser lançado do Olimpo por Zeus, viveu nove anos numa caverna, onde aprendeu a trabalhar os metais. Foi esposo de Afrodite, que o traiu com Ares – outro senhor do fogo.

55 A púrpura ou vermelho-escuro é a cor da realeza, mas, aqui, é também indício do esperado renascimento de Teseu; banhado no sangue escuro da mãe ao nascer, Teseu deveria regressar do centro da terra, envolto por velas (que possuem estreita correlação com os véus e, portanto, com o hímen-sexo) rubras – signo do iniciado.

56 Existem duas versões sobre o objeto ofertado a Teseu por Ariadne. O mais corrente

sair do labirinto; a única condição imposta pela jovem é que Teseu a leve consigo quando deixar a ilha. Teseu, munido da espada e do novelo, entra no labirinto e mata o Minotauro, retornando a Atenas com os companheiros e Ariadne. Devido a uma tempestade, Teseu é atirado às costas de Chipre (ou Naxos) onde abandona Ariadne,[57] que mais tarde é encontrada por Dioniso; enamorado da bela Ariadne, o deus do vinho se une a ela. Teseu aporta em Delos e, depois de sacrificar a Apolo e consagrar a estátua de Afrodite que Ariadne lhe havia dado, executa com os jovens um coro de danças cujas figuras imitam as curvas e os ângulos do labirinto, num ritmo de movimentos alternantes e circulares. Teseu a executa em redor do *Cerato*, altar feito de chifres *(keráton)*. Esquecido de mudar as velas, o piloto aproxima-se de Atenas com as velas negras. Egeu, acreditando na morte do filho, atira-se ao mar. Teseu empreende ainda várias expedições. Numa delas, une-se a Antíope, uma das Amazonas, com quem tem Hipólito. Mais tarde, regressa a Creta e rapta/desposa Fedra, irmã de Ariadne.[58]

O mito de Teseu recupera inúmeros elementos ligados à Deusa Mãe e sua hierogamia com o touro, bem como os ritos propiciatórios e iniciáticos ligados ao Ida.

Teseu é filho de Egeu e/ou Posidão, congregando, dessa forma, o fogo de Hefesto com o mar/touro de Posidão. Embora o senhor dos mares seja, geralmente, associado ao cavalo, em Creta e no mito de Minos/Teseu ele se faz representar pelo touro. Assim sendo, Teseu

---

é o novelo; o outro, uma coroa luminosa dada a Ariadne por Dioniso ou Afrodite. Tanto o novelo quanto a coroa se inserem no rol figurativo do círculo/espiral e demais semas vistos para o sexo. O novelo remete ao feto/cordão umbilical, mas também à Lua e seus raios/fios de luz, imagem contida na coroa. Ariadne, como Pasífae, é a Lua cercada por uma coroa de luz que guia o homem na escuridão da noite. Como símile do sexo, é graças à paixão inspirada por Afrodite que Ariadne se oferece a Teseu, auxiliando-o.

57 Há várias versões sobre o abandono de Ariadne por Teseu. Numa delas, a jovem está grávida e desce à terra, enquanto Teseu fica a bordo e é levado para longe pela tempestade; em outra, o jovem a abandona por estar apaixonado por outra mulher. Em ambas, Afrodite tem uma parcela de responsabilidade.

58 Cf. Plutarco, 1964, p.17-51; Brandão, 1994 verbetes *Ariadne, Minos, Minotauro, Pasífae* e *Teseu*.

é fruto da união de deus uraniano com a Deusa Mãe, equivalendo-se a Minos. Mas essa identidade não se restringe apenas à origem de ambos: Teseu, como Minos, é o símbolo do iniciado – juntamente com mais treze jovens, ele é encerrado no labirinto (símile da gruta do Ida onde Minos, a cada sete ou nove anos, vai se encontrar/enfrentar Zeus-touro para relatar seu governo, só retornando ao mundo com o consentimento do deus), enfrenta o Minotauro, sofrendo uma morte ritual antes de se unir a uma esposa real e divina, Ariadne; duplo de Pasífae, ela é a luminosa, a luz da Lua, a ninfa/*koré* que se entregará ao touro/deus numa hierogamia semelhante à de Europa e Zeus. E, como Pasífae, deixará esse touro por outro, Dioniso – deus taurimórfico e ligado à vegetação, o que lhe custará a vida, sendo substituída por uma nova *koré*, Fedra.

Retomando a epifania de Zeus, a morte do *kouros* divino na gruta tem, como a morte/desaparecimento mística do iniciado, seu modelo na morte anual da vegetação, seguida de uma ressurreição primaveril promovida pela divindade feminina (Triomphe, 1989, p.181). Teseu, morto/desaparecido no labirinto/gruta, renasce pelas mãos de Ariadne – o novelo é o cordão umbilical, fio mágico, que traz Teseu à vida – como os demais consortes, ele é filho e amante de Ariadne. Seu (re) nascimento é fruto da união do Sol/touro com a Terra – é o sangue do Minotauro, imolado por Teseu, derramado no labirinto/gruta/útero da Terra que promove a renovação e o surgimento de um novo ciclo, agora mantido por Teseu e Ariadne.

As sucessões dos consortes da Deusa Mãe ocorrem a intervalos regulares; eles são provados de maneira a demonstrar sua força, coragem e virilidade; se fracassam, são substituídos por um mais jovem e, eventualmente, imolados como tributo à deusa. O novo Senhor se unirá, então, a uma nova Senhora, revigorada pelo sangue, pronta a receber o sêmen. Ariadne sucede a Pasífae, como ela sucedeu a Europa – todas são a mesma e única Deusa-Mãe-Terra.

O abandono de Ariadne por Teseu parece confuso em suas muitas versões, mas, se visto dentro do arcabouço narrativo estabelecido para a Deusa Mãe e seu consorte, é bastante claro e coerente. Ariadne, mais que uma personagem apaixonada, é a figurativização da *koré*, da virgem, como Perséfone, Ártemis ou da Afrodite que se une a Anquises no *Hino a Afrodite I*. Todas guardam a figuratividade da fruta madura pronta para ser colhida – plenas de sementes, elas precisam ter suas cascas rompidas, suas cinturas desnudadas, seus cintos desprendidos, seus véus levantados pelo Sol/touro para que as sementes se espalhem sobre a terra fecunda, gerando novos frutos para a nova estação primaveril. Sob esse aspecto, Ariadne equivale à *Deusa do nó* de Cnossos – *koré* benéfica, que oferece a continuidade da vida, serpente/novelo. Mas, após ser fecundada, a *koré* desaparece, deixa de existir, e Ariadne assume seu aspecto de *pótnia* – *Senhora das Feras* ligada ao leão solar[59] (Dioniso), sucessor do touro, sendo substituída por outra *koré*, Fedra. Como Pasífae, ela brande as serpentes/abelhas da ira e as faz nascer de seu consorte – é a visão terrificante da Deusa com felino.

Dioniso é o *filho do Céu*, nascido duas vezes; ele é primeiro filho de Zeus e Perséfone. Zeus assume a forma de uma serpente para se unir à *koré* ctônica. Perseguido por Hera, o jovem deus é entregue aos cuidados dos curetes e Apolo, mas Hera o encontra e envia os Titãs para que o devorem. "Morto", desmembrado e cozido, só resta o coração do deus, que Atena rouba aos Titãs a mando de Zeus, que o devora ou o dá a Sêmele, antes de se unir à jovem. Sêmele, avatar da Grande Mãe, é a Terra, grávida do deus é fulminada por Zeus (senhor do raio) ao desejar vê-lo em todo o seu esplendor. Dioniso, retirado do ventre de Sêmele, é colocado na coxa de Zeus, que termina sua gestação.[60] Ao (re)nascer é confiado às ninfas e aos sátiros, sob a forma de bode. Entre as vinhas, na sombria gruta de Nisa, Dioniso cria o vinho.

---

59 Como Zeus, Dioniso assume valores uranianos e ctônicos, pois Ariadne é encontrada e amada pelo deus quando dormia num campo cheio de narcisos. O sono/torpor causado pelo perfume dos narcisos é comparado à morte; assim, Ariadne é um duplo de Perséfone, a *koré* raptada por Hades enquanto colhia um belo narciso, e Dioniso, de Hades, deus ctônico.

60 A coxa de Zeus possui, aqui, uma equivalência com o útero/ventre das vênus, como o triângulo formado pelas coxas dessas deusas.

Como Zeus/Minos/Teseu, Dioniso é filho da Terra – Deusa Mãe fecundada pela serpente/touro/raio. Após sua morte ritual, renasce, conjugando o úmido e o ígneo. O deus apresenta-se, então, sob a forma de touro, de bode e, às vezes, de um felino (pantera, leopardo ou leão). Deus das orgias e do êxtase, ele é para os cretenses Zagreus, o Senhor das Feras, confundindo-se com Zeus, associado às abelhas, às serpentes e às danças vertiginosas ao som dos címbalos.

Ao tornar Ariadne esposa de Dioniso, o mito recupera os valores astrais e perpétuos dos ciclos da natureza. Se Dioniso é o novo Zeus--touro, Ariadne é a deusa cretense, a Terra. Instalados no céu, com a constelação da coroa, o par divino celebra, a cada ano, a renovação da natureza, servindo de modelo e estabelecendo uma sequência ritual, na qual vida, sedução e morte equivalem a mais uma volta da elipse do tempo – nova, diferente, porém idêntica à anterior.

Não é sem motivo que Teseu retorna a Atenas na época da colheita: ele, que, matando o touro na casa do *labrys*, nada mais fez que prolongar a longa aventura taurina que teve seu prosseguimento com o nascimento do Minotauro, é o agente que irá traduzir o mito em estruturas religiosas e sociais mais concretas. Ele é o iniciado que, sob os auspícios de Afrodite, senhora do sexo e da fertilidade, retorna à vida e ensina/representa, através da dança (símile do ato sexual), os perigosos caminhos que levam ao centro do labirinto – ao ventre da Deusa. Novamente, Teseu e o Minotauro se fundem: ao recriar o labirinto através da dança, Teseu assume o lugar do homem-touro--aranha, ocupando o centro da teia-labirinto por ele tecida. A dança executada por Teseu segue o movimento chamado *gêranos*: associado ao grou (ave pernalta), é dançado por várias pessoas, uma atrás da outra em uma única fila.

[...] a dança do grou imita ora a saída do labirinto, ora a entrada na morada do Minotauro. E nas descrições dos antiquários o movimento é especificado por dois aspectos. De um lado, suas figuras maiores são a paralaxe e a espiral (*parállaxis* e *anêlixis*), combinando num traçado helicoidal os movimentos alternados da esquerda para a direita. De outro, o movimento é conduzido por dois guias, cada um ocupando uma extremidade. Os dançarinos se alinham numa fila contínua, porém provida de dois guias, como uma fila cujo cerra-fila se metamorfoseasse em guia, num ponto e num tempo do percurso. (Detienne, 1991, p.18)[61]

O touro enredado

Na continuação do mito de Teseu, ocorrem novas uniões com as *kórai*: com Antíope, a Amazona, que, como as ninfas abelhas do cortejo de Ártemis/Ariadne/Afrodite, nutrizes de Zeus, entrega-se ao touro para gerar um novo filho/amante – Hipólito, o sucessor de Teseu; e com Fedra, a nova Senhora, que deseja um novo consorte, pois Teseu, já velho, deve ser substituído, mas Hipólito recusa-se a cultuar Afrodite e a se unir a Fedra. Caluniado por ela, Hipólito é morto pelo touro que Posidão faz surgir do mar a pedido de Teseu. Incapaz de controlar seu carro, *"preso nas rédeas, Hipólito é arrastado num laço inextricável, esmagando a cabeça nos penhascos e lacerando as carnes"*[62] (Eurípides, *Hipólito*, 1236-1239).

---

61 A referência ao grou complica e, muitas vezes, oculta a pertinência dessas figuras de dança para descrever o percurso do labirinto. Para uns, a donzela na dança da primavera descobria um antigo rito agrário, relacionado com um percurso lustral alheio às aventuras de Teseu (a dança ao longo do altar seria um rito banal de natureza lustral aproximado por contrassenso de um antigo rito agrário de primavera sob o signo da ave grou, segundo Roux, citado por Detienne); para outros, seu nome evoca um detalhe singular da dança: *a forma triangular da evolução* (1991, p.18). Tratando-se de uma dança ligada ao labirinto e, portanto, à elipse e ao sexo feminino, a forma triangular da evolução retoma o delta púbico.

62 αὐτὸς δ' ὁ τλήμων ἡνίαισιν ἐμπλακεὶς δεσμὸν δυσεξέλικτον ἕλκεται δεθείς, σποδούμενος μὲν πρὸς πέτραις φίλον κάρς θραύων τε σάρκας, δεινὰ δ' ἐξαυδῶν κλύεις·. Eurípides, *Hipólito*, 1236-1239. O verbo δεσμεύω (atar, enlaçar), do qual deriva δεσμός, "nó", possui a variação δέσμιος, "que encanta, que enfeitiça"; pas. "encantado, enfeitiçado". A derivação poética remete a uma aproximação entre enredar/prender/atrair e encantar/seduzir, correlação também presente no latim *seducere*, "levar para o lado, atrair"; da mesma forma, o latim *fascinus* ou *fascinum* significa "quebranto, sortilégio, malefício" e pertence à mesma família etimológica de *fascia*, "faixa, atadura"; o termo *fascínio*, "mau--olhado, quebranto, sortilégio", no português tem origem no verbo *fascinare*, "encantar, enfeitiçar", a mesma raiz dos sortilégios e nós (Brandão, 1994, p.55).

Os versos de Eurípides narram o sacrifício desse jovem touro – enredado e preso por um nó que não se pode desatar, ele é arrastado por suas éguas, banhando a terra deserta com seu sangue; como Minotauro ou Dioniso, seu sangue fecunda a terra.

A presença do *nó inviolável* que o liga, por meio das rédeas (correias, faixas ou cintos), às éguas, recupera a figuratividade das deusas com suas cinturas guardadas pelo nó sagrado. Como o cavalo, as éguas ligam-se às trevas do mundo ctônico e às abissais profundezas do mar. Associados às deusas ctônicas, os equinos aparecem no mito de Deméter, representada na Arcádia com cabeça de cavalo, no das Eríneas e no das Harpias, demônios das tempestades, da devastação e da morte, representadas a um só tempo como mulheres, pássaros e éguas (Chevalier; Gheerbrant, 1989).

O sacrifício/morte de Hipólito, enredado nos laços/nó de Afrodite, junto ao mar, assume o mesmo motivo semionarrativo e protofiguratividade dos demais deuses e heróis ligados às Senhoras. Atados a elas, pelo nascimento e pelo sexo, eles oferecem seu sangue e/ou sêmen para fecundá-las, gerando um novo substituto. Como Minos foi substituído pelo touro de Posidão, Hipólito também o é. Minos é morto pelas filhas do rei Cócalo, na Sicília, num banho de pez fervente (o piche é um "líquido" oriundo das profundezas da terra), "cozido" como Dioniso pelos Titãs. Teseu, como Egeu, tem seu fim no mar, em Ciros; todos perecem ligados à água, ao feminino, e a Afrodite e Posidão.

Atados à Deusa do amor erótico, pelo desejo ou pela violência/dor, os machos conjugam um percurso narrativo que leva de seu ocultamento numa gruta/caverna a um banho de sangue (seu ou de seu antecessor) e posterior união com a Senhora. Dioniso, oculto na caverna, renasce após "emascular/matar" a vinha (os grãos de uva possuem o mesmo conjunto sêmico visto para os testículos) e, então, unir-se a Ariadne ou outra *koré*. Zeus assume o poder após esconder-se no seio de Gaia e "matar" Cronos, que por sua vez também foi ocultado por Gaia em seu ventre para que emasculasse Urano.

Motivo recorrente, o mais jovem assume seu direito de união com a Senhora ao verter o sangue de seu antecessor, sequência encontrada nos rituais de Ártemis, quando o aspirante a sacerdote deve matar o anterior e colher o ramo de ouro da árvore sagrada, e na sucessão dos reis divinos, que não podem ter uma morte natural ou por doença, o que corromperia a terra, os homens, as plantações e animais, inviabilizando a vida da comunidade. O sintoma particular que comumente selava a sentença de morte do rei é bastante significativo: quando ele já não podia satisfazer os desejos de suas numerosas mulheres – em outros termos, quando sua capacidade viril cessava, bem como a possibilidade de reprodução –, era o momento de morrer e ceder o lugar a um sucessor mais potente.[63] Rituais sangrentos que perduraram até o período clássico, sendo abrandados depois (Frazer, 1956, p.23-30, p.312-32, passim), mas que revelam a permanência de uma estrutura cuja origem coincide com a do homem.

Assim como o cinto ou o nó, o touro branco, consorte da deusa e senhor do céu, tem sua imagem gravada desde as cavernas paleolíticas (o belo touro de Lascaux) até os relatos míticos dos amores de Europa e Pasífae e nos versos da tragédia. Fonte de vida e de morte, o touro e sua senhora percorrem o imaginário humano desde seu nascimento, proposital ou não, inspiração das musas ou engenho e arte do poeta/artista. Impossível saber com certeza, mas é na arte e pela arte que esses traços se perpetuaram e evoluíram, autorreferindo-se e se transformando. A natureza e a arte aparecem como reflexos uma da outra, deixando ao homem/Teseu o papel de espelho, superfície polida em que se projetam.

Dessa forma, os laços e adornos que enfeitam o corpo das deusas enredam o macho e o prendem ao desejo. Brilhantes e sedutores,

---

63 Outro aspecto que precisa ser levado em consideração, segundo Silvia de Carvalho (1985, p.25) "é que, com a formação dos Estados Teocráticos, o rei-sacerdote ou o rei encarnação de deus é, antes de tudo, tido como um 'ser que se sacrifica', um mediador entre o seu povo e os deuses ou o mundo exterior, e esta mediação se consegue no esquema arcaico de representações, assumindo o rei um status de 'vítima sacrificial'. Esse sacrifício, numa sociedade de linhagens, em que os mortos – os ancestrais – são os mediadores entre o mundo humano e o Cosmos (Natureza e Além) caracteriza-se como um rito que visa transformar o chefe num ancestral vivo e por isso rei sagrado ou encarnação de deus, pois a linha genealógica ascendente leva naturalmente ao herói civilizador, que é, em última instância o deus criador dos homens e do mundo humanizado".

delicados e transparentes, eles capturam o olhar, arrastando sua presa para o centro de uma teia. Atados a essa imagem fascinante, os consortes deixam-se morrer no gozo do prazer. A *femme fatale*, Deusa Mãe, Afrodite, instalada no centro de sua teia, move-se entre o brilho e a sombra – seu corpo é o centro, está sempre no centro, ocupando o mundo que o engloba. A experiência de transformações inesperadas e maravilhosas (nesse corpo feminino) deixa no homem uma impressão intensa, êxtase perigoso, fronteira da sedução que se dá no encontro da representação do véu/cinto com a representação da carne.

A deusa nasce nua e onipotente, representante da natureza absoluta; com o passar do tempo assume um valor ctônico, é o solo do qual o homem extrai o alimento, mas que deve ser fecundado; para tanto é necessário que o macho se faça presente – Senhor dos animais, o touro ou o leão é entronizado a seu lado. Com o refinamento cultural, surgem os ritos e a Natureza/Terra divinizada ganha seu relato mítico – a Terra se faz jovem mulher bela e desejável – a Senhora é agora cantada pelo poeta em suas várias faces: Ártemis, Afrodite, Deméter, sedutoras e vingativas, elas enredam seus companheiros e tecem um novo mundo, pleno de detalhes, recobertos de signos e símbolos que disfarçam, camuflam seu centro, abismo, sexo primeiro de onde a vida surgiu. Transformações figurais que guardam em sua essência o jogo perigoso da existência: vida e morte, desejo e gozo.

4
ENTRE O BRILHO E A SOMBRA

É no limiar entre o visível e o invisível, o conhecido e o desconhecido, que se encontra a figurativização da Deusa Mãe, quer seja na arte rupestre, quer seja nos versos dos poetas. Criada a partir da tensão dinâmica estabelecida entre a figuratividade e a tematização, a imagem da Deusa Mãe se instala num processo de intersemiose, no qual os textos (poemas, esculturas, pinturas) partem da mesma base, da mesma matriz figural e seus percursos, construindo um universo semissimbólico: a Vênus paleolítica, imagem da natureza opulenta, da qual o homem toma seu alimento, transforma-se em Mãe fértil e fecunda: sofrendo uma dinamização, passa de ser "estático" a dinâmico.

Do mesmo modo, o homem sofre uma transformação, de ser livre, solto, a estático, fixo – é o homem neolítico e o início da cerealicultura. Esse pêndulo formado pela Deusa e seu séquito sofre um adensamento sígnico, consolidando uma estrutura mítico-religiosa a partir do fim do período neolítico e, sobretudo, no período creto-micênico. A necessidade de um consorte para a Deusa obedece a uma "lógica narrativa" que enriquece o plano temático-figurativo; junto à Deusa, ou sobreposta a ela, a nova forma, macho/touro (animal a ela imolado ou animal que imola), nasce das transformações sofridas pela Deusa, como no caso da *Orante*, da Vênus de Cucuteni, das deusas com serpentes de Cnossos. O feminino já contém potencialmente a forma que vai nascer dele. A fêmea é substância, relação que está no surgimento mítico da forma, no *fiat lux* da origem.

Ao longo das eras, observa-se uma lógica figurativa pautada na transformação; da fusão/sobreposição das imagens rupestres, qualificadas como realistas, chega-se a uma abstração, não tanto das formas, mas, principalmente, do conceito – motivo/tema da Deusa Mãe e de sua hierogamia geradora de vida.

O homem, sujeito dessa enunciação criativa, é detentor de um saber, de um objeto de valor construído pela enunciação: ao construí-lo, ele se interdefine e ordena o cosmos. Como toda enunciação, a Deusa e seu mito exigem um sujeito modalizado pelo querer e/ou pelo dever. E é a partir do jogo enunciativo: manipulação *vs.* reconhecimento/construção *vs.* reconstrução que surge uma estrutura polêmica, de confrontação entre sujeitos de construção de valor, e que nasce a necessidade de uma mediação: a criação de ritos, de sacerdotes, de um culto – de uma estrutura, de um olhar atento que organize o novo texto, o novo mundo criado pelo homem e seu discurso.

Já a enunciação poética do mito da Deusa Mãe tende a dissolver a estrutura e ser apenas cobertura, a dessemantização do mito é a transformação de uma perspectiva mítica em ponto de vista racional/pragmatista – correspondente a uma transformação social, com a sedentarização ocorrida no período neolítico: à parcimônia dos caçadores se seguem a riqueza e a acumulação – a figurativização da fertilidade/fecundidade no sulco do baixo ventre das deusas paleolíticas e neolíticas sofre uma figurativização racional e transforma-se em cinto, faixa, adornos de formas recurvadas, todos em ouro e prata; a opulência/fertilidade da natureza se figurativiza em joia, riqueza, poder econômico e social. É por isso que Afrodite, Ártemis, Deméter, Perséfone, Gaia e outras tantas deusas são cantadas por Homero como senhoras de belos adornos cinzelados em ouro.

As transformações por que passam as vênus levam do natural ao cultural, enquanto a figuratividade é adensada, sofrendo um sobreinvestimento; o motivo ou tema é diluído, tende ao esvaziamento; recuperar os valores inscritos nessas belas e perigosas senhoras é empreender o caminho contrário, buscar um novo tipo de organização subjacente – uma semântica de base ou fundamental que se inscreve sob os significados primários e secundários, que se revelam numa semântica mais superficial. Além das joias de Afrodite, outro exemplo desse sobreinvestimento figural, encontrado nos hinos, é o de Anquises e seu valor de consorte viril "plenificado" no caçador destemido e, principalmente, dono de bois – valor econômico, social e guerreiro sob o qual se oculta o macho-falo que se une à deusa; igualmente, o banquete de casamento, que representa fartura, *status* e riqueza nesse universo cultural e racional, esconde, na verdade, o componente mítico da fertilidade/fecundidade despertada pela hierogamia do par divino. Sob a ótica da semântica superficial, a leitura de riqueza e poder social é plenamente justificável, mas ela oculta sob o brilho do ouro um outro valor da ordem do semissimbólico, só resgatado a partir de um mergulho diacrônico nas representações das deusas.

Nesse retorno às origens é possível entrever as respostas a algumas questões insolúveis para a arqueologia e a antropologia, a começar pelos traços orientais conferidos a Afrodite, Ártemis e demais deusas que apresentam em sua protofiguratividade os da Deusa Mãe. Não se trata aqui de negar a influência sofrida pelos povos entre si, mas a de estabelecer um berço comum para as deusas e a posterior manutenção de um conjunto de semas reconhecíveis apesar do adensamento sofrido.

Essa origem, centro de onde partiu o conhecimento humano sobre o mundo e sobre si mesmo, está guardada no labiríntico universo da arte que vai da Pré-história até nossos dias; percorrê-lo só é possível com o auxílio de um fio de Ariadne nas mãos: um instrumental que permita, a partir do pouco que restou, estabelecer as equivalências e a matriz figural subjacente a todas as formas e transformações sofridas. Esse fio é a semiótica – a leitura pautada nos semas extraídos dos objetos em si e suas transformações sêmicas permite balizar a continuidade dessa protofigurativiade e do "código" que ela estrutura, o motivo, desfazendo interrogações até então insolúveis por falta de elementos concretos, elos históricos, continuidade de estruturas sociais. A semiótica traz essa possibilidade, uma vez que incide sua análise sobre a configuração do objeto e não necessita de elementos externos para demonstrar sua continuidade, sendo uma aliada valiosa para a antropologia e a arqueologia, disciplinas, por sua vez, igualmente indispensáveis para o resgate desse universo labiríntico. Essa trípode constitui a pedra angular para a construção da ciência do Homem, estabelecendo, a partir de sua base, as pontes entre as várias áreas do conhecimento. O valor atribuído à figura feminina no período paleolítico é um desses casos.

Nas cavernas paleolíticas, observa-se a instauração da mulher no centro das representações; é o reconhecimento da necessidade do *gerar*, daí a figuratividade dessas fêmeas recair sobre um conjunto de semas que conotam a mãe e o sexo e, ao mesmo tempo, o fruto e a gruta (refúgio de animais de caça), pois é deles que vem o alimento, a vida. Inscreve-se, portanto, nas representações paleolíticas das vênus (representantes da continuidade da vida), um germe, uma protofigurativiadade da terra como mãe fértil e fecunda, que irá se adensar no período neolítico com a cerealicultura. O homem paleolítico vislumbrou, sim, a relação existente entre a fêmea e a terra, a fertilidade e a fecundidade, com os ciclos da natureza e as fases da Lua – daí a representação maciça da fêmea esteatopígea, da vulva e dos machos potentes nas cavernas. Os semas extraídos dessas formas levam a uma leitura na qual o fruto/seio e a gruta/útero desempenham um papel fulcral na concepção de mundo para esse homem. A terra, tanto na imagem do fruto como na da gruta – origem, local de nascimento da caça – está presente e dando sustentação a seu desenvolvimento.

O período neolítico mostra a continuidade dessa representação, acrescentando à figuratividade da Deusa a de seu consorte. Traço que altera não só o figural, mas traz um novo embrião de sentido para o motivo das mães. Se no período paleolítico o macho e sua ferocidade eram "pouco" retratados, no período neolítico ele ganha um destaque maior e, se antes ele era figurado próximo à Deusa, agora ele se funde a ela, emprestando-lhe não só sua pujança viril mas também sua ferocidade. A junção da Mãe com seu consorte abre espaço para a Senhora terrível, a que doa a vida ao homem mas também a toma em sua cólera. O temor pela seca, fome, morte acompanha o motivo da Deusa de ora em diante, ela também é responsável pelo lado negro da existência.

Aqui, sim, vê-se uma grande divergência entre a Vênus paleolítica e a Deusa neolítica: aquela retratava a abundância, mas sem uma referência explícita à sua ligação com a morte; a deusa neolítica guarda os semas da fertilidade/fecundidade, mas empresta de seu consorte os da destruição/morte. Do medo nasce o desejo de aplacar a cólera da Deusa e fazê-la propícia às necessidades do homem: se ela dá vida, é isso que deve exigir em retribuição; se ela é fértil, deve ser fecundada para gerar. Nascem, assim, os primeiros ritos propiciatórios, atestados pelos vestígios de ossos animais e humanos, pelas pontas de flechas e pelas pinturas rituais de mãos mutiladas – furtivas lembranças de atos narrados no mito da Deusa cretense e de seu jovem filho/amante.

Num contínuo de evolução, o período creto-micênico é o elo que une a pré-história à civilização grega que teve seu apogeu no século V a.C.. Recuperando os motivos da Deusa Mãe e seu consorte, com a premente necessidade de torná-la fecunda e benéfica, a civilização cretense concebe uma religião complexa que tem como centro a Deusa--Mãe-Terra, sua união com o touro e o nascimento de uma filha e/ou filho que os substituirão. Nesse modelo de sucessão cíclica, observa-se a sacralização da natureza e seus ciclos, figurativizada na jovem *koré* que se torna mãe após se unir ao touro/deus/rei, que por sua vez também deverá ser substituído no leito da Deusa/rainha por um mais jovem quando suas forças decaírem. Como a natureza que se renova a cada ano, a Deusa e seu consorte também devem se renovar – morrer para renascerem mais fortes, mais fecundos.

Enquanto *koré*, a Deusa é dócil e benigna, é promessa de vida – como a *Deusa do nó* ou a bela Vênus de Brassempouy; ao tornar-se mãe, porém, responsável pela manutenção do grupo, doadora de vida, ela exige um tributo, uma compensação – o grupo deve oferecer-lhe em sacrifício o que recebe: vida, daí os relatos de sacrifícios humanos, emasculações ou castrações. Essa é a face terrível e ameaçadora da *Deusa com felino*. A alternância entre *koré* e mãe, ciclo da natureza que leva da flor ao fruto e dele à semente, já estava prefigurado na Vênus de Willendorf ou, mais "claramente", na Vênus de Lespugue e seus dois lados/momentos: primavera/inverno ↔ frente/costas.

Mas os hábitos, os ritos, tendem a se abrandar, o homem racionaliza o sagrado e relativiza os sacrifícios. A morte pode ser ritual: voltar ao seio da terra, estar sepulto/oculto em suas entranhas é descer aos antros profundos, às grutas labirínticas, através da espiral, para lá enfrentar o medo da morte e do desconhecido e, finalmente, poder renascer renovado. Dramatizar a união da Deusa com seu consorte por meio da dança e/ou da união do rei/sacerdote com a rainha/Deusa é reviver a primeira hierogamia, a que deu origem ao mundo e que é responsável pela fecundidade da terra. A castração é, por vezes, substituída pela abstinência sexual ou o celibato.

Todas essas transformações levam a uma racionalização do mito e, por conseguinte, a uma dessemantização, que com o correr do tempo vai nublando, obscurecendo, o motivo original e se fixando na figuratividade, que ganha corpo, uma maior definição ou elaboração.

O lapso de tempo e as catástrofes ocorridas em Creta foram responsáveis pelo abismo criado entre o culto da Deusa Mãe cretense e suas herdeiras: Afrodite, Ártemis, Deméter – mas não apagaram de suas figuratividades o conjunto de semas responsáveis pela protofiguratividade comum. Prova disso é o arcabouço sêmico visto para Afrodite e Ártemis nos hinos homéricos. Apesar da racionalização e da diluição do motivo na figurativização de uma deusa bela e ricamente vestida, Afrodite é, ainda, a deusa com rosto de serpente, a que ama/devora o pênis e cuja vestimenta está toda inscrita no âmbito do sexual. Sua união com Anquises, jovem e belo troiano, senhor das feras, isolado no Ida e que fecunda a Deusa com o risco consentido da morte e/ou castração, apresenta o mesmo arcabouço narrativo visto para Zeus e Europa, Minos e Pasífae, Teseu e Ariadne, ou para a Deusa neolítica e seu consorte. Após a união, a Deusa fecundada se afasta do jovem amante e neófito, a morte é substituída pelo silêncio – ele não deve relatar o que viveu junto à Deusa, os ritos pelos quais passou. O silêncio é um dos componentes da morte – é a ausência –, impossibilidade de troca/diálogo com o outro, é a marca do iniciado.

Amar Afrodite é descer às entranhas da terra, é ultrapassar as portas do desconhecido, portas guardadas por outra *pótnia*, Ártemis, que, embora seja retratada como *koré*, é também a *roca de ouro*, a que promove a fertilidade. Por isso o destaque dado ao cinto que se desata: ele é o limite, a porta/sexo que leva ao prazer do uno e ao perigo da morte. Como as portas da cidadela de Micenas, encimadas por uma forma triangular em que se inscreve a Deusa-pilar ladeada por dois leões, o sexo de Afrodite é uma porta que encerra dois momentos, mundos, distintos: o da *koré*, dócil, que se apresenta a Anquises, e o de Citeréia coroada – terrível em seu olhar brilhante de serpente. Cidadela bem guardada que oculta riquezas em seu interior, ela só poderá ser conquistada com o risco da própria vida. A cidade, como a mulher, é fonte de desejo e de perigos para o guerreiro, ambas têm de ser assaltadas e conquistadas, ou protegidas, pois ambas são senhoras que geram, promovem e guardam a vida do grupo.

A figurativização do cinto/nó a ser rompido para que se dê a conquista se manteve até os nossos dias, fita delicada que ao ser cortada põe em funcionamento novas estruturas: prédios, estradas e outros. A moda, igualmente, não esqueceu o cinto/sulco pubiano das vênus: em suas versões mais ousadas e sensuais, os estilistas vêm lançando e relançando o biquíni, a calça *saint-tropez*, as blusas amarradas por um nó logo acima do púbis – tudo isso acompanhado de colares, pulseiras e tornozeleiras de formas recurvadas. Do mesmo modo, a linguagem preservou em muitos idiomas o sentido de *caçar* como sinônimo de encontro amoroso. Ecos na modernidade de costumes muito mais antigos do que se poderia imaginar... Como no período homérico, ficou perdido no tempo o motivo primeiro da figurativização.

Afrodite, Ártemis e as demais *kórai* congelaram-se em seu universo de virgens, não assumiram seu estatuto de mães; Deméter também se cristalizou, não cedendo seu trono a Perséfone. No processo de dessemantização do mito da Deusa Mãe, a continuação do ciclo não se deu, a espiral do tempo/espaço da renovação foi estilhaçada, fragmentando a imagem da Deusa em imutáveis *kórai*, na bela deusa do sexo e em algumas mãe bondosas e coléricas. A Senhora foi arrancada da natureza e encerrada na cultura.

Seus consortes fixaram-se no trono e se perpetuaram numa imagem de força e poder que, embora guardem nas aventuras amorosas o germe da virilidade, assemelham-se ao *"homo cultus"* em sua valorização de poder político e econômico e em sua racionalidade. Mas o poder da fêmea ainda é temido; tirada do centro, ela ocupa uma posição periférica, não mais é a Senhora, a que reina sobre todos os ciclos da natureza e da vida e os regula. Ela é agora, nesse período ainda arcaico, apenas a Negra, fonte de todos os males, ser belo que desperta o desejo, mas que deve ser evitado, repleta de artifícios ela seduz o macho e o leva a perder-se. Traço impossível de ser apagado – a fêmea seduz entre o brilho e a sombra, artifício e natureza, o brilho de suas vestes e adornos, a sombra de seus perigos – vale umbroso/*pithos*/sexo que esconde, sepulta, devora. Corpo que se abisma em outro corpo, devora e é devorado, que se deixa cair no vazio do gozo para retornar a uma superfície palpitante de vida e desejo, angústia lasciva que arrasta o corpo em direção a outro corpo. Olhos, boca, sexo, fragmentos de tempo e de espaço nos quais o olhar se prende e se perde; vertigem que entorpece e leva ao êxtase, corpo que envolve e é envolvido, o prazer da união e o medo do fim, desenlace fatal que leva à individuação, à solidão primeira de um ser só nascimento.

5
DE CRIADORA A CRIATURA

Do sagrado ao sacramento

A passagem do paganismo à religião judaico-cristã levou alguns séculos. Convivendo num tempo/espaço marcado por conflitos e confrontos sociais, políticos e culturais, o homem da passagem do I a.C. ao III d.C. situa-se entre diversas seitas pagãs e o surgimento do cristianismo.

A igreja cristã primitiva foi um organismo que se nutriu de todo o mundo pagão, selecionando e incorporando uma grande variedade de ideias e práticas que não eram incompatíveis com a sua natureza. Reconhecido como única religião legal do Império Romano em 392, o cristianismo incorporou do judaísmo o nome da divindade, a cosmogonia, a história da criação e do dilúvio, o conceito de Deus como legislador e juiz, os dez mandamentos e as doutrinas tais como a do pecado original e a da providência divina, além de mais de dois terços de sua Bíblia. Mas se o cristianismo bebe da fonte do judaísmo, este estabelece relações com fontes mais antigas. Incapaz de fugir à influência das nações circunvizinhas, a religião hebraica contém numerosos elementos de origem egípcia ou mesopotâmica. Um exemplo é a lei hebraica, baseada largamente no código de Hamurabi, de origem babilônica. Sua religião, que também deriva em grande parte dos cultos babilônicos, era cruel e sensual, incluindo sacrifícios humanos e a prostituição no templo.[1]

Religião hebraica

É possível distinguir, na evolução da religião hebraica, ao menos cinco períodos diferentes, segundo Burns (1956, p.116-20):

1º. Período pré-mosaico, indo desde as mais primitivas origens do povo até aproximadamente 1.100 a.c.. Esse período caracterizou-se, a princípio, pelo animismo, pela adoração de espíritos que residiam em árvores, montanhas, poços e fontes sagradas, ou mesmo em pedras de formato especial. Eram praticadas também diversas formas de magia: necromancia, magia imitativa, sacrifícios de bodes expiatórios etc. O animismo, gradualmente, cedeu lugar aos deuses antropomórficos, denominados *El*, isto é, *deus*. Eram deuses tutelares de lugares especiais e, possivelmente, de tribos distintas. Não se conhecia nesse tempo nenhuma adoração nacional de Iavé.

2º. Período que se estendeu do século XII ao IX a.C., foi o da "monolatria" nacional. Devido a influência de seu chefe, Moisés, adotaram como divindade nacional um deus cujo nome parece ter sido escrito *"Jhwh" (Iavé)*. A religião desse período não era nem essencialmente ética nem profundamente espiritual. Iavé era venerado como legislador supremo e inflexível mantenedor da ordem moral do universo. A religião não se preocupava fundamentalmente com os assuntos espirituais. Nada oferecia além de recompensas materiais nesta vida, e nenhuma na vida futura. A monolatria estava misturada com certos elementos de fetichismo, magia e mesmo superstições grosseiras que ficaram dos tempos mais primitivos, ou outras que foram adquiridas dos povos vizinhos. Variavam esses elementos desde a adoração da serpente até aos sacrifícios sangrentos e licenciosas orgias da fertilidade.

---

1 As informações aqui apresentadas sobre as influências sofridas pelo cristianismo foram extraídas dos capítulos 4 a 11 de Edward MacNall Burns. *História da civilização ocidental*, 1956; de Will Durant. *História da civilização: nossa herança oriental*. Tomo 2. 1957; de Jacob Burckhardt. *Reflexões sobre a história*. 1961.

3º. Período da reforma, realizada pelos grandes profetas: Amós, Oséias, Isaías e Miquéias. O período da revolução profética ocupou os séculos VIII a VII a.C. Dessa reforma, três doutrinas básicas formavam a substância dos ensinamentos: 1. Monoteísmo, Iavé é o senhor do universo, os deuses de outras nações não existem. 2. Iavé é exclusivamente um deus de retidão; Ele é realmente onipotente, mas Sua força é limitada pela justiça e pela bondade; o mal deste mundo vem dos homens e não de Deus. 3. Os fins da religião são principalmente éticos; Iavé não faz nenhuma questão de ritos e sacrifícios, mas sim que os homens "aspirem à justiça, ajudem os oprimidos, façam justiça aos órfãos e defendam as viúvas" (Burns, 1956, p.118). Nessas doutrinas, estava contido um repúdio categórico de quase tudo o que a religião mais antiga representava. Mas ainda não cogitava em conferir a salvação individual depois da morte. Além disso, não havia crença no céu ou no inferno, ou em Satã como poderoso opositor de Deus.[2] As sombras dos mortos subiam ao Sheol, onde demoravam algum tempo no pó e na obscuridade, e depois desapareciam.

4º. Período de contato com os neobabilônicos, durante o cativeiro da Babilônia, de 586 a 539 a.C. Desse contato, os judeus adotaram as ideias do pessimismo, do fatalismo e do caráter transcendental de Deus. Numa tentativa de preservar a identidade dos judeus como nação, seus chefes adotaram ou restauraram costumes e ditames que serviriam para distingui-los como um povo particular. A instituição do sábado, as formas de adoração na sinagoga, a prática da circuncisão e complicadas distinções entre alimentos puros e impuros assumiram importância fundamental. O desenvolvimento de extensas regulamentações para a conduta do ritual aumentou o poder dos sacerdotes, dando como resultado a transformação gradual do judaísmo numa religião eclesiástica.

5º. Período após o exílio, estendeu-se de 539 a 300 a.C., de influência persa, sobretudo, do zoroastrismo: religião dualística, messiânica, extraterrena e esotérica. Adotou a crença em Satã como o Grande Ini-

---

2 Como veremos mais adiante, essa oposição vem de uma influência persa, do mitraísmo e do maniqueísmo.

migo e o autor do mal. Desenvolveu uma escatologia, inclusive certas concepções como a vinda do redentor espiritual, a ressurreição dos mortos e a do julgamento final. A salvação num mundo extraterreno, como sendo mais importante do que o gozo desta vida. Finalmente, adotaram a concepção de uma religião revelada.

Se o judaísmo foi de grande importância para a formação do cristianismo, as fontes que não a judaica, sobretudo a persa, tem um papel essencial na formação do pensamento judaico-cristão: o zoroastrismo de caráter positivamente ético, em muitos aspectos, era uma religião única entre as que existiam até então. Era uma religião revelada, aparentemente a primeira do seu gênero na história do mundo ocidental. Acreditava-se que seus adeptos fossem os únicos possuidores da verdade, não por serem mais doutos do que outros homens, mas por partilharem dos segredos de Deus. Dela vem a familiarização do mundo antigo com os conceitos da outra vida, do eterno conflito entre o bem e o mal.

A religião persa, tal como foi ensinada por Zoroastro, não permaneceu por muito tempo em seu estado original. Foi corrompida, principalmente, pela persistência de superstições primitivas, pela magia e pela ambição do clero. O resultado final foi o desenvolvimento de uma poderosa síntese na qual o primitivo sacerdotalismo, o messianismo e o dualismo dos persas se combinavam com o pessimismo e o fatalismo dos neobabilônicos. Dessa síntese emergiu, aos pouco, uma profusão de cultos, semelhantes em seus dogmas básicos, mas concedendo a eles valores diferentes. O mais antigo culto era o mitraísmo, nome que deriva de Mitra, o principal lugar-tenente de Mazda na luta contra as forças do mal. Mitra, a princípio, era apenas uma divindade menor da religião zoroástrica.

O ritual do mitraísmo era complicado e significativo, incluía uma complexa cerimônia de iniciação em sete estágios ou graus, o último dos quais firmava uma amizade mística com o deus. Longas provas de abnegação e mortificação da carne constituíam complemento necessário ao processo de iniciação. A admissão à completa participação no culto habilitava uma pessoa a participar dos sacramentos, sendo, o mais importante, o batismo e uma refeição sagrada de pão, água e vinho.

Outros preceitos incluíam a purificação lustral (ablução cerimonial com água santificada), a queima de incenso, os cânticos sagrados e a guarda dos dias santos. Desses últimos, eram exemplos típicos o domingo e o dia 25 de dezembro. Imitando a religião astral dos caldeus, cada dia da semana era dedicado a um corpo celeste. Uma vez que o Sol, como fonte de luz e fiel aliado de Mitra, era o mais importante desses corpos, seu dia era, naturalmente, o mais sagrado. O dia 25 de dezembro possuía, também, significação solar: sendo a data aproximada do solstício de inverno, marcava a volta do Sol de sua longa viagem ao sul do equador. Era, em certo sentido, o "dia do nascimento do Sol", uma vez que assinalava a renovação de suas forças vivificadoras para o benefício do homem.

O mitraísmo foi introduzido em Roma no último século a.c., embora tivesse pequena importância na própria Itália até o ano 100 d.C. Fazia conversos principalmente nas classes baixas – soldados, estrangeiros e escravos. Finalmente, atingiu a situação de uma das mais populares religiões do Império, tornando-se o principal concorrente do cristianismo e do próprio velho paganismo romano. Depois de 275, no entanto, sua força decaiu rapidamente.

O maniqueísmo, um dos principais sucessores do mitraísmo, foi fundado por Mani, um sacerdote de origem ilustre de Ecbátana, aproximadamente em 250 d.C. Depois da morte de Mani, crucificado por seus rivais persas, seus ensinamentos foram levados por discípulos praticamente a todos os países da Ásia Ocidental e, por fim, à Itália, mais ou menos em 330. Grande número de maniqueus ocidentais, inclusive Agostinho, acabou por se tornar cristão.

De todos os ensinamentos do zoroastrismo, o que causara a mais profunda impressão na mente de Mani fora o dualismo. Concebeu, então, não simplesmente duas divindades empenhadas numa luta inexorável pela supremacia, mas todo o universo dividido em dois reinos, sendo um a antítese do outro: um, o reino do espírito dominado por um Deus eternamente bom; outro, o reino da matéria sob o domínio de Satã. Somente substâncias "espirituais" como o fogo, a luz e as almas dos homens eram criadas por Deus. Tinham sua origem em Satã a escuridão, o pecado, o desejo e todas as coisas corporais e materiais.

A própria natureza humana era má, pois os primeiros pais da raça receberam seus corpos físicos do rei das trevas. As influências morais desse dualismo rigoroso eram demasiado evidentes. Uma vez que tudo quanto se relacionasse com a sensualidade e o desejo era trabalho de Satã, o homem devia esforçar-se por se libertar o mais completamente possível da escravidão de sua natureza física. Devia refrear todos os prazeres dos sentidos, abster-se de comer carne, de beber vinho e de satisfazer o desejo sexual. Até o casamento era proibido, pois levava à geração de novos corpos físicos para povoar o reino de Satã.

A fim de ajudar os filhos dos homens na luta contra o poder das trevas, Deus enviava, de tempos em tempos, profetas e redentores a fim de confortá-los e inspirá-los. Noé, Abraão, Zoroastro, Jesus e Paulo eram enumerados entre esses emissários divinos, mas o último maior de todos era Mani.

"Pessoas de todas as classes do Império Romano, incluindo alguns membros do clero católico, adotaram suas doutrinas. Na sua forma cristianizada, tornou-se uma das seitas principais da igreja primitiva e forneceu a base essencial da heresia albigense, ainda nos séculos XII e XIII" (Burns, 1956, p.109). Inspirou extravagantes especulações cristãs em torno do dualismo entre Deus e o diabo e entre o espírito e a matéria. Não somente contribuiu para o ascetismo cristão, mas também fortaleceu as doutrinas do pecado original e da depravação do homem. Foi, finalmente, a grande fonte da famosa dicotomia dos padrões éticos estabelecida por Santo Agostinho e outros padres católicos da Igreja: 1. um padrão de perfeição para poucos (os monges e as freiras), que se retirariam do mundo e levariam vida santa para exemplo dos demais; e 2. um padrão socialmente viável para os cristãos comuns (Durant, 1957, p.99).

O terceiro culto mais importante, que se desenvolveu como legado da religião persa, foi o gnosticismo. O nome de seu fundador é desconhecido, bem como a data de sua origem, mas ele já existia no primeiro século da nossa era. O misticismo era o traço que mais o distinguia dos outros cultos. O gnosticismo desenvolveu a crença na revelação secreta e propalou a ideia de um homem primordial ou homem-Deus encarnando-se sob forma humana. Os sacramentos em grande profusão, batismos inumeráveis, ritos místicos e o uso de fórmulas e números sagrados são os melhores exemplos desses ritos (ibidem, p.110).

Como suplemento a essas influências, havia a da filosofia estoica, que familiarizara as classes educadas com os ideais de cosmopolitismo e de fraternidade dos homens. Em resumo: os mistérios e a filosofia helenística haviam criado um vasto depósito de doutrinas e práticas no qual o cristianismo podia abastecer-se, ao mesmo tempo, que conservava o seu caráter distinto.

As seitas filosóficas e o cristianismo

Os antigos entendiam por filosofia "um método de felicidade".

Uma seita não era uma escola aonde se ia aprender ideias gerais, ou como em Kant, investigar o fundamento da moral; aderia-se a ela porque se buscava um método racional de tranquilização. A moralidade fazia parte dos remédios prescritos por algumas seitas, que explicavam a receita racionalmente. (Veyne, 1998, p.214)

Ao contrário das religiões salvacionistas, que prometem uma vida além túmulo e a expiação em vida, com uma moral rígida, as seitas filosóficas buscavam, racionalmente, dar um caminho para o adepto. Elas não impunham a seus membros imperativos morais, elas lhes prometiam a felicidade; formas, intelectualizadas, de livrar o homem culto de suas angústias e seus desejos, mas convencendo-o a partir do intelecto. Assim foi com o estoicismo e o epicurismo, apenas para citar duas das mais importantes do período.

Os cristãos emprestaram das seitas filosóficas as palavras: conversão, dogma e heresia. Mas alteraram o sentido destas. Por exemplo, os dogmas, nas seitas filosóficas, serviam como norma de vida aos convictos que se consideravam membros da seita; não como pontos indiscutíveis da doutrina. Pierre Hadot mostrou bem a função do dogma entre as seitas: "uma filosofia antiga existe não para ser considerada interessante ou verdadeira, mas para ser posta em prática, mudar uma existência, ser profundamente assimilada por meio de exercícios de pensamento, que servirão de modelo para os exercícios espirituais do cristianismo" (apud Veyne, 1998, p.217). A chave para a distinção entre as propostas das seitas filosóficas e as do cristianismo está na passagem do exercício do pensamento, que visava uma tranquilização do adepto nessa vida, para os exercícios do espírito, que visam a salvação da alma em uma vida além túmulo. A influência das doutrinas não se limitava ao círculo da seita, ao preço de mudanças de função, difunde-se em toda a vida social, senão política; diversamente dos postulados do cristianismo, que, a princípio, convergem para a vida pessoal do crente. Ocorre aí um fenômeno de interiorização do homem, verdadeira revolução, que se manifesta a partir do século II d.C.

É no século II que se inicia a grande reviravolta, o mundo torna-se cada vez mais "feio",[3] o homem não é mais o pagão elegante, que busca no belo um reflexo do equilíbrio do mundo e de si mesmo, mas o homem interior, ao qual já não se recusa o conhecimento não estilizado de seus sofrimentos, impotências e abismos. Tais pressões explicam, em grande parte, a tonalidade moral da comunidade cristã média da Antiguidade tardia. O cristianismo, segundo Veyne (1998, p.221),

> jogou e ganhou graças à antropologia menos estreita e distinta que inventou a partir dos Salmos. Será mais compreensivo, mais popular, porém mais autoritário: durante quinze séculos o autoritarismo pastoral, o comando das almas, suscitaram mais apetites e revoltas, fariam correr mais sangue do que a luta de classes ou o patriotismo.

Sob o signo da cruz

As razões principais do triunfo do cristianismo, segundo Burns (1956, p.257-9), além das já mencionadas, e que o tornou mais univer-

---

3 Conferir as transformações ocorridas na arte no período do Baixo Império, que, desde as inscrições até as formas mais elevadas, apresentam uma queda na elegância e elaboração das formas artísticas (Hauser, [s.d.]).

sal que qualquer outra religião antiga, podem ser assim elencadas: dava ele, às mulheres, plenos direitos a participarem do culto, enquanto o mitraísmo, o mais forte de seus primitivos rivais, as excluía; desfrutou a vantagem de quase cinquenta anos de perseguição sistemática por parte do governo romano – fato que fortaleceu enormemente a coesão do movimento, uma vez que aqueles que permaneciam na fé deviam estar prontos a morrer pelas suas convicções; por último, o triunfo do cristianismo é parcialmente explicado pelo fato de exercer maior atração sobre os pobres e oprimidos do que qualquer dos outros mistérios. Embora incluísse o ideal de igualdade de todos os homens perante Deus, seu fundador e alguns discípulos deste condenaram o rico e exaltaram o humilde. Propagou uma nova moral extraordinariamente democrática, tendo como virtudes primordiais a brandura, a humildade e o amor aos próprios inimigos. Talvez fossem essas as qualidades mais capazes de encontrar uma pronta aceitação entre as massas desesperadas, que desde muito tempo haviam perdido a esperança de melhorar a sua condição de vida material (Burns, 1956, p.255-63).

Mal conseguira o cristianismo vencer seus rivais, desenvolveu-se a dissidência dentro das próprias fileiras cristãs, um conflito entre as tendências intelectuais e emotivas da nova religião. As questões entre os arianos e os nestorianos, de caráter intelectual, e os gnósticos e maniqueus, de caráter emocional, perduraram por muito tempo; durante todo o primeiro período da Idade Média o corpo da doutrina cristã nunca se fixou firmemente. Todos os cristãos acreditavam, certamente, em um Deus criador e rei do universo, na remissão do pecado e em recompensas e punições depois da morte, mas havia muita confusão e incerteza no tocante a muitas outras questões de dogma, segundo afirma George Duby em sua obra *O Ano Mil*.

Para Burns, o desenvolvimento da organização cristã foi um dos fatos mais importantes de toda a era medieval. Pois, já durante os primeiros séculos desse período, a igreja e as instituições a elas ligadas se transformaram numa estrutura complexa, que por fim tornaram-se uma estrutura da própria sociedade. "A medida que o império romano decaía no ocidente, a igreja assumia muitas de suas funções e ajudou a manter a ordem no meio do caos que se generalizava" (Burns, 1956, p.261).

A organização de uma hierarquia eclesiástica tem início no século II, mas é somente no IV que esta chega a uma maior definição, o clero é, então, dividido entre patriarcas, metropolitanos, bispos e sacerdotes. Finalmente, em 455, o imperador Valentiniano III promulgou um decreto determinando que todos os bispos ocidentais se submetessem à jurisdição do Papa. "Não se deve supor, no entanto, que a igreja já houvesse adotado uma forma monárquica de governo. Os patriarcas do Oriente consideraram as reivindicações papais como uma atrevida presunção e até os bispos do Ocidente continuaram por algum tempo a não tomar conhecimento delas" (ibidem, p.262).

O pecado e a morte: questões de vida para os primeiros cristãos

A sexualidade é a mais evidente linha divisória entre cristandade e judaísmo. O corpo e suas percepções assumem um peso particular sobre os primeiros círculos cristãos, a renúncia sexual – tanto da virgindade desde o nascimento como a castidade adotada após o casamento pelos cônjuges ou pelos viúvos – torna-se o fundamento da dominação masculina na Igreja Cristã (Veyne, 1998, p.256). Segundo Veyne, a sexualidade constitui um complemento permanente da personalidade, tal como os rabinos a apresentam; *a priori* impulsiva, ela é suscetível de moderação, assim como as mulheres são ao mesmo tempo honradas como necessárias à existência de Israel e firmemente impedidas de interferir nos assuntos sérios da sabedoria masculina. É um modelo baseado no controle e no isolamento de um aspecto "irritante", porém necessário da existência. Já entre os cristãos, ocorre exatamente o contrário: a sexualidade torna-se um ponto de referência de forte carga simbólica, precisamente porque se julga possível seu desaparecimento no indivíduo comprometido e porque tal desaparecimento deve provar, de modo mais significativo que qualquer outra transformação humana, as qualidades necessárias à direção de uma comunidade religiosa. A supressão da sexualidade ou, mais humildemente, a restrição da sexualidade significa um estado de disponibilidade decidida em relação a Deus e ao outro, ligada ao ideal de pessoa de "coração simples", ou seja, verdadeira.

O ascetismo pregado pela igreja medieva só em parte era um legado do cristianismo primitivo, os excessos patológicos de mortificação da carne a que se entregaram os eremitas dos séculos III e IV e que posteriormente tornaram-se uma espécie de mania religiosa, caracterizada por excessos mórbidos, encontram sua "origem" em causas adicionais, como sublinha Burns (1956, p.263):

1. O desejo de protestar contra o mundanismo crescente da igreja, alimentado por muitos cristãos piedosos. Quanto mais pudessem colocar-se no extremo oposto à vida suntuosa de alguns membros do clero, mais eficiente se tornaria o protesto.
2. A escolha da autotortura mórbida como um substituto do martírio. Com a cessação da perseguição pelos romanos, desaparecem todas as possibilidades de conquistar uma áurea de glória celestial morrendo pela fé. Continuava, porém, presente, exigindo um canal de escape, o desejo de dar, pela humilhação e pelo sofrimento, uma demonstração do ardor religioso de cada um.
3. O desejo de alguns cristãos, sinceramente devotados à fé, de dar um exemplo de piedade exaltada e altruísmo para servir de inspiração aos confrades mais fracos. Muito embora a maioria não pudesse atingir esse ideal, elevar-se-ia o nível geral de moralidade e piedade.
4. A influência de outras religiões orientais, especialmente do gnosticismo e do maniqueísmo, com seu espiritualismo exagerado, seu desprezo por este mundo e seu anseio de degradar a carne.

Os primeiros ascetas cristãos foram eremitas, que se retiravam do mundo para levar uma existência solitária no ermo ou no próprio deserto. Essa forma de ascetismo teve sua origem no Egito, no século III. Daí se expandiu por outras províncias orientais do império e continuou a se popularizar por mais de uma centena de anos.

A interiorização da vida, sofrida nos primeiros séculos do cristianismo, em contraste com as práticas exteriores adotadas pelo paganismo, permite verificar a drástica mudança de posição que o corpo e a sexualidade assumem para a jovem comunidade cristã. A valorização do espírito, da alma, e de uma salvação desta na vida além túmulo, faz do corpo, da sexualidade e da vida presente um inimigo do espírito, sobretudo ao se atentar para a posição que estes assumiam nos cultos de fertilidade ligados às grandes deusas pagãs. Estas, como a mulher, serão associadas, ao longo da Idade Média, às práticas diabólicas, parceiras do diabo e motivo de temor e desprezo.

A vergonha sexual generaliza-se, o corpo torna-se perigoso, os farrapos dos pobres devem provocar nos crentes visões perturbadoras: um medo inconcebível nos séculos anteriores, em que essa nudez parcial era tida como indigna, mas dificilmente como fonte de inelutável perigo moral. A literatura monástica, obra dos "homens do deserto", apresenta o impulso sexual como potencialmente atuante no sentido do mal em todas as situações sociais que reuniam homens e mulheres (Veyne, 1998, p.273-87).

Oriente e Ocidente divergem, nesse período, sobre a questão da sexualidade de Adão e Eva antes da queda. Para o Oriente, Adão e Eva viviam num sentimento de glória (assexuada) antes da queda, só conhecendo o sexo após a expulsão do Paraíso. Já para o Ocidente, sobretudo Agostinho, Adão e Eva nunca foram assexuados, o casamento e a sexualidade são apenas uma etapa transitória da humanidade, que a nostalgia de um majestade "angélica" e perdida do homem torna impraticável (ibidem, p.294).

A anomalia da sexualidade, por conseguinte, reside nas experiências concretas da própria sexualidade. Essas experiências marcam com triste precisão o abismo que separa a sexualidade da qual teriam desfrutado Adão e Eva, caso não tivessem decaído, e a sexualidade do casal cristão atual e decaído. Para o leigo cristão está em jogo uma nova percepção do significado do sexo. Para o moralista, o único problema era que a paixão não minasse o comportamento público do homem, que a ela se entregasse de modo frívolo e excessivo no privado, afastando-se de comportamentos impróprios: preliminares orais ou adotando posições inadequadas, ou ainda, aproximando-se de uma mulher menstruada. De maneira geral, acreditava-se que o sexo com paixão contribuía para gerar crianças mais saudáveis, desde que feito dentro das normas prescritas pela Igreja. Assim, o ato sexual em si podia ser apresentado como sinal mais intimo da "moral da distância social", ligada à manutenção dos códigos de decoro público específicos da classe superior (ibidem, p.296-7).

Observa-se nesse conjunto que a brilhante poesia amorosa de Roma Antiga e as sombrias predições dos escritores cristãos se misturam para comunicar o sentimento singular de que a preocupação prioritária, o horror e as delícias do europeu ocidental, é sobretudo a sexualidade. O pecado, dessa forma, é o grande elo, ou cadeia, que prenderá o homem medieval, de maneira ambígua, a Deus e ao Diabo. Segundo Veyne (1998, p.267), a basílica cristã abrigava uma assembleia de pecadores iguais em sua necessidade da misericórdia de Deus. As fronteiras mais firmes no interior do grupo são aquelas que o pecado traça. Não se deve subestimar o elemento de novidade de uma tal definição de comunidade. Questões tão profundamente íntimas como os *mores (costumes)* sexuais ou as opiniões pessoais sobre o dogma cristão podem ser julgadas pelos membros do clero e justificar um ato público de exclusão da Igreja cristã. Um sistema inteiramente público de penitência impera nesse período. A excomunhão acarreta a exclusão pública da eucaristia e seus efeitos só podem ser revogados por um ato igualmente público de reconciliação com o bispo.

Entre os pagãos, era impensável que um cidadão fosse condenado por suas "atitudes íntimas", a legislação sobre o pensamento do crente é inovadora, dessa forma, há uma inversão dos valores: o privado (íntimo) vai, cada vez mais, ganhando o espaço público e o homem passa a ser julgado por este. Contraditoriamente, a interiorização leva à uma exteriorização, ou seja, a vida interior torna-se assunto público, não mais privado.

Fenômeno semelhante acontece com a morte. Até os séculos II e III há uma pluralidade de vozes para esclarecer a morte e a outra vida; o defunto era "sustentado por seus grupos tradicionais – a família, os pares, os associados funerários e, no caso dos grandes, a própria cidade" (ibidem, p.272) –, pois, nesses dois séculos, nenhuma comunidade religiosa amplamente difundida interferiu para sufocar tantas vozes privadas e tão diferentes, surgidas do além-túmulo. Entretanto, no século IV, a Igreja toma para si o encargo de esclarecer o povo sobre a morte. Com a ascensão da cristandade, a Igreja se introduz entre o indivíduo, a família e a cidade. O clero afirma ser o grupo mais capaz de preservar a memória dos mortos. Diferentemente da Antiguidade clássica, na qual o culto dos mortos/antepassados era de caráter privado, a Igreja cristã estabelece uma sólida doutrina sobre o além. As celebrações tradicionais no cemitério permanecem habituais, porém já não bastam. Oferendas, no momento da eucaristia, garantem que durante as orações o nome dos mortos será lembrado em toda a comunidade cristã, apresentada, agora, como a mais vasta parentela artificial do crente. Pois, não mais a cidade, e sim a Igreja celebra a glória dos desaparecidos. Uma vez introduzida no reino da basílica, a democracia do pecado estende-se para o além túmulo de modo inconcebível para os pagãos. O clero pode recusar as oferendas feitas em nome de membros não convertidos da família, de pecadores não arrependidos e de suicidas (ibidem, p.272).

O peso da violência, o medo do sexo e da morte criavam em todos uma culpa surda. Remetiam, então, às relações pessoais com o sagrado. A relação individual com a esfera divina torna-se, com efeito, preeminente quando o cristianismo triunfa sobre o paganismo. A intimidade e a interioridade transformam-se em categorias mentais de conteúdo novo. O sagrado pagão (nas mãos da Igreja), a escritura, o clero e o escriba tornam-se agentes fundamentais desses novos comportamentos interiores e mediadores entre o homem e Deus, portadores ou reveladores dos segredos de cada um numa ambiguidade pesada de contínuos questionamentos.

Segredos profanos

A partir de 391, segundo Ariès e Duby (1989, p.501), na Gália e no Ocidente, o cristianismo tomou lugar do paganismo como religião do Estado. Denunciada pelos santos taumaturgos, condenada pelos padres dos concílios, a prática religiosa pagã tende a se tornar privada e até mesmo oculta. O sagrado pagão procura se refugiar nos cultos noturnos, na predição, na magia, no folclore ou, ainda mais, tenta se revestir de uma aparência cristã. Com o desaparecimento dos cultos oficiais – sobretudo a partir do século VIII, após o Concílio de Leptines, que, em 744, mandou fechar provavelmente os últimos templos rurais –, os *fana*, a fé pagã, reduzida aos meios camponeses, sofreu uma cristianização cada vez mais forte através dos penitenciais, textos-guia dos confessores.

Apesar da tentativa de controle do clero cristão, as práticas pagãs se mantêm até o século X e com maior intensidade em regiões como o norte da Gália, a Frísia ou a Saxônia, recém-conquistadas. Um conjunto de práticas privadas assim se mantém quase intacto e durante mais de cinco séculos, sem levar em conta as festas públicas pagãs, como a de 1º de janeiro, que sobreviveu durante muito tempo. Em 1008-1012, Burchard de Worns ainda assinala a velha prática dos gauleses e dos celtas da necromancia, mencionando também a longa sobrevivência da utilização de mulheres como médiuns (ibidem, p.502). Acreditava-se que as *filida* célticas sabiam prever e proferir oráculos sobre as batalhas futuras. Entre os germanos, elas eram detentoras de escrituras rúnicas que os vikings ainda utilizam nos séculos IX e X. O termo *rune* significa "segredo", mas também "terna amiga". A associação entre o segredo, a mulher e o mistério da escritura revela como o sexo feminino esconde riquezas desconhecidas. Cada letra era o receptáculo dos segredos dos deuses. Mesmo após a cristianização, sempre eram tidas como eficazes. Mais, tal prática fora cristianizada a ponto de, às vezes, a considerarem lícita. Chamavam-na *sortes sanctorum*, as sortes dos santos (ibidem, p.502).

Embora rigorosamente proibida, a magia torna-se o domínio ideal do sagrado pagão ambivalente e o meio de mudar relações interpessoais. O uso e a fabricação de amuletos, filtros mágicos, poções e encantamentos buscam aprisionar o sagrado, aproximando os adivinhos, feiticeiros e mulheres de sua perigosa radiação. Esse é, finalmente, o grande segredo desses homens e mulheres que à noite frequentavam os bosques sagrados, das multidões que realizavam danças rituais destinadas a provocar a fecundidade e a prosperidade, afastar os mortos ou conjurá-los (ibidem, p.503).

A Igreja se vê, então, na difícil tarefa de interiorizar o sagrado, cristianizar crenças tanto mais inatingíveis na medida em que eram domésticas e íntimas. A criação de novos espaços sagrados, basílicas e santuários, rivalizando com os templos e bosques pagão; o desenvolvimento do culto dos santos, as procissões e celebrações litúrgicas, que vinham substituir os ritos e deuses pagãos, contribuíram para tornar a fé pública. Mas para interiorizar a crença havia somente duas soluções: ou atribuir o sagrado maléfico a Satã, ou transformar o sagrado benéfico cristianizando-o. Dessa forma, o diabo, já integrado na fé cristã em sua visão do além, também foi integrado na vida cotidiana. Todas as formas de magia, encantamentos, sortes etc. foram apresentadas como demoníacas. Os concílios de Agde (506) e Orlêans (511) condenaram os advinhos e as pitonisas, "possuídas pelo demônio". Apresentados como ilusões, seres reais incorpóreos, simbolizados pelo leão ou pelas serpentes, os demônios tinham a vantagem de personalizar as forças obscuras oriundas do cosmo que os antigos pagãos temiam (ibidem, p.507).

O demônio se infiltra nos maus sentimentos, na astúcia, no ciúme e torna-se também um inimigo interior. O medo do diabo passa a designar a angústia ante as forças malvadas do mundo, porém, a proximidade dos santos e o poder de sua proteção ali estavam para aniquilá-lo.[4] A ameaçadora imensidão de uma natureza indomada deixava lugar a uma relação dual, a um combate, e não mais a um contrato legal cheio de astúcias (ibidem, p.507). Ocorre nessa inversão de posturas diante da natureza e do próprio homem uma transformação na base sobre a qual se assentava a sociedade até então. Se na Antiguidade clássica a natureza, a sexualidade e as deusas eram sinônimo de fertilidade e fecundidade, de um certo equilíbrio entre o homem e o mundo, mantido através dos ritos, agora ela passa a designar o reino do mal. A terra, enquanto substrato telúrico, em suas representações, bem como as representações das deusas e de seus animais ou objetos de hierofania, passam para a esfera de Satã; ao passo que os valores positivos antes atribuídos a elas são voltados a um Deus solar e uraniano. É assim que a geração, o nascimento, a fertilidade, apanágios do feminino e, portanto, da Deusa Mãe, passam a ser funções do masculino. *Fiat Lux!* Deus *concebe* o mundo e o homem.

---

4 Os testemunhos dessa evolução da percepção interior do diabo podem ser vistos nos numerosos exemplos de cristianização dos comportamentos pagãos, como, por exemplo, nos milagres, referentes a acidentes ou enfermidades causadas por desrespeito dos "crentes" a um santo, ou a cura vinda da remissão do pecado. Esses "milagres" de castigo, os mais frequentes, revelam nos interessados uma culpa surda. Há aí uma diferença essencial entre dois grandes momentos da cristianização, como se os indivíduos passassem de uma consciência exterior de seus males a uma consciência interior de sua responsabilidade (Veyme, 1998, p.507)

Conflito e sobrevivência

O ventre de Deus

O relato do nascimento de Maria, segundo os Evangelhos Apócrifos, é obra do Senhor. Nascida de Ana e Joaquim, ambos já com 40 anos (Ps. Mateo, I.2) e sem filhos, o que indica a esterilidade de Ana, Maria é gerada por ordem, palavra, de Deus. Dessa forma, embora Ana tivesse se unido carnalmente a Joaquim no passado, no momento da fecundação de Ana, este estava ausente, orando no deserto por quarenta dias.[5] Diz o *Protoevangelho de Santiago*:

> 4. *Joaquín quedó sumamente afligido y no compareció ante su mujer, sino que se retiró al desierto. Allí plantó su tienda y ayunó cuarenta días y cuarenta noches, diciéndose a sí mismo: " No bajaré de aquí [a mi casa], ni siquiera para comer y beber, hasta tanto que no me visite el Señor mi Dios; que mi oración me sirva de comida y de bebida".* (Santiago, I. 4)
> 1. *Y Ana, su mujer, se lamentaba y gemía doblemente, diciendo: "Lloraré mi viudez y mi esterilidad."* (Santiago, II.1)
> ....
> 1. *Y he aquí que se presentó un ángel de Dios, diciéndole: "Ana, Ana, <u>el Señor ha escuchado tu ruego: concebirás y darás a luz</u> y de tu prole se hablará en todo el mundo". Ana respondió: "Vive el Señor, mi Dios, que, si llego a tener algún fruto de bendición, sea niño o niña, lo llevaré como ofrenda al Señor y estará a su servicio todos los días de su vida".*
> 2. *Entonces vinieron dos mensajeros con este recado para ella: "Joaquín, tu marido, está de vuelta con sus rebaños, pues un ángel de Dios ha descendido hasta él y le ha dicho: Joaquín, Joaquín, el Señor ha escuchado tu ruego; baja, pues, de aquí, que Ana, tu mujer, va a concebir en su seno".* (Santiago, IV. 1-2, grifo nosso)

---

5 Segundo o *Protoevangelho de Santiago* (I; II; III; IV, 1-2) e o *Evangelho del Pseudo Mateo* (I-IV). O texto bíblico não faz referência ao nascimento de Maria, mas em textos posteriores, da Idade Média, a discussão sobre o nascimento sem mácula de Maria é bastante volumosa. Cf. Burns, 1956, capítulos 4 a 14; Veyne, 1998, p.267-300.

O anúncio da gravidez de Ana é ainda mais ambíguo no *Evangelho del Pseudo Mateo*:

> ... *Soy un ángel de Dios, que me he dejado ver hoy de tu mulher cundo hacía su oración sumida en llanto; sabete que ella há concebido ya de ti una hija. [...] Por todo lo cual baja ya de estas montañas y corre al lado de tu mujer. La encontrarás embarazada, <u>pues Dios se há dignado suscitar en ella un germen de vida</u> (lo cual te obliga a ti a mostrarte reconocido para com El);...* (Ps. Mateo, III. 2, grifo nosso)

Em ambos os trechos a gravidez de Ana é obra de Deus, a criança foi criada por Deus no ventre de Ana. Pois, tomando-se os princípios judaico-cristãos sobre o papel exercido pela mulher na geração dos filhos, o de mero receptáculo, observa-se que Maria é filha de Deus, uma vez que foi ele que plantou sua semente, ou fez com que esta surgisse milagrosamente no ventre, até então estéril, de Ana.

A gestação por ordem da palavra divina se fará repetir no caso de Maria, dessa vez, a criança será um menino, Jesus. E de Zacarias e Isabel, que já idosos, concebem João Batista por ordem/palavra de Deus (Lucas, I. 6-25).[6]

Ocorre, assim, uma inversão dos motivos que marcavam o feminino e o masculino nos mitos pagãos, e em toda a história da Deusa Mãe, embora seus semas e sua figurativização se mantenham. Se o feminino era marcado pelo gerar e nutrir, figurativizado no ventre/útero e nos seios inchados, ou seja, pelo motivo da mãe, enquanto fonte de fertilidade e fecundidade, agora ele é esvaziado desses poderes, dessacralizado, passa a ser mero receptáculo, crosta figurativa, em que o macho/Deus faz nascer a vida. Passa-se, assim, o poder de conceder fertilidade e fecundidade e de propiciar a geração da Deusa Mãe para o Deus Pai. Essa mudança de poder já era anunciada no *Gênesis*, bem como no *Evangelho segundo São João*. Em ambos, a criação do mundo, de todos os seres, plantas e do homem é obra de Deus Pai, ao contrário do visto em períodos anteriores, nos quais ou a terra e os seres vinham

---

6 Posteriormente, serão retomadas essas gerações para análise.

do útero da Deusa Mãe, sem o auxílio do macho, ou eram fruto de sua união com um deus solar e uraniano. Mesmo na *Teogonia*, de Hesíodo (1995, p.39-45), datada do período Arcaico grego, aproximadamente séculos VIII-VII a.C., ainda de inspiração oral, mas já tendo no panteão Zeus como supremo regente, o mundo surge do caos, que em grego é um neutro.

O conceito de caos marca o indiferenciável, não o excludente, nem masculino, nem feminino, e sim o abrangente, o feminino e o masculino juntos, somados. Caos é também o abismo inferior, a obscuridade infinita, uma larga abertura, uma caverna, um antro ou um sorvedouro. Essa segunda parte da definição de caos, pouco observada na maioria das vezes, remete diretamente a dois outros termos de mesmo radical (*khaf-*): a kh*aunos* e a kh*áskho*. *Khaunos* adjetivo que indica o que não é fechado, o que é poroso, esponjoso, o que é dilatado; ao passo que o verbo reflexivo *Kháskho* significa abrir-se, fender-se, rachar-se, referindo-se a terra, às sementes, às conchas e aos mariscos, como também às feridas e às chagas (Magnien, 1969).

Tomando essas duas possibilidades em conjunto, a de princípio gerador e a de abismo, abertura que se abre por vontade própria (reflexivo), observa-se uma convergência na definição de caos para com a da Deusa Mãe paleolítica, princípio de vida, abertura, caverna, útero de onde provém não só o homem, mas toda a natureza. Como Senhora da fertilidade e da fecundidade, ela ainda era sentida como fonte de tudo, como mostram os diversos cultos às deusas, mesmo no período clássico grego, embora Zeus governe os homens e os deuses.

No *Gênesis*, Deus surge como o criador indiscutível e único de todo o mundo:

> **A obra dos seis dias** – No princípio, Deus criou o céu e a terra. [...]
> Deus disse: "Haja Luz", e houve luz. [...]
> Deus disse: "Que a terra verdeje de verdura: ervas que deem semente e árvores frutíferas que deem sobre a terra, segundo sua espécie, frutos contendo sua semente. [...]
> Deus disse: "fervilhem as águas um fervilhar de seres vivos e que as aves voem acima da terra, sob o firmamento do céu. [...]

Deus disse: "Que a terra produza seres vivos segundo sua espécie: animais domésticos, répteis e feras segundo sua espécie", e assim se fez. [...]
Deus disse: "Façamos o homem à nossa imagem, como nossa semelhança, e que eles dominem sobre os peixes do mar, as aves do céu, os animais domésticos, todas as feras e todos os répteis que rastejam sobre a terra". (Gn.1)

O conjunto homem-mundo é formado pela palavra de Deus; nova transformação, tudo agora é criado a partir de algo insubstancial, da palavra ou, do espírito, enquanto termo que se opõe a matéria. Esse dado é inovador e irá alterar, posteriormente, a relação do homem com o sexo, pois toda a noção de criação dos cultos pagãos baseava-se sobre a matéria, a Mãe e seu ventre, a terra; no Cristianismo o corpo, a matéria é dissociada do divino, Deus é espírito, verbo incorpóreo, iluminação, no sentido mais abrangente desse termo. A carne, a matéria passa para o âmbito do divino inferativo, ou seja, da queda, de Satã. Essa cisão, que está na origem, é fulcral para os tempos futuros.

Em São João, lê-se com maior precisão e "concretude" a ideia de um Deus Pai gerador.

> No princípio era o Verbo
> e o Verbo estava com Deus
> *e o verbo era Deus.*
> No princípio, ele estava com Deus.
> Tudo foi feito por meio dele
> e sem ele nada foi feito.
> *O que foi feito nele era a vida,*
> e a vida era a luz dos homens;
> e a luz brilhava nas trevas,
> mas as trevas não a apreenderam. (João, I, 1-8)

Se o Verbo é Deus e a vida foi feita nele e a partir dele, a vida foi, portanto, gerada por Deus, Ele a concebe a partir de seu espírito, ou seja, de sua não matéria. Mas se o Deus judaico-cristão amealha os poderes da antiga Deusa Mãe, ele não abre mão dos antigos semas ligados ao consorte desta. Mesmo sendo um Deus "imaterial", as formas pelas quais ele se faz presente (figurativiza-se) nas narrativas do Antigo Testamento estão ligadas ao fogo celeste, ao raio, ao trovão, ou à luz; ao touro; às águas celestes, ao mesmo tempo fecundantes e destrutivas; e, por fim, a um deus guerreiro, um "homem de guerra". Iavé é um deus furioso e colérico, essas características do Deus de Israel passam para o Deus cristão, em parte abrandadas, segundo afirma Daniel Faivre (2003, p.155-86).

Em um estudo comparativo, tomando os textos da Bíblia hebraica e o Antigo Testamento, Faivre demonstra como esse Deus primitivo dos judeus, posteriormente assumido pelos cristãos, pode ser associado a um touro furioso que solta fogo pelas ventas, fundindo-se, assim, à imagem do antigo consorte da Deusa Mãe. Segundo o autor, os termos usados para definir a cólera, em hebraico, possuem a mesma raiz primitiva dos que designam a narina: "a cólera inflamava a narina de Yhwh e provocava, no interior do apêndice divino, uma fumaça e um sopro devastadores. [...] Talvez seja uma herança linguística da época em que o deus primordial dos Hebreus era apresentado sob a forma táurica" (ibidem, p.156). A influência pagã sobre o judaísmo e o cristianismo primitivo, certamente, corroborou para a "imagem" do novo Deus. Exemplos para ilustrar esse sopro de cólera não faltam:

> E a terra tremeu e foi sacudida
> os fundamentos dos céus estremeceram,
> eles oscilaram, pois Ele estava em cólera.
> No seu nariz subiu uma fumaça
> e de sua boca, um fogo devastador
> brasas ardentes desciam. (II Samuel, XXII. 8-9)

Ou ainda neste outro exemplo:

> Tu temerás YHWH, teu Elohîm, tu o servirás e por seu nome jurarás. Vós não ireis atrás de outros Elohîm, entre os Elohîm dos povos que vos cercam. Sim, no meio de ti, YHWH, teu Elohîm, é um El ciumento: que não se inflame contra ti a narina de YHWH, teu Elohîm, e que ele não te extermine em toda a superfície do solo! (Deuteronômio, VI. 13-15)

Em ambos, a cólera divina se manifesta através das narinas de Deus que expele fumaça e fogo; um touro divino, bufando e arranhando o solo com seu casco, abala a terra e os céus, criando uma nuvem de poeira e fumaça. O deus de Israel é, dessa forma, muito semelhante ao Zeus cretense, taurimórfico, senhor do raio. Ou do deus sumério-babilônico, Azazel, deus-sátiro, que vive no deserto junto às serpentes ardentes das areias (Faivre, 2003, p.162). A menção da forma EL, como indicativo de Deus/Iavé, reforça ainda mais a ligação com os cultos persas.

O Deus-touro tonitruante e senhor do fogo celeste aparece ainda nesta passagem:

> Ao amanhecer, desde cedo, houve trovões, relâmpagos e uma espessa nuvem sobre a montanha, e um clamor muito forte de trompa; e o povo que estava no acampamento pôs-se a tremer.[...] Toda a montanha do Sinai fumegava, porque Iahweh descera sobre ela no fogo; a sua fumaça subiu como a fumaça de uma fornalha, e toda a montanha tremia violentamente. (Êxodos, XIX. 16-19)

Como Zeus, diante de Sêmele, em toda a sua glória (forma verdadeira), Deus aparece aos judeus e a Moisés: fogo, raios, trovões e um abalar da terra. Senhor da força guerreira,[7] do poder masculino, Iavé é um deus potente e viril, que guarda os mesmo semas dos antigos senhores do raio e dos animais.

Se, por um lado, o pensamento cristão concebeu um deus macho e fêmea, subtraindo à Deusa Mãe os poderes de fertilidade e guardando os semas do Senhor dos animais; por outro, não alterou as narrativas sobre o engravidar de Ana, Maria e Isabel, que retomam as estruturas narrativas da violação da Deusa Mãe e da *Koré*.

---

7 Cf. a face guerreira do Senhor em: Êxodos, XXXII, 1; Juízes V, 4-5; Êxodos, XV, 11-14.

A virgem e o deus de Judá

O mito da Deusa Mãe assume, no período da Grécia clássica, um contorno definido, fundindo várias narrativas orientais e se adequando às estruturas sociais do período. É perceptível na narrativa da Deusa Mãe uma estrutura de base que, nascida nos primeiros tempos da humanidade,[8] perdurará nos séculos seguintes, a saber: a jovem *Koré* é violada por um deus, junto a uma fonte ou rio; dessa violação nasce um filho, ou filha, de grande beleza que será criado até a adolescência junto do grupo da mãe, ao atingir a idade "adulta", ele é sacrificado em benefício do grupo. O jovem desce ao reino dos mortos, ou ao ventre da Terra-Mãe, após esse período, que é marcado no mundo dos homens pela dor da Deusa e, consequente esterilidade da terra e dos animais, ele renasce sob nova forma. Se a criança nascida da primeira violação for uma mulher, ela sofrerá, igualmente, uma violação e dessa união nascerá um filho varão, que será sacrificado.

Assim foi com Deméter e Perséfone, Afrodite e Adônis, Liríope e Narciso, Cibele e Átis, Sêmele e Dioniso, Istar e Tammuz e a própria Inanna, deusa suméria que, como as demais, é associada à Lua e, voluntariamente, desce ao reino dos mortos para depois renascer.

A morte e renascimento da jovem, ou do jovem filho da Deusa, indicam uma visão cíclica do tempo, que está associada à renovação da natureza. Sob essa perspectiva, o(a) jovem deus(a) sacrificado(a) é um avatar da vegetação ou da semente, que morre sob a terra para depois renascer.

Nos relatos de Ana e Isabel, as duas mulheres são fecundadas por Deus e, dessa união, nascem filhos que serão sacrificados pela e em prol da comunidade. João Batista, filho de Isabel, será aquele que veio para anunciar o Messias e, como ele, será sacrificado em nome da nova fé.

Maria, filha de Ana, é consagrada a Deus por sua mãe, antes mesmo de seu nascimento; sendo a consagração a um deus uma das formas de sacrifício praticadas na Antiguidade. Geralmente, as jovens consagradas

---

8 Desde o século IV a.C. em Çatal Hüyük, civilização da Turquia, e posteriormente na Síria, Egito, Irã e Europa, encontram-se a narrativa e o culto da Deusa Mãe e de seu filho e amante que morre e renasce na primavera.

tornavam-se prostitutas sagradas dos templos de Afrodite, Ártemis,[9] Ísis, entre outras, sacrificando sua virgindade às deusas. Prostituindo--se a estrangeiros, as jovens *Kórai* gregas entregavam-se ao "deus" – consorte da Deusa – revivendo a hierogamia fundadora do mundo. Semelhante ao mito de Deméter, que é violada por Zeus (ou Posidão) e gera Perséfone, a bela *Koré*, que será raptada por Hades;[10] mas ao contrário destas, cuja união não é consentida, decorrendo da violação uma violenta irritação; Ana e Isabel aceitam a união com Deus, submetendo-se ao seu poder.

É no relato sobre o nascimento e a vida de Maria, no entanto, que se encontra maior proximidade com a estrutura narrativa das antigas deusas, cabendo a Ana o papel de Deusa Mãe antecessora e cujo drama é um prenúncio do que será vivido pela filha.[11] O relato do nascimento de Maria, já mencionado acima, mostra sua ligação com Deus, desde a concepção.

Como ocorre com Perséfone, Maria é criada na comunidade de sua mãe, junto de jovens virgens:

> *Cumplidos nueve meses después de esto, Ana dio a luz una hija y le puso por nombre María. Al tecer año, sus padres la destetaron. Luego se marcharon al templo, y, después de ofrecer sus sacrifícios a Dios, le hiecieron donación de su hijita María, para que viviera entre aquel grupo de vírgenes que se passaban día y noche alabando a Dios...* (Ps. Mateo, IV)
>
> *Al llegar a los tres años, dijo Joaquín: "Llamad a las doncellas hebreas que están sin mancilla y que tomen sendas candelas encendidas [para que la acompañen], no sea que la niña se vuelva atrás y su corazón sea cultivado por alguna cosa fora del templo de Dios...*
>
> *Entonces la hizo sentar sobre la tercera grada del altar, El Señor derramó gracia sobre la niña, quien danzó com sus piececitos, haciéndose querer de toda la casa de Israel* (Santiago, VII. 2-3)

---

9 Apesar de serem tidas como deusas virgens, Atena e Ártemis também presidem ritos de fertilidade. Em certas regiões da Grécia, as sacerdotisas de Atena realizavam orgias com máscaras de górgonas, tal como Ártemis costumava presidir a festas orgiásticas, e, de modo geral, as sacerdotisas da deusa imitavam mais sua faceta de prostituta do que a sua natureza virginal (Husain, 2001, p.116).
10 Cf. narrativa de Deméter e Perséfone na primeira parte.
11 Cf. Richardson, 1974.

Em ambas as passagens, Maria é levada em um cortejo à casa de Deus, marcado pela companhia de outras virgens, dos pais e posterior dança da jovem, sendo este em tudo semelhante ao cortejo nupcial grego.[12] Apesar da tenra idade, Maria é dada em casamento ao Deus de Israel, mas a união não pode ser consumada no templo.[13] Tal qual Perséfone, a jovem é descrita cheia de graça, mas, se em Perséfone, a graça é física, indicando seus belos traços, seu corpo perfeito, pronto a gerar, em Maria essa graça é do espírito, a superioridade espiritual desta, em relação às demais virgens, chega ao ponto dela não receber alimento de mãos humanas e sim divinas, de um anjo, o que marca ainda mais a distância de Maria para com o corpo físico e sua condição humana (Santiago, VIII. 1). Em Ps. Mateo, (VI. 1-3), Maria, em criança, já possui um brilho celeste, dificultando que a olhem demoradamente. A interdição do olhar é também um motivo recorrente no mito de outras deusas, como Afrodite, Ártemis e Medusa. Olhá-las nos olhos, frente a frente, ou ver sua verdadeira face/aparência, é perder-se, como demonstra o acordar de Anquises junto de Afrodite no *Hino a Afrodite I* (v. 168-199); ou a morte de Ácteon ao surpreender Ártemis nua no banho; ou a petrificação decorrente da visão de Medusa. Em todas elas, o brilho resplandecente da face e o olhar serpentino são uma constante. Maria, em Ps. Mateo, é descrita como possuidora desse brilho.

No *Talmude*, nos textos judaicos sagrados e místicos, além da Bíblia aramaica, encontra-se uma "esposa" de Jeová que traz claramente a marca da Deusa, ela é Shekhina, ou Sofia, a sabedoria e, tal qual Maria, em Ps. Mateo, seu brilho é intenso: "as suas dimensões físicas atingiam os milhões de milhas e *seu brilho obrigava os anjos a taparem os olhos*, mas podia tornar-se minúscula e invisível" (Husain, 2001, p.90). Tendo em vista a influência dos textos judeus na Bíblia cristã e em toda a religião, é plausível a associação desse brilho de Maria ao da antiga Deusa pagã.

---

12 Cf. Parte I e Sissa, 1987, Capítulo 2.
13 A violação das *Kórai* sempre ocorre junto à natureza, mesmo quando o panteão já é dominado pelos senhores, o motivo desse deslocamento para junto da natureza pode ser explicado como um resquício dos cultos à Deusa Mãe, sempre realizados em cavernas ou grutas (símiles do útero desta), nos bosques, ou ainda nos campos cultivados, áreas nas quais o poder da deusa se fazia sentir.

Assim como as jovens ursas aos cuidados de Ártemis, Maria fica no templo até completar seus 12 anos de idade, segundo Santiago VIII. 2-3, ou 14 anos (Ps. Mateo VIII.1), quando deve abandonar o templo e se unir a José, o escolhido do Senhor para seu marido. Tanto em Santiago, quanto em Ps. Mateo, observa-se a referência ao tecer, e ao esplêndido trabalho realizado por Maria. Apesar da tenra idade, cabe a ela fiar, ou bordar, a púrpura e o escarlate do manto sagrado. Como já foi visto na primeira parte deste trabalho, o tecer e o fiar estão intimamente relacionados ao gerar e ao parir. Perséfone, numa versão sobre o nascimento de Dioniso, é engravidada por Zeus, sob forma de serpente, enquanto fiava numa gruta, junto a uma fonte, sob os cuidados de Atena.

Maria recebe a incumbência de fiar a púrpura e o escarlate depois de ir para junto de José[14] e antes de receber a visita do anjo da anunciação. Ao retornar ao templo, para entregar o tecido, ela já se encontra grávida do Senhor. Há em Ps. Mateo (VIII. 5), bem como em Santiago (X.1-2), referência à "disputa" por fiar a púrpura e o escarlate entre as jovens virgens, a escolha é feita por meio da "sorte", cabendo a Maria a honra de fiá-las.

A púrpura, ou o vermelho-escuro que tende ao violeta, é um dos símbolos de poder e realeza da Antiguidade. Segundo Chevalier e Gheerbrant (1989),[15] é, ao mesmo tempo, a cor do sangue e da temperança; feita de uma proporção igual de vermelho e azul, de lucidez e de ação refletida, de equilíbrio entre terra e céu, os sentidos e o espírito, a paixão e a inteligência, o amor e a sabedoria. A cor púrpura é o resultado da troca perpétua entre o vermelho ctoniano, da força impulsiva, e o azul-celeste. Como o violeta, a púrpura é a cor do segredo, uma vez que, atrás dela, realizar-se-á o invisível mistério da reencarnação ou, ao menos, da transformação. Na Idade Média, era usado por Cristo nas representações da paixão, demonstrando, aos fiéis, que ele assumia

---

14 José é, na maioria das narrativas bíblicas e apócrifas, caracterizado como um ancião, um homem já de idade, afastando, desse modo, definitivamente, a possibilidade de uma união carnal entre José e Maria, além de acentuar, ainda mais, a espiritualidade desta, completamente distante do mundo humano.

15 Cf. verbetes: cor, vermelho, azul, violeta.

completamente sua encarnação e se dirigia para o sacrifício. O púrpura/violeta é ainda a cor da obediência e da submissão.

O escarlate, vermelho intenso e rutilante, é universalmente considerado como símbolo fundamental do princípio de vida com sua força, seu poder e seu brilho, o vermelho é a cor do fogo e do sangue, possui, entretanto, a mesma ambivalência simbólica destes últimos. O vermelho-claro, brilhante, centrífugo, é diurno, macho, tônico, lançando, como um sol, seu brilho sobre todas as coisas, com uma força imensa e irredutível. Ao contrário do vermelho-escuro, a cor púrpura, que é noturno, fêmea, secreto e, em última análise, centrípeto; representando não a expressão, mas o mistério da vida. Esse vermelho noturno e centrípeto é a cor do fogo central do homem e da terra, o do ventre, nele se dá o amadurecimento, a geração ou regeneração do homem ou da obra (ibidem).

A cor púrpura, segundo Artemidorus, *Mistérios do paganismo* (Portal, 1837, p.130-7), tem relação com a morte; ao passo que o vermelho vivo é a imagem do ardor e da beleza, de força impulsiva e generosa, de juventude, de saúde e de riqueza. O vermelho e o branco são as duas cores consagradas a Jeová como Deus do amor e da sabedoria.

Quando cabe fiar a cor púrpura, na narrativa bíblica, a Maria, tem-se um prenúncio da encarnação de Jesus em seu ventre, de sua submissão e obediência aos desejos de Deus, bem como de sua futura dor, uma vez que a cor púrpura está ligada ao outono e à morte. Como mediadora entre o espírito divino e a carne, Maria é aquela que unirá os dois fios, o da vida e o da morte num só tecido, Jesus. Já o escarlate anuncia a força renovadora de Deus, seu poder guerreiro e solar que se fará sentir no jovem Cristo encarnado. A escolha dos fios de cor púrpura e escarlate para Maria indica, ainda, o seu elo especial com a divindade, reforçando os outros motivos da narrativa: sendo mortal, foi criada/gerada por ordem divina; sua consagração a Deus, antes do nascimento; sua espiritualidade elevada, seu afastamento do mundo e das coisas terrenas, até mesmo dos alimentos, o que fazem dela um modelo feminino do espírito, a eleita de Deus, a eterna Virgem. Maria assemelha-se assim a outras divindades pagãs que, mesmo desfrutando do sexo, permanecem eternamente virgens, pois conseguem renovar-se, regressando a um estado primitivo quer por vontade própria quer na sequência de cerimônias ou festividades. Isto ocorre com Istar, Anath, Ártemis, Perséfone e Afrodite, que mesmo sendo virgens, possuem uma estreita ligação com a prostituição e o sexo. Representantes da renovação cíclica da natureza e de sua capacidade de se regenerar, as deusas também a experimentam, recobrando eternamente a virgindade.

Dentre as Deusas virgens, Maria foi, no cristianismo primitivo, associada, principalmente, à imagem de Ártemis, deusa protetora das crianças e do parto. A ambas são consagradas as rosas brancas, ambas são ladeadas por leões e/ou cervos e ambas estão ligadas à estrela e à lua crescente. Além disso, a festa principal de Ártemis ocorria a 13 de agosto. A passagem do dia 13 ao dia 15 de agosto (data bizantina para a comemoração da assunção da Virgem Maria) corresponde aos três dias necessários à Virgem, como ao Cristo, para passar da morte à ressurreição. A Virgem ao ressuscitar se manifesta no céu e precede o signo estelar de seu homólogo zodiacal,[16] o aspecto estelar da Virgem é ilustrado na mesma época pelo Hino de Venatius Fortunatus, *Ave Maria Stella*. O epíteto de *Stella Maris*, usado para Maria, por Marbode de Rennes, século XI, (Ariès; Duby, 1990, p.40), bem como por Venatius, associa-a a estrela de Sírius, ligada ao mito de Ártemis,[17] mas também pode conotar uma confluência de Maria com Afrodite, "estrela do mar" (Triomphe, 1989, Capítulo IV), ou ainda como "porta do céu".

Como a Perséfone ou às sacerdotisas da Grande Mãe, cumpre a Maria realizar a união com Deus, reviver a hierogamia primordial e gerar um novo fruto. A violação em local alagadiço é uma constante

---

16 O signo da Virgem, na roda zodiacal, corresponde à estação das colheitas, ocasião em que a evolução primaveril já se realizou, e vai ceder lugar à involução outonal. O signo da Virgem é um signo centrípeto como a cor azul, e que vai despojar a terra de seu manto de verdura, desnudá-la, dessecá-la. É o momento da celebração da Assunção da Virgem-Mãe, festa que se realiza sob um céu sem véus, quando o ouro solar se faz fogo implacável e devora os frutos maduros da terra, é o período da Canícula, regido pela Virgem caçadora, Ártemis (Chevalier, 1989).
17 A iconografia comum entre Maria e as deusas pagãs será tratada mais adiante, na análise das reproduções de quadros da Virgem Maria.

nos mitos das deusas, Liríope, mãe de Narciso, é violada por Céfiso junto ao curso do rio; Deméter é violada por Posidão num charco; Perséfone, tanto na versão já cita, quando é violada por Zeus, quanto na versão em que é raptada por Hades, encontra-se junto a fontes de água. No primeiro caso, é uma fonte, uma cisterna; no segundo, o prado verdejante fica junto ao mar. Também Maria se une a Deus junto a uma fonte,[18] na versão apócrifa do *Protoevangelho de Santiago*,[19] e, depois de retornar desse encontro, recebe a visita do anjo Gabriel que lhe anuncia sua gravidez. Apesar de uma certa ambiguidade no texto com relação ao momento em que se teria dado a fecundação de Maria, é possível estabelecê-la como anterior à visita do Anjo, ou seja, junto à fonte:

> Cierto día cogió Maria un cántaro y se fue a llenarlo de agua. Mas he aquí que se dejó oir una voz que descía: "Dios te salve, llena de gracia, el Señor es contigo, bendita tú entre las mujeres". Y ella se puso a mirar en torno, a derecha e izquierda, para ver de dónde podía provenir esta voz. Y, toda temblorosa, se marchó a su casa, dejó el ánfora, cogió la púrpura, se sentó en sua escaño y se puso a hilarla.
>
> *Mas de pronto un ángel del Señor se presentó ante ella, diciendo: "No temas, Maria, pues has hallado gracia ante el Señor omnipotente y vas a concebir por su palavra". Pero ella, al oírlo, quedó perpeja y dijo entre sí: " Deberé yo concebir por virtud del Dios vivo y habré de dar a luz como las demás mujeres?*
>
> *A lo que respondió el ángel: "No será así, Maria, sino que la virtud del Señor te cubrirá com su sombra;*[20] *por lo cual, además, el fruto santo que há*

---

18 A fonte, como a árvore da vida, representa um elo entre os três mundos, o superior, a terra e o inferior, ligando, desse modo, o homem e o mundo dos deuses.

19 Nas versões encontradas na Bíblia, Mateus 1.18-25; Lucas 1. 25-56; João 2. 1-12 não é mencionado o local onde se encontra Maria no momento da anunciação, os relatos são bastante breves, dando relevo apenas à fala do Senhor. Lucas diz que o anjo entrou onde Maria estava, mas esse local não é especificado, os comentadores subentendem que seja a casa de José, mas o texto não o diz exatamente.

20 Há nesta passagem uma possibilidade de variação na tradução e de interpretação do texto grego. O anjo diz a Maria, em uma tradução mais crua, que: "a força/pujança/virtude do Senhor lançará uma sombra sobre ti", podendo ser entendida essa frase não como o fez o tradutor espanhol de Santiago, mas, tomando sombra como uma mácula, uma vez que a virgindade e a correção de caráter de Maria ficam com-

de nacer de ti, será llamado Hijo del Altísimo...." Entonces dijo Maria: "He aquí la esclava del Señor en su presencia: hágace en mí según tu palabra. (Santiago, XI. 1-3)

A primeira voz que Maria ouve, junto a fonte, não é identificada, em Santiago, como sendo do anjo, mas uma voz divina que informa à jovem *Koré* que "o Senhor está com ela", ou seja, ela já foi possuída por Deus e o seu ventre está tomado pelo Espírito Santo, por isso ela é "bendita entre as mulheres". A voz ouvida por Maria junto à fonte pode ser tomada como a do próprio Deus, que a louva enquanto mãe de seu herdeiro. A visita do anjo do Senhor, identificado enquanto tal, ocorre logo após a volta de Maria da fonte, quando esta volta a fiar: nesse momento, o anjo lhe diz que ela dará à luz ao filho de Deus, "concebido por sua palavra", o que novamente leva a crer que a palavra divina, que gerou o filho no ventre de Maria, já foi dita. O anjo apenas comunica a Maria o futuro nascimento.

Em Ps. Mateo a passagem é igualmente dupla, uma primeira voz que fala a Maria junto a fonte, que em Ps. Mateo é identifica como sendo do anjo do Senhor (IX. 1) e, depois, em sua casa, enquanto Maria fia. A nova visita do anjo é, agora, para anunciar sua gravidez e o nascimento de Jesus (IX. 2).

A figurativização da união de Maria e Deus, sob a forma de uma nuvem, ou sombra que cobre Maria, é bastante semelhante à imagem formada no mito da união de Zeus e Dânae, outra *Koré*. Aprisionada pelo pai, em uma torre ou em uma sala subterrânea, Dânae é fecundada por Zeus sob a forma de uma chuva de ouro. Outro mito bastante antigo, que recupera a imagem da união da Deusa Mãe com seu filho e amante sob a forma de chuva é o de Cibele e Átis. A festa de Cibele[21] começava em 24 de março com seu casamento sagrado com

---

prometidas devido à sua gravidez. Ou ainda, se a tomarmos como o tradutor sugere, associando a luz divina à uma luz negra, uma sombra, uma obscuridade que irá cobrir Maria teríamos uma associação direta da força fecundante de Deus com os poderes ctônicos da Deusa Mãe, marcados pela escuridão, pela sombra, pelo negro.

21 Segundo P. Borgeaud, (1996, p.131-84), a prática do *taurobolium*, nas festas de Cibele, bem como seus rituais, foram associados ao culto da Virgem Maria, no

Átis – um enlace simbólico da terra (a deusa) e da chuva (o sangue do deus sacrificado)[22] – destinado a produzir um filho, o cereal, e incluía o sacrifício de um touro, que representava o deus moribundo, e cujos testículos eram oferecidos à Mãe-Terra. O simbolismo do touro é partilhado por muitos outros deuses moribundos, incluindo Dumuzi-Tammuz, da Mesopotâmia; Zeus, de Creta; e Mitra, da Pérsia, pois se julgava que os deuses (e touros) moribundos, como o Sol, pereciam à noite, vermelhos e sangrentos, e renasciam no dia seguinte. O ouro do trigo maduro na época da colheita também era comparado à luz do Sol e, para realçar as imagens da colheita aliadas ao sacrifício, os órgãos genitais eram arrancados com uma foice fornecida pela deusa. Dada a influência oriental sofrida pelo judaísmo e o cristianismo, alguns dos símbolos desses povos permaneceram na nova religião, entre eles a associação de Deus com o Touro-Sol sacrificial e a sua luz dourada.

A influência dos símbolos antigos é tão forte que, desprezando os textos de Lucas (I.35) que diz: "O Espírito Santo virá sobre ti e *o poder do Altíssimo vai te cobrir com a sua sombra...*"; e de Santiago XI. 3, já citado; nos quais o poder ou a virtude divina é figurativizada por uma sombra, ou seja, uma obscuridade, uma "luz negra",[23] que encontra Maria fiando, as imagens medievais retratam a anunciação aproximando Deus a Zeus, isto é, figurativizado por um facho de luz dourada e brilhante que cai sobre Maria. Esta, ao contrário de Dânae, reclinada no leito e nua (figuras 46 e 47), apresenta-se vestida, mas não traz o fuso nas mãos e sim o livro sagrado, indicando, mais uma vez sua elevação espiritual e seu afastamento da carne.

---

período de Costantino. Por um jogo semântico, o imperador transformou a antiga Μήτηρ Θεῶν [Deusa Mãe) em Μήτηρ Θεοῦ, ou seja, Mãe de Deus.

22 O sacrifício do filho-amante junto da deusa será mais explorado ao tratarmos de Jesus. Mas vale lembrar a ligação, desde as origens, da deusa com a árvore da vida e desta com a cruz.

23 Deus, figurativizado como uma "luz negra", está muito mais próximo da imagem de Hades, o deus dos mortos, o Invisível, que rapta Perséfone, do que de Zeus, o "clarão do Dia", mas a associação de um deus-touro solar já estava consagrada nas mitologias pré-cristãs e foi por estas incorporado.

Das cinco representações escolhidas da Anunciação de Maria, em duas ela está ajoelhada e orando em seu quarto, quando recebe a vista do Anjo e da Luz do Senhor (figuras 48 e 49). Em outras duas, figuras 50 e 51, Maria encontra-se sentada, com o livro no colo. Chama a atenção na *Anunciação* da Galeria dos Uffizi (Figura 51), a postura de recolhimento e proteção que a Virgem assume diante do anjo, bem como sua expressão séria, em oposição à placidez das demais, e a presença de letras douradas em hebraico, que saem da boca do anjo. O conjunto é de uma forte luminosidade, todo banhado em ouro, indicando a presença do Senhor, apenas Maria apresenta-se com vestes escuras: o manto azul marinho sobre um possível vestido vermelho, as cores escolhidas para Maria, dentre outras coisas, relembram os fios que lhe coube fiar.

Figura 46 – *Dânae*, de Rembrandt, óleo s/ tela, 1636-1647

Figura 47 – *Dânae*, de Tiziano Vecelli, óleo s/ tela, 1553-1554

DA SEDUÇÃO E OUTROS PERIGOS 243

Figura 48 – *A Anunciação*, de Rogier van der Weyden, óleo sobre madeira, c. 1455

Figura 49 – *A Anunciação*, de Carlo Crivelli, óleo s/ madeira transferido para tela, 1486

A Figura 50, de Fra Angélico, estabelece uma oposição entre Maria e sua concepção sem pecado e a expulsão de Adão e Eva do paraíso, em decorrência do pecado original: aqui, a perda da pureza está ligada ao sexo.[24] A comunidade Mariana da Idade Média lutou muito para fazer prevalecer a ideia de uma virgindade pré e pós-parto de Maria, bem como o ideal de pureza e elevação desta, "retirando-a" do mundo das mulheres, filhas de Eva e, portanto, nascidas do pecado e culpadas pela queda do homem.

Figura 50 – *Anunciação*, de Fra Angélico, têmpera s/ madeira, 1430-1432

Figura 51 – *Anunciação e dois santos*, de Simone Martini e Lippo Memmi, têmpera sobre madeira, 1330

Na Figura 52, *A Visitação*, extraída de *As muito ricas horas do duque de Berry*, Maria encontra-se fora de casa, junto a uma rocha, com o livro sagrado na mão direita, mas não o toca diretamente, antes o segura com a mão envolta no manto; formando assim um nicho, sobre

---

24 A oposição Maria/Eva será tratada mais adiante, quando retomaremos esse ponto.

o púbis, onde cai a luz/chuva sagrada. Essa imagem da Anunciação é a mais próxima da representação do mito de Dânae e a única que a retrata fora de domicílio.

Figura 52 – *A Visitação* do livro de horas *As muito ricas horas do Duque de Berry*, atribuído aos Irmãos Limbourg, Barthélemy van Eyck e Jean Colombe, iluminura, c. 1412-1416, 1440, 1485-1489

É interessante notar que a gestualidade apresentada por Maria, de segurar o livro sagrado com a mão envolta no manto, é "herdeira" do concílio de Auxerre (561-605), no qual se exigia que a mulher não tocasse a hóstia; para recebê-la, ela deveria envolver a mão na aba do vestido, devido a suspeita de impureza que lhe pesava (Ariés; Duby, 1989, p.508). E se opõe, de certa forma, à imagem de Maria como uma virgem pura e acima de todas as demais mulheres, vista até o momento. Aqui, mesmo sendo a escolhida, ela ainda é uma mulher e, como às demais, pesa sobre ela a impureza do sangue menstrual.

De maneira geral, quer se tome a primeira voz ouvida por Maria como sendo de Deus, quer como a palavra de Deus enviada a ela através do anjo, o interessante é a proximidade existente entre a anunciação e os relatos de violação das deusas, sobretudo porque Maria fia um fio púrpura-encarnado, respeitando, dessa forma, o motivo do filho/ tecido/germe/semente gerado no ventre da deusa e que terá sua vida marcada pela morte e pelo renascimento.

O nascimento de Jesus estabelece outro paralelo entre o parto da *Koré*/Deusa Mãe e seu filho, com o da Virgem Maria. Segundo Santiago (XVII. 3; XVIII.1-2), Maria dá a luz em uma gruta, no meio do descampado, longe do mundo civilizado, ou, ao menos, no limite entre o mundo dos homens e o da natureza. Mesmo em Lucas (2. 4-8), que é sintético em relação ao nascimento de Cristo, o parto de Maria ocorre na manjedoura de um alojamento nos limites da cidade. A manjedoura, no estábulo dos animais, assume, em oposição, ao alojamento, espaço habitado pelo homem, civilizado, o de espaço reservado à natureza, portanto selvagem. Associando ainda mais a imagem de um deus taurimórfico/fitomórfico à de Jesus, pois a manjedoura é o local no qual se coloca o grão que será consumido para manter a vida dos animais e, portanto, do próprio grupo.[25]

Nos mitos, as deusas sempre dão à luz em locais ermos, durante a fuga de seus opositores(a): Leto dá à luz Ártemis e Apolo numa ilha deserta; Afrodite pare Enéias, filho de Anquises, entre as feras da floresta; Réia, Deméter e Perséfone dão à luz, respectivamente, Zeus, Perséfone e Dioniso, em grutas. A gruta, ou caverna, sofre nos mitos das deusas, bem como no da Virgem Maria, uma crescente dessemantização, uma vez que esta, no Paleolítico e Neolítico era um símile do próprio sexo/útero da Deusa Mãe-Terra, origem de toda a vida. Dessa forma, o nascimento de Jesus recupera o nascimento de outros deuses fitomórficos e/ou taurimórficos, que, como senhores da vegetação, terão uma vida cíclica, nascidos do ventre da terra, serão sacrificados, retornando ao seio da Deusa Mãe para depois renascerem revificados.

Maria, enquanto jovem *Koré*, prefiguração da eterna pujança de vida ligada ao feminino, se manterá virgem mesmo após o parto. Como outras deusas ligadas à natureza e à fertilidade, ela se une ao touro solar de Judá, Iavé, o Senhor dos animais, um deus uraniano e portador do raio, para gerar um fruto especial, aquele que, com seu sacrifício/morte e renascimento, indicará o novo caminho para a comunidade. Enquanto Mãe, Maria sofrerá a perda do filho, sua

---

25 O tema do sacrifício de Jesus será tratado mais adiante.

dor equivale à de Deméter, ou de Cibele e Afrodite e será marcada no calendário cristão por um período de luto e esterilidade/abstinência. A cumplicidade da Deusa Mãe no sacrifício de seu filho confere-lhe, em certas tradições, um caráter impiedoso. Todavia, em quase todos os mitos ela coloca as necessidades da natureza acima das suas e sofre muito com essa perda, chorando eternamente o filho sagrado que sacrificara para salvar a humanidade. O antigo mito da mãe chorosa que presida à primavera sobreviveu ao panteísmo e sua tradição se manteve não só no cristianismo, mas também em todo o Próximo Oriente, especialmente no Irã, na festa da primavera, comemorada no Ano Novo, *Nauruz*. No *Muharram* se comemora a morte sangrenta, por decapitação, do neto do profeta do Islão, Husain, e seu posterior renascimento na primavera, *Nauruz*, como informa Shahrukh Husain (2001, p.80-1).

Maria, como Perséfone, após sua descida ao reino dos mortos, renasce – é a Assunção da Virgem, que a transforma em Nossa Senhora da Imaculada Conceição. A mudança no nome é decorrente da ligação mãe-filha já aventada no mito de Deméter e Perséfone, lados iguais, embora opostos, da mesma moeda; assim é com a Virgem e a Imaculada Conceição, representam a continuidade do drama cósmico da mãe e sua sucessão na filha, eternamente virgem. A mãe renasce na filha e esta se transforma em mãe infinitamente, como nas *matryoskas*, as bonecas russas.

A Virgem e o pomo

As primeiras representações da Virgem Maria ocorrem no século VI, quando ela começa a gozar uma posição de destaque no dogma da Igreja Romana, antes disso, Maria é pouco ou nada citada pelos artistas. No século XII, com o cisma do Oriente, o culto dos santos é intensificado pela Igreja Católica do Ocidente e, consequentemente, Maria ganha um destaque até então desconhecido. Outro fato histórico que faz multiplicar as representações de Maria é o novo estatuto que a Igreja confere ao casamento no século XI: até então, os contratos matrimoniais eram apenas jurídicos, nesse século a Igreja eleva-o à categoria de sacramento, conferindo-lhe benção especial (Ariès; Duby, 1990, p.466). A maioria das representações da Virgem e da Imaculada Conceição data desse período ou posteriores.

Maria apresenta, enquanto mãe divina, em sua iconografia, os mesmos símbolos que as deusas pagãs: a maçã, o marmelo, a romã, ou o trigo/cereal, símbolos da fertilidade e fecundidade da terra; a lua crescente, que ao mesmo tempo se liga ao chifre do touro, seu consorte, bem como à foice que o emascula nos rituais de fertilidade e indica o tempo cíclico da colheita; a(s) estrela(s) que caracteriza(m) o solstício de verão e a coroa, geralmente de estrelas, símbolo de sua "realeza", mas também de Ariadne,[26] esposa de Dioniso; a serpente, epifania da grande Deusa Mãe; as rosas brancas de Ártemis e/ou as vermelhas de Afrodite, bem como os lírios consagrados às deusas ctônicas, como Perséfone e Deméter, a Afrodite Negra, ou ainda à Ártemis-Hécate. Entre os animais, o leão, o cervo, o leirão, o unicórnio e outros, que ladeavam a antiga Senhora dos animais. Resta, ainda, a pomba, apanágio de Afrodite, e símbolo da alma (junto com as abelhas, na Antiguidade), que se transforma em símbolo do Espírito Santo e aparecem junto a Maria. Mas, dentre todos esses elementos, o seio nu, símbolo primordial da Deusa Mãe, enquanto geradora e nutriz, e o menino, fruto desse poder gerador, são os emblemas da Virgem Mãe, quer seja ela cristã ou pagã.

Para evitar uma repetição exaustiva, as representações de Maria foram agrupadas em quatro blocos, marcados pelos traços mais significativos. A análise destes não pretende ser minuciosa, apenas fazer um levantamento dos elementos mais característicos que ligam Maria à Deusa Mãe. Uma análise completa, embora tentadora, é impraticável no momento.

---

26 A coroa de ouro funde χρυσόσ/κύσοσ, ouro/vulva, à coroa στέφανος, joia, que traz bem marcado o sema curvilíneo e sua associação com o sexo e a sedução. No caso de Ariadne, a coroa de ouro ofertada a ela por Dioniso transforma-se na constelação da Coroa após a união de ambos. A iconografia grega apresenta Ariadne coroada por estrelas, motivo que irá se estender à Virgem.

A Virgem nutriz

Neste bloco estão agrupadas cinco representações, a mais antiga delas data de 1379, e é parte do altar de Grabow. Pintada por Bertram, retrata o descanso durante a fuga (Figura 53). No painel, vê-se o asno, que levava Maria e o menino; José, retratado como um velho; e Maria com o menino Jesus ao colo, dando-lhe de mamar. A primeira imagem que salta aos olhos é o formato do seio de Maria, idêntico ao pão que José morde. Deslocado, o seio da Mãe de Deus, não respeita a anatomia feminina e parece "brotar" de sua mão, uma vez que o colo está todo coberto pelo vestido e pelo manto. O seio, enquanto alimento, já foi bastante discutido na primeira parte, mas sempre associado aos frutos, nunca ao pão. O seio-pão de Maria se não é usual na iconografia pagã, também não é incoerente, uma vez que a Deusa Mãe clássica estava associada ao cereal e ao trigo, sendo o pão o produto final e, já entre os gregos, era sinal de prosperidade e civilidade. Confirmando o estatuto de "deusa ligada à fertilidade e à terra", somente sob os pés de Maria é que nascem, da terra gretada, as pequenas flores, no restante do espaço ocupado por José e pelo asno, nada cresce. O olhar e a mão esquerda de Maria apontam para o asno, que se alimenta de uma bola de feno. José, de olhar baixo, aparentemente, oferece um cântaro a Maria. Todos se alimentam na parada, apenas Maria não o faz, ela dá de comer.

Figura 53 – *Descanso durante a fuga* de Mestre Bertram, óleo s/ madeira, 1375-1383

Como na cena da Anunciação (Figura 51), Maria se veste, aqui, com um manto azul escuro, de forro vermelho, e um vestido também vermelho. Cores que se repetirão ao longo das representações e indicam algo mais do que "uma moda" para Maria. O vermelho, como já foi visto acima, é considerado um símbolo do princípio de vida e, principalmente, no caso de Maria, o mistério da vida. Sendo a cor do fogo central do homem e da terra, o do ventre, nele se dá o amadurecimento, a geração ou regeneração do homem (Chevalier; Gheerbrant, 1989).

O azul, segundo o mesmo autor, é a mais imaterial, fria e pura das cores, equivalendo ao branco neutro. Imaterial em si mesmo, o azul desmaterializa tudo aquilo que dele se impregna. O azul não é deste mundo; sugere uma ideia de eternidade tranquila e sobre-humana, ou inumana. Para Kandisnky, o azul é a um só tempo movimento de afastamento do homem e movimento dirigido unicamente para seu próprio centro que, no entanto, atrai o homem para o infinito e lhe desperta um desejo de pureza e uma sede de sobrenatural.

O azul e o branco, cores marianas, exprimem o desapego aos valores desse mundo e o arremesso da alma libertada em direção a Deus, isto é, em direção ao ouro que virá ao encontro do branco virginal durante sua ascensão no azul-celeste.

O uso do vermelho e do azul para Maria indica, portanto, sua ligação com o mistério da vida, a encarnação de Jesus e sua espiritualidade, seu desapego às coisas terrenas. As cores usadas para Maria refletem sua posição, no mito judaico-cristão, de ventre que gerou Cristo, o vermelho, e de ser "coberto" pela luz divina, o azul, que a transforma em um ser imaterial, puro, infinito.

A segunda reprodução selecionada é a *Virgem com o menino* (Figura 54), datada do século XV, foi pintada por Flémalle. Nela, Maria, que traz os cabelos (aparentemente claros) longos e soltos, oferece o seio ao menino Jesus, que se encontra nu em seu colo. Detalhe interessante nessa pintura é a função da tela antifagulhas da lareira, feita em palha, atrás de Maria, que lhe serve de auréola. A palha trançada recupera os valores da Senhora das colheitas, ou Deméter; e o objeto, em si, confere a Maria a ideia de protetora delicada, de intermediária, colocada entre os desejos da carne, as chamas da lareira, e o espírito. Maria está ladeada, à direita pelo livro sagrado, aberto, e à esquerda por uma taça ou cálice, conotando os dois princípios geradores de Cristo, a palavra sagrada e o ventre de Maria, o cálice é um símile do útero.²⁷

Figura 54 – *A Virgem com o menino*, de Robert Campin, óleo com têmpera s/ madeira, 1427-1432

Pouco frequente é a Virgem aparecer com os cabelos soltos, geralmente, eles estão presos e cobertos por um véu ou manto. Os cabelos longos e soltos indicam sensualidade e remetem aos pecados da carne. Segundo Marina Warner (1999, p.391-408), os pelos/cabelos indicam a natureza animal, eles são o sinal distintivo da selva e de seus habitantes e suportam a carga da ambivalência judaico-cristã sobre o lugar do instinto e da natureza, da fertilidade e da sexualidade. Mas, em alguns relatos, eles podem ser indicação da conversão, como são o caso das prostitutas sagradas Maria Madalena e Maria do Egito, que despiram os enfeites que lhes davam *status* mundano e partiram para vagarem nuas pelo deserto, onde, por Providência Divina, seus cabelos cresceram milagrosamente e as cobriram. Nesses casos, as figuras contritas aceitaram sua pecaminosidade e os longos cabelos assumem um valor duplo, marca da sensualidade passada e da conversão presente.²⁸ No

---

27 Cf. Parte I, Capítulo 3. O pithos/vaso como figurativização da própria deusa.
28 Sobre a moda feminina na Idade Média e sua influência na iconografia, Cf. Ariès e Duby, 1990, p.204 –475.

caso de Maria, os cabelos longos e soltos conotam seu lado feminino, portanto, humano/"pecador".

Ainda em relação à aparência de Maria, ela é geralmente representada como uma jovem de pele clara e de olhos e cabelos castanhos, algumas vezes os cabelos são de um loiro pálido, mas jamais ruivos ou pretos. O motivo dessa preferência pelo castanho é porque o castanho a afasta da beleza loira, pagã e mais sensual de Afrodite e suas "discípulas"; bem como a afasta de uma possível associação com as deusas orientais, de tez morena e de uma sensualidade perigosa, destruidora e, portanto, não pura. O ruivo, como o loiro, é visto como um tom também perigoso, pois está associado à luxúria e à terra.

A beleza "modesta", não chamativa, visto que intermediária entre os extremos (loiro/moreno) é a valorizada, uma vez que, ao contrário da loira/ruiva ou da morena sensual, a jovem de pele clara e cabelos escuros possui uma beleza "não agressiva", branda, que desperta a admiração, mas não enlouquece o homem. Essa beleza "discreta" é a que convém à mãe de família, à esposa, a outra, a que alucina, destina-se ao prazer, e é vista como transgressora. A alvura da pele era valorizada, sobretudo na Idade Média, não pelo teor erótico, mas porque assegurava a reclusão da jovem e sua pureza, ou seja, que ela era pouco exposta aos olhares públicos e às tentações da carne.[29] Daí, Maria ser invariavelmente uma jovem de tez clara.

Embora o loiro esteja associado de modo mais permanente com a beleza, com o amor e a nubilidade, com a atração sexual e a fertilidade, sua luminosidade tornou-a também a cor tradicional dos cabelos das virgens. Depois do século XV, a própria Virgem Maria, particularmente sob seu aspecto apocalíptico como a "Mulher vestida de sol", frequentemente foi retratada como loira, como, por exemplo, nas *Horas de Spinosa* datada por volta de 1515. O loiro é aqui um indicador da juventude e da inocência das virgens, associado aos cabelos das crianças, loiros durante a infância e depois mais escuros (ibidem, p.407).

A Virgem, sob o aspecto de "Mulher vestida de sol", traz os cabelos loiros não só devido à sua pureza e inocência, mas também devido à

---

29 Cf. Nos *Cânticos*, a desculpa, justificativa, dada pela esposa para a sua tez morena.

DA SEDUÇÃO E OUTROS PERIGOS 253

sua ligação com Deus e sua luz dourada e solar, Deus banha Maria em sua luz, transformando-a. Como atestam os espetáculos litúrgicos do século XII, na festa de *Corpus Christi*, o Corpo do Salvador, na forma de uma hóstia (esta mesma um disco solar), era estampado em custódias que lançavam raios, carregado em procissão e depois colocado num tabernáculo de ouro (Hauser, [s.d.], p.86).

A terceira pintura (Figura 55), *A Virgem do sufrágio*, de Pedro Machuca, é datada de 1517 e traz a Virgem vestida nas cores azul e vermelho, com os dois seios nus, o direito ela toca, oferecendo o leite, o esquerdo é tomado pelas mãos do menino Jesus, que está de pé em seu colo e que também faz jorrar o leite do seio de Maria. A Virgem e o menino estão sobre uma nuvem, sustentada por querubins, que passa sobre o inferno, repleto de corpos entre chamas. O contraste entre a luz dourada que faz fundo à imagem da Virgem e o negro sob os querubins marca o limite entre o homem puro e o pecador. O olhar da Virgem voltado para baixo, somado ao gesto de oferta do seio, indicam ser ela a redentora, a porta aberta ao pecador para a remissão de seus pecados. Como Mãe universal, ela oferece o leite do espírito àquele que desejar. Se o seio da Deusa Mãe era fonte de vida terrena para o homem, o da Virgem é fonte de vida eterna.

Figura 55 – *A Virgem do sufrágio*, de Pedro Machuca, óleo s/ painel, 1517

Figura 56 – *A Virgem e o menino*, de Luís de Morales, óleo s/ tela, 1560-1570

Na imagem da *Virgem e o menino* (Figura 56) de Luis de Morales, também do século XVI, tem-se uma Virgem jovem e bela, de cabelos castanhos, presos sob o véu transparente, com o menino Jesus ao colo. Vestida de vermelho e com um manto verde, mas tendendo ao cinza-azulado, ela traz uma interessante abertura no vestido, na qual duas fendas em diagonal, presas na extremidade superior, formam um triângulo ou um losango, permitindo que o menino Jesus toque seu seio esquerdo com a mão direita através da abertura e segure (puxe) o véu com a esquerda. Esse conjunto de grande beleza é também de grande sensualidade. O triângulo e o losango são formas que conotam o sexo feminino, assim como o véu, um símile do hímen, como foi visto nas representações paleolíticas e neolíticas e nos hinos Homéricos anteriormente analisados. A presença do véu translúcido em inúmeras representações de Maria conota sua virgindade intacta, tanto antes como depois da concepção. A utilização destes na representação da Virgem Maria indica ainda sua função de geradora e de nutriz, marcada também pela maior extensão de vermelho na imagem do que de verde/azul; mas essa função está sob o domínio de Deus, figurado por seu filho, que arranca o véu da Virgem e toma seu seio túmido de leite.

A sensualidade, o carnal,[30] cede lugar, novamente, à espiritualidade, uma vez que reforça o motivo da geração divina no ventre da Virgem. A luz que banha o rosto da Virgem Maria parece vir do próprio menino Jesus, que, como Deus, é detentor da luz divina.

O último quadro desse bloco é a *Madona com anjos* (Figura 57), de Jean Fouquet, datado do final século XV. Nele, como nos demais, a virgem traz o seio direito desnudo e o menino sentado em seu colo, mas ao contrário das outras imagens, ela está com um vestido azul, um manto de arminho branco e com uma coroa sobre a cabeça, que prende um véu transparente. Sobre o vestido, vê-se uma corrente de ouro, presa em diagonal sobre o ventre. Maria está sentada em um trono adornado de pérolas, tal qual sua coroa. Ao seu redor, anjos azuis e vermelhos.

Figura 57 – *Madona com anjos*, de Jean Fouquet, óleo s/ madeira, 1452

No conjunto das cores, já analisadas antes, observa-se que a Virgem vem trajando tons que indicam a pureza e a espiritualidade, o azul e o branco. O manto de arminho e a coroa marcam sua condição de rainha

---

30 A cena da união de Maria com seu filho remete ao mito de fecundação da Deusa Mãe por seu filho e amante, como, por exemplo, Cibele e Átis; Afrodite e Adônis etc.

celeste, de eleita divina. No conjunto, as pérolas e a corrente sobre o ventre fazem a ligação dessa imagem espiritualizada à da mulher e da Deusa Mãe; as pérolas, por sua ligação com a concha, que é um símile da vulva, além de símbolo lunar e feminino. A concha foi usada desde o Paleolítico para representar o sexo da Deusa Mãe (Lévêque, 1985, p.44). Acreditava-se que as pérolas nasciam de conchas fecundadas por raios (Eliade, 1981, p.319-20), sob esse aspecto, elas teriam um equivalente, na natureza, no próprio Jesus e, de maneira mais restrita, em Maria.

A corrente de ouro, sobre o ventre da Virgem, tem elos com formato de losango ou de amêndoas, símbolos da vulva, da fertilidade e, portanto, da vida, ligados à Deusa Mãe. Aqui, sob a ótica cristã, indicam uma sequência ou ciclo de vida/nascimentos, marcados pelo divino, mas um divino masculino. Simultaneamente, a corrente figurativiza o sexo não deflorado, ou seja, a virgindade, como ocorria em uma das representações da sacerdotisa ou Deusa das serpentes de Creta, que tem sobre o ventre o nó cretense, ou górgio.[31]

O pomo bendito

Nesse segundo bloco, estão as representações que trazem a Virgem Maria com um fruto nas mãos.

Retomando a análise feita para as deusas paleolíticas e neolíticas tem-se: uma metaclassematização do <humano> "seio" ao <vegetal> "fruto"/ "bulbo"/ "semente", na qual o seio e o fruto compartilham os semas relativos ao aspecto: as formas arredondadas e curvilíneas <esferoidal>; túmidos e plenos de seiva ou leite <continente> + <sólido> e partilham o motivo da nutrição, existindo uma equivalência entre a redondez fecunda do fruto e o seio volumoso. O mesmo conjunto de semas é apresentado pelo ventre/útero, equiparando, na leitura mítica, o seio ao útero e este à vulva. Na análise dos hinos Homéricos, observou--se que a maçã, como os demais frutos, figurativizam nas representações da Antiguidade o seio e, por assimilação, o sexo feminino, sendo um signo de fecundidade, além de estarem associados à união sexual.

---

31 Cf. Capítulo 3.

A romã está associada à Perséfone, a Afrodite e a Hera. Sua ligação com Perséfone ocorre porque a romã é um símile do mundo ctônico, como este, guarda sob a casca um sem número de sementes, é uma fruta sem par no reino vegetal, devido à sua composição: "caso raro em que o ovário é formado por dois vértices carpelares superpostos, às vezes até por três, e se encontra soldado à casca em toda a sua extensão" (Fragosos et al.,1953, p.352-4), ou seja, a romã equivale a um *útero*, uma vez que a fruta é composta apenas por sementes e, ao mesmo tempo, é idêntica aos seios, pois das sementes é extraído o suco – nutritivo e refrescante. Sua abundância de sementes remete à fertilidade e a abundância. Perséfone é, no universo pagão, a romã plena de vida e fertilidade, a fruta colhida por Hades. Já a ligação da romã com Afrodite e Hera se faz em razão da fertilidade, uma vez que as duas deusas são responsáveis pelo casamento e pela fertilidade do casal.

Semelhante à romã, a maçã e o marmelo são frutas ligadas a Ártemis, Afrodite e Eros.[32] A maçã de ouro do Jardim das Hespérides é o fruto da árvore da vida e o fruto da imortalidade. Segundo Paul Diel (1976, p.58) a maçã, por sua forma esférica, significa globalmente os desejos terrestres, daí sua ligação com Afrodite. Além disso, a forma circular, curvilínea da maçã e sua cor dourada retomam os adornos de Afrodite e a matriz figural do desejo/sedução, a maçã é suculenta e seu valor alimentar é inegável. O marmelo, da mesma forma que a maçã, é uma fruta marcada pelo curvilíneo e está associada à união sexual, permutável com a maçã e igualmente dedicada a Ártemis, Afrodite e Eros; ela é o limiar erótico que conduz os caminhos de Ártemis até Afrodite, pois toda virgem amadurece como uma fruta destinada a ser colhida na *hora* das núpcias.

Na Grécia existia, ainda, o costume ritual das jovens oferecerem flores e frutos às deusas, como uma troca pela *chegada da hora de seu próprio corpo*, ou seja, de sua noite de núpcias (Triomphe, 1989, p.105). As frutas e os seios se inscrevem assim na fecundidade madura, pronta a gerar e nutrir, ao passo que a flor é a fecundidade por realizar-se.

---

32 Embora Eros seja uma divindade masculina, ele é associado à fruta em decorrência de seu elo com Afrodite e o sexo/fertilidade.

As representações da Virgem Maria que a apresentam com uma maçã, romã, ou marmelo nas mãos a aproximam da imagem da Deusa Mãe, Senhora da fecundidade e da fertilidade. Dentre os quadros e esculturas escolhidos, seis têm a maçã como fruto escolhido para representar o poder gerador, em quatro deles (Figuras 58, 59, 60, e 61), a maçã está nas mãos da Virgem, em dois (Figuras 62 e 63), nas mãos do menino Jesus. Dos que a maçã encontra-se nas mãos da Virgem o mais significativo deles é a *Madona do Monasterio de Seeon*, (Figura 58), de autor desconhecido e datada do século XV.

Figura 58 – *Madona do Mosteiro de Seeon*, madeira policromada

A escultura em madeira policromada apresenta a Virgem sentada em um trono de espaldar alto, todo em dourado, trazendo Jesus ao colo (com o livro sagrado nas mãos), enquanto em sua mão esquerda ela tem uma magnífica maçã vermelha. Ao contrário das demais Virgens, vestidas em azul e vermelho, a *Madona do Mosteiro de Seeon*, traz uma capa dourada sobre um vestido vermelho, na cabeça, sobre os cabelos loiros e soltos, uma coroa, dourada,[33] adornada de pedras vermelhas e azuis, que prende um véu branco. Enquanto o menino Jesus aponta uma passagem das escrituras, Maria observa a maçã.

---

33   O ouro está ligado à fertilidade e ao sexo, cf. análise do hino Homérico a Afrodite I.

O conjunto: maçã; vestido (formando, em contraste com a capa, um triângulo vermelho sobre o tronco); coroa e capa dourada, poderia estar representando a própria Deusa Mãe, ou sua versão grega, Afrodite, pois todos os elementos citados remetem ao sexo/vulva e à condição de Senhora da fertilidade e da fecundidade. Sob a ótica do cristianismo, esses símbolos assumem um valor também divino, mas ligados a Deus e conotando o espírito e não o sexo. O dourado, como já vimos, é uma das figurativizações de Deus, quer seja na forma de facho de luz, quer seja na de raio, ou na da ambientação. O manto dourado sobre o vestido vermelho da Virgem indica o poder do Espírito Divino sobre ela, o vermelho do vestido, bem como as pedras vermelhas e azuis da coroa, retoma o simbolismo já visto, a encarnação do filho do Senhor e seu desapego às coisas terrenas. A maçã assume, aqui, ainda um símbolo sexual, uma vez que os valores sedutores da maçã de Afrodite reencontram-se na concepção da maçã do Éden, colhida por Eva, símbolo do desejo erótico e da transgressão. Maria ao contemplar a maçã, o pecado, coloca-a diametralmente oposta às escrituras, situada à direita, nas mãos do menino Jesus, indicando sua interdição. Vale lembrar que a esquerda é considerada, na Idade Média e na Bíblia, a direção do inferno, enquanto que a direita é o lugar do defensor, do paraíso. O lado esquerdo é ainda o lado feminino, enquanto o direito, o masculino. Sendo fêmea, a esquerda é igualmente noturna e satânica segundo antigos preceitos, por oposição à direita, diurna e divina (Duby, 1979, p.105-67). A associação da esquerda ao feminino e a satã mostra o lugar reservado aos cultos pagãos e, sobretudo, à Deusa Mãe e sua religião orgiástica, para a religião judaico-cristã. Maria, que assume o ideal de perfeição de mulher, mostra às demais filhas de Eva a ligação existente entre a luxúria e o demônio, enquanto Jesus aponta o caminho da salvação.

Figura 59 – *Quadro votivo de Ocho Lasim*, fim do século XIV[34]

Figura 60 – *Virgem entronizada*, Madeira, 1932

---

34 Na Figura 59 observa-se uma posição incomum dada ao Menino Jesus na iconografia – a Virgem Maria o tem sobre o colo do lado esquerdo; geralmente ele é retratado à direita, como se pode verificar em outras ilustrações. Além da variação na posição, é interessante notar que a Virgem traz a mão que segura o menino envolta no manto, enquanto a outra, desnuda, segura a maçã. Pode-se estabelecer um paralelo entre esta figuratividade e a da Figura 52, cena da anunciação, na qual a Virgem apresenta o mesmo cuidado ao segurar o livro sagrado. O interdito de tocar com mãos impuras o livro sagrado é retomado aqui para o próprio filho, reforçando o caráter divino do menino e, simultaneamente, a impureza feminina, colocando Maria no mesmo plano que as mulheres comuns, marcadas pelo pecado/maçã. Diversamente da Figura 59, o livro sagrado (Figura 52) está à direita do observador. Essa alternância na posição pressupõe um entendimento, por parte do crente ao posicionar-se diante da obra, indicando ora um caminho a ser seguido, de correção, o livro sagrado (Figura 52); ora espelhando o pecado daquele que o observa, a maçã (Figura 59), bem como a via de salvação – o Menino Jesus.

Na Figura 61, a *Virgem da abadia de Coulombs*, o livro sagrado é substituído pela epifania do Espírito Santo, o pombo, nas mãos do menino Jesus, que o oferece, ou mostra, a Maria. Aqui retratada como uma jovem entre 14 e 15 anos, idade usual, a partir do século XIII em diante, para o matrimônio dos jovens. Essa prática visava afastar os jovens, de ambos os sexos, dos perigos da carne (Ariès; Duby, 1989, p.443).

Figura 61 – *Virgem da abadia de Coulombs*, pedra, início do século XIV

Nas figuras 62 e 63, ambas de Luca Della Robbia, a maçã está nas mãos do menino Jesus, indicando, assim, o poder do espírito sobre a matéria, sobre a carne; bem como, a ideia de ser Jesus o enviado para expiar os pecados do homem representados na maçã e sua relação com a queda de Adão e Eva. Correlacionado as imagens com o culto da Deusa Mãe, o significado da maçã nas mãos do filho da Deusa é outro, é a identificação deste com o fruto e, portanto, com o ciclo da vegetação.

Figura 62 – *Madona e o menino com maçã* de Luca della Robbia, c. 1450

Figura 63 – *Madona e o menino com uma maçã*, de Luca Della Robbia, relevo em barro esmaltado

Essa mesma ideia está contida na magnífica pintura de Fra Fillippo Lippi, *A Virgem com o menino Jesus* (Figura 64), mas aqui a fruta é a romã, símbolo do útero e, portanto, da fertilidade.

Figura 64 – *A Virgem com o menino Jesus* (detalhe), de Filippo Lippi, óleo s/ painel, 1452

A Virgem Maria, vestida nas cores vermelho e azul, tem como fecho do manto azul um broche de pérolas, porta, ainda, o véu e uma coroa/auréola de um branco translúcido e brilhante, a coroa assemelha-se a uma constelação, reiterando as leituras anteriores. Em seu ombro direito é representada uma pequena esfera dourada, circundada por raios também dourados, imagem/reflexo do Poder Divino, da semente plantada em seu ventre.

Maria, que traz o menino ao colo, oferece-lhe a romã entreaberta; a fruta colocada sobre o colo/sexo do menino deixa ver as sementes vermelhas em seu interior, enquanto este coloca os dedos da mão esquerda dentro da fruta. Como na pintura de Luis de Moraes (Figura 56), a sensualidade do quadro é gritante, sobretudo, se levarmos em conta que, no mito da Deusa Mãe, o filho é também seu amante. Embora recupere traços e motivos do mito da antiga Deusa, a imagem da *Virgem com o menino* de Lippi, na perspectiva cristã, desloca o poder gerador do feminino para o masculino, como já foi visto nos relatos Bíblicos e apócrifos, reforçando a supremacia do espírito sobre a carne. E, como no quadro de Moraes, o menino prefigura o papel do Pai, de fecundador da Mãe, como a romã é também um substituto da imagem do mundo dos homens, fecundá-lo equivale a recriá-lo. Ou seja, Jesus é o pai (caminho indicado) de um novo mundo, livre do pecado original. Na mística cristã, portanto, a romã transpõe para o plano espiritual o simbolismo da fecundidade. Segundo São João da Cruz, citado por Durant (1955, p.78), a romã é um "símbolo das perfeições divinas nos seus efeitos inumeráveis", de modo que ela se transforma, assim, na expressão dos mais altos mistérios de Deus, seus mais profundos desígnios, e suas mais sublimes grandezas.

No quadro de Botticelli *A Virgem do Magnificat* (Figura 65), temos o mesmo motivo representado: Maria e o menino Jesus, intermediários entre a romã, lado esquerdo, e o livro sagrado, lado direito. A nova história da humanidade é escrita por Maria, com o auxílio de Jesus, que guia sua mão.

Figura 65 – *Virgem do Magnificat*, de Sandro Botticelli, têmpera s/ madeira, 1483

Ainda de Botticelli, *A Virgem da Granada* (Figura 66), Jesus ao mesmo tempo em que toca a romã, eleva a mão direita numa benção, livrando o homem dos seus pecados. Em torno da Virgem e do menino, os anjos trazem livros, rosas e lírios, indicando as possibilidades futuras de uma fertilidade sem pecado. Todo o quadro é banhado pela luz do Senhor.

Figura 66 – *A Virgem da Romã*, de Sandro Botticelli, têmpera s/ madeira, ca. 1487

Uma das mais antigas representações da Virgem de que se tem notícia é a *Madona Dourada* (Figura 67), esculpida em madeira e revestida de ouro, ela data do século X, aproximadamente, e encontra-se no Mosteiro de Essen. Essa Madona, como as demais dessa série, traz nas mãos uma romã, os grãos são representados por pedras preciosas, vermelhas e azuis, reforçando toda a simbologia vista até o momento. Deusa Mãe da fertilidade,[35] a Madona de Essen é também a imagem do poder divino de Deus, figurado pelo dourado; a romã, símbolo da Deusa Terra, assume aqui, com seus grãos vermelhos e azuis, os valores da encarnação e do espírito.

Figura 67 – *Madona Dourada*

A imagem da Figura 68 traz a Virgem com o menino ao colo, segurando um cacho de uvas, é a *Éfige da Virgem*, datada do século XIV. Semelhante às demais em seu simbolismo, a escultura apresenta entre as mãos de Jesus o cacho de uvas, que poucas vezes é representado junto a este. O motivo é, em parte, a ligação da vinha com Dioniso, o deus do vinho e da orgia, e de outra, a ligação que o vinho terá, mais tarde, na eucaristia, substituto do sangue de Jesus. O menino com o

---

35 Contrapor a Madona de Esse à Ártemis de Éfeso, também toda de ouro. Cf. análise da Ártemis de Éfeso, Capítulo 1.

cacho de uva antecipa, dessa forma, a morte ritual que ele sofrerá em adulto, transformando-se mais em signo da Paixão de Cristo do que signo de fertilidade, como os demais frutos; embora a uva ainda guarde a ideia de renovação/ressurreição, presente tanto na Paixão quanto no jovem deus da natureza.

Figura 68 – *Éfige da Virgem*, século XIV

A última imagem dessa série é a da *Madona da Candeletta* (Figura 69), de Carlo Crivelli, que faz uma ponte entre essa série e a próxima, da Virgem entre flores. Aqui, a Madona está sentada num trono composto/adornado por frutas e flores, destaque para as maçãs e marmelos. O menino Jesus, sentado em seu colo, traz nas mãos um marmelo. Aos pés da Virgem, encontra-se uma maçã e, no degrau abaixo, um vaso com lírios e uma rosa branca. No peito, adornando o vestido, Maria traz um "broche" cuja imagem central assemelha-se à do trigo maduro. Todo o conjunto remete à ideia de fertilidade e fecundidade, portanto, à figura da Deusa Mãe. O vaso com os lírios e a rosa, além de reforçarem a iconografia comum às deusas pagãs, indicam, na leitura cristã, a pureza, a inocência, a virgindade. No *Cântico dos cânticos*, o lírio representa o mundo e designa, também, o Cristo; podendo ainda ser relacionado à árvore da vida (Origenes, *Homilia II*), sob essa perspectiva, ele restitui a vida pura, promessa de imortalidade e salvação, tendo como mediadores a Virgem e o menino.

Figura 69 – *Madona da Candeletta*, de Carlo Crivelli, têmpera e óleo s/ tela, 1490

A Virgem e as rosas

Nas imagens 70, 71 e 72, Maria está sentada sob um caramanchão de rosas ou entre flores. A ligação das rosas brancas com Ártemis e Ísis já foi mencionada, bem como a de Afrodite com as rosas vermelhas. Nos cultos dessas deusas, as rosas são uma oferenda, geralmente, ligadas à promessa de vida, pois figurativizam a virgindade, o sexo ainda não deflorado e a regeneração cíclica da vida.³⁶ Na iconografia cristã, a rosa é ou a taça que recolhe o sangue de Cristo, ou a transfiguração das gotas desse sangue, ou também um signo das chagas de Cristo. A *Rosa mística*, das litanias cristãs, é um símbolo da Virgem; mas a rosa é, ainda, um símbolo da ressurreição e da imortalidade, simbolismo que acaba por equivaler ao pagão.

Figura 70 – *A virgem do roseiral*, de Martin Schongauer, óleo s/ painel, ca. 1473

Figura 71 – *A Virgem do roseiral*, de StefanLochner, cor s/ madeira, ca. 1440

---

36 Cf. a análise da rosácea de Creta e a espiral/labirinto no mito da Deusa Mãe cretense, Capítulo 3.

Figura 72 – *Madona do Seto*, de Luca Della Robbia, relevo em barro esmaltado

As rosas brancas, na Antiguidade, associavam-se ao neófito e ao ritual de iniciação, portanto, ao renascimento. As vermelhas, tintas pelo sangue de Afrodite ao tentar socorrer Adônis, seu amante, eram, junto com as brancas, colocadas sobre os túmulos na cerimônia da *rosália*, realizada no mês de maio. No século VII, a tumba de Jesus Cristo era pintada com uma cor em que se misturava o branco e o vermelho, marcando, assim, a *diferença* entre as noções de paixão e de pureza, e entre as de amor transcendente e de sabedoria divina (Chevalier; Gheerbrant, 1989).

A Virgem e os animais

Na *Virgem entronizada*, miniatura do saltério de Robert de Lisle (Figura 73), datada do século XIII, a Virgem tem sob os pés um leão e um leirão. O leão, símbolo solar e de força, virilidade, já aparecia junto da Senhora dos animais, quer fosse ela Ártemis ou Cibele; o leirão, animal ligado ao mundo ctônico, equivale à serpente e, como tal, liga-se à espiral, cujo deslocamento circular, saindo do ponto original, mantém e prolonga esse movimento ao infinito, representando, portanto, o caráter cíclico da evolução, os ritmos repetidos e contínuos da vida; daí sua associação com a Lua e suas fases, bem como com a concha e com o labirinto, elementos ligados à Deusa Mãe e seus poderes de procriação.

Figura 73 – *Virgem entronizada*, miniatura do Salterio de Robert de Lisle, fim do século XIII

Ambivalente, a serpente, ou leirão, guarda ainda semas masculinos, pois está associada ao raio e a chuva, alternando os poderes de criação com os de destruição.

Sob os pés da Virgem, eles indicam o domínio da virtude sobre a carne, ou como diz Triomphe (1989, p.350):

> Ao lado dessas imagens selvagens [de Ártemis, Senhora dos animais e suas companheiras abelhas, intratáveis em sua virgindade], os anfiteatros romanos fornecem aos cristãos, através dos *Acta Sanctorum*, a imagem popular do leão vencido pela virgem cristã – imagem que as vidas de santos conservarão preciosamente até uma data recente.

Dessa forma, o leão passa de consorte da Deusa, como ocorria com o touro, a exemplo da bestialidade pagã submetida à Virgem; ao passo que a serpente será incorporada, na mística cristã, ao reino de Satã, e, principalmente, a veículo da luxúria. Sem retirar a serpente de seu antigo domínio, mas transformando-o de mundo ctônico benéfico e pleno de vida em mundo das sombras e da perdição, os cristãos desalojaram a Deusa de sua morada/corpo e o ofereceram a outro macho, Satã, que, como a Deusa, terá como epifania a serpente.

A Virgem imaculada

As imagens de Nossa Senhora da Imaculada Conceição (Figuras 74 e 75) apresentam a assunção da Virgem Maria, Nessas imagens, observa-se uma maior proximidade na representação da Virgem à Deusa Mãe. Nelas, a Virgem encontra-se sobre o globo terrestre, pisando a lua crescente e a serpente, que traz a maçã na boca. Ao seu redor, anjos trazem rosas e lírios nas mãos, folhas de palmeiras, nuvens e uma luz dourada completam o quadro.

Geralmente, nas representações da assunção, a Virgem vem vestida de branco e azul, o vestido branco substitui o vermelho, agora ela é a imagem da pureza, do espírito em toda a sua glória, não mais a imagem da mãe, da carne, daquela que encarnou o verbo divino, qualquer traço de humanidade é dissimulado ou banido, tanto que a Virgem é retratada ainda como uma jovem e não como uma mulher madura, como seria de se esperar de uma mãe cujo filho já completara 33 anos.

À semelhança da Deusa Mãe, Maria associa-se à lua crescente. Como já foi visto, a lua em seu quarto crescente combina vários signos, o da própria lua e sua ligação com a vegetação e a cerealicultura, ou seja, com o os ciclos da natureza e, sobretudo, os períodos do plantio e da colheita, elementos mais do que ligados à Deusa; basta lembrar a Vênus de Laussel que traz nas mãos uma lua crescente ou cornucópia com treze inscrições, no Paleolítico, indicando o ano lunar sob a tutela da deusa. Ao mesmo tempo, o quarto crescente associa-se aos chifres do touro, consorte da Deusa Mãe, signo de fertilidade e abundância, e à qual era sacrificado; a cornucópia, nada mais é do que um dos cornos do touro do qual saem frutos e ouro, ou seja, uma dessemantização metonímica, o touro é tomado pela sua parte mais significativa,[37] o chifre/falo, que sofre um adensamento figurativo proporcional à perda da estrutura de base, ou seja, a pujança fertilizadora do consorte é substituída pela figura de riqueza e abundância que jorra da cornucópia.

Figura 74 – *A Imaculada*, de Giovanni Battista Tiepolo, óleo s/ tela, 1767-1768

Figura 75 – *A Imaculada Conceição*, de Bartolomé Esteban Murillo, óleo s/ tela, ca. 1660-1665

---

37 Cf. Capítulo 2, equivalência entre o chifre e o falo.

A lua sob os pés da Virgem associam-na à Deusa enquanto regente desses elementos. A Senhora da foice, a que emascula o amante/touro e colhe o cereal.[38] A foice também é figurativizada pelo quarto crescente da Lua, Maria é, como a antiga Deusa, uma Senhora ligada ao reino dos mortos, às sombras e, como aquela, promove o renascimento, mas sob a ótica espiritual. Essa faceta de Maria é bem atestada na Idade Média ao ser ela aclamada de a "porta do céu", passagem do mundo dos mortos ao do Pai. A Deusa Mãe também assumia o epíteto de porta, abertura divina que levava o neófito ao outro reino, mas, no caso, era o ctônico, o da regeneração em vida.

A cobra e a maçã são dois símbolos da Deusa Mãe, ligados à fertilidade e ao sexo. Nas imagens da Deusa Mãe, a serpente vem entre seus braços ou em sua mão, bem como a maçã, indicando seu poder gerador e ctônico, de terra fértil. Nas imagens de Nossa Senhora da Imaculada Conceição, a santa pisa a serpente que tem a maçã na boca, alusão, como na Deusa, aos poderes do sexo, mas de forma inversa, aqui, esses poderes são negativos, uma vez que associados aos pecados da carne, a luxúria. Pisar a serpente com a maçã é sobrepujar, vencer os perigos da carne, ou ainda mais, os instintos animais/sexuais inspirados pelo demônio e próprios do homem. Maria, em sua assunção, representa a vitória sobre todos esses elementos, ou seja, o desprezo, superioridade, sobre os antigos poderes da Deusa Mãe. Mas, como esta, Maria tem o mundo ao seus pés, ela o protege e reina sobre ele. Como o positivo e o negativo de uma foto, a assunção da Virgem é idêntica à consagração da Deusa, mas de forma espelhada, transformando os pontos positivos em negativos.

No *Apocalipse* 12, que muitos teólogos têm interpretado como uma passagem referindo-se à Maria, encontra-se a seguinte descrição:

---

38 A associação da foice com a Deusa é bastante frequente, sobretudo Céres/Deméter, como se pode observar em uma gravura de H. Cock, datada de 1364, e que se encontra na *Bilbliothèque des Arts Décoratifs* em Paris.

Visão da Mulher e do Dragão – Um sinal grandioso apareceu no céu: Uma Mulher vestida com o sol, tendo a Lua sob os pés e sobre a cabeça uma coroa de doze estrelas: estava grávida e gritava, entre as dores do parto, atormentada para dar à luz. Apareceu, então, outro sinal no céu: um grande Dragão, cor de fogo, com sete cabeças e dez chifres e sobre as cabeças sete diademas; sua cauda arrastava um terço das estrelas do céu, lançando-as para a terra. O Dragão postou-se diante da Mulher que estava para dar à luz, a fim de devorar o filho, tão logo nascesse. Ela deu à luz um filho, um varão, que regerá todas as nações com cetro de ferro. Seu filho, porém, foi arrebatado para junto de Deus e de seu trono, e a Mulher fugiu para o deserto, onde Deus lhe havia preparado um lugar em que fosse alimentada por mil duzentos e sessenta dias.

Houve então uma batalha no céu: Miguel e seus Anjos guerrearam contra o Dragão. O Dragão batalhou, juntamente com seus Anjos, mas foi derrotado, e não se encontrou mais um lugar para eles no céu. *Foi expulso o grande Dragão, a antiga serpente, o chamado de Diabo ou Satanás, sedutor de toda a terra habitada* – foi expulso para a terra, e seus Anjos foram expulsos com ele.

Nessa passagem, observam-se vários elementos que aludem à antiga Deusa, a começar pela descrição da mãe, vestida de sol, com a coroa de doze estrelas na cabeça. O dourado era a cor de Afrodite, enquanto herdeira da Deusa Mãe, uma vez que a cor assumia os valores da fecundidade e da fertilidade, que dessacralizados e dessemantizados, passam a equivaler ao ouro, daí o dourado ligado à Deusa. A coroa de estrelas é uma imagem comum às deusas do panteão mais arcaico, Cibele, Astarté, Istar e se faz presente desde o Neolítico, como na Deusa da palheta de Gerzeh, que tem a cabeça ornada de estrelas (Lévêque, 1985, p.44).

No *Cântico dos cânticos*, livro bíblico que se julga ter sido composto por volta de 1000 a.C., encontra-se uma voz feminina dominante (a esposa) e uma alusão aos rituais da fertilidade que eram comuns no Próximo Oriente pré-judaico. A descrição da aparição da esposa é bastante similar à da Assunção da Imaculada Conceição, diz o cântico: "Quem é esta que desponta como a aurora, bela como a Lua, fulgurante como o Sol, terrível como esquadrão com bandeiras desfraldadas?"

(Cântico, 8º poema). A aparição da esposa de Deus é idêntica à de Afrodite dos hinos Homéricos ou a de Cibele – marcada pelos astros, pela luz e pelo perigo.

No período clássico, Ariadne é uma das principais herdeiras da Deusa corada por estrelas. Jovem mortal desposada por Dioniso, que recebe do deus (ou de Afrodite) uma coroa de ouro/luz como presente de núpcias; após sua união com o deus, ou ascensão ao céu/Olimpo em sua companhia, tem, como marca da data da ascensão, a coroa colocada no céu, para os antigos, a constelação da coroa. Como todo mito ligado aos ciclos da natureza e/ou aos mitos astrais, a coroa de Ariadne retorna todo ano ao céu, marcando sua união com o deus, época em que os ritos ligados à Deusa Mãe, prefigurada em Ariadne, devem ser comemorados (Triomphe, 1989, p.113-6). O mito retrata Ariadne, durante a aurora, resplendendo ao sol dionisíaco, coroada com a Estrela da Manhã, junto ao oceano. Como Dioniso é um deus taurimórfico, os chifres, Lua em quarto crescente, podem figurar junto a ela, sobretudo, quando a imagem é a do deus levando a jovem para o céu.

Ariadne, ou Vênus/Afrodite, associada à Estrela da Manhã, é um tema recorrente na Antiguidade. Tal qual a estrela, que surge junto ao horizonte ao nascer e ao por do sol, as deusas são ao mesmo tempo Virgens e prostitutas. Prostitutas ao nascer do dia, virgens ao cair da tarde. A mesma estrela foi associada em períodos posteriores à Vésper, a Virgem romana, em sua aparição à tarde; e a Lúcifer, pela manhã. Tal é a *Stella Maris* de Maria, estrela que anuncia a regeneração do homem.

A coroa, símbolo do sexo da deusa, é transformada em símbolo de elevação espiritual, tal qual o dourado, a Lua e outros elementos já citados. A menção das doze estrelas que a compõe reforça essa ligação, em parte, com o mundo antigo, os doze signos zodiacais, sendo Virgem o sexto, o meio do ciclo, data em que a constelação da coroa está no ápice do céu; e, em parte, com o universo cristão, pois o doze é um símbolo da realização do criado terrestre por assunção no incriado divino, ou seja, a soma do três, referente à Trindade, com o quatro, a criação. Para os escritores da Bíblia, o doze é o número da eleição, o do povo de Deus, da Igreja (Chevalier; Gheerbrant, 1989).

O Dragão que surge junto à jovem que pare é mais uma epifania da Deusa Mãe, tal qual a serpente, o dragão é um animal ctônico e ligado ao fogo subterrâneo, ao ventre da terra, ou seja, à força geradora da antiga Deusa. No *Apocalipse*, ele surge como manifestação do Diabo, mas há uma clara citação de sua antiguidade e de seu elo com a Deusa: "Foi expulso o grande Dragão, a *antiga serpente... sedutor de toda a terra habitada*". Ao referir-se à antiga serpente e ao seu poder de sedução, o texto Bíblico, recupera todo o antigo culto da Deusa e seu ritual. Miguel e seus anjos assumem, nos textos Bíblicos, o mesmo lugar de Apolo na mitologia pagã, vencedor de Píton, a serpente gigante da antiga Deusa do santuário de Delfos: ao subjugá-la, Apolo[39] coloca seus poderes a seu serviço; no caso bíblico, a serpente irá servir outro senhor, Satanás.

Tanto nas imagens da assunção da Virgem Maria, como no *Apocalipse*, Maria surge com os atributos da antiga Deusa Mãe, Senhora da terra e de seus avatares. Mas, em todas as narrativas (e representações) sobre Maria, quer seja seu nascimento, quer sua concepção sem pecado, quer sua assunção, ela foge às regras do corpo humano, antes de ser para os fiéis, e, sobretudo para as fiéis, um modelo alternativo, no qual a mulher pudesse se espelhar, como ocorria com a antiga Deusa, Maria torna-se uma exceção, um ideal inatingível, e reforça os conceitos misóginos tradicionais. A vida da Virgem, com exceção da assunção ao céu, é festejada na liturgia por acontecimentos relacionados com a procriação, muitos deles em clara oposição ao destino de Eva, essa sim, imagem das mulheres.

O fio púrpura-encanado

Jesus é outro elo que liga a antiga Deusa Mãe à Maria, pois, como todos os jovens filhos das *Kórai*, nascerá em um local limítrofe, entre o mundo civilizado e o mundo natural e irá prefigurar a morte e renascimento da natureza. Nas narrativas apócrifas, esse nascimento se dá em uma gruta, a meio caminho da cidade de Nazaré, portanto, a gruta

---

39 Cf. Primeira parte, a ligação do número sete a Apolo e seu culto.

se localiza no limite entre os dois mundos e, principalmente, indica o nascimento de Jesus a partir do útero da Deusa Mãe-Terra, reforçando, assim, seu papel de jovem deus sacrificial. No *Protoevangelho de Santiago* é assim descrita a cena do nascimento:

> *Y al llegar a la mitad del caminho, dijo Maria a José: "Bájame, porque el fruto de mis entrañas pugna por venir a luz". Y le ayudó a apearse del asna, diciendole: "?Dónde podría yo llevarte para resguardar tu pudor?, porque estamos al descampado".* (XVII. 3)
>
> *Y, encontrando una cueva, la introdujo dentro, y, habiendo dejado com ella a sus hijos, se fue a buscar una partera hebrea en la región de Belén.* (XVIII. 1-2)
>
> ....
>
> *Al llegar al lugar de la gruta se pararon, y he aquí que ésta estaba sombreada por una nube luminosa [...]. De repente, la nube empezó a retirarse de la gruta y brilló dentro una luz tan grande, que nuestros ojos no podían resistirla. Esta por un momento comenzó a disminuir hasta tanto que apareció el niño y vino a tomar el pecho de sua madre, Maria. [...]* (XIX.2)

Nessa passagem, vários elementos chamam a atenção. O primeiro entre eles é a montaria de Maria, uma jumenta, que simboliza a humildade, a paz, a pobreza, a paciência e a coragem entre os hebreus (Chevalier; Gheerbrant, 1989), mas também é o animal sagrado de Apolo e Dioniso e, portanto, sacrificado a estes. Jesus, como jovem deus, filho da *Koré*, assemelha-se a essas duas divindades pagãs; Apolo, filho de Leto e Zeus, é identificado ao Sol, deus da cura, dos oráculos e da música. Dioniso, filho de Zeus e Perséfone, ou Sêmele, é o deus do vinho, da orgia (que corresponde à vida) e do teatro, sua morte violenta e posterior renascimento o aproxima sobremaneira ao jovem deus cristão.

Além desses traços, o fato de Maria montar a jumenta indica, mais uma vez, sua superioridade espiritual, uma vez que o jumento está intimamente ligado ao sexo, a libido, ao elemento instintivo do homem (ibidem); assim sendo, a imagem criada na narrativa é a do espírito montado sobre a matéria, que lhe deve ser submissa.

Maria, ao dar à luz dentro de uma caverna, passa também por uma morte ritual, a da *Koré*, "sepultada" no ventre da Mãe-Terra e seu posterior renascimento, transfigurada em mãe; mesmo percurso realizado por Perséfone e pelas jovens míticas.

Outro ponto importante é o uso do termo fruto, tanto em Santiago, como em Ps. Mateo ou nos textos Bíblicos, para referir-se a Jesus não nascido. Bem como do termo "entranhas", usado por Maria, para designar seu ventre. A ligação do fruto com a Deusa Mãe é bastante atestada desde o Neolítico, assim como a do útero/sexo da Deusa com a gruta/caverna ou entranhas da terra, a equivalência de Maria à Deusa Mãe e de seu filho com a natureza (vegetal e/ou animal), que nasce/ surge de suas entranhas, é retomada pela linguagem.

A ideia do nascimento de Jesus em uma gruta ou caverna subterrânea, citado acima e em Ps. Mateo XIII.2-3, recupera a ligação existente entre Jesus e o jovem deus pagão e sua mãe/*Koré*, já indicada no termo "entranhas" e reforçado pela presença da gruta no nascimento. Tal qual Dioniso ou o Zeus cretense, que portam, respectivamente, os epítetos de *Zagreus* e *Katachtonios, subterrâneos*, por terem nascido em grutas e prefigurarem os ciclos da natureza, Jesus também será um deus ligado à morte e ao renascimento. Como os demais infantes divinos, seu nascimento é marcado por fenômenos especiais, no caso: a luz intensa que se faz presente dentro da caverna, a nuvem luminosa que paira sobre a mesma, e a estrela que anuncia a chegada de Jesus aos três Reis Magos. A estrela e a luminosidade interna da caverna, que no texto é de origem ambígua, podendo ser oriunda de Maria, de Jesus, ou de Deus, retomam iconografias mesopotâmicas de Inanna, Istar ou Astarté e de Cibele, dando à luz sob uma estrela, ou ladeadas pela estrela, a Lua e o Sol, como nos cilindros babilônicos ou em baixos relevos assírios (Eliade, 1981, p.281). A luz presente no nascimento de Jesus, quer no interior da caverna, quer sobre ela, equivale à manifestação de Zeus em outros nascimento de seus filhos com as *Korai* divinas ou humanas.

Em Ps. Mateo a narrativa sobre a fuga da família para o Egito recupera elementos do mito de Héracles, outro filho divino de Zeus. No mito do nascimento desse herói civilizador, há também a presença da luz intensa, que ilumina todo o palácio de Alcmena, sua mãe, além de trovões e relâmpagos no momento do parto, descrito como indolor tal qual o visto em Maria. Perseguido por Hera, a esposa de Zeus, Héracles, logo ao nascer, demonstra sua ascendência divina ao estrangular duas enormes serpentes que Hera envia para matá-lo no berço. Em Ps. Mateo vê-se algo semelhante:

> Y, en llegando a la proximidad de una gruta, quisieron descansar en ella. Por lo que Maria bajó del jumento y se sentó, teniendo a Jesús en su regazo. [...] Mas he aquí que, sin saber cómo, salieron del fondo de la caverna muchos dragones, a cuya vista los jóvenes fueron presa de un gran terror y se pusieron a gritar. Entonces Jesús bajó del regazo de su madre y se plantó por su próprio pie frente a los dragones. Ellos le adoraron y luego se marcharon. [...]
> Entonces Jesús, paseándose ante ellos, les mandó que no hicieran daño a ningún hombre. Maria e José tenían mucho miedo de que los dragones fueran a hacer mal a Jesús. Pero El les dijo: " No temáis ni os fijéis en mi corta edad, pues yo sempre he sido y soy varón perfecto y es necesario que las fieras todas de los bosques se amansen ante mi".
> *Asimismo, los leones y leopardos le adoraban e iban haciéndoles compañia en el desierto. [...]* (Ps. Mateo, XVIII – XIX)

Jesus coloca sob suas ordens todos os animais selvagens. Os dragões, como as serpentes são epifanias da Deusa Mãe, associadas a elas na Antiguidade por sua capacidade de renascer (troca de pele), as serpentes, como a Deusa, estão ligadas ao tempo cíclico e à renovação da natureza. No cristianismo primitivo e posterior, elas aparecem como símbolo da luxúria, do pecado e, portanto, do Diabo, devido à sua ligação com a queda de Adão e Eva. No trecho acima, é clara a sobreposição da narrativa sobre a infância de Jesus ao mito pagão de Héracles. O poder de Jesus sobre os leões e demais felinos tem ligação com o mito de Dioniso, Senhor dos animais, que tem seu carro puxado por leões e/ou leopardos, e indica uma possível contaminação da narrativa apócrifa pelo mito.

Nos relatos bíblicos, o local de nascimento de Jesus é pouco definido. Só Mateus e Lucas fazem alguma referência. Em Mateus I.10-12, é mencionada uma casa, sem mais informação. Em Lucas II. 6-7, é em uma manjedoura em que Jesus é colocado após o nascimento. Eliade

(1981, p.312-3), ao tratar do nascimento de crianças divinas, comenta que a proximidade do recém-nascido com a terra, no caso dos partos sobre a terra, ou com folhas verdes e grãos, indica, de certo modo, um nascimento *per proximi*, nos quais a verdadeira mãe é a vegetação, a natureza. O berço arcaico era adornado de ramas verdes ou de espigas para beneficiar as crianças com os poderes da vida. Dioniso foi posto, imediatamente após seu nascimento, em uma cesta (*liknom*) na qual se colocaram também as primícias das colheitas. Nos hinos sumérios, Tammuz foi colocado, assim que nasceu, em uma cesta cheia de cereais que estavam sendo colhidos nos campos. Mais que emprestar sua força vivificadora aos deuses recém-nascidos, a ação de colocá-los sobre grãos ou folhas mostra a estreita ligação existente entre os jovens deuses e a vegetação. Dioniso, Tammuz e Jesus irão personificar o drama da natureza, da vegetação, do cereal. Tal qual o grão, eles serão ceifados para, depois do inverno, renascerem.

Oferecidos em sacrifício, como os primeiros grãos ou o touro, eles têm uma morte violenta e sangrenta, Dioniso é despedaçado pelos Titãs, tem seus membros cozidos e devorados por eles num banquete ritual, com exceção do coração, que é recolhido por Atena e dado a Zeus, que o engole e faz com que Dioniso renasça[40] no ventre de outra *Koré*. Temos no ato de devorar Dioniso pelos Titãs a prefiguração da comunhão cretense, do deus touro/grão sacrificado e devorado pela comunidade, tal qual na eucaristia (Vernant; Detienne, 1979, p.7-26).

A morte de Dioniso pelos Titãs também está relacionada ao cultivo da vinha e, sobretudo, à produção do vinho, que, semelhante ao sangue do deus, é extraído das uvas desmembradas e esmagadas pelos Titãs, ou pelos Sátiros, em outra versão. Segundo Kerényi (2002, p.47-61), Dioniso, ainda criança, na caverna de Cibele, teria aprendido de uma cobra o emprego das uvas; assim, ele veio a inventar o mais primitivo método de produção do vinho: pelo calcar das parras numa laje oca. Mais tarde ele ensinou aos sátiros, seus companheiros, o método. Na

---

40 Dioniso renasce duas vezes, pois na versão em que Sêmele é sua mãe, ela é fulminada por Zeus ao desejar vê-lo em sua real aparência. Zeus, então, retira o feto do ventre de Sêmele e acaba de gerá-lo em sua coxa.

Grécia Minoica, e mesmo depois, na contemporânea, a colheita e a vinificação da uva eram acompanhadas por um jovem que tocava a lira, entoando o *linos*, um canto de lamentação, um canto dedicado ao lagar, que envolvia o desmembramento de Dioniso. No coração do mito, encontra-se simbolizado o ciclo anual da vegetação, pois, tal qual Dioniso, a vinha renascerá e frutificará. Ao mesmo tempo, os cultos agrários associam-se aos funerários, uma vez que envolvem a morte do deus.

Jesus, como deus da vegetação ou touro sacrificial, morre e renasce com o solstício de inverno e o equinócio da primavera. A data de 25 de dezembro, já mencionada anteriormente, comemora o (re)nascimento de Mitra, deus persa que também está associado ao sol, sendo a data aproximada do solstício de inverno, marcando a volta do Sol de sua longa viagem ao sul do equador. Era, em certo sentido, o "dia do nascimento do sol", uma vez que assinalava a renovação de suas forças vivificadoras para o benefício do homem.

O período compreendido pela Paixão de Cristo, pela Quaresma (luto pela morte do deus) e Páscoa (seu renascimento), marcam o equinócio da primavera no hemisfério norte, cabendo a Jesus uma semelhança com Átis, filho e amante de Cibele, que morre e renasce nesse mesmo período. O dia do renascimento de Átis era 25 de março, sua morte era "comemorada" no dia 24 de março, o "dia do sangue", quando as violetas, nascidas das gotas de sangue do jovem moribundo floresciam sob o pino sagrado, que era banhado com seu sangue, como Jesus o fará na cruz.

Como ocorre na Quaresma, os devotos respeitavam um rigoroso regime alimentar durante o mês de março, abstendo-se de todos os alimentos derivados do cereal. Consumir, em tais momentos, o pão ou a farinha era julgado uma profanação imperdoável do "malhado" e moído corpo do deus[41] (Frazer, 1956, p.406). Nos rituais de Dioniso, quando era celebrada sua morte e renascimento, a interdição pesava

---

41 Átis é identificado com o cereal, ou com a "dourada espiga", um símile do falo. Sua história de morte e ressurreição se interpretava como a do cereal segado (Frazer, 1956, p.409).

sobre a carne (corpo do deus) e o vinho (sangue), após esse período de luto, havia a comemoração do seu retorno, festejado com o sacrifício ritual de um touro que era consumido pelo grupo, acompanhado de vinho, cantos, danças e, muitas vezes, uma orgia. Essas foram as primeiras manifestações teatrais. As datas entre as comemorações das festas de Átis, Dioniso e Adônis, amante de Afrodite, são bastante próximas, marcando sempre a passagem do equinócio invernal ao solstício primaveril.

Tanto nos ritos de Dioniso como de Átis e Adônis, tem-se a presença do sacrifício de touros, que são sangrados e emasculados, os testículos são enterrados na terra, ventre da Deusa, o que auxiliava a fertilidade e ativava o novo nascimento. Muitos dos seguidores de Cibele chegavam a se emascular, no "dia do sangue", repetindo, assim, o gesto do amante da deusa e consagrando sua virilidade a ela. Átis, após sua morte, é transformado em pino: como Cristo, ele pode ser representado pelo madeiro, a árvore como a cruz guardam os mesmos semas contextuais. O pino sagrado, como a cruz, era visto como tendo o poder de ressuscitar aos mortos. Na mitologia cristã, a cruz de Cristo era feita da árvore da vida plantada no paraíso e, em sua iconografia, a cruz está muitas vezes representada como a árvore da vida (Eliade, 1981, p.298-300). Jesus, dessa forma, representa o fruto bendito dessa árvore. O sangue de Cristo, como o de Átis, ao cair sobre a terra, regenera-a, transformando o homem e o mundo.

Outra "coincidência" iconográfica entre os mitos de Átis, Dioniso e Jesus é a hera ser consagrada a eles e a vinha, aos dois últimos. Os sacerdotes eunucos de Cibele e de Dioniso imitavam as heras em suas tatuagens (Frazer, 1956, p.408). A vinha, como a hera, era a expressão vegetal da imortalidade, como o vinho havia sido nas tradições mais arcaicas, o símbolo da juventude e da vida eterna. Nos rituais de Átis, o vinho era feito das sementes do pino e não da vinha, mas em todos os ritos, pagão ou cristão, ele simboliza o sangue derramado pelo deus.

Nas culturas mesopotâmicas e paleo-orientais, a videira é identificada com a "hera da vida", o ideograma sumério para "vida" era originalmente uma folha de parreira. Essa planta maravilhosa era consagrada às grandes deusas; à Deusa Mãe se dava, a princípio, o nome de "mãe cepa de vinho" ou de "deusa cepa da vinha"⁴² (Eliade, 1981, p.292-3). Os filhos das deusas associam-se, portanto, ao seu fruto – as uvas. Essa simbologia é, ainda hoje, recuperada nos paramentos e na liturgia cristã, mas ao contrário dos pagãos, a videira é associada à Igreja e não à mãe de Deus. A árvore sagrada, ou a Cruz, marcam o centro do universo, a encruzilhada entre o céu, a terra e o inferno, para os cristãos, a cruz é o suporte do mundo. Os valores mágicos e fertilizantes da madeira sacrificial se transferem para as suas cinzas e carvões, como é o caso do "palo de maio", ou "árvore de maio" que, na Europa, todos os ano, nas festa de São João, fim da primavera e início do verão, é recolhido na floresta e levado com cantos e danças até o centro da aldeia, onde é fincado e adornado com flores artificiais e prendas.⁴³ O antigo palo de maio é, então, queimado; as cinzas dessa árvore apresentam-se carregadas de propriedades apotropaicas e fertilizantes, protegem dos espíritos e contra as enfermidades e o mau-olhado. Na Europa, as cinzas recolhidas do palo de maio queimado, ou das toras queimadas no Carnaval e no Natal, são espalhadas pelos campos, a fim de favorecer e aumentar as colheitas (ibidem, p.315-6).

A face do deus da vegetação tanto preocupou o clero no século VI, que este fez desaparecer os crucifixos em que Cristo figurava nu, como todos os escravos condenados ao mesmo suplício, temendo que as mulheres o adorassem como um deus da fertilidade, à maneira de um Príapo (Ariès; Duby, 1989, p.438-9).

---

42 As representações tardias de Adão e Eva se cobrindo com as folhas da parreira são ecos da ligação de Eva com a Deusa Mãe.
43 Esta festa corresponde às nossas festas juninas, com o mastro adornado de flores e com o(s) santo(s) no alto, as fogueiras e os cantos e danças. O casamento caipira, muito comum nas nossas festas, nada mais é do que um resquício da união entre a Deusa e o seu amante. Na zona rural, as festas são o ponto culminante da colheita e os seus santos muito respeitados enquanto promotores da fertilidade do campo. (Informação colhida de minha vivência pessoal, minha avó era sitiante e devota, fervorosa, de São Pedro. Até o último ano de vida, realizou a festa para o santo, pois, segundo ela, a colheita dependia dele. As cinzas da fogueira eram usadas para combater as pragas do café ou, sob forma de cruz, imposta na testa das crianças, para curar soluço e quebranto. Obviamente, as festas sempre contavam com a presença do padre que abençoava o cafezal.)

O "medo" da nudez, ou, como afirma Duby, a recusa desse espetáculo que parecia indecente e até perigoso, tem sua origem num contraste sobre a visão da nudez: o nu cristão representa um ser criado; o nu pagão, um ser procriador, e, como tal, um ser/corpo pronto a consumir e ser consumido. O banquete coletivo do corpo do deus, a comunhão pagã, representa, precisamente, essa concentração de energia vital, em consequência, tanto nas festas agrícolas como nas comemorações dos mortos, impõe-se um banquete, com todos os excessos que implica. O vínculo entre os antepassados, as colheitas e a vida erótica é tão estreito, que os cultos funerários, agrários e genéticos se entrecruzam, a ponto de fundirem-se totalmente (Eliade, 1981, p.353). Comer o corpo do filho da Deusa, o cereal ceifado e moído, o pão, beber seu sangue, o vinho, é partilhar da sua morte e de seu renascimento.

Os padres cristãos, já no período romano, tentam minimizar esse outro ponto comum com o paganismo e, portanto, conflituoso: a eucaristia. O corpo do deus associado ao pão/cereal, incontestavelmente, concretizava a crença numa sacralidade pagã, alimento intocável e imperecível. O aspecto natural do pão consagrado foi, pois, eliminado em favor de um sobrenatural fora do comum (o pão ázimo, sem fermento), assim, a relação com Deus perdia uma parte de seu aspecto humano (Ariès; Duby, 1989, p.509).

Jesus. enquanto filho da *Koré*/Deusa Mãe, só não cumpre uma parte do rito pagão, fecundar a mãe, embora textos gnósticos indiquem o casamento de Jesus com Maria Madalena, a prostituta sagrada, imagem da nova *Koré* que substituiria Maria, a Deusa Mãe.

O medo do sexo, do desejo e da morte foi uma constante nos primeiros séculos do cristianismo. Até o século VIII, o sagrado pagão conviveu com o cristão. Duby (ibidem, p.501-29) afirma que mesmo os sacrifícios humanos perduraram até o século XII, e a castração ritual ainda ocorria, impondo aos reis a necessidade de baixarem leis impedindo-a e punido os que assim procediam. A magia e os ritos executados à noite nos bosques sagrados amedrontam os homens; a mulher, eixo sobre o qual gira esse mundo ctônico e perigoso da Deusa Mãe, passa a ser vista como uma bruxa, encarnando os desejos lascivos do demônio, que, muitas vezes, assume suas formas para atormentar o cristão. Dentre todos os pecados, a fornicação, termo que engloba toda espécie de pecados sexuais, é o primeiro e maior deles, pois, por meio dela, o demônio se insinua no corpo do homem e o faz-se perde. Como seu Deus, o homem cristão tenta despir-se de sua carne, tornando-se "só" espírito, anulando o corpo, a cultura espiritual se torna, então, uma segunda natureza. O corpo e o coração entram em desacordo. A natureza parte para o assalto da cultura. O animal fascina o homem. O corpo é venerado, mutilado e torturado. Só a violência permite sobreviver. A morte está atrás de todos e esta é tão perigosa quanto o sexo, pois pertence à outra parte do cosmo, ao subterrâneo invisível, ao mundo da antiga Deusa Mãe. Desalojada, seu ventre ctônico se torna morada do Demônio, muito semelhante ao seu consorte, que agora reina sobre ela, mas não a extingue. Maria, a Virgem Imaculada, que não conheceu os tormentos da carne, é a mãe bondosa que vela pelos homens, inatingível enquanto modelo, ela é como Deus, uma estrela brilhante no céu. Idealizada, Maria contrasta com Eva, a herdeira da carne e do desejo da Deusa.

Olhos de serpente

Coloca-me,
Como um selo sobre o teu coração
Como um selo em teu braço.
Pois o amor é forte, é como a morte
...
Suas chamas são chamas de fogo
Uma faísca de Iahweh!

(Cântico, epílogo)

Eva, a primeira mulher,[44] é um selo, uma marca de desejo e pecado colocada sobre toda a face feminina ocidental e cristã. No trecho acima

---

44 Não trataremos, aqui, de Lilith, a suposta esposa anterior de Adão, pois os documentos citados pelos estudiosos para comprovar sua existência são muito lacunosos e falhos. Em decorrência dessa falta de documentação, aceitaremos a versão bíblica de ser a primeira mulher Eva.

do *Cântico dos cânticos* a referência é à esposa de Deus, Shekhina, uma versão "adaptada" da antiga Deusa. Eva, como Shekhina e outras figuras femininas da mitologia judaico-cristã recuperam as características eróticas das deusas pagãs: marcadas pela sexualidade, beleza e curiosidade, elas são, como Pandora, o flagelo, o castigo do homem. Enquanto Maria encarna um modelo idealizado do feminino e, portanto, a face benéfica da Deusa Mãe, Eva é a pecadora, é a face perigosa e ctônica da Deusa, com seus olhos de serpente e boca de maçã.

O belo mal

Pandora é uma criação divina, feita para agradar ao homem; dotada de todas as graças e de uma beleza semelhante às das deusas, ela vem a terra para seduzir Epimeteu, irmão de Prometeu,[45] e para ser uma vingança divina, ela é um castigo para os homens que, até então, não conheciam a mulher, o sexo, o trabalho/fadiga e a morte.

No mito de Pandora, apresentado por Hesíodo em *O trabalho e os dias*, sua vinda à terra marca o fim da idade de ouro e o fim de um conflito entre Zeus e Prometeu; conflito de acomodação entre a tentativa de organizar as narrativas míticas e o panteão olímpico com as crenças e mitos mais arcaicos. Dessa forma, o conflito estabelecido pela narrativa hesiódica só se explica a partir do embate entre a divindade nova, Zeus, e seu antecessor, o antigo consorte da Deusa Mãe, no caso, Prometeu.[46]

Prometeu é o fundador do primeiro sacrifício, mais especificamente, é ele quem reparte e distribui os pedaços da vítima sacrificial aos deuses (os ossos e a gordura queimados pelo fogo) e aos homens (as partes que alimentam), e não o que a imola. É ele quem separa as partes e, consequentemente, os homens dos deuses, porque passam a

---

45 Na versão da criação de Pandora, Prometeu é o deus criador dos homens e seu protetor. Tentando igualá-los aos deuses, Prometeu rouba o fogo celeste (metáfora do conhecimento) e dá a seus "filhos". Zeus, furioso, acorrenta Prometeu e envia um flagelo ao mundo dos homens, Pandora.

46 Vale lembrar que entre todos os deuses arcaicos, Pã é o que melhor representa o consorte da Deusa Mãe, mas como Prometeu, seu culto e sua imagem são relegados a uma posição periférica com a chegada dos Olímpicos.

se alimentar de coisas diversas e não mais se entendem com a mesma linguagem. Nesse universo organizado, os mortais têm um estatuto diferente dos imortais, e é nesse momento sacrificial que isso se fixa. O mito sacrificial de Prometeu, segundo Vernant e Detienne (1979, p.59), vem para justificar uma forma religiosa em que o homem se encontra entre os animais e os deuses, não se identificando nem com um nem com outros, porém, mais tarde, com o aparecimento de Pandora, ele, de fato, vai participar da natureza dos dois sem, no entanto, com eles se identificar.

Prometeu é um deus hitifálico, como os demais Titãs, sua virilidade particularmente acentuada vem aliar-se ao epíteto *ankhylométis*, habilidoso na arte de tramar. Ele tem a *métis* (mente/inteligência) retorcida; aparência e epíteto que o aproxima de duas figuras bíblicas bem conhecidas: Satã e a serpente.

A separação entre mortais e imortais acontece com o primeiro sacrifício e se efetiva com a primeira mulher. Sacrifício e Pandora separam e unem a uma só vez. O primeiro separa imortais de mortais, apontando seus espaços próprios e a necessidade do rito sacrificial para se comunicarem, para se unirem. A primeira mulher, pelo sexo, separa homens e mulheres e é através dele que eles podem se unir. Antes da primeira mulher, os humanos brotavam e viviam "a recato dos males" (*Trabalhos*, v. 91), "longe de penas e misérias" (ibidem, v.116 e seg.) e morriam como que "por sono tomados" (ibidem, v.116); com ela surgem a sexualidade e a necessidade de reprodução sexuada para garantir a perpetuação da espécie e todas as novas especificidades do modo de ser humano. Pandora é ligada à ideia do alimento que vem da terra e à instituição do casamento; ela é agora uma *gyné gameté*, uma mulher-esposa com quem deve se ligar o homem. A essas fronteiras do que é propriamente humano se juntam outros limites, como a necessidade do trabalho para sobreviver. Temos, então, três elementos que separam os mortais dos imortais: o sacrifício, a agricultura-alimento e a sexualidade-casamento.

Pandora vem, enquanto dom divino, em adição a uma situação paradisíaca que ela extingue, mas não substitui. Com o roubo do fogo divino, Prometeu oferece aos homens o fogo "técnico"; passa-se, assim, do fogo "natural" (vindo de Zeus, o raio) ao fogo "cultural". Pandora também está do lado da cultura; ela é produzida, feita, e não aparece como os *ánthropoi* (seres humanos), que antes, apenas surgiam da terra. Seu surgimento, ligado a Prometeu, transforma os homens de *ánthropoi* em *ándres* (homens).[47]

No verso 56 dos *Trabalhos*, Zeus indica a explicação de sua última cartada, que atingirá Prometeu e toda a humanidade. Se, Prometeu ousou roubar o fogo do Cronida, justamente o golpe que ele recebe é o *antí-pyros* (literalmente, é o fogo contrário, isto é, a contrapartida do fogo), que tem, portanto, estatuto semelhante ao fogo e ao mesmo tempo opõem-se a ele. Esse mal, "compartilhado-do-fogo", aparece para resgatar o fogo roubado de Zeus; é a demonstração de sua cólera. Ele vem em lugar do fogo natural; ele inicia o processo de passagem da natureza para a cultura. Pandora já aqui é marcada pela ambiguidade, é um *kalón kakón* (belo mal), que vem em lugar do fogo, também ambíguo, pois é ao mesmo tempo um bem e a causa das desgraças para os homens. O "belo mal" é ambíguo, pois seduz, atrai afetos e traz todos os males para a humanidade. Talvez o maior mal trazido por Pandora seja o surgimento de sua própria ambiguidade, e, com a presença da ambiguidade, a possibilidade da escolha, ou melhor, a necessidade da escolha. Como Eva, Pandora exige de seu companheiro uma ação, que este saia da passividade paradisíaca em que se encontra; não é a toa que o nome de Epimeteu significa "aquele que compreende os fatos depois de terem eles acontecidos", como Adão, Epimeteu só se dá conta das consequências de sua escolha depois de tê-la feito, ou seja, de ter aceitado o que lhe era ofertado.

---

47 O mito de Pandora relatado por Hesíodo marca já a supremacia masculina no panteão grego, como as demais deusas do período, Pandora apresenta ligações fortes com a antiga Deusa Mãe, como demonstra sua ligação com os cereais e o casamento. Pode-se, ainda, visualizar, na união desse feminino primeiro à uma força masculina original, um Titã, resquícios do culto da Deusa Mãe. Prometeu, como Titã, carrega uma série de peculiaridades que o distingue dos homens e também dos deuses. Os Titãs nascem da terra e do fogo do Sol, dada sua natureza seca e ígnea, eles estão sempre distantes da deterioração, do envelhecimento e da morte; eles são apresentados como filhos do Céu e da terra. Prometeu é o arquétipo do consorte da Deusa Mãe, enquanto Pandora, uma de suas faces – é a partir deles que o homem nasce.

Zeus convoca, para a feitura de Pandora, Hefesto, Atena, Afrodite e Hermes. Para realizar a obra encomendada por Zeus, Hefesto mistura terra e água e, nessa mistura, o primeiro elemento posto (*Trabalhos*, v.61) é a *audén* (linguagem humana em potência); confirmando esse ato a instituição de uma nova forma de comunicação que até então não existia, já que era desnecessária.[48] Trata-se da linguagem dos *ándres*, e não mais dos *ánthropoi*, até então suficiente e eficaz no entendimento com os deuses. Em seguida, é colocada a força, o vigor físico do homem. São esses os primeiros atributos da massa informe: a linguagem e a força humana. A seguir, começa a se configurar sua aparência: deve-se assemelhar, de rosto, às deusas imortais e, de corpo, a uma bela forma virgem. Aqui se indica o processo de imitação.

A mulher é um paradoxo, pois consiste numa imitação do que já existe; ela não é totalmente nova, entretanto, ela é a primeira de sua espécie. Ela está do lado da *techné* (produto das artes), enquanto o homem está ao lado da *phýsis* (v.108). A maneira como ela é feita lembra o moldar de um vaso, ela é praticamente descrita como um vaso adornado no qual os deuses depositam seus atributos; o jarro que carrega é uma metáfora dela mesma; jarro (*pithos*) sempre dentro de casa e que serve para armazenar o grão colhido que servirá de alimento. De qualquer modo, essa forma nova de nascimento também introduz uma distinção entre o que já existia originalmente – deuses e homens – e o que vem depois, mas que não é mais original, e sim cópia. Pandora surge quando desaparece o "paraíso" original e tenta, sob o aspecto de beleza sedutora, imitar essa felicidade agora ausente (Hesíodo, 1991, p.68).

No verso 64, Atena é convocada para lhe ensinar os trabalhos e o complexo ofício de tecer; Pandora é produto das habilidades dos deuses e também imita na medida em que aprende suas artes.[49] À Afrodite cabe a tarefa de rodeá-la de graça, de penoso desejo e de preocupações

---

48 Vê-se no relato hesiódico que Pandora, como Eva, altera a linguagem e isso se dá como consequência da divisão dos sexos. No *Gênesis* também encontraremos uma alusão a uma linguagem de Adão antes de Eva e outra usada por ela.
49 O tecer enquanto sinônimo do gerar já foi bastante discutido; aqui, a dessemantização do ato de fiar já é notada. Pandora aprende a "gerar" com a deusa Atena, assim como Perséfone e outras jovens.

devoradoras de membros; curiosamente são esses os atributos da deusa que se sobressaem aos demais. Aqui se localiza a origem da oposição "eu" e "outro" para a raça humana; a evocação do penoso desejo, o território comum que separa o "eu" e o "outro", sugerido (v.73-75) pela imagem de Pandora paramentada como noiva, indicando, assim, que penoso desejo e casamento são intercambiáveis.

É nesse mito que a questão do "outro", do "diferente", localiza-se na obra hesiódica, e é na figura da primeira mulher que o poeta situa a origem dos males humanos. O "diferente" não é um mal, mas o que traz os males. Pandora não é um mal em si, ou melhor, não é só um mal, mas é de onde surgem todos os males para os homens. É importante lembrar, entretanto, que como pano de fundo para esse mito existe a diferença realmente radical, aquela que é dada pela Morte: uns são mortais, outros, imortais; uns são deuses, outros, homens.

Ainda sobre a questão da morte, segundo Panofsky (1978, p.109), Pandora, como Atena, é uma *parthénos* (virgem), o que no universo do mito constitui a figura de um ser ambíguo, pois cristaliza nela mesma o interdito terrível do que é feminino no próprio feminino. A *parthénos* pactua sempre com a morte, uma vez que traz em si a condição mortal (ela é o limiar entre a vida e a morte, a criação e a esterilidade) e o tormento da sexualidade não realizada. Tanto na *Teogonia* quanto nos *Os trabalhos e os dias*, a mulher carrega consigo mais poderes de destruição do que princípio da fecundidade. A figura feminina traz a polaridade *Eros* e *Thánatos* quase que por processo mimético, derivada de sua formação junto aos poderes de Afrodite e também de Atena (ibidem, p.71).

Hermes contribui com a obra divina colocando-lhe no peito a conduta dissimulada de um ladrão e também o espírito de cão, que indica sua capacidade de absorver, com seu ardor alimentar, toda a energia do macho. Pandora participa, assim, da natureza divina pela sua aparência, da natureza humana pela força e pela fala, e da natureza animal pela mente de cão.

Cingida como as noivas por Atena e embelezada por Afrodite, Pandora aparece paramentada como para festejar a colorida primavera, pronta para seu próprio casamento. Pandora adornada com os signos da mudança da estação marca o início de um novo ciclo para a humanidade. A *cháris* (Graça) que Afrodite confere à primeira mulher introduz uma novidade no mundo dos homens, uma vez que, antes dela, inexistiam o prazer sexual da mulher e o próprio prazer sexual, pois, a própria palavra sexo, que vem do verbo seco, significa separar, daí a ideia de sexo como separação que supõe duas partes e a cada qual seu prazer (ibidem, p.71-3).

Hermes, cumprindo a vontade de Zeus, confere ainda a Pandora as mentiras e as sedutoras palavras. A *audén*, linguagem humana em potência, passa a ser linguagem realizada, *phonén*, vista como um acréscimo, um artifício a mais nesse dom de Hermes, agora ela é um elemento no exercício da sedução. Na personagem de Pandora vêm-se inscrever todas as tensões, todas as ambivalências que marcam o estatuto do homem, entre animais e deuses.

O nome Pandora possui quatro etimologias possíveis: "a que recebeu todos os dons", alusão à sua criação; ou ainda: "a que dá tudo"; "a que recebe tudo" e "a que tira tudo". Essas outras possibilidades ligam-se à associação de Pandora ao *pithos*.[50] Pois, repetindo o ato de Zeus, no verso 49, e assumindo para si o ato de punir, Pandora "trama para os homens tristes pesares", abrindo a tampa do jarro e dispersando todos os males que até então inexistiam para os *ánthropoi*.

O verbo tramar pode ser traduzido, aqui, como engendrar, marcando a dupla função de Pandora, a que engana e a que gera, pois o *pithos* que Pandora traz consigo para a terra é um símile de seu próprio ventre, como a maçã, símile do útero e do seio maternal da Deusa Mãe. Os vasos, jarras ou semelhantes, devido ao formato cilíndrico e/ou arredondado e à presença de uma boca, garganta e bojo (ventre), assumem na representação mítica uma correlação com a mulher e a serpente. Nas culturas agrárias, a mulher é a responsável pelo feitio da cerâmica,[51] pela semeadura nos campos e pela tecelagem. Atos que,

---

50 O jarro/*pithos* que acompanha Pandora à terra foi substituído ao longo dos séculos por uma caixa ou cofre.
51 Segundo Sílvia de Carvalho (1982, p.30-1), a mulher, a cerâmica e a água estão intimamente ligadas. Só a mulher pode fazer as vasilhas de argila para transportar a água, do mesmo modo como ela transporta a vida dentro de si. Essa ligação é comum em quase todas as culturas – as virgens mortas dão lugar a fontes – como

no imaginário primitivo, ligam-se à criação e ao surgimento da vida. Entre os gregos e os romanos, a mulher/útero é associada à gleba e o trabalho agrícola ao ato sexual, no qual o homem planta a sua semente (Eliade, 1981, p.256-70).

Deriva, assim, o simbolismo erótico do vaso com o sexo feminino, bem como com o fúnebre. Em Creta, no Minoico médio, os mortos eram enfaixados em posição fetal e colocados num grande *pithos*, do tipo usado para armazenar alimentos (Hood, 1973, p.171). O vaso como a terra, a mulher e a serpente conjugam e unem os dois extremos: a vida e a morte, o alto e o baixo; é o elo entre o sagrado e os homens. Decorrente dessa interposição, é que em Creta a deusa apresenta um parentesco simbólico/figural com a árvore, o pilar, ou coluna. "Em Cnossos ela é representada na forma de ídolos cilíndricos e tubulares" (Picard, 1948, p.76).

O vaso, como as frutas: maçã, romã, marmelo e, principalmente, as providas de casca seca, como a avelã, a noz, a amêndoa e outras, insere-se no rol figurativo de "continente" – isotopia do /terrestre/, confirmada pelo tema da /fecundidade/ – invólucro que guarda a semente, promessa de vida, eles justificam sua ligação com a figura feminina. Igualmente, o *pithos* ou cofre de Pandora se insere nesse contexto de justaposição de várias figuras de "continente", posição temático-narrativa que corresponde a uma só e mesma combinação de percursos figurativos, pressupondo a recorrência de uma mesma categoria sêmica subjacente, ou seja, o conjunto formado por: /terrestre/+/segredo/+/fecundidade/+/morte/. Tanto no percurso figurativo das frutas como no de Pandora (*pithos*/serpente) é observada a alternância entre <remeter>/<receber>, <fechar>/<abrir> e <inserir>/<sair>. O conteúdo desses receptáculos apresenta uma

---

mostra a lenda escandinava filmada por Bergman; assim como a vítima sacrificial Inca é a responsável pela construção dos aquedutos. A jovem virgem desposa o jaguar/sol e é morta onde o aqueduto se inicia, por sobre seu túmulo correrá a água e ela será a "deusa" doadora da água e da vida para a comunidade. Igualmente, no mito das Danaides, Amimone é a responsável pelo ressurgimento das águas, passando a designar na Argólida duas nascentes. Amimone recupera as águas ao desposar Posidão (Detienne, 1991, p.40-1).

protofigurativialidade única: /dom escondido/, que embora possa variar de acordo com o contexto, é em essência o germe/semente da vida. É assim que Pandora é início da vida, de uma nova geração humana, e também a responsável por todos os males. Sedutora, de belo aspecto, Pandora é, no entanto, o *grande mal*.

Pandora reúne vários traços que se verificarão em Eva: seu nascimento diverso do apresentado por seu companheiro; sua ligação com o sexo e a morte; sua "curiosidade", que leva os males ao mundo; o uso da palavra enquanto forma de sedução/engano. E pelo fato de ser ela uma das herdeiras da Deusa Mãe no panteão patriarcal, ao ser definida como a que tudo dá ou tudo tira, Pandora assemelha-se à Deusa em suas funções de criadora, uma vez que os homens são seus filhos, e de ceifadora da vida, já que a morte surge com ela.

Eva ou a nova Pandora

No *Gênesis*, a criação do homem e da mulher é bastante sucinta: Deus, após criar o mundo, no sexto dia, criou o homem:

> Deus disse: Façamos o homem à nossa imagem, como nossa semelhança, e que eles dominem sobre os peixes do mar, as aves do céu, os animais domésticos, todas as feras e todos os répteis que rastejam sobre a terra.
> Deus criou o homem à sua imagem,
> à imagem de Deus ele o criou,
> homem e mulher ele os criou.
> Deus os abençoou e lhes disse: "Sede fecundos,[52] multiplicai-vos, enchei a terra e submetei-a; [...]". Deus disse: "Eu vos dou todas as ervas [...]". Deus viu tudo o que tinha feito; e era muito bom: Houve uma tarde e uma manhã: sexto dia.

---

52 O plural usado por Deus ao referir-se ao primeiro homem, suscitou a interpretação de que junto ao primeiro homem teria sido criada a primeira mulher, da terra como ele, e esta se chamaria Lilith. Mas, infelizmente, só esse plural é, dentre os dados apresentados como prova, corroborado pelos textos localizados. Como os *ánthropoi*, o primeiro homem é macho e fêmea, sem distinção.

> No tempo em que Iahweh Deus fez a terra e o céu, não havia ainda nenhum arbusto dos campos sobre a terra e nenhuma erva dos campos tinha ainda crescido, porque Iahweh Deus não tinha feito chover sobre a terra e não havia homem para cultivar o solo. Entretanto, um manancial subia da terra e regava toda a superfície do solo. Então, Iahweh Deus modelou o homem com a argila do solo, insuflou em suas narinas um hálito de vida e o homem se tornou um ser vivente. (*Gênesis*, 2)

Deus modela o corpo do homem usando a argila do solo, elemento feminino ligado à Terra-Mãe, ao passo que o espírito é parte do hálito divino, marcando a visão dualista cristã que divide os seres humanos entre a carne e o espírito, não como um todo – como ocorria nas religiões pagãs.

Após modelar o homem, Deus o coloca no paraíso, cria todos os seres e os faz desfilar diante do homem para que os nomeie. Em oposição à fala de Eva, Adão não se exprime por palavras, até então, desnecessárias para a comunicação entre os seres e entre ele e Deus.

A princípio, Deus pretendia tirar dentre os seres criados uma auxiliar para o homem, mas o homem não encontrou a que lhe correspondesse, assim, nasce a mulher, desejo masculino, presente de Deus:

> Iahweh Deus plantou um jardim em Éden, no oriente, e aí colocou o homem que modelara. Iahweh Deus fez crescer do solo toda espécie de árvores formosas de ver e boas de comer, e a árvore da vida no meio do jardim, e a árvore do conhecimento do bem e do mal. [...] Então Iahweh Deus fez cair um torpor sobre o homem, e ele dormiu. Tomou uma de suas costelas e fez crescer carne em seu lugar. Depois, da costela que tirara do homem, Iahweh Deus modelou uma mulher e a trouxe ao homem.
> Então o homem exclamou:
> "Esta, sim, é osso de meus ossos
> e carne de minha carne!
> Ela será chamada mulher,
> Porque foi tirada do homem! (*Gênesis*, 2)

Como ocorreu com Pandora, Eva é modelada por um deus, mas ao contrário da primeira mulher grega, nada é dito sobre sua aparência, seus dotes ou qualidades. Enquanto o homem é a imagem e semelhança de Deus, a mulher é apenas mulher, osso e carne do homem, mas não o igual – ela é o "outro", o diferente. Eva é só barro, pois não há menção de Deus ter-lhe conferido o sopro divino, a ausência dessa referência fez com que, na Idade Média, a mulher fosse considerada um ser sem alma, sem espírito.

Repetindo-se na criação do homem, o que já se verificou anteriormente em relação à criação do mundo, e compartilhando com o primeiro homem essa prerrogativa, Deus faz nascer do macho a fêmea, o masculino é transformado em mãe, origem, matéria da mulher, invertendo o motivo que caracterizava o feminino até então. O homem "gera" sua companheira com a intervenção divina.

Na sequência, o relato da criação apresenta a serpente que, tal qual Prometeu, era o "mais astuto de todos os animais dos campos que Deus tinha feito". A mente tortuosa de Prometeu ganha um contorno sinuoso junto da serpente,[53] a astúcia e o desejo de enganar Deus/Zeus e favorecer o homem é comum a ambos. O conhecimento, vindo do fruto da árvore proibida, corresponde ao fogo dado aos homens por Prometeu, motivo do afastamento de homens e deuses e consequente fim da idade de ouro para os homens, ou a perda do paraíso. Nos textos bíblicos e, sobretudo, nos posteriores, dos bispos da Igreja, a mulher/Eva será comparada a uma "chama voraz", como o faz Hildeberto de Lavardin (Ariès; Duby, 1990, p.39); seu ventre, a uma fornalha incansável, como no livro/poema *Da mulher má*, do Bispo de Rennes. Nessa obra, a mulher é *femina*, Eva a inominável, raiz do mal, fruto de todos os vícios. Do termo *femina* migra-se para o uso de *meretrix*, a prostituta: "Uma cabeça de leão, uma cauda de dragão e *no meio nada mais do que um fogo fervente*". Após essa (deliciosa) descrição, o bispo lança seu último

---

53 A sinuosidade é, aqui, jogo semântico, pois a serpente só se tornará um réptil após sua punição, antes disso, ela era uma das criaturas divinas, sem um contorno definido pelo texto bíblico, tal qual a primeira mulher. *Gênesis*, 3.

aviso: "eles [os clérigos e homens] que não se exponham a essa fornalha" (ibidem, p.38). O ventre/sexo feminino é uma chama, como a que Prometeu deu aos homens.

A serpente/Prometeu seduz a primeira mulher e oferece ao homem o conhecimento e uma nova forma de vida, a que vem do prazer, do sexo, e que traz a morte e a alteridade.

[A serpente] disse à mulher: "Então Deus disse: 'Vós não podeis comer de todas as árvores do jardim?'" A mulher respondeu à serpente: "Nós podemos comer do fruto das árvores do jardim. Mas do fruto da árvore que está no meio do jardim, Deus disse: Dele não comereis, nele não tocareis, sob pena de morte". A serpente disse, então, à mulher: "Não, não morrereis! Mas Deus sabe que, no dia em que dele comerdes, vossos olhos se abrirão e vós sereis como deuses, versados no bem e no mal". A mulher viu que a árvore era boa ao apetite e formosa à vista, e que essa árvore era desejável para adquirir discernimento. Tomou-lhe do fruto e comeu. Deu-o também a seu marido, que com ela estava, e ele comeu. Então, abriram-se os olhos dos dois e perceberam que estavam nus; entrelaçaram folhas de figueira e se cingiram.

Eles ouviram o passo de Iahweh Deus que passeava no jardim à brisa do dia e o homem e sua mulher se esconderam da presença de Iahweh Deus, entre as árvores do jardim. Iahweh Deus chamou o homem: "Onde estás?", disse ele. "Ouvi teu passo no jardim", respondeu o homem; "tive medo porque estou nu, e me escondi". Ele retomou: "E quem te fez saber que estavas nu? Comeste, então, da árvore que te proibi de comer!". O homem respondeu: "A mulher que puseste junto de mim me deu da árvore, e eu comi!". Iahweh Deus disse à mulher: "Que fizeste?". E a mulher respondeu: "A serpente me seduziu e eu comi".

Então Iahweh Deus disse à serpente:
"Porque fizeste isso
és maldita entre todos os animais domésticos
e todas as feras selvagens.
Caminharás sobre teu ventre
e comerás poeira
todos os dias de tua vida.
Porei hostilidade entre ti e a mulher,
entre tua linhagem e a linhagem dela.

Ela te esmagará a cabeça
e tu lhe ferirás o calcanhar.
À mulher ele disse:
"Multiplicarei as dores de tuas gravidezes,
na dor darás às luz filhos.
Teu desejo te impelirá ao teu marido
e ele te dominará".
Ao homem, ele disse:
"porque escutaste a voz de tua mulher
e comeste da árvore que eu te proibira comer,
maldito é o solo por causa de ti!
Com sofrimentos dele te nutrirás
todos os dias de tua vida.
Ele produzirá para ti espinhos e cardos,
e comerás a erva dos campos.
Com o suor de teu rosto
comerás teu pão
até que retornes ao solo,
pois dele foste tirado.
Pois tu és pó
e ao pó tornarás".
O homem chamou sua mulher "Eva", por ser a mãe de todos os viventes. Iahweh Deus fez para o homem e sua mulher túnicas de pele, e os vestiu. Depois disse Iahweh Deus: "Se o homem já é como um de nós, versado no bem e no mal, que agora ele não estenda a mão e colha também da árvore da vida, e coma e viva para sempre!". E Iahweh Deus o expulsou do jardim de Éden para cultivar o solo de onde fora tirado... (*Gênesis*, 3)

O homem conheceu Eva, sua mulher; ela concebeu e deu à luz Caim, e disse: "Adquiri um homem com a ajuda de Iahweh..." (*Gênesis*, 4)

Os amores da mulher e da serpente foram bastante desenvolvidos pela mitologia pagã: como no jardim das virgens Hespérides, consagradas pelo nascimento do Dioniso órfico, e renovado pela lenda de Alexandre. No *Gênesis,* a maçã serve de elo entre dois parceiros, introduzindo na relação mulher-serpente dois temas fundamentais: de um lado, aquele da árvore que produz o fruto (Eva); de outro, aquele da consumação, ou seja, o da boca, e mesmo o da mordida, associada à boca de Eva como aquela da serpente. Eva é ao mesmo tempo a árvore (imagem da Deusa Mãe), o fruto a ser colhido,[54] a virgem seduzida, unida a serpente (nova hierogamia da deusa com o falo), e um símile da própria serpente, uma vez que a serpente é um ser ambíguo que compartilha os valores positivos e negativos, presentes na bipolaridade macho-fêmea. Apresentando um lado feminino e outro masculino conjugados na mesma forma.

O lado feminino da serpente está correlacionado à espiral – forma circular, aberta, cujo movimento é contínuo e repetido, é extensão, emanação, desenvolvimento, continuidade cíclica, mas em progresso, rotação criacional; ligando-se ao simbolismo erótico da vulva, da concha, da fertilidade e da Lua, pois representa os ritmos repetidos da vida, o caráter cíclico da evolução.[55]

A presença de dois orifícios simétricos em seu corpo: boca e sexo tornam-na um equivalente da mulher. Ela é um símbolo uterino, matriz da qual surge o ovo – semente de nova vida.

A deusa serpente de Ur é um belíssimo exemplo dos valores femininos atribuídos às serpentes, e que poderia representar Eva. Com 150 mm de altura, em terracota, Tiamat "oferece uma imagem ancestral da mãe sagrada com seu filho ao peito; nua, salvo pelo *cinturão mágico* de triângulos, que ressalta e embeleza o delta fértil; ela possui cabelos presos, ombros largos e um sorridente sorriso de réptil" (Getty, 1996, p.32). Segundo Getty, o triângulo representa o tríplice aspecto da grande Deusa babilônica: como virgem, mãe e velha e, na tradição tântrica, é o símbolo primordial da vida.[56] A

---

54 A correlação entre o comer do fruto e o ato sexual, bem como da imagem da fruta que rompe sua casca com a da perda da virgindade já foi explorada em capítulos anteriores da primeira parte, por isso não retomaremos aqui.
55 Entre os Bantos, as espirais simbolizam o poder criador, a procriação. O umbigo é considerado como ligação do corpo em que estão presas as duas serpentes que vivem no interior da mulher e "moldam" a criança. O umbigo simboliza, assim, as circunvoluções das origens e é, frequentemente, representado com formato convexo ou por uma dupla espiral – símbolo dos primeiros movimentos da criação. Dessa forma, se diz de uma mocinha que já atingiu o estágio do período procriativo (ficou menstruada), que "sua serpente acordou, começou a se desenrolar" (Roumeguère-Eberhardt, 1992, p.21).
56 Os triângulos do cinturão mágico de Tiamat inscrevem-se uns sobre os outros,

serpente está associada à imortalidade e, portanto, a reafirmação da vida, porque possui o dom de desprender-se todos os anos de sua pele e renascer renovada, enquanto a mulher desprende-se de sua pele interna uma vez por mês.

As representações medievais da serpente com rosto feminino são "herdeiras" de Tiamat e da ligação ancestral da serpente com o feminino, sobretudo, da Deusa Mãe e sua espiral. A literatura médica do século XII apresenta muitas afirmações que reforçam esse "medo da mulher". "Ela é descrita como fria e úmida (características comuns à serpente), sua matriz (útero/vulva) experimenta um prazer semelhante ao das serpentes que, na sua busca de calor, penetram no interior da boca dos que dormem. [Aqui o útero, recipiente, é contaminado pela ambivalência da serpente, sendo capaz de penetrar o homem, como um súcubo, quando a realidade é o oposto.] A capacidade sexual da mulher é sempre particularmente inquietante" (Ariès; Duby, 1990, p.88). Em uma descrição anatômica da segunda metade do século XII, encontra-se o seguinte acréscimo: "a vulva é assim denominada devido ao verbo *volvere*, que significa *rolar alguma coisa, formar enrolando*" (ibidem, p.74-5). Essa associação da mulher à serpente, e vice-versa, fez com que se acreditasse que a mulher fosse habituada ao veneno e, portanto, imune a ele. O contato com o feminino equivalia ao contato com a serpente e seu veneno, passível de morte. A analogia com as formas recurvadas e sinuosas da serpente encontram-se também na descrição do olhar de Afrodite, no hino homérico a Afrodite I, como uma das grandes herdeiras da Deusa Mãe, ela traz a serpente no olhar.

Em contrapartida, o lado masculino da serpente está em sua forma cilíndrica, terminada por extremidades "pontiagudas" ou "afuniladas", corresponde à forma do chifre, da flecha, do falo e do raio. O valor macho/fecundante da serpente a associa também às chuvas e ao raio, reflexo prateado, de língua recortada que traz a chuva benéfica. Ligada ao masculino, a serpente se alia ao touro e a seus chifres,

---

numa progressão ascendente, fazendo lembrar a espiral e sua evolução – a renovação da vida que passa de mãe à filha, sem alterar seu ritmo. Além de referendar a forma triangular ligada ao sexo/cinto visto para as vênus paleolíticas e neolíticas.

a figuratividade de base sêmica comum encontra ecos nos mitos dos deuses taurimórficos.

Astuta como Prometeu e ambígua como Pandora/Eva, a serpente compartilha da mesma dualidade de Deus, ele também macho e fêmea. Se no mito hesiódico a mulher põe fim a uma disputa entre Zeus e Prometeu, estabelecendo um novo ciclo de vida para o homem; no mito judaico-cristão, ela é o início dessa disputa. Criada por Deus, como presente a Adão, a mulher é seduzida/usada pela serpente/Satã para atingir Deus e sua criação. Como punição a essa afronta, a serpente transforma-se em réptil, guardando semelhanças com aquela que seduziu, a mulher, e com o masculino; mas, sua maior punição é a hostilidade criada por Deus entre ela e a mulher. Há nessa passagem uma tentativa flagrante de afastar, por meio do mito da queda, as mulheres do antigo símbolo da Deusa Mãe e de seu culto, ainda praticado entre os novos cristão.

A mulher, como a serpente, é o elo entre as antigas crenças e a nova religião, portanto, deve ter seu poder reduzido ao máximo. Se em Hesíodo ela já era um belo mal, no cristianismo ela é a porta por onde o grande mal, Satã, entra no mundo.[57] Enquanto a etimologia do nome Adão o liga ao barro do qual foi criado – *adam, adamah,* solo, um nome coletivo –, Eva teria, na etimologia popular, o significado de "viver" – ela é *"vita",* a vida, a *mãe de todos,* como a antiga Deusa. Mas, já na Alta Idade Média, ela é *"Vae",* a desgraça, que terá sua contrapartida em outro anagrama: *Ave,* usado para saldar Maria e que indica ser esta uma nova Eva, a que redime os pecados da primeira. Essa ideia frutificou como mostra São Jeronimo "morte por Eva, vida por Maria"; ou Santo Agostinho "pela mulher a morte, pela mulher a vida" (Ariès; Duby, 1990, p.39).

---

57 A árvore anexada por Satã proclama, de forma negativa, a necessidade de destronar a Deusa Mãe (Eva), reduzida, assim, à pecadora. Essa hipótese pode ser confirmada pela maldição de Caim, que oferece ao Senhor os "frutos da terra", e faz desse construtor de cidades o assassino de Abel. A recusa dos frutos da terra é uma recusa ao legado da Deusa Mãe, de suas primícias, das quais Caim é o representante, o portador (Triomphe, 1999, p.66).

Eva, como Pandora, é a responsável pelo surgimento do sexo e pelo desdobramento do homem primitivo em masculino e feminino. Se não é possível afirmar que na origem existisse uma mulher feita do barro, tal qual Adão, uma Lilith, o texto bíblico permite ver, no plural empregado para referir-se ao primeiro homem, uma aproximação deste com os *ánthropoi* gregos, nos quais a distinção macho/fêmea não se manifestava, embora ocorresse a multiplicação/nascimento de novos homens. Como na idade de ouro, o primeiro homem podia se multiplicar, mas não conhecia o sexo, esse só irá ocorrer depois da expulsão do paraíso: "O homem conheceu Eva, sua mulher; ela concebeu e deu à luz Caim" (*Gênesis*, 3).

É instigante notar que o pecado original, o provar do fruto do conhecimento, é, ao mesmo tempo, a descoberta do sexo, enquanto desejo erótico, portanto cultural, marcando uma distinção de períodos/ciclos, como em Hesíodo; e também o reconhecimento da alteridade "eu"/"outro", do assumir uma condição de sujeito de sua própria história, ou seja, o homem passa a ter que fazer escolhas, agir, sair da inércia primordial, a assumir seu estatuto de ser cindido e desejante, portanto mortal/humano.

Eva e a serpente-prometeica são os motores ativos dessa mudança, Adão, embora presente na cena da sedução de Eva pela serpente, nada diz, não impede sua ação, ao contrário, deixa-se levar por elas. Adão é um não ser, aquele que é conduzido, enquanto Eva/serpente, face da Deusa, é a que conduz.

Ao comer do fruto do conhecimento, Adão e Eva tomam ciência de que estão nus. A descoberta da nudez é um ponto importante, pois permite descortinar o caminho que levou a Igreja a associar o "pecado da curiosidade", o "desejo pelo conhecimento" com o sexo enquanto luxúria, concupiscência. A nudez de Adão é secundária, a de Eva é perigosa.

Dos motivos apontados para a queda, três são atribuídos à presença feminina, a ocasião do pecado é sempre de um único tipo, aquele que apela para a debilidade da carne. Eva é a "porta da vida", mas também a "porta que se abre sobre a queda, a porta do pecado" (Ariès e Duby, 1990, p.35). Já foi mencionada a paridade existente, desde a pré-história, entre a boca e o sexo feminino – a serpente leva Eva a comer do fruto, desperta seu desejo com algo que é apetitoso; o texto bíblico é bem explícito: "A mulher viu que *a árvore era boa ao apetite e formosa à vista, e que essa árvore era desejável* para adquirir discernimento" (*Gênesis*, 2). Portanto, a serpente desperta o desejo de comer/copular em Eva, o desejo de experimentar algo até então desconhecido por ela e pelo homem, uma sexualidade diversa da procriativa. Uma vez desperta para o desejo, Eva perde Adão,[58] fazendo-o provar do fruto proibido – do sexo erotizado, que busca o prazer, e não o sexo enquanto simples forma reprodutiva. A tentação mais perigosa é, obviamente, o corpo feminino nu, pois, como o visto para as representações da deusa paleolítica, a magia maior está concentrada nele mesmo, nos seus seios/ventre/sexo – fruto e origem de vida/prazer, mas também da morte/gozo.[59] No final do século XI, segundo conta Duby (Ariès; Duby, 1990, p.480), ao retratar *A batalha dos vícios e das virtudes*, de Ambrósio Autperto, "... a luxúria é representada por uma mulher, provocação permanente ao pecado. Enquanto que em geral, para representar os vícios, há necessidade de um atributo que os caracterize, para a Luxúria basta o corpo da mulher [nu], que já é em si mesmo uma alegoria".

Além da perda do paraíso, Eva traz consigo as dores e a morte, mas uma morte diversa da morte ritual experimentada junto à Deusa e ao "sexo pagão", precursora da regeneração no tempo cíclico regido pela Natureza, Terra-Mãe; com o cristianismo o tempo tornou-se linear e a morte um fim terrível. Além disso, Eva estabelece uma nova ligação entre homens, animais e Deus. Se antes da queda, o

---

58 A sedução de Adão se dá não só pelo corpo de Eva, mas por sua voz, o texto é explícito, "porque escutaste a voz de tua mulher...", tal qual Pandora, Eva tem uma linguagem sedutora, enganadora.

59 A psicanálise tem insistido sobre o sentido sexual e edipiano do consumir o fruto. Pois o fruto, em decorrência de sua vegetalidade e sua ligação com a terra é um símbolo maternal. Eva corresponde ao fruto ele mesmo e, ao mesmo tempo, sua consumidora, mãe do gênero humano e arquétipo da Mãe primordial, não pode propor a Adão outra coisa que não um incesto, ditado pelo ódio do Pai divino e castrador (Triomphe, 1999, p.67)

homem, como os *ánthropoi*, não se ligava nem a uma esfera nem à outra, depois dela, ele compartilha de ambas. Sua vestimenta de peles, feita por Deus, marca a parte animal desse ser que traz, ainda, dentro de si, o sopro divino.

Ao relacionar a mulher com o natural/carnal e o homem/Deus com o espiritual, reduziu-se a função da mulher à procriação, mas se criou um temor. Temor à essa força inquietante, esse corpo que escapa ao domínio do espírito, um ser governado pelos órgãos e, em particular, pelos sexuais, a mulher é inteiramente um ser natural, o elemento essencial da Natureza – força ativa que estabeleceu e mantém a ordem do universo, nela se conjugam dois grandes verbos: viver e morrer.

Uma maçã é uma maçã!

É interessante notar como a maçã se transforma em fruto do pecado, pois no Gênesis não há menção de qual é o fruto colhido por Eva. A maçã surge junto da serpente e de Eva, em infinitas representações, devido à sua ligação com as deusas pagãs, com Afrodite e, claro, por sua equivalência com o sexo/útero. A maçã nas mãos de Eva é uma metonímia de seu sexo e do pecado, como era o *pithos* de Pandora.

Segundo Eliade (1981, p.281), um desenho arcaico de Susa já trazia representada uma serpente que se ergue verticalmente para comer de uma árvore – correspondendo a um protótipo babilônico do episódio bíblico. A árvore nessas culturas era a moradia da deusa, árvore cósmica, o centro do universo, podendo ser o corpo da própria deusa, como ocorre com Asherah, a mais antiga das deusas cananeias, aludida numa inscrição suméria de 1750 a.C.. Asherah, nas escrituras dos hebreus, tem seu nome traduzido por *bosque* e, de um modo geral, era representada pela Árvore da Vida, assim como Astarté, que era referida como Rainha do Céu e cujo nome significava originalmente *ventre*, sugestão mais do que evidente de ser ela uma deusa da fertilidade (Husain, 2001, p.39). Portanto, a ligação da Deusa Mãe com a árvore e com a maçã, enquanto fruto/sexo, fez, naturalmente, da macieira a imagem da árvore do fruto proibido.

A maçã e a macieira são, ainda, bastante citadas no *Cântico dos Cânticos*. Uma primeira vez (7:10), é o hálito da bem amada que se identifica ao perfume dos pomos: essa ligação do hálito e do perfume, doce e penetrante, é essencial, em particular para um oriental, mostrando a riqueza do símbolo que faz apelar a todos os sentidos e que não deixa esquecer o simbolismo visual existente entre o fruto e a mulher.

Ao final do *Cântico*, no verso em que o esposo ampara a esposa que retorna do deserto, há novamente menção da macieira "sob a macieira te despertei, lá onde tua mãe te concebeu, concebeu e te deu à luz", nessa passagem de interpretação controversa, Triomphe (1999, p.65) vê uma representação realista e muito simples da concepção e da procriação. De um lado, o jardim do deserto no poema sumério é o prólogo natural ou o quadro de uma "aspersão" fecunda assegurada pela união sexual. De outra parte, o ato procriador é associado à mãe da esposa, um tema maternal, tema de origem, que se afirma na dimensão temporal e remete à ideia da sucessão das gerações, tal qual a mãe, a esposa foi despertada/amada sob a macieira. Quanto à presença da macieira no momento do ato, ela ilustra uma realidade comum, por vezes concreta e simbólica: o hábito de se fazer amor e procriar sob uma árvore, bem atestado nas poesias amorosas do Egito. A árvore é uma imagem vegetal da fecundidade, que insere a geração na sucessão temporal.

Bem posterior é o aparecimento da maçã bíblica, quando é promovida a objeto modelo, suscetível de ilustrar as projeções do desejo e do interdito que a colore, então, com a objetividade do mal. Nessa interpretação, a mulher, a maçã e a serpente formam uma trindade indissociável: encarnação, sob três formas aparentemente distintas, dessa mistura perfeita de charme e de perfídia, de animalidade e vegetalidade difusa, que é tida como componente da natureza feminina (Triomphe, 1999, p.66).

A maçã ainda guarda uma associação com a morte, sugerida pela queda. O símbolo da queda, que se produz por si mesma, reenvia à obra da natureza e se opõe àquela da colheita, que supõe uma intervenção humana – ilustrando a brevidade da vida, roída em seu interior por um verme que anuncia a morte. A colheita, ao contrário, ilustra uma união simbólica: a jovem é o pomo, o homem o apanhador. Como todo símbolo ligado ao feminino e à Deusa Mãe, a maçã também é ambivalente: vida e morte.

Para os antigos, o fruto é o resultado de uma mutação progressiva, ele se inscreve em uma dinâmica, aquela do tempo anual, que rege, por sua vez, o homem, a sociedade e a natureza; ele faz parte da dialética cósmica terra/sol, ele marca o futuro humano e, em particular, o da mulher: sob a sucessão da floração primaveril, da maturidade estival, da frutificação outonal e da morte invernal. Pois a natureza é, ao lado da fêmea, imagem da fecundidade, terra onde o macho planta sua semente e a criança é o fruto. O fruto da mulher é também aquele da Terra, modelo de mãe universal. Os ritos e os mitos traduzem essa dinâmica associando o fruto ao futuro feminino: o fruto toma forma pouco a pouco até o momento em que será colhido. Assim, apanhar um fruto é concluir a aventura anual de sua frutificação, por isso a significação totalizante da colheita.

Eva, como as *Kórai*, encontra a sua *hora*, seu momento de ser colhida e de frutificar; como ocorreu com Perséfone, Afrodite, Ártemis ela se unirá ao macho transformando-se em Mãe e, sob esse novo aspecto, ela se assemelha a Deméter, Cibele e outras. Ciclo interminável que se perpetua nas filhas de Eva, com seus olhos de serpentes e lábios de maçã, que como um selo se inscreve sobre a pele do homem, queimando-o no desejo e perdendo-o na morte.

A deusa cindida

Do Paleolítico até a Idade Média pode-se observar uma fragmentação da Deusa Mãe graças a um adensamento figurativo que, em um movimento de dessacralização paulatina, encobre o tema/motivo da Mãe fecunda e capaz de propiciar a fertilidade e a fecundidade. Enquanto nos períodos mais remotos da história da humanidade a deusa era vista como fonte de toda a vida, mãe universal da qual tudo surgia e, portanto, um ser uno, figurativizado nos traços/semas mínimos que conotam o gerar e o nutrir; no período homérico ela se transforma, ganha corpo, ou seja, cobertura figurativa, que se adensa numa multiplicidade de faces, adornos e domínios. Para cada aspecto da antiga Deusa Mãe, descobre-se uma deusa, mas que traz em sua estrutura profunda os mesmos semas da deusa una. Com o fim do paganismo e início do cristianismo, as deusas e seus ritos são "banidos". A nova mentalidade, agora voltada para a interiorização do homem e de sua fé, para um maniqueísmo que divide o mundo entre o bem e o mal e busca a salvação na vida além túmulo, cindi a Deusa Mãe, ela não mais terá múltiplas faces que conjugam o positivo e o negativo, ela terá apenas duas: a mãe, boa e virgem; a fêmea, má e prostituta.

Seu reino também lhe é tirado, os poderes geradores, marca do feminino, passam para o masculino, agora é o Deus Pai que gera a vida, não mais da matéria, do ventre-terra, mas do verbo, do espírito. Seu corpo/mundo ctônico ganha novo senhor, Satã, o que governará a matéria, o desejo o sexo. Aqueles que traziam todo um valor positivo e renovador, transformam-se em antivalor, eles não mais renovam, mas perdem, maculam o espírito impedindo-o de chegar até ao Pai, ao paraíso.

Sob essa nova distribuição de poderes, a imagem ambígua da Deusa, do feminino, aproxima-se e afasta-se de ambos os Senhores. Enquanto mãe, mas destituída de tudo que é feminino e, portanto, humano, ela se aproxima de Deus, é a Virgem Maria, ideal feminino inalcançável; enquanto fêmea, mulher desejante e desejada, portanto, humana, ela é Eva, a companheira do Diabo. Mas se suas duas faces foram postas sob o jugo de um Senhor, elas ali não se fixaram por completo, o culto privado à Deusa resistiu, até o século XII seus ritos ainda se realizavam nos bosques.

A abstinência sexual passa a ser um ideal da nova religião, não só para o feminino, uma vez que concretiza a invectiva contra a sensualidade obsidiante dos deuses pagãos. Em decorrência, os antigos símbolos da Deusa são igualmente divididos: a serpente e a maçã, ligados ao sexo, são associados ao Senhor das Trevas; as rosas, os lírios, o ouro, que na crosta figurativa aparentam afastar-se do sexo, associam-se ao Senhor da Luz.

À Deusa sobra a narrativa, os relatos míticos de violação se transformam em narrativas bíblicas, racionalizados, dessemantizam-se, nublando, obscurecendo o motivo original e fixando-se numa figuratividade mais definida. O jovem deus, filho e amante, é ainda chorado pela mãe em sua morte anual, mas ele já não a fecunda. A figuratividade que norteará as imagens posteriores do feminino, ainda que inseridas em relatos similares aos da Deusa, de união com consortes viris e violentos, para as herdeiras desta, serão a da virgem abnegada, que com seu exemplo e total pureza redimem os consortes, ou a da mulher fatal, que devido à sua luxúria e/ou ganância sucumbem. Sob o véu da pureza, oculta-se a serpente. Trancada, vigiada e submetida ao homem, a mulher é, ainda assim, um risco. Suas palavras misturam-se às suas artimanhas – a beleza e a expressão andam de mãos dadas. A sedução da fala feminina reflete a sedução de seu corpo. Vestida, usa dos adornos para realçá-lo e tramar enganos; nua, materializa os maiores perigos. Pecadora irremediável, desde sua origem, ela é um ser natural e, como a Natureza, indomável, incompreensível, mutável, múltipla e una, fonte de vida e de morte.

Mulher – Lua – Anjo – Serpente – Maçã!
Vem, oh Bela! Vela teu rosto e sai para a rua...

6
O ÚLTIMO SORTILÉGIO

O último sortilégio

Já repeti o antigo encantamento,
E a grande Deusa aos olhos se negou.
Já repeti, nas pausas do amplo vento,
As orações cuja alma é um ser fecundo.
Nada me o abismo deu ou o céu mostrou.
Só vento volta onde estou toda e só,
E tudo dorme no confuso mundo.

Outrora meu coração fadava, as sarças
E a minha evocação do solo erguia
Presenças concentradas das que esparsas
Dormem na formas naturais das coisas.
Outrora a minha voz acontecia.
Fadas e elfos, se eu chamasse, via.
E as folhas da floresta eram lustrosas.

Minha varinha, com que da vontade
Falava às existências essenciais,
Já não conhece a minha realidade.
Já, se o círculo traço, não há nada.
Murmura o vento alheio extintos ais,
E ao luar que sobe além dos matagais
Não sou mais do que os bosques ou a estrada.

Já me falece o Dom com que me amavam.
Já me não torno a forma e o fim da vida
A quantos que, buscando-os, me buscavam.
Já, praia, o mar dos braços não me inunda.
Nem já me vejo ao sol saudado erguida,
Ou, em êxtase mágico perdida,
Ao luar, à boca da caverna funda.

Já as sacras potências infernais,
Que, dormentes sem deuses nem destino,
À substância das coisas são iguais,
Não ouvem minha voz ou os nomes seus.
A música partiu-se do meu hino.
Já meu furor astral não é divino
Nem meu corpo pensado é já um deus.

E as longínquas deidades do atro poço,
Que tantas vezes, pálida, evoquei
Com a raiva de amar em alvoroço,
Inevocadas hoje ante mim estão,
Como, sem que as amasse, eu as chamei,
Agora, que não amo, as tenho, e sei
Que meu vendido ser consumirão.

Tu, porém, Sol, cujo ouro me foi presa
Tu, Lua, cuja prata converti,
Se já não podeis dar-me essa beleza
Que tantas vezes tive por querer,
Ao menos meu ser findo dividi –
Meu ser essencial se perca em si,
Só meu corpo sem mim fique alma e ser!

Converta-me a minha última magia
Numa estátua de mim em corpo vivo!
Morra quem sou, mas quem me fiz e havia,
Anônima presença que se beija,
Carne do meu abstrato amor cativo,
Seja a morte de mim em que revivo;
E tal qual fui, não sendo nada, eu seja!

Fernando Pessoa

Na barriga do lobo

Os contos maravilhosos ou folclóricos têm sua origem na tradição oral, muito anterior à sua transformação literária com Perrault.

Tanto nos contos de Charles Perrault, quanto nos compilados pelos irmãos Grimm, há um traço de continuidade de velhas narrativas, que remontam aos mitos e às obras literárias da Antiguidade clássica. Assim sendo, esses contos não eram voltados, especificamente, para as crianças, pois a denominação "contos de fadas" ou "contos infantis" é resultado de uma transformação ideológica ocorrida no final do século XVII, quando já se definiam as características sociais que dariam à luz a Revolução Industrial. Charles Perrault, membro da alta burguesia francesa, criou a literatura infantil com uma pequena coletânea de contos populares, nos quais as fadas eram deusas, mães e mestras ao mesmo tempo. Essa obra promoveu o encontro entre a ideologia dos dominantes com a dos dominados – segundo o filósofo francês Marc Soriano (1968) em *Les contes de Perrault: culture savante et tradicions populaires*.

Oriunda da necessidade de perpetuar sua ideologia, através da educação dos pequenos, a burguesia viu na literatura infantil a melhor forma de realizar esse intento. E é com essa expectativa que surge a literatura para crianças. Segundo Regina Zilberman (1982, p.40), essa literatura "contribuiu para a preparação da elite cultural, através da reutilização do material literário oriundo de duas fontes distintas e contrapostas: a adaptação dos clássicos e dos contos de fadas de proveniência folclórica". Se os clássicos faziam parte do acervo cultural da classe dominante, os contos populares circulavam entre as pessoas da classe dominada. No entanto, mesmo não sendo histórias para crianças e não contribuindo para a educação de nobres e burgueses, os contos folclóricos, mais do que os clássicos, passaram a ser usados no sistema educacional, que o capitalismo burguês preparou e organizou para a nova sociedade, que se instalava e se consolidava desde o século XVI. O fenômeno histórico-literário desencadeador desse processo foi a publicação da coletânea de Perrault em 1697, na França do Antigo Regime. Outro fenômeno de tal importância só surgiria mais de um século depois, em 1812, com os irmãos Grimm, na Alemanha (Mendes, 2000, p.54).

Tanto Perrault quanto os irmãos Grimm recorrem a fontes populares para comporem seus contos. Perrault, sob o disfarce de *Mamãe Gansa*, reelabora as narrativas orais, muitas vezes, deixando apenas um leve traço do relato original, adaptando-as aos interesses e valores da época. Já os irmãos Grimm vão buscar nas velhas senhoras, contadoras de histórias da Alemanha, a fonte para suas publicações. A influência do Romantismo é sentida nos contos, pois muitos têm os seus finais alterados para finais felizes, ou têm cenas abrandadas, diminuindo a violência contida no original.

Segundo Marina Warner (1999, p.220) em seu estudo sobre os contos de fadas e seus narradores,

> [...] os Românticos alemães, no final do século XVIII e começo do XIX, valorizavam os produtos da imaginação, das fantasias e sonhos, com convicção sem precedentes, consequentemente atribuindo aos contos de fadas o mais alto status literário que jamais haviam alcançado, mesmo no final do século XVII. Eles identificam o gênero com a mente espontânea, inocente e simples – com crianças e com pessoas comuns e sem sofisticação. Estas eram puras, não adultas – literalmente, inadulteradas. O poeta místico alemão Novalis (1772-1801) foi um dos primeiros pensadores a sugerir que os contos de fadas tinham o poder de desvendar os mistérios do espírito.

Essa definição de Novalis aproxima os contos dos mitos, pois ambos ligariam o homem à divindade.

A face da velha senhora que conta histórias foi a máscara preferida do contador de histórias do século XVIII, mas no final do século, ela se funde à criança ideal, que correspondia, na perspectiva do Romantismo, à infância da própria cultura, antes que esta se corrompesse. "Dentro do lobo, a criança e a velha se fundem" (ibidem, 1999, p.221).

A busca do ideal de simplicidade vem registrado numa edição inglesa dos contos de fadas, baseada nos trabalhos dos Grimm:

> [...] para alcançar a atmosfera verdadeira e impoluta do reino das fadas, precisamos retornar aos contos antigos e ingênuos de uma época mais

pura e simples do que a nossa [escreveu Laurence Housman, na Introdução]. Mais pura por não se preocupar com qualquer questão moral, mais simples por ser absolutamente inconsciente de sua simplicidade. (ibidem, 1999, p.225).

Essa pureza e ingenuidade buscadas pelos românticos alemães, ou o cunho educativo e moralizante desejado por Perrault, escondem uma dupla face – uma feminina, da velha licenciosa que narra histórias visando à liberação sexual feminina, ou, ao menos, a instrução sobre essa sexualidade perigosa. E outra que revela os horrores da violação e castração, dissimulados nos motivos reincidentes dos contos e, aparentemente, aleatórios.

A face feminina é amplamente discutida por Marina Werner, que estabelece um percurso que vai das Sibilas de Cumas até a imagem benéfica de Sant'Ana e a Mamãe Gansa. A fala da Sibila era perigosa, por ser reveladora e transgressora, e sem possibilidade de controle, a de Sant'Ana, mãe da Virgem Maria, resgata os valores morais e cristãos contidos na educação das jovens por suas mães e/ou avós.

Benéfica ou transgressora, a narrativa feita pelas velhas senhoras norteava a educação feminina no que lhe é essencial: o gerar e o nutrir, a transformação da virgem em mãe e a violência sexual mediada pelo contrato social do casamento.

Os contos de Perrault e dos Grimm, por mais reelaborados literariamente que tenham sido, guardam, em sua figuratividade profunda, os ecos dos antigos ritos e mitos da Grande Mãe, doadora de vida, e da Senhora Terrível. Ritos e mitos foram transformados pela filosofia judaico-cristã e pelas novas relações socioeconômicas vividas pelos homens ao longo de mais de vinte séculos, período no qual os motivos presentes na narrativa mítica da Deusa Mãe, antes reconhecíveis, passam a ocupar apenas a posição de variantes contextuais, e isto é o que Courtés (1986, p.201-5) aponta como uma transformação, ou dessemantização, da perspectiva mítica em ponto de vista racional, que, por sua vez, leva a uma nova dessemantização da categorização figurativa, em detrimento da categorização temática: as figuras são "banalizadas", integradas num dispositivo axiológico, que faz esquecer inclusive a sua relação de oposição no plano figurativo.

Percorrer o caminho inverso, buscando as relações figurativas e descobrindo o mítico por trás do racional é revelar a face da Deusa oculta nos contos de fadas.

Da seleção dos contos maravilhosos

Para a análise dos contos maravilhosos foram listados os contos dos irmãos Grimm, de Charles Perrault e de Von K. O Beetz. A edição brasileira de Beetz, muito antiga, data de 1939, assim como as traduções de Monteiro Lobato para os contos de Charles Perrault, que têm sua publicação em 1941, praticamente no mesmo período. Essas duas edições apresentam os contos com riqueza de detalhes e, até onde foi possível averiguar, em sua totalidade, não ocorrendo cortes ou síntese dos textos. Diversamente dessas duas publicações, as versões mais recentes para esses contos, da editora Kuarup, tiveram sua primeira edição em 1985 e são bastante resumidas. Na maioria das vezes, permanece apenas o mínimo possível de cobertura discursiva para a compreensão do arcabouço narrativo. Embora a editora Kuarup tenha sido a escolhida por ser, dentre as demais, a que menos adulterou os textos originais em sua tradução, verifica-se uma tendência, comum a todas as edições contemporâneas, de reduzir o texto e privilegiar a ilustração; como decorrência disso, observa-se um caminho de perda do sentido contido nos motivos, pois ao passar do mito para os contos maravilhosos, em sua forma tradicional, já há um sobreinvestimento na cobertura figurativa, fazendo com que o motivo surja apenas como "detalhe" do nível discursivo. Com a síntese dos textos e a valorização do visual, nas novas edições, percebe-se a suspensão desses "detalhes", ou seja, dos motivos que permitiam a ligação com os mitos de origem e que levavam, mesmo que de forma inconsciente, o ouvinte/leitor dos contos a restabelecer o elo entre a narrativa maravilhosa e o arquétipo do sagrado.

O prazer sentido na repetição, no gozo da iteração, como diz Umberto Eco (1969, p.264), vai além da reiteração de um velho e conhecido esquema de base presente no conto, esse esquema de base remonta aos medos e às paixões vividas pelo homem desde sua origem e que foram organizados/regulados pela sociedade em ritos e mitos, fazendo com que o homem tentasse uma harmonização com o desconhecido, com a natureza e com suas manifestações. Ao retirar-se o motivo, restringiu-se o conto maravilhoso a uma estrutura destituída de paixão, no sentido mais abrangente que essa palavra possa assumir, o leitor não encontra mais o *pathos* ali contido anteriormente, a narrativa deixa de revelar algo, para apenas narrar uma "historinha para crianças", sem conflito, sem tensão narrativa efetiva. Talvez seja esse um dos motivos do desinteresse, cada vez mais crescente, das crianças e jovens pela literatura, cujo prazer tinha início com a leitura dos contos infantis. Destituídos de sua força, os contos tornaram-se entediantes, apenas belos livros, de cores e formas chamativas, para serem vistos/lidos uma única vez.

Entre todos os títulos encontrados na coleção Kuarup, alguns mantiveram indícios dos motivos míticos, são estes exemplares selecionados: *Branca de Neve*, Grimm; *Chapeuzinho vermelho*, Perrault e Grimm; *A Gata Borralheira*, Perrault; *A Bela Adormecida*, Grimm; *Rapunzel*, Grimm; *O Barba Azul*, Perrault.

Das edições mais antigas foram selecionados os seguintes contos: *A Bela Adormecida, Pele de asno, A Gata Borralheira*, todos os três de Charles Perrault, com tradução de Monteiro Lobato.

Do livro de Von K. O. Beetz selecionou-se: *O monstro peludo, O primeiro que aparecer, Os sete corvos*.

Embora a edição brasileira não informe se a edição alemã foi ou não baseada nos contos coligidos pelos Grimm, outras fontes revelam que esses contos, ou uma variante deles, faziam parte das publicações dos Grimm.

Os contos serão agrupados e analisados em conjunto, formando dois grandes grupos: o primeiro abarcará os contos nos quais se encontram traços da Deusa Mãe e de seu consorte; o segundo corresponderá aos contos nos quais os traços do consorte estão ausentes.

A bela deusa e sua fera

Um dos contos mais antigos e difundidos pela literatura e, posteriormente, pelo cinema é o da *Bela e a Fera*. Sua temática remonta à época de Apuléio, *Metamorfoses*, que coloca na voz de uma "velha bêbada e meio demente" a história de Eros e Psique. Eros, deus do amor, surge na narrativa como a personificação do princípio erótico masculino, um monstro, uma ameaça poderosa. Psique é a bela e jovem mortal, a terceira filha de um rei, que é entregue a esse monstro pelos pais. Sem resistir, ela é levada a um palácio de ouro e prata, servida por seres invisíveis e, à noite, em meio às trevas, amada por seu esposo. Sobre este pesa a interdição do olhar: Psique é proibida, por Eros, de ver-lhe o rosto, com o risco de perder a ele e a si mesma.

As irmãs de Psique incitam sua curiosidade e ela ilumina o amado à noite, enquanto ele dorme, diante da beleza do jovem, Psique é tomada de enorme paixão, mas Eros acorda e foge de sua esposa. Desesperada, Psique, grávida, busca Eros por toda a terra e, no auge do desespero, recorre a Afrodite, sua sogra e inimiga. Psique rivaliza com Afrodite, aos olhos humanos, em beleza, daí o castigo imposto à jovem pela deusa: ser entregue a um monstro. No entanto, Eros, a quem Afrodite incumbiu da tarefa, apaixonou-se pela jovem e com ela se casou em segredo. Duplamente traída e furiosa, Afrodite impõe a Psique as piores tarefas e terríveis sofrimentos físicos. Após inúmeras atribulações, os amantes reúnem-se novamente, Afrodite aceita a união do filho, graças à intervenção de Zeus, e dessa união nasce uma filha: Voluptas – Prazer.

Alguns motivos presentes em Eros e Psique são recorrentes em *A Bela e a Fera* e em algumas versões de Cinderela, na qual a madrasta lhe impõe tarefas impossíveis para impedi-la de ir ao baile e unir-se ao príncipe: separar grãos de cereais misturados à cinza é um deles. Mas o motivo primeiro, presente no mito de Eros e Psique, é o da união da bela jovem a um amante/marido monstruoso, geralmente associado a um animal.

O conto apresentado por Von K. O. Beetz, *O monstro peludo*, narra a história de uma bela jovem, filha caçula de um rico comerciante, dotada de muitas qualidades, além de uma rara beleza, que tem outras duas irmãs, orgulhosas, más, desrespeitosas para com os pais. O mercador sai a negócio e as filhas más pedem-lhe presentes, joias, vestidos riquíssimos; a mais jovem pede apenas um buquê de flores silvestres (que, em outras versões, é uma rosa), embora seja outono. O pai volta trazendo os presentes das outras duas filhas, faltando apenas as flores. Na floresta, ele resolve sair da trilha para procurar as flores e acaba se perdendo. Com o cair da noite, acha-se em um local estranho e sem abrigo, mas vê ao longe uma luz, segue até ela e encontra um rico castelo, no qual é hospedado, embora não veja ninguém. No dia seguinte, ao atravessar o magnífico jardim, cheio de flores exóticas, encontra em um canto umas flores silvestres e as colhe. Surge, então, um monstro, que o ameaça de morte por tê-las colhido. Ao saber que eram para a filha do comerciante, o Monstro lhe faz uma proposta: a vida do comerciante pela mão da filha, que deverá lhe ser entregue no prazo de um ano. O comerciante aceita a proposta, porque acredita poder mudar a situação dentro do prazo. Volta para casa e é recebido pelas filhas, as mais velhas desprezam os presentes, só a caçula agradece as flores, que não chegam a murchar. O pai cai doente e revela o acordo feito com o Monstro à filha e a esposa. No prazo combinado, o Monstro vem buscar sua noiva. A esposa do comerciante tenta enganar o Monstro por três vezes, oferecendo-lhe jovens pobres que, fascinadas com a perspectiva de não terem de trabalhar, aceitam substituir sua filha, mas ele descobre a trama e volta para buscar Augusta, a filha caçula. Esta o segue, de bom grado, pois salva a vida do pai e, no palácio, torna-se, de acordo com o Monstro, a sua Senhora, a qual ele obedecerá incontinentemente. No decorrer dos dias, ela se entedia de nada fazer e lhe pede alguns objetos: primeiro uma roca para fiar, depois um bastidor para bordar e, por fim, com que fazer meias. A tudo o Monstro obedece, mas a jovem quer rever os pais e lhe pede mais esse favor, ele reluta, mas a deixa partir, informando-lhe que se ela não voltar, por livre escolha, no prazo de sete dias, ele morrerá. A jovem parte e findo o prazo demora-se a retornar, mas acaba voltando desesperada para junto dele. Encontra-o quase morto, porém suas lágrimas o fazem reviver e perder a forma animal, transformando-o em um belo príncipe.

Embora o resumo seja falho nos detalhes, oferece uma noção do conto e de sua semelhança com o mito de Eros e Psique.

A narrativa apresenta a figura da jovem afastada do seu grupo familiar e entregue a um animal monstruoso, que mora no meio da floresta, em um palácio magnífico e com o qual passa a viver como *noiva*. Percebe-se que a palavra *noiva* assume, aqui, um sentido ambíguo, alternando ora o de *jovem esposa*, ora o de *jovem destinada ao casamento*. Esse jogo também é sentido na palavra *ninfa*, usado em grego para designar tanto a jovem esposa, como a que vai se casar; no conto, essa ambiguidade aumenta quando o Monstro pede que a jovem se case com ele.

Analisando o conto de Beetz e comparando-o ao mito de Eros e Psique, vê-se uma sucessão de elementos se repetirem. A união da caçula de três irmãs, de beleza insuperável, a um monstro, contra a vontade dos pais, é o motivo temático que norteia os demais motivos e que irão compor o conjunto de figuras "banalizadas", levando ao arcabouço figurativo da Deusa Mãe e seu consorte animal. A banalização já está presente na narrativa de Psique, feita por Apuléio, que se apresenta parcialmente esvaziada de sua sacralidade, que é entendida como um relato que leva à divindade ou ao temor a divindade. A história de Psique é uma narrativa dentro de outra maior, a história de Lúcio e os reveses pelos quais este passa após sua metamorfose em asno.

Psique é descrita como possuindo uma beleza "rara, *brilhante*, ela é a perfeição que, para se ter uma ideia, para se fazer mesmo um elogio adequado, a língua humana é por demais pobre" (Apullée, 1946, IV, XXVIII). Psique é adorada como uma deusa, uma nova Vênus "nascida da flor virginal da terra" (ibidem, IV, XXVIII). Augusta é apresentada como uma jovem bondosa, sem ambição, respeitosa e afetuosa para com os pais e é definida por Beetz (1939, p.132) como " um *sol* que *iluminava* a casa paterna". Nas duas narrativas, vê-se a associação das jovens à luz, ao brilho do sol e, portanto, aos tons do ouro. A beleza rara, perfeita e "dourada", presente nas jovens, remete a Afrodite e a seus adornos, todos em ouro, brilhantes e que guardam os *semas* de sua fertilidade/fecundidade. O ouro, índice máximo de riqueza no universo cultural, corresponde, nas sociedades arcaicas, aos poderes da Deusa Mãe em propiciar a fecundidade e a fertilidade do homem e de toda a terra. A própria Afrodite é retratada, desde Homero, com belas tranças douradas. Essa característica física, o brilho, o resplandecer dourado, geralmente associado aos cabelos das heroínas, não é o único traço figurativo que as leva às suas funções de jovens deusas, ou seja, de propiciadoras da fertilidade/fecundidade. As provas ou atividades desenvolvidas por elas retomam esse motivo. No caso de Psique, as provas impostas a ela por Afrodite possuem sempre uma dicotomia que leva da vida à morte e vice-versa.

Sua primeira tarefa é separar sete tipos de sementes: trigo, cevada, milho, papoula, grão-de-bico, lentilha e fava, misturados por Afrodite em uma enorme taça. Indicando uma relação metonímica e sinedóquica, a parte – taça – símile do útero/ventre, pelo todo – a Deusa Mãe--Terra e o ciclo da vida: morte/nascimento. As sementes contidas na taça estão "mortas", ou não vivas, mas guardam a possibilidade germinativa e produtiva. Separar as sementes é possibilitar o seu plantio.

Psique é auxiliada pelas formigas para realizar a tarefa, o que indica sua ligação com o ctônico. O formigueiro é visto, em inúmeras culturas, como o sexo da Terra quando da primeira hierogamia entre Céu e Terra (Chevalier; Gheerbrant, 1989). Assim como as sementes, as formigas são fruto da terra, habitam seu ventre. Ambas se ocultam na terra para "renascerem", multiplicarem-se. Portanto, a taça, como o vaso, em Creta, e o cofre, no mito de Pandora, assumem o papel da Terra-Mãe na qual estão misturadas as sementes, separá-las e ordená-las, cada qual em seu grupo, corresponde a fazê-las germinar e proceder à colheita, ação que só é possível se mediada pelas formigas/formigueiro/sexo,[1]

---

1 Marina Werner oferece uma interessante informação em seu texto: o signo astrológico de Virgem é símbolo dos meses de agosto e setembro e está associado à estação das colheitas no mediterrâneo, onde ocorrem as primeiras representações do signo como uma jovem loira. Em um manuscrito do influente tratado astronômico árabe, de Abu Masar, concluído antes de 1403, o formato trançado do trigo ecoa nas tranças que circundam a cabeça da jovem, que representa o signo. A abundância e a cor do trigo maduro dos cabelos das jovens prometem fertilidade: a jovem é a Virgem no sentido pagão de núbil, jovem disponível. O sol, fonte de luz, amadureceu e fertilizou o ouro de seu corpo (Werner, 1999, p.414).
No esquema microcósmico astrológico, Escorpião governa os genitais; Libra o

ou seja, através dos dons fertilizantes da jovem.[2]

A segunda tarefa imposta a Psique é trazer a Afrodite um punhado da lã dourada das ovelhas divinas, que pastam junto a uma fonte/bosque nos confins da terra. Novamente, os semas da fertilidade se fazem presentes no brilho do ouro e na maciez da lã. As ovelhas de lã de ouro são ferozes e perigosas, com seus cornos cortantes, suas frontes de pedra e sua mordedura venenosa; elas atacam os humanos e os fazem perecer, assim informam a Psique os caniços junto à fonte. O hibridismo presente na imagem das ovelhas as associa ao sexo feminino, dourado, macio e de mordedura venenosa (ecos da ligação da vagina com a serpente); e ao sexo masculino: os cornos agudos, os pelos e a fronte de pedra. Levando-se em conta que as ovelhas tornam-se ainda mais ferozes quando o sol, símbolo do macho uraniano, comunica-lhes o seu calor, pode-se ver aí a imagem de uma hierogamia entre o poder fecundador masculino – o sol, o chifre, a pedra – e o feminino, a maciez dourada da terra fértil. O local da união da força masculina com a feminina, como em inúmeros outros mitos,[3] é um local alagadiço – a fonte ou rio cercado de caniços – no horário do sol a pino, o meio-dia.

Psique esconde-se entre os caniços, e tal qual um feto, permanece um tempo protegida pelo ventre úmido do alagadiço, para renascer no momento apropriado e recolher os fios dourados, das ovelhas, presos entre os caniços. A morte ou ocultamento/submersão na fonte é seguida pelo renascimento de Psique, promessa de vida, confirmada pelos fios dourados que ela recolhe. Estes associam-se ao produto da união entre as forças masculina e feminina. O fio, como o cordão umbilical, é o elo entre a Mãe--Terra e a jovem Psique, elo que será entregue a Afrodite, revitalizando-a.

A terceira e a quarta provas envolvem um pequeno frasco ou cofre, símile do sexo/ventre, que deve ser preenchido, na terceira tarefa, pelas

---

abdômen inferior e as funções intestinais; Virgem a região superior abdominal, onde se acreditava estarem situados os órgãos da gestação, como mostra um antigo tratado medieval sobre o zodíaco (ibidem, p.414-5).

2 Todas as provas dadas a Psique marcam um rito de passagem e ela, como o neófito, deve "morrer" para a vida anterior, de *Koré* e virgem, para poder renascer para sua nova condição de mãe e nutriz.

3 Ver mitos de união entre Deméter e Posidão; Liríope e Céfiso; Zeus e Leda, entre outros.

águas escuras da nascente do Estige e do Cocito, os rios infernais. A nascente localiza-se no alto de uma montanha inexpugnável e é guardada por dragões que nunca dormem. A águia de Zeus/Júpiter vem em auxílio de Psique, enchendo o pequeno frasco com a água. Na quarta prova, ela deve encher um pequeno cofre com as águas da fonte da juventude, ou seja, ela deve descer ao Hades e pedir um pouco de beleza à Proserpina. Na volta de tal tarefa, que ela consegue realizar auxiliada por uma montanha, Psique não resiste à curiosidade e abre o cofre, caindo num sono profundo. Eros, atormentado por sua lembrança, sai a sua procura, a vê dormindo e a desperta, tocando-a com uma de suas setas.

Em ambas as tarefas, têm-se o pequeno cofre, ou frasco, símile do sexo/ventre feminino, que deve ser preenchido com *água*. De poder fecundante, a água liga-se ao raio e à chuva, que são atributos do deus uraniano e macho.[4] O auxílio dado, quer por Eros e sua seta, quer pela águia de Zeus, confirma a ligação do masculino com a água. Também é comum às duas provas a ligação com a morte e o esquecimento. Tanto o descer ao Hades, quanto o tocar as águas do Estige – o rio do esquecimento – significa morrer. Mas, nas duas tarefas, o elemento masculino a ajuda e a faz retornar.

É significativo que Eros a desperte de seu sono mortal com uma de suas setas, como foi visto na análise do touro/sol, a seta, o falo, o chifre e o raio são intercambiáveis. Eros desperta sua amada tocando-

---

4 Segundo Eliade (1981, p.214), os deuses fluviais helênicos são algumas vezes antropomórficos, mas, em sua maioria, eram representados sob a forma de *touros*. Evidentemente, encontra-se aí resquícios dos consortes das Grandes Deusas Mães paleolíticas e neolíticas, associados ao touro.
A relação água/sêmen/chuva é bastante atestada. No culto das grandes deusas da fecundidade e da agricultura se praticava, habitualmente, o rito do banho sagrado. Dessa forma, a divindade recuperava suas forças e assegurava uma boa colheita. No dia 27 de março tinha lugar o "banho" da mãe frígia, Cibele. Algumas vezes se mergulhava a estátua em um rio, outras em um lago. O banho de Afrodite era conhecido em Pafos (Homero, *Odisséia* VII, 363-66), e Pausânias fala das lutróforas de Afrodite em Sicione (Paus., II, 104). Esse ritual era frequente no culto das divindades femininas cretenses e fenícias (Eliade, 1981, p.207). Tanto a imersão de Psique no rio, quanto o ato de encher os cofres/frascos com água recuperam os ritos de renovação dos poderes da Deusa através da água, ou seja, sua fecundação pelo poder masculino.

-a com seu falo, ou seja, copulando com ela. A defloração, ou festa da retirada do véu, era para os gregos a grande passagem ritual reservada às jovens, uma vez que estas deixavam sua condição de ninfas/abelhas adormecidas, ou virgens ursas, não submetidas ao jugo, e assumiam o *status* de esposas e de mães.[5]

As tarefas de Psique lhe são impostas por Afrodite, já Augusta, a bela do conto de Beetz, ocupa-se voluntariamente de três atividades, que também conotam as potências geradoras e fertilizadoras. Após ser levada para o palácio do Monstro, Augusta entedia-se de nada fazer e pede uma roca para fiar com algumas estrigas de linho; um bastidor para bordar e, por fim, com que fazer meias.

A cada amanhecer, os pedidos eram atendidos, ao acordar "o primeiro olhar de Augusta é para uma *artística roca de fiar* com estrigas *cor de ouro* na roca" (Beetz, 1939, p.150). A jovem fica tão feliz que se põe a fiar durante todo o dia, esquecendo-se das refeições e de tudo o mais, ao cair da noite, ela ainda fia, mas sente saudades de quem lhe faça companhia e fale com ela. O conto ainda é muito preciso ao descrever o ato da fiação e o seu produto: "A roca girava tão suavemente e com tal rapidez como se a tocassem pés invisíveis; o fio saia delicado como se fosse obra de mãos de fada" (ibidem, p.150-1).

A conotação da roca de fiar dourada com o sexo feminino é clara. Além dos semas curvilíneo, continente e cromático que a faz equivaler ao cinto,[6] o ato de fiar/tecer mostra-se como elo importantíssimo entre a virgem e a sexualidade, uma vez que o tecer está intimamente ligado ao ato da reprodução, e seu produto, o tecido ou fio, ao nascimento. Em diversas culturas, as jovens virgens são instruídas sobre as atividades sexuais ao mesmo tempo em que aprendem a tecer. Entre os gregos, Perséfone é seduzida por Zeus, sob a forma de uma serpente, enquanto tecia numa gruta, aos cuidados de Atena, é dessa união que nasce Dioniso. No santuário de Ártemis, em Brauron, foram encontradas

---

5 Cf. Lisserrague, 1990, p.182-4; Sissa, 1987, p.116; Triomphe, 1989, p.243-50. Capítulo 1

6 Cf. análise feita para o epíteto de Ártemis, χρυσηλάκατα, *a de roca de ouro*, Capítulo 1

inúmeras oferendas têxteis dedicadas à deusa, que preside o nascimento e o parto. Ariadne oferece a Teseu um fio de ouro para que ele retorne do labirinto,[7] ao fazê-lo, ela lhe concede nova vida. As moiras fiam o destino humano, ou seja, a vida.

Em contos como *Os sete corvos*, *A Bela Adormecida* e mesmo *Rapunzel*, que trança os cabelos, o ato de fiar, tecer ou trançar leva ao nascimento, ao renascimento e/ou à volta a forma humana dos irmãos, da própria heroína ou de seus filhos.

O fio dourado, delicado e perfeito, que sai da roca é um motivo recorrente, esvaziado de seu sentido ritual e sagrado, que o ligava à defloração da virgem, sua gestação e posterior nascimento de um filho, é sentido apenas como atividade feminina característica do período retratado pelos contos. Mas seu valor iniciático pode ser percebido ainda em outro motivo, o silêncio observado pela heroína durante o ato de fiar. Augusta, só no palácio, fia calada por todo o dia, e só à noite, quando recebe a visita do Monstro, e já interrompeu a fiação, é que ela fala. No conto *Os sete corvos*, também em Beetz, a jovem heroína é obrigada a fiar completamente calada, por sete anos, sete camisas, uma para cada irmão, para que estes voltem a assumir a forma humana, deixando a forma de corvos. Embora os irmãos retornem durante à noite à forma humana e lhe façam companhia, Hilda não pode dirigir-lhes a palavra.

Rapunzel, dos irmãos Grimm, tece seus cabelos dourados, "finos como fios de ouro" (Grimm, 1997, p.11), para que a bruxa e o príncipe possam subir à torre onde está confinada. Como nos demais contos, o príncipe a visita todas as noites. Quando resolvem fugir juntos, Rapunzel lhe pede uma meada de seda, para trançar uma escada, para que ela possa descer. Ao descobrir seu romance com o príncipe, a bruxa corta-lhe os cabelos e a bane, grávida de gêmeos, para um deserto. Tal qual Psique, Rapunzel, grávida, sofre inúmeras provações num reino de esterilidade – semelhante ao Hades, reino dos mortos – para depois se reencontrar com seu amado e viverem felizes.[8]

---

7 Cf. O labirinto é um símile do ventre da Terra-Mãe, assim como a gruta e a caverna – Capítulo 3
8 A condição e transformação do Príncipe nesse reencontro será tratada adiante.

A imposição do silêncio, aparentemente, não pesa sobre Rapunzel, descoberta pelo Príncipe por causa de seu belo canto, mas o conto é específico: Rapunzel canta pelo fato de passar grande parte do seu tempo solitária.

Em *A Bela Adormecida*, de Perrault e dos Grimm, a primeira tentativa de fiar da jovem princesa é desastrosa, ela cai em um sono/ silêncio profundo por cem anos, para só depois ser despertada pelo príncipe e conceber dois filhos, Aurora e Dia, ambos marcados com o signo da luz, do sol e do dourado (versão de Perrault, tradução de Monteiro Lobato). Nessa versão, Bela Adormecida casa-se com o príncipe em segredo e fica "escondida" da corte deste por dois anos, até que ele assuma o trono, o que ocorre após a morte do pai, e revele o seu casamento. O silêncio de Bela Adormecida, no conto de Perrault, é retomado na segunda parte quando a sogra de Bela, uma "ogra", atenta contra a vida dos netos e da nora. Só depois que a sogra morre, é que a jovem revela ao seu marido tudo o que havia acontecido.

Isoladas, silenciosas, as jovens fiam e aguardam, como crisálidas, o momento de sua metamorfose – quando o casulo é rompido, elas assumem seu novo papel na sociedade, o de mãe.

O segundo presente dado a Augusta pelo Monstro é um bastidor com vários modelos e todos os pertences necessários para que ela possa bordar. A jovem, feliz, põe-se "logo a bordar uma linda almofada, para o Monstro se sentar quando voltasse, à noite" (Beetz, 1939, p.152).

O bastidor, assim como a roca, possui os mesmos semas conotados da fertilidade e fecundidade, chamando a atenção para o fato de ser uma "continuação" da ação anterior, fiar. Augusta passa do fio para o tecido pronto e preparado para ser adornado, bordado. Essa continuação é percebida também no produto almejado, a almofada para o Monstro, um produto mais bem acabado que o fio, ou em seu extremo, o tecido, produzido pela roca.

A designação da almofada para o Monstro indica, na narrativa, o desejo de Augusta pela volta deste à noite. O narrador reforça essa ideia ao dizer que: "o dia pareceu-lhe longo, à espera da habitual visita. Ficaria bem desgostosa se ele não aparecesse. Já se acostumara com seu aspecto..." (ibidem, p.152).

O desejo de rever o Monstro é bem explorado por Bruno Bettelheim em sua análise dos contos de fada; Marina Werner e outros estudiosos concordam em ver nesse desejo o apelo da sexualidade despertada em Bela/Augusta pelo Monstro, em sua primeira visita. A atração da Bela pela Fera, antes que esta se regenere, inspirou, e ainda inspira inúmeras fantasias de raptos. Segundo Marina Werner (1999, p.347), no conto *A noiva do tigre*, de Angela Carter, artista contemporânea com afinidades surrealistas, a história de Bela, perdida nas cartas para a Fera, pelo pai, termina com a transformação da própria heroína, sob as carícias da Fera, numa criatura peluda e nua como ele. Esse fim, inesperado para o conto do século XVIII e XIX, traz a cena uma visão moderna, na qual o tratamento franco do erótico, como fonte de prazer para homens e mulheres, já é aceito e não deve mais ser ocultado.

O terceiro pedido de Augusta é "com que fazer meias", o objeto, em questão, é indefinido, não se pode precisar se seriam agulhas ou qualquer outra coisa utilizada para tecer, de qualquer modo, o objeto pedido compõe um conjunto com os dois anteriores e seu produto final, as meias, indica uma proximidade/intimidade que foi sendo escalonada ao longo dos objetos. Se na primeira visita *ele se deita* a seus pés, no chão, na segunda e terceira visitas, quando ela lhe borda a almofada, ele *senta-se* ao seu lado, indicando uma aproximação maior. Após o terceiro pedido, com o que fazer meias, o narrador omite o resultado da ação e para quem seriam as meias, assim como também se abstém de informar ao leitor o lugar ocupado pela Fera, junto de Bela, nas demais visitas.

Se para Freud (1969, p.102-5) em sua análise "do culto fetichista do pé" ou do calçado feminino, o pé parece ser tomado como mero símbolo substitutivo do pênis da mulher, outrora tão reverenciado e depois perdido, para Bettelheim (1995, p.304-10), "o sapato é um receptáculo pequenino, no qual pode-se inserir uma parte do corpo de modo justo, podendo ser visto como um símbolo da vagina"; as meias compartilhariam o formato e as demais características apontadas para o sapato, mas apresentariam uma variação, enquanto o sapato, no caso o de cristal, é frágil e não deve ser esticado, pois correria o risco de romper-se, como o hímen; as meias são maleáveis, esticam, são macias e confortáveis, e não correm o risco de romperem-se facilmente, portanto, não podem ser vistas como semelhantes ao hímen, mas sim, ao próprio sexo feminino após a defloração, quando não corre mais o risco de sangrar ou romper-se, adaptando-se, confortavelmente, prazerosamente, ao pênis, envolvendo-o em sua maciez e calor.

Só após "fazer as meias" é que Augusta se atreve a pedir ao Monstro que a deixe rever os pais. Augusta reluta em lhe pedir e é só em "uma tarde, oprimida pela saudade" (Beetz, 1939, p.153), que ela o faz. Nesse intervalo de tempo, pode-se supor que a intimidade entre Augusta e o Monstro tornou-se constante.

No mito de Psique, a união entre esta e Eros é bem evidenciada, ela está grávida quando o vai procurar. Já no conto O *monstro peludo*, a defloração de Augusta é apenas sugerida pelos presentes dados a ela pelo Monstro, mas a mensagem é reforçada ao longo do conto em um motivo que se tornará um dos *tópoi*, não só dos contos maravilhosos, mas também dos romances românticos da série Azul, da série Cor-de-rosa ou da coleção para moças, lançados na Europa por volta do início do século XX e traduzidos para o português nas décadas de 1930 e 1940; é o motivo da fuga, ou corrida, através da floresta, na qual a jovem se fere e rasga suas vestes.

No conto de Beetz, Augusta consegue do Monstro a permissão para rever os pais, ele lhe dá sete dias,[9] findo os quais, ela deverá voltar, se não o fizer, ele perecerá. Augusta retorna para casa, descobre que a família está na miséria e o pai doente, porém, ao vê-la, eles se alegram e o pai vai melhorando a cada dia que passa.[10] Augusta adia a notícia de sua partida para os pais e, só no último dia, ao anoitecer, é que ela parte, em meio às trevas, chega ao local combinado, mas o Monstro não está mais lá, Augusta então:

---

9 Esse prazo é variável de versão para versão, podendo chegar a um mês.
10 A recuperação do pai e a possibilidade de reaver os bens perdidos indicam o poder revigorador de Augusta – sua ausência é que levou o pai a ruína e a doença, assim como levará o Monstro a uma quase morte. O Monstro ao se despedir de Augusta, lhe diz que ela é "o sol da vida dele", tal qual o narrador nos havia informado quando falava da relação de Augusta com os pais.

[...] correu a toda pressa para a floresta encantada. O rosto banhou-se de suor, o coração batia apressadamente e as pernas dobravam-se-lhe de cansaço, mas Augusta não parou e caminhou durante toda aquela noite e o dia seguinte. Era preciso, a todo custo, salvar a vida do pobre monstro. Na tarde do segundo dia, com os vestidos despedaçados pelos espinhos, as mãos e os pés sangrando, avistou finalmente o castelo. (Beetz, 1939, p.156)

Os vestidos assumem, nos contos, o lugar do véu de Afrodite e outras *Korai*, nessa corrida através da floresta, eles são rasgados, despedaçados pelos espinhos, que também ferem e fazem sangrar as mãos e os pés da jovem.

A análise das representações do Paleolítico e do Neolítico da Deusa Mãe mostrou que os punhos e tornozelos eram intercambiáveis, na figurativização do erótico para os primeiros homens, com o cinto ou o sulco do baixo ventre presente nas vênus, no universo sinedóquico e metafórico assumido pelos contos, os pés e as mãos são correlatos do sexo; fazê-los sangrar, cortados pelos espinhos, é, novamente, camuflar a defloração em uma ação que se pretende destituída de desejo erótico, embora reforçada pela corrida, rito pré-nupcial[11] em diversas culturas arcaicas, e pelos presentes ligados à esfera do sexual e da fertilidade/fecundidade.

A descrição das transformações físicas sofridas por Augusta em sua corrida pela floresta, rosto banhado de suor, coração batendo apressadamente e as pernas fatigadas, revelam uma ambiguidade sensual.

---

11 A corrida pré-nupcial entre os gregos marca a passagem da *Koré* para a idade adulta, além de por fim à sua existência de ursa – jovem selvagem, não adequada à sociedade. Após deixar de ser uma ursa, a jovem encontra-se apta a assumir suas funções sociais de esposa e mãe. No conto, é sintomático que a corrida de Augusta se dê no momento em que ela decide deixar a sua vida de jovem solteira e aceite o contrato social de casamento proposto pelo Monstro. Como a análise demonstra não se trata de unir-se sexualmente à fera, mas sim de assumir responsabilidades sociais – culturais, pois, antes, Augusta e o Monstro viviam num mundo natural, no qual os valores socioeconômicos estavam ausentes ou em suspensão. É por isso que, ao aceitar o contrato de casamento, não só o Monstro reassume seu aspecto humano, mas toda a corte/sociedade também retorna ao mundo cultural, deixando o natural.

Em alguns contos, mais antigos, o rasgar dos vestidos, o ferimento e o sangrar dos pés e das mãos são substituídos por alguma forma de mutilação. No conto *Os sete corvos*, a jovem Hilda parte à procura dos irmãos, transformados em corvos pela própria mãe, e tem de passar por inúmeras dificuldades e tarefas perigosas, dentre elas, o encontro com o Sol, a Lua e o vento, nos três, a jovem corre o risco de morte, mas seu coração puro a protege e ela consegue a informação buscada, além de um auxílio mágico de cada um. O Sol lhe dá um de seus fios de cabelo dourado, além dos ossos de um leitão; a Lua lhe dá um floco de gelo e os ossos de uma lebre; o vento a leva até a montanha onde estão seus irmãos e lhe dá os ossos de um cabrito,[12] tudo é guardado em sua *cestinha*, juntamente com o pão, o fuso e algumas estrigas de linho que ela trouxe de casa. Os ossos são mágicos e sempre que a jovem tem fome, eles se transformam no assado do animal. Os presentes do Sol e da Lua ajudam Hilda a enfrentar diversos perigos, como os animais selvagens (lobos e ursos, que se afastam do fio de luz) e a suportar o calor do deserto, matando a sua sede. Quando o vento está quase no topo da montanha, Hilda espia para fora do manto deste e, tomada de tontura, cai. O vento não a deixa se machucar, mas ela acaba ficando a alguns metros do topo, como a encosta é lisa e íngreme, ela não pode subir, a única solução que encontra é fiar uma escada, fazendo degraus com os ossos dos animais e, dessa forma, chegar ao topo. Ela assim o faz, mas ainda lhe faltam quatro degraus, e todos os ossos já acabaram. Hilda olha as próprias mãos e arranca, com os dentes, quatro dedos das mãos e os coloca como degraus, chegando, assim, ao topo. "As *mãozinhas ensanguentadas ardiam-lhe como fogo*, mas a alegria de estar próxima de seus irmãos era maior que *a dor. Tomou o floco de neve, esfregou as feridas e estas, imediatamente, cicatrizaram.*" (Beetz, 1939, p.113-4). A mutilação voluntária da jovem assemelha-se a outras vistas em outros contos, ela ocorre como um simulacro da defloração, tanto que o sangramento causado é rapidamente interrompido. Segundo Marina

---

12 Todos os três animais estão associados à fertilidade e a lubricidade – os outros presentes também se ligam a semas e motivos já vistos, como o fio dourado e o floco de gelo, água, ambos conotam a fecundidade.

Werner (1999, p.385), a mutilação das mãos, ou dedos, demonstram a feroz ênfase dada ao papel das mãos na sexualidade.

Os espinhos, bem como a floresta, nos contos e romances possuem um valor masculino, signo do macho agressor e potente. Os espinhos, assim como a lança e os chifres, conotam o falo, já que partilham os mesmos semas contextuais: anguloso, descontínuo, saliente, sólido, formado, forma fechada, liso, retilíneo; que compõem o seguinte suporte figural: <extremidade> + <superatividade> + <cilindricidade>. As transformações classemáticas por que passam levam do <vegetal> *espinho* -»<arma> *objeto que fere* -»<animal/humano> *falo*.

A descrição do Monstro pauta-se toda nesse conjunto sêmico, pois ele possui:

[...] um corpo desengonçado e coberto de espessa camada de pelos, terminando por uma cauda enorme e cabeluda. As quatro patas davam ideia de um lagarto gigantesco de garras poderosas. O pescoço coberto de escamas terminava numa cabeça alongada e as queixadas enormes apresentavam uns dentes aguçados através dos quais escorria uma baba pegajosa. (Beetz, 1939, p.136)[13]

Toda a descrição prima por ressaltar as formas alongadas, angulosas e pontiagudas, todas fálicas. O Monstro é todo "sexo", até mesmo na baba que lhe escorre das queixadas, um símile do esperma.

Descrição similar encontramos para o lobo em *Chapeuzinho vermelho*: animal feroz, com pelos, garras e dentes afiados, pronto

---

13 É deliciosamente ambígua a descrição feita por Beetz das visitas noturnas do Monstro a Augusta. Diz o narrador: "... quando ouviu bater suavemente e o Monstro pôs a hedionda cabeça pela abertura da porta perguntando humilde: – Posso ficar uns momentos contigo, Augusta?" (1939, p.151). A porta conota o sexo feminino e a cabeça hedionda do Monstro, o falo. Não sem malícia, a novela *Roque Santeiro*, da TV Globo, adaptou e brincou com o casal de a Bela e a Fera para dois de seus personagens. A bela e loira Lucinha Lins era Mocinha, e o feio e estranho Ruy Rezende era o Prof. Astromar Junqueira, apaixonado por Mocinha e dono de um linguajar arrevesado e hiperculto, beirando a incompreensão em seus discursos. Todas as noites, o Prof. Astromar vinha visitar Mocinha, punha a cabeça pela abertura da porta e perguntava: " Posso penetrar?!". A malícia explicitada pela novela é camuflada pelo conto.

a devorar a jovem "indefesa", que se despe e se deita ao seu lado na cama, na versão de Charles Perrault, e próxima ao leito, na versão dos Grimm. Em *Barba Azul*, os pelos e a fúria animal, mesmo que antropomorfizadas, indicam a pujança viril do consorte da Deusa Mãe. Em *O primeiro que aparecer*, o pretendente da jovem, não a caçula, mas a mais velha de sete irmãs, é um bode cinzento, animal que, desde a Antiguidade, é ligado à luxúria e aos excessos do sexo, sem falar em sua ligação com os grandes mamíferos providos de cornos e que eram associados à Deusa Mãe.

No Paleolítico e Neolítico, o consorte assumia a imagem do touro, do bisão, do mamute, animais temidos e capazes de cobrir todo o rebanho. Na Grécia, o touro, que teve sua hegemonia em Creta, é substituído pelo leão, a domesticação do gado fez com que o imaginário buscasse uma nova fera para unir-se à Deusa. Na Europa do século XVIII e XIX, praticamente destituída de animais selvagens, exceção feita para o lobo e o urso, que ainda percorriam os bosques e florestas, surge um novo animal/fera/monstro, conjugando os traços realistas e terríveis dos anteriores e a imaginação fantasiosa. Desse hibridismo nascem os diversos monstros dos contos de *A Bela e a Fera*. No conto apresentado por Beetz, o monstro peludo também se associa aos seres ctônicos (lagartos, cobras, sapos), suas patas fazem lembrar um enorme lagarto. Essa aproximação do monstro ao lagarto remete também ao dragão e à serpente, o primeiro é muito comum nos contos, esses dois seres das trevas e do inframundo conjugam o lado de guardiães de tesouros ocultos, sobretudo, os da Terra-Mãe, por isso os heróis civilizadores têm de destruí-los. O lado cristão os associa ao demônio, ao mal e a obscuridade. Enquanto ser benéfico, o dragão está ligado ora às águas primordiais e fertilizantes, ora ao fogo, ao raio e, portanto à chuva e a fertilidade, elementos ligados, por sua vez, ao deus uraniano, macho e fecundador da terra. Como a serpente, ele pode habitar as cavernas, as entranhas da terra. Sua associação com a antiga Deusa Mãe e seus ritos, fez do dragão um representante das legiões de Lúcifer, que se opõem aos anjos celestes, para os cristãos. Dentro dessa ambiguidade é que se constrói a imagem do monstro, peludo, de garras afiadas e baba pegajosa, um ser todo virilidade e que deve, por isso mesmo, ser temido.

A imagem de pujança fecundante do Monstro não está somente em seu aspecto, mas também na descrição de seus domínios: o palácio e os jardins que o cercam mostram uma exuberância de vida, quer seja no âmbito do natural, quer seja do cultural.[14]

O castelo "magnífico" situa-se no centro de um "maravilhoso jardim no qual se viam as mais variadas e lindas flores e artísticos chafarizes" (Beetz, 1939, p.146). A descrição, quando da chegada do pai de Augusta ao castelo, não difere muito: chegou "a um esplêndido jardim. Entrou. Canteiros espalhavam-se em todas as direções e mil flores enchiam o ar de suavíssimo perfume. Um pouco além, via-se um majestoso castelo de janelas fortemente iluminadas" (ibidem, p.134).

O poder econômico, a riqueza, é mostrado no castelo magnífico e ricamente mobiliado, como já foi dito, o ouro é uma das formas assumidas nas transformações figurais da fertilidade/fecundidade, podendo ser estendida aos demais bens materiais. A abundância de alimentos, mencionada quando das refeições feitas pelo pai e por Augusta, bem como a profusão de flores dos jardins, remete à fertilidade e a fecundidade da natureza de maneira mais explícita. Principalmente, quando se leva em conta um detalhe do conto: é *outono* quando o pai de Augusta chega ao castelo do Monstro e, por toda a floresta, ele não havia encontrado flor alguma. Augusta é levada ao castelo um ano após a chegada do pai, portanto, outono novamente. Na Europa, hemisfério norte, o outono é uma estação desprovida de flores, é um período de colheita, quando o fruto maduro deve ser colhido, tal qual Augusta, jovem que atinge a idade núbil. A ligação das jovens *Korai* com os frutos e as flores prontos a serem colhidos é atestada desde a antiguidade clássica, aparece no mito de Perséfone e de outras deusas e ninfas, e até hoje, na gíria e na poesia, encontram-se expressões como: *a jovem bela como uma flor ou botão de rosa, de seios semelhantes a laranjas ou limões*, sem mencionar os ditos obscenos.

---

14 Nos contos de *Barba Azul*, *O primeiro que aparecer* e no mito de Eros e Psique, observa-se o mesmo motivo da riqueza associada à Fera. Eros possui um palácio magnífico, de ouro e prata; Barba Azul e o Bode cinzento também são retratados como possuidores de enormes fortunas e domínios extensos e férteis.

As flores têm ligação com o feminino e os chafarizes possuem conotação masculina, novamente a virilidade fecundante vem associada à água. As janelas fortemente iluminadas do castelo retomam a associação com o sol, com a luz e o ouro, em desenhos, como os de Disney, a luz que sai das janelas do castelo é de um amarelo dourado. Esse universo fértil e fecundo do castelo situa-se atrás, ou no centro, de uma floresta densa e assustadora, ou seja, fora do mundo civilizado. Território selvagem que é habitado pela Deusa Mãe, a Senhora dos Animais, e local escolhido, nos mitos das grandes Mães, para sua união com o consorte, como mostra o hino homérico a Afrodite, o mito de Deméter e Posidão; ou é o local escolhido por elas para seu deleite, como ocorre com Ártemis, Afrodite, Deméter, Gaia entre outras. Augusta assemelha-se a elas ao se deslumbrar com a beleza do castelo e dos jardins e ao ser definida pelo Monstro como a sua Senhora, a quem ele obedecerá.

A floresta que cerca o castelo, cheia de espinheiros e difícil de transpor é uma nova figurativização do cinto da Deusa, limite a ser transposto, que guarda o ventre da Deusa-Terra, perpetuamente fecundo e cheio de vida, protegido e habitado pelo seu consorte, mas de "propriedade" da Deusa, pois sem ela, tudo perece.

A floresta marca a passagem de um signo a outro, da *koré* à Deusa Mãe, da "esterilidade" virginal à fecundidade, assim como o cinto de Afrodite, que, ao ser desprendido por Anquises, leva a *Koré* à Citeréia. Por isso, a casa da avó de Chapeuzinho vermelho situa-se após a floresta ou em seu interior. O que uma pobre velhinha faria morando aí e sozinha? "Detalhe" insignificante da narrativa? Não, a avó, tão bem integrada à floresta, é a imagem da Deusa Mãe já velha e que deve ser substituída pela jovem *Koré,* para que a fertilidade seja mantida, pois a velha já não mais pode conceber. É por isso que Chapeuzinho vai para a cama da avó com o lobo. Ele é o consorte que tomará a nova Deusa, Senhora, e a fecundará, dando continuidade ao ciclo da vida. Vale lembrar que, nos ritos cretenses e gregos, a sacerdotisa, representante da Deusa na terra e no culto, era substituída por uma mais jovem em intervalos regulares; em Creta, a filha substituía a mãe quando chegava à puberdade. Ariadne substitui a Pasífae e Medéia a Ariadne na união com o touro/Teseu. Essa troca não implicava na morte da antiga sacerdotisa, apenas o seu afastamento, tal qual a avó. Diferentemente, o sacerdote, representante do deus/consorte, tinha uma morte violenta nas mãos de seu sucessor.

Não só em *Chapeuzinho vermelho*, a floresta é apresentada como local de união entre a jovem e seu amante, também em *A Bela Adormecida* o castelo é cercado por um bosque de espinho denso e inexpugnável, que só deixa passar o príncipe; Branca de Neve, depois de morta, é exposta em um caixão de vidro na floresta, local onde o príncipe caçava. A jovem heroína de *Os sete corvos*, Hilda, atravessa a floresta para encontrar a casa dos irmãos. Pele de Asno vai viver numa fazenda, local intermediário entre o civilizado e a floresta. O conto informa que o príncipe chega à fazenda num dia em que fora caçar.[15] Somente em *Rapunzel*, temos o reencontro da jovem com o príncipe em um deserto, embora ele vague por uma floresta antes de chegar até ela.

Em todos esses contos, a redenção da fera, ou encontro do par amoroso, e o casamento, levam a transformação da floresta em um espaço civilizado, geralmente, os domínios do príncipe, que voltam a ser vilas e casas, ou terras férteis e cultivadas. O traço civilizador se apresenta no tocante às terras, no cultivo do campo, ação humana sobre a terra fértil e selvagem e que poderia ser explorada, antes da transformação, enquanto local de caça e coleta, mas que não era cultivada.

Essa transformação tem como mediadora a jovem heroína e sua bondade, geralmente, prefigurada no coração puro e íntegro. Características presentes em todas as heroínas dos contos, a bondade e a pureza são traços conquistados após o cristianismo. As deusas e ninfas do período pagão aparecem como benéficas e maléficas, simultaneamente. Ao mesmo tempo em que propiciam a fertilidade e a fecundidade, elas podem se tornar irascíveis e vingativas, não perdoando uma ofensa ou um esquecimento, nesses casos, a pena imposta ao transgressor é

---

15 Motivo recorrente em muitos dos contos vistos, o príncipe é um caçador, o que o faz semelhante ao Senhor dos Animais arcaico, além de demonstrar sua força e valentia, equivalente ou superior a do animal. Isso somado aos seus ricos e férteis domínios, o qualifica a ser o consorte da jovem/Deusa.

pesada e, muitas vezes, o leva à morte, como no mito de Eros e Psique, ou de Ácteon e Ártemis. Os consortes dessas belas e perigosas Senhoras correm o risco não só de uma castração, mas também de uma morte violenta, imolados pelos seus sucessores em honra da deusa.

Mas a Deusa Mãe, Senhora absoluta, ao longo dos séculos, foi perdendo para os deuses masculinos a sua hegemonia de centro da vida, o que ocorria no Paleolítico e Neolítico. No período arcaico grego, a Deusa ainda conserva seus traços, mas é "subjugada" pelos deuses. No mito de Eros e Psique, Zeus, a pedido de Eros, interfere na contenda entre Afrodite e Psique e "convence" Afrodite a aceitar a nora. Essa posição de submissão feminina ao poder masculino, muitas vezes afrontada nos mitos gregos, é ampliada com o advento do cristianismo, transformando as heroínas dos contos apenas em instrumentos, embora poderosos, de conversão do monstro em homem civilizado. É o sacrifício da heroína que redime o monstro, é a aceitação passiva do destino que lhe é imposto, primeiro pela vontade paterna e depois pelo amor despertado pelo monstro, que a leva a assumir a função de mediadora entre o bem e o mal. Ela não mais é o ser para o qual converge, ou do qual emana o bem e o mal, é apenas aquela, que por bondade cristã e humanitária, vem para sanar o mal cometido por outrem, muitas vezes, esse outro é figurativizado pelo feminino: a velha bruxa e seus correlatos, ecos do lado terrível da Deusa Mãe, outras vezes, é apresentado como um ser vago e impreciso, sem definição, omitido pelo conto, que inicia a narrativa após a ocorrência do dano.

As lágrimas, símbolo do amor altruísta da heroína, embora destituído de interesse erótico, econômico, social, em uma leitura superficial, permitem a transformação da Fera, de animal ligado ao mundo natural, no qual a cultura, a fé e os códigos sociais estão ausentes, em homem culturalmente e socialmente adaptado. A bondade e o respeito aos mandamentos cristãos, muitas vezes explicitados, é que permitem tal transformação. É assim com Augusta e o monstro peludo, com Rapunzel e o príncipe, que, após cair da torre onde morava Rapunzel, fere os olhos em espinheiros, e cego, "passa a vagar sem rumo pela floresta, alimentando-se apenas de raízes e frutas silvestres" (Grimm, 1997, p.20). O príncipe passa anos nessa vida errante e miserável, até chegar ao deserto, encontrar Rapunzel, ser reconhecido por ela, e voltar a enxergar imediatamente. A vida errante na floresta, imposta ao príncipe cego, assemelha-se à do monstro peludo, que é banido do social e vive da coleta de raízes e frutos, como qualquer animal não carnívoro, o príncipe vive no universo do natural, só retornando ao convívio social após ser reconhecido por Rapunzel, também banida e vivendo miseravelmente no deserto, junto de seus filhos gêmeos. O reencontro marca o fim do isolamento e a (re)criação da célula *mater* da sociedade cristã, a família.

A cegueira figurativiza, nesse conto, uma volta às formas primitivas e intuitivas, opõem-se ao conhecimento/saber humano adquirido através da cultura, uma atividade eminentemente humana e social. Para os animais, a visão é mais um sentido, que somado ao olfato, ao tato e à audição, os auxiliam na obtenção de alimentos e manutenção de sua existência.[16]

No conto *Os sete corvos*, Hilda, ao cumprir o voto de sete anos de silêncio, nos quais tricota, incansavelmente, sete camisas, consegue desencantar os seus irmãos, juntamente com um príncipe, trazendo-os à forma humana. O príncipe, ao ser desencantado lhe diz:

— Querida e bondosa menina, teu amor e fidelidade salvaram-me também, a mim, meu castelo e toda a minha corte do malefício que pesava sobre nós. Tudo isso te pertence como rainha.[17] Sê minha esposa para que eu possa agradecer-te por toda a vida. (Beetz, 1939, p.118)

---

16 Outra leitura, bastante pertinente, para a cegueira infringida ao príncipe pela Bruxa/Senhora terrível (pois é fugindo dela que ele se fere) é a de ser ela uma cobertura figural para a castração, ou abstinência sexual, imposta ao neófito após a sua união com a Deusa/sacerdotisa. A virilidade do neófito é entregue à Deusa e só ela pode dispor desta. É por isso, que a Deusa é capaz de restituir, ou aumentar, a capacidade sexual de seu amado; como Rapunzel de restituir a visão ao príncipe. A nova união, indicada no conto, após o reencontro de Rapunzel e do príncipe, corresponde ao período no qual a sacerdotisa/Deusa, tendo usado seus poderes para promover a fertilidade da terra/natureza, deveria ser novamente fecundada, ou receber os "dons" viris do consorte, para dar continuidade ao ciclo da vida.

17 O termo *rainha* pode ser entendido aqui como uma variação de *Senhora*. Em grego, esses dois termos se equivalem, pois a *Senhora* é aquela que governa, que reina sobre, que comanda; equivalência sentida igualmente em muitos outros idiomas.

O jovem príncipe, "lindo como a aurora que rompia"[18] (ibidem, p.118), surge na narrativa como uma recompensa para Hilda e seus muitos sofrimentos, pois, até ali, nada havia sido dito, no conto, sobre a sua existência. A bondade, o amor de irmã, altruísta, e sua fidelidade é que permitiram a Hilda a sua união com o príncipe.

Em *O primeiro que aparecer*, a jovem noiva consegue fazer seu noivo, transformado em bode cinzento, bem como seus outros seis irmãos, voltar à forma humana, queimando as peles de bodes na lareira, costuradas para eles pela madrasta-bruxa. Ao queimar a camisa de dormir da bruxa, a jovem a pune, fazendo com que ela não possa voltar à forma humana.[19] Nesse conto, um anãozinho, o gênio das flores, auxilia a jovem: primeiro lhe predizendo que ela se casará com um conde, em troca dela não destruir sua morada que é uma flor; ao ser dada em casamento, pelo pai, ao Bode cinzento, por recusar todos os pretendentes que lhe apareciam, a jovem volta a pisar e a destruir as flores, o anão ressurge e lhe ensina como desencantar o marido. O perfil traçado para a jovem de *O primeiro que aparecer* é mais próximo do apresentado pelas antigas deusas, pois podia ser boa, se isso lhe conviesse, como no caso da primeira aparição do anão; ou vingativa, destruindo todas as flores da floresta, após o casamento com o bode.

A influência judaico-cristã não se fez sentir apenas sobre a antiga imagem da Deusa Mãe, cindida ao meio, seu lado benéfico foi polarizado na imagem da heroína, enquanto o maléfico, na bruxa e seu séquito de animais ferozes e/ou asquerosos. O consorte da deusa também sofreu transformações, a mais evidente é a que o leva de fera selvagem a homem civilizado. Com a "mudança" dos personagens, também a narrativa se transformou, foi abrandada, a defloração tornou-se romance, amor sublimado e puro; a castração e/ou morte assumiu ares de punição dada ao macho (homem ou animal) descomedido e perigoso à sociedade, veiculada por outro macho – homem social e

---

18 A descrição do príncipe "lindo como a *aurora* que nascia" o insere no rol figurativo do dourado, do ouro, e, portanto, da fertilidade e da riqueza.

19 A ação de costurar, fiar, surge nos contos como ação transformadora, tanto benéfica, quanto maléfica, se a heroína salva fiando, a bruxa encanta/perde costurando, como o feminino, a ação é ambígua.

plenamente adaptado às regras de conduta, como no caso de *Chapeuzinho vermelho* e *Barba Azul*; ou pelo próprio monstro, reconhecendo seu descomedimento anterior e se arrependendo, como no caso do *Monstro peludo*, *Os sete corvos* e *Rapunzel*.

Em *Chapeuzinho vermelho*, o caçador vence o lobo, pois ambos são iguais em ferocidade e periculosidade, são senhores da morte. Vencendo, o caçador assume as suas funções, enquanto consorte da jovem/ Deusa, protegendo-a, mas refreando o seu apetite sexual. O caçador, na versão dos Grimm,[20] contenta-se em esfolar o lobo e levar sua pele embora. Mais que um troféu, a pele do lobo é o símbolo do poder do homem social sobre o seu lado selvagem.

Nessa versão, o caçador, pronto a atirar no lobo com uma espingarda, lembra-se de que o lobo poderia ter devorado a avó, e que esta talvez ainda pudesse ser salva, não atira, mas pega uma *tesoura* para abrir a barriga do lobo, libertando assim a avó e a neta. Chapeuzinho, após ser salva, vai buscar algumas pedras, com as quais enche a barriga do lobo. Ao acordar, o lobo tenta fugir, mas devido às pedras, muito pesadas, ele cai morto no chão.

O uso da tesoura pelo caçador é um dado intrigante, pois, enquanto caçador, o natural seria ele utilizar uma faca de caça, que se inscreveria no mesmo conjunto formado pela flecha/falo, para abrir o lobo e resgatar a avó e a neta; mas ele prefere um objeto doméstico, culturalmente ligado às funções femininas – a costura – para realizar a ação. Se as deusas/mulheres fiam e unem seu destino ao da natureza/ animal, o homem o corta, impossibilitando assim a fusão/união da Deusa com a Fera. Ocorre, na narrativa uma passagem, do âmbito do natural/selvagem, representado pelo lobo e pelos instrumentos de caça, para o âmbito do civilizado. O novo Senhor, não só refreia seus impulsos selvagens, naturais de caçador e macho, como salva a mulher de seus instintos pecaminosos, de luxúria e sexualidade perniciosa (ao

---

20 Na versão de Charles Perrault para *Chapeuzinho vermelho*, o lobo devora a avó e a menina, não há a figura do caçador, apenas uma "moral" explicitando a ligação do lobo com o homem e advertindo as jovens do perigo que correm junto a alguns homens/lobos.

deitar-se com o lobo, ela se torna sua igual), destruindo o animal dentro dela, fazendo-a aceitar as regras de conduta impostas pela sociedade.

É Chapeuzinho, a jovem mulher, que novamente deve, com seu esforço, trazer as pedras para destruir o animal, e é sob as ordens ou supervisão do homem que ela o faz.

Perrault adverte as jovens sobre o perigo dos lobos, já os Grimm deixam clara a lição aprendida: "Chapeuzinho vermelho, por sua vez, pensou: *"Nunca mais sairei da estrada e penetrarei na floresta, quando isso for proibido por minha mãe"* (Grimm, 1997, p.23).

Sair dos caminhos preestabelecidos, trilhados por todos e entrar na floresta é a figurativização, não só de um desvio da norma social, mas também de um retorno ao selvagem – ao reino das antigas Deusas Mães – condenado pela nova ordem social do patriarcado judaico-cristão.

Em *Barba Azul*,[21] a curiosidade da jovem esposa a põe em perigo mortal. Sua união com um esposo monstruoso quer na aparência, devido à barba azul, quer pela ferocidade e violência de seu comportamento, é o retrato da união fora dos padrões sociais, marcada por uma sexualidade selvagem, plena de fertilidade e fecundidade, os ricos domínios de Barba Azul, no qual a mulher/fêmea detém a chave[22] em suas mãos. É ela que pode abrir todas as portas, até mesmo as proibidas, e libertar a vida e a morte ali encerradas.

Não é sem razão que o conto nos mostra a jovem esposa atemorizada cair de joelhos e rezar, enquanto aguarda a vinda de seus dois irmãos para salvá-la. É, novamente, o homem, plenamente inserido na sociedade e detentor de direito/poder sobre a mulher, que a resgata de seus erros. Ao matarem Barba Azul, os irmãos eliminam o selvagem/

---

21 Segundo Mariza Mendes, em seu estudo sobre os contos de Perrault (1999), e de Bruno Bettelheim (1995, p.338-49) o conto *Barba Azul* não possui antecedentes diretos nos contos folclóricos, ele foi criado por Perrault, mas, apesar disso, pode ser tomado como uma variante dos contos do tipo marido-animal.

22 A chave manchada de sangue alude claramente à transgressão sexual, como diz Bettelheim (1995, p.340). Mas embora ele analise essa transgressão sob o prisma da traição conjugal, leitura que se sustenta, há ainda a possibilidade de se ver na figuratividade da chave um eco do poder feminino, de seu domínio sobre tudo e todos – como o chifre nas mãos da Vênus de Laussel – ela é a Senhora, à qual se submete o touro/consorte e toda a natureza.

natural e permitem que se efetue um novo contrato matrimonial, "com um homem honrado que a faz esquecer os maus tempos que passara com o Barba Azul" (Perrault, 1994, p.22). Esse novo contrato, ao contrário do anterior, é marcado pelo civilizado, o adjetivo *honrado*,[23] que é usado para qualificar o novo marido, só pode ser estabelecido dentro do contexto social.

Nos outros contos, onde não aparecem figuras masculinas para salvar a jovem de suas perigosas aventuras e matar o animal transgressor, observa-se ainda a destruição do animal, que ocorre por meio de uma punição, de uma penitência. É assim em *O Monstro Peludo*, que após uma longa existência de fera, rejeitado e isolado numa floresta, consegue voltar a ser homem.[24]

No conto *Rapunzel*, os instintos não civilizados e transgressores do príncipe, que visita Rapunzel todas as noites, sem um contrato social, é punido com a cegueira e posterior vagar por uma floresta, período em que ele vive como um animal, isolado, seminu, maltrapilho, e consumindo alimentos crus.[25] Só depois de um longo intervalo de tempo, em que viveu animalizado, banido do social, é que ele reencontra Rapunzel, volta a enxergar e a leva, juntamente com seus dois filhos, para seu reino – "onde vivem felizes para sempre, após serem recebidos por todos com muita alegria" (Grimm, 1997, p.23). O reconhecimento social, marcado pelo uso do coletivo *todos*, indica a aceitação, por parte do par amoroso, das regras sociais. Eles não irão mais viver uma aventura sexual e transgressora, portanto natural, mas sim uma união regulamentada pelo social.

Em *Os sete corvos*, pode-se efetuar uma variação na leitura, pois

---

23 Em outras traduções, como na de Monteiro Lobato (1941, p.17-22), o jovem é descrito como "um moço bonito e *bom*", equivalendo dessa forma ao honrado.
24 A versão dos Estúdios Disney para *A Bela e a Fera*, mostra uma nova e galante figura da Fera, bem mais civilizada que Gaston, o pretendente humano à mão de Bela. Gaston é um assassino, de animais, mas não o deixa de sê-lo; é um linchador, que oprime párias sociais e é capaz de profundas traições na defesa de seus próprios interesses. Ele é a verdadeira fera nessa versão.
25 Lévi-Strauss em *O cru e o cozido* (1968) demonstra a importância do domínio do fogo e o consequente consumo de alimentos cozidos para as sociedades.

esse conto se insere perfeitamente dentro dos relatos analisados por Vladimir Propp quando trata da Casa Grande e da Confraria da floresta (1997, p.125-68).[26] A proposta de Propp é ver nos contos folclóricos russos uma reprodução do espaço e dos ritos iniciáticos para jovens. Ao tratar do espaço, a casa dos homens, para onde os jovens iniciados seguiam até se casarem, ele assim a desenha em linhas gerais:

> [...] a casa [pequena ou grande] situa-se nas profundezas da floresta; é rodeada por uma cerca, às vezes ornada de crânios; é montada sobre estacas (ou pilares); o acesso é feito por uma escada (ou pilar); a entrada e as outras aberturas são acortinadas e fechadas; compõe-se de vários cômodos. (1997, p.130)

Habitam essas casas os *irmãos*, esse termo designa aqueles que passaram pela circuncisão ou pela iniciação juntos, podendo variar o número, em geral há de dois a doze irmãos, podendo chegar a 25, e mesmo trinta. Como cada jovem passa ali vários anos, todos os anos, ou em algum outro prazo, havia afluxo de recém-chegados e partida dos que saíam para se casar, o número podia manter-se constante em determinado período e ser bruscamente alterado pelas chegadas e/ou partidas.

A coletividade masculina vive exclusivamente da caça, pois os produtos agrícolas lhe são proibidos, a agricultura estava nas mãos das mulheres. A casa dos homens é proibida às mulheres em geral, mas a proibição não é recíproca: a mulher não é proibida na casa dos homens. Isso significa que na casa dos homens sempre houve mulheres[27] (uma ou várias) servindo de esposas para os irmãos. Estas eram

---

26 Embora todos os contos analisados até o momento possuam características semelhantes aos contos russos e possam ser analisados sob a perspectiva adotada por Propp, de ritual iniciático ou de fertilidade e de contrato exogâmico, *Os sete corvos* é, dentre todos, o conto com o maior número de motivos comuns, por isso, foi escolhido para apresentar esse ponto de vista. Além, é claro, de também permitir a confirmação da leitura feita até aqui.

27 Além das jovens, as velhas, efetivamente, podiam ter acesso às casas dos homens, pois não eram mais consideradas como mulheres. Os irmãos chamavam-nas de

chamadas de *irmãs*, eram jovens, não casadas, que frequentemente eram propriedade temporária dos rapazes. "As jovens que viviam nas casas dos homens não sofriam nenhum desprezo. Os pais até mesmo incitavam-nas a ingressar nelas" (ibidem, p.138). Além do desejo dos pais e do rapto, poderia haver outras causas que levavam as jovens a viver na casa dos homens, de qualquer forma, o respeito de que desfruta a "irmã", assim como as obrigações domésticas, são perfeitamente históricos. Elas devem zelar pela ordem da casa e cuidar do fogo. Os homens a tratam bem e não forçam seus favores, geralmente, presenteiam-na com flechas e arcos para os irmãos, fumo, colares etc. As mulheres ficam apenas temporariamente nas casas, em seguida elas se casam (ibidem, p.139). Segundo Propp, esse casamento grupal, que deve sua origem à prática da poliandria, tende a terminar em casamento a dois: "ela escolhe um companheiro ou amante, do qual é nominalmente senhora; este é responsável por seu pagamento ou recompensa" (ibidem, p.141).

O conto não reflete, muitas vezes, todas essas possibilidades, a jovem, geralmente, não pertence a ninguém, como no conto *Os sete corvos*; em outros, pode pertencer a todos os irmãos, ou ainda, em alguns contos, bastante raros, pode-se estabelecer que ela pertence a um dos irmãos, é o caso de *O primeiro que aparecer*, a jovem é dada como esposa ao irmão mais velho, o Bode cinzento. O pai da jovem a oferece a ele, quando passam diante da casa do Bode Cinzento, junto à floresta.

Outro motivo comum nos contos é a solidão diurna da irmã, esta se deve ao fato dos irmãos fazerem tudo em comum, inclusive as saídas para caçar, portanto, ao saírem pela manhã para caçar, deixam a casa vazia, só retornando no final do dia. A aparência de animais, assumida pelos irmãos, decorre, segundo Propp, do fato deles serem iniciados e os que viviam nas casas masculinas ou casas da floresta, imaginados como animais e se mascararem como tais (ibidem, p.148).

---

mãe (Propp, 1997, p.134). No conto *Os sete corvos*, Hilda visita, à procura de informações sobre os irmãos, três casas onde vê, pela janela, uma pequenina velhinha tomando banho numa casaca de ovo, a jovem a chama de "querida mãezinha" e consegue dela permissão para entrar.

No conto apresentado por Beetz, *Os sete corvos*, Hilda, a irmãzinha, parte da casa paterna a procura dos irmãos, transformados em corvos, após uma longa peregrinação, por várias casas, desertos e florestas, ela chega ao pico da montanha gelada, inexpugnável, na qual "ergue-se uma única árvore, enorme, e sobre ela uma casinha com sete janelas... [Hilda] Puxou para cima a escadinha, encostou-a a árvore e subiu. Não havia porta, mas Hilda entrou por uma das janelinhas..." (Beetz, 1939, p.114).

Como na casa dos homens, a casa dos irmãos de Hilda situa-se em local protegido, a montanha gelada, impossível de ser escalada, e que se situa após a floresta. A casa está colocada sobre um pilar, a enorme árvore, e não se vê porta alguma, a jovem sobe por uma escada e entra por uma das janelas. A descrição da casa, limpa e organizada, também retoma a casa dos homens.

Os irmãos de Hilda retornam ao final da tarde, como corvos, só assumindo a forma humana após pousarem no chão. Como os irmãos da floresta, eles aparentam ser animais e se alimentam de carne. Hilda fica na casa por sete anos, servindo aos irmãos, cuidando da casa e tecendo as camisas para desencantá-los. Ao final desse prazo, as camisas prontas são colocadas sobre eles, que voltam a ser homens; ao mesmo tempo, é desencantado um príncipe e seu reino, que se casa com Hilda. Após a leitura de Propp, fica clara a relação da irmã com os sete irmãos;[28] findo o prazo, os jovens deixam a casa dos homens para se casarem, voltam a aldeia, ou seja, deixam a floresta e o aspecto de animais, retornando à forma humana. Hilda, também parte para um casamento a dois – recompensa/pagamento por seus serviços. Propp informa que na casa poderia ocorrer a formação de pequenos grupos, mais restritos, confrarias, cujos laços são mais estreitos, "assim, pode-se supor que o conto não reflita toda a vida da casa e sim a vida de um grupo no interior da casa" (ibidem, p.133); é o caso do grupo dos sete irmãos. Isso também explica o surgimento inesperado do príncipe encantado, que era outro jovem da casa, embora não pertencesse ao grupo dos sete.

---

28 Principalmente levando-se em conta as indicações de defloração feitas anteriormente: a mutilação dos dedos da mão e o ato de fiar, ligado à concepção. Segundo Propp, os filhos nascidos dessas uniões grupais eram mortos.

A perspectiva histórica e antropológica, adotada por Propp, vem referendar e completar a análise feita até o momento, de que a união da jovem com seres selvagens reflete uma relação de troca entre o civilizado/social e a natureza. Com a realização dessa troca/doação, a natureza é beneficiada, pois se torna mais fecunda, mais numerosa, já que o grupo social lhe "empresta" parte de seus membros, que são tomados como natureza; em contrapartida, a sociedade também se beneficia com o aumento da caça, banindo o temor da fome, o que possibilita o seu crescimento. Essa relação de troca é a mesma vista entre a Deusa Mãe e o homem primitivo.

A Bela sem a Fera

Nos contos anteriormente analisados, havia a presença clara do consorte da jovem/Deusa, a narrativa era construída a partir das ações de ambos. Nesse outro grupo de contos a serem analisados, percebe-se a diminuição da área de ação do príncipe, o seu lugar de desencadeador da tensão narrativa ou de adjuvante é ocupado agora pela madrasta e/ou bruxa. Nos contos anteriores, a heroína surgia como a redentora do monstro, muitas vezes, encantado pela bruxa ou pela madrasta, nos contos que se seguirão, o príncipe assume o lugar da heroína, pois é ele que surgirá para resgatar, para salvar a heroína no último instante e, claro, casar-se com ela.

O grande embate estabelecido nos contos: *Branca de Neve*, irmãos Grimm, *A Gata Borralheira*, Perrault, *A Bela Adormecida*, Grimm e Perrault e *Pele de asno*, Perrault, é entre duas forças femininas, uma mulher já madura ou velha e uma jovem. Essas duas forças correspondem ao conjunto formado pela Deusa Mãe e sua filha/*Koré*, como Deméter e Perséfone, uma é a continuidade da outra.

A face terrível da Deusa Mãe já estava presente nos *Hinos homéricos*, como no *Hino a Deméter*. A Deusa, antes boa e doadora de alimentos, apresenta depois seu aspecto terrível e colérico. O rapto de Perséfone por Hades é que desencadeia essa transformação. Deméter, após o rapto da filha, tira seu véu cor de ambrosia e cobre-se com um véu negro, da mesma forma, toda a natureza se transforma, tornando-se estéril e improdutiva. Enquanto Perséfone fica no Hades, Deméter deixa o Olimpo e vaga pela terra, pelos campos, longe das cidades e das vilas. Ela não toca no néctar, nem na ambrosia e não se banha (Homero, 1967, v.49-50). O aedo a descreve como "uma velha bem idosa, que foi privada de dar à luz e dos dons de Afrodite..." (ibidem, v.100-03). A deusa aparece aos mortais como uma velha suja, mal cuidada, toda envolta por um manto negro. Bem próxima, portanto, da imagem da bruxa dos contos. Apesar desse aspecto, ou em parte por ele, ela causa "respeito e um pálido temor" na esposa de Celeu. Esse temor será intensificado quando Metanira vê Deméter esconder seu filho, Demofão, entre as chamas da lareira. Aterrorizada, Metanira grita, despertando a ira da Deusa. Ela o teria tornado imortal se Metanira não a interrompesse. Os poderes de vida e morte, o conhecimento de "práticas mágicas" e a ira, são dados semelhantes aos apontados nas bruxas dos contos.

Nos versos 384 a 386 do mesmo hino, Deméter é comparada a uma "mênade que corre pela floresta de uma montanha umbrosa", dando, assim, destaque ao seu aspecto selvagem, aos cabelos em desalinho e às roupas pouco compostas. Novamente, a floresta e o aspecto pouco civilizado de velha enlouquecida, mal vestida e de cabeleira desgrenhada, bem como o aumento de sua estatura e o olhar assustador apresentado pela deusa ao ficar irada são reconhecíveis como traços que passaram a compor a imagem da bruxa.

A sujeira é um dado a ser observado mais de perto, tanto nos contos quanto nos mitos, pois indica a ligação da deusa, ou da bruxa e da heroína com o mundo ctônico, que pode representar tanto o estágio de invisibilidade, pois aquele que se cobre de poeira, cinza, fuligem ou barro oculta-se sob uma camada de terra, tal qual os mortos e as sementes, tornando-se invisíveis aos vivos; quanto uma forma de disfarce, estabelecendo uma relação entre o que é encoberto pela sujeira e a representação do aspecto animal, uma espécie de máscara, do mundo selvagem, não civilizado.

Quando o herói ou heroína dos contos ou mitos muda de aspecto, assumindo a aparência suja e andrajosa dos mendigos, ou vestindo-se com peles imundas de animais (burro, asno, sapos etc.), procurando se disfarçar, eles estabelecem uma equivalência à estada no outro mundo; da mesma forma, o herói, no momento em que retorna ao convívio social após uma longa peregrinação, vem sob o aspecto de morto, sujo e decomposto, ou como natural, selvagem, ligado aos animais, porém, quando reassume o seu lugar na sociedade, livra-se dos andrajos e ressurge belo e íntegro.

Esse outro mundo, ctônico e selvagem, está associado ao reino dos mortos[29] entre os gregos, e tem um desdobramento interessante após o cristianismo, a natureza associada ao ctônico, reino da Deusa Mãe, passa a ser reduto do demônio. Vê-se a floresta/bosque como área de atuação do mal, uma extensão do inferno na terra. Dessa forma, o outro mundo dos contos não é mais o reino dos mortos, a terra fecunda do mito, mas o inferno cristão, com todos os seus pecados, principalmente, a luxúria, que se associa à prática sexual livre e, portanto, à fertilidade e a fecundidade tão presentes nos mitos das grandes Deusas Mães.

É por isso que a oposição /alto/ x /baixo/ ⇔ /brilho/ x /sujeira/, tão bem apontada por Courtés (1986, p.116-21 e 201-4), mostra a bruxa ligada ao /baixo/ e ao /sujo/, ou seja, ao mundo ctônico, enquanto as fadas e a heroína, resgatadas pelo príncipe, ao /alto/ e ao /brilho/, que por sua vez associam-se ao mundo civilizado e cristão.

A sujeira assume, portanto, uma conotação moral, de pecado latente, igual àqueles que não foram salvos pelos sacramentos do batismo ao nascer. Esses, embora inocentes, estão fora do mundo cristão, ordenado por Deus e pela Igreja, portanto, no outro mundo, ctônico e demoníaco, que se opõe ao celeste. Visão idêntica é dada às relações amorosas não sancionadas pelos ritos do casamento, os amantes vivem em pecado, estão "sujos" perante Deus, são movidos pela luxúria e pelo demônio.

Os ritos do batismo e do casamento, no cristianismo, apontam claramente para a necessidade de purificar e trazer para junto do social a criança e os nubentes, pois se não passarem pelos ritos, serão como animais, bestas selvagens, impuras e que põem em risco a sociedade. É por isso que o recém-nascido deve ser banhado na pia batismal, limpo de sua "sujeira" selvagem e natural, ligada ao demônio. Segundo

---

29 Cf. retorno de Ulisses a Ítaca após sua viagem ao Hades (Homero, *Odisséia*)

Chevalier e Gheerbrant (1989) "todos os passos da cerimônia iniciática do batismo traduzem a dupla intenção de purificar e de vivificar. Em um primeiro plano, o batismo lava o homem de sua 'sujidade' moral e outorga-lhe a vida sobrenatural". Após o banho, que pode ser por imersão ou apenas uma aspersão de água virgem (ou água benta) sobre a cabeça, é dado à criança um pouco de sal, o sal da sabedoria, que, como o fogo, é símbolo da sociedade estruturada.[30] O sal, para os cristãos, é símbolo das transmutações morais e espirituais, é um protetor contra a corrosão, tem virtude purificadora e protetora, no batismo o sal da sabedoria é o símbolo do alimento espiritual (Chevalier; Gheebrant, 1986).

O consumo de sal em comum toma um valor de comunhão, de um laço de fraternidade. Compartilha-se o sal como o pão, pois ambos são símbolos de civilidade desde os gregos. Para os gregos, para os hebreus e para os árabes o sal é símbolo de amizade, de hospitalidade, e da palavra dada, porque é compartilhado e o seu sabor é indestrutível. Para os gregos, a hospitalidade é um dos fatores que determina a diferença entre bárbaros e civilizados.

Na cerimônia de casamento, as alianças, símbolo da união, são bentas, aspergidas com água benta, e como no batismo, a água limpa as alianças, purificando a união de seus valores pecaminosos e selvagens. Se a união da Deusa e seu consorte era norteada pelo exalçar sexual, a união mediada pela sociedade é purificada desse excesso natural, ela é moderada e se inscreve no âmbito das relações socioeconômicas. O casamento deixa, portanto, de ser o encontro de dois amantes e passa a figurar o contrato entre dois clãs ou famílias. A sexualidade assume, dessa forma, um papel negativo e transgressor, tal qual a Deusa Mãe, suja à vista da sociedade.

Deméter, como os heróis e heroínas, afastados do convívio social, geralmente habitando florestas e bosques, apresenta-se suja, coberta de terra e cinzas, indicando sua condição de transgressora e/ou banida.[31] Dessa forma, Deméter disfarça, oculta sua identidade divina dos

---

30 Cf. Lévi-Strauss – *O cru e o cozido*.
31 Em *A Gata Borralheira*, a exclusão social é marcada também espacialmente, a Gata Borralheira vive na cozinha, enquanto as irmãs, na sala de estar. O ambiente da cozinha, sujo e interiorizado na residência, corresponde ao da floresta.

mortais. O manto negro que a veste, assim como a sujeira, indicam esterilidade, ausência de vida, pois se a semente deve morrer, passar um tempo em estado de invisibilidade, na sujeira e no negrume para propiciar a colheita, a terra deve tornar-se vazia, desprovida de cor e revelar sua face "suja", expondo sua nudez terrosa. Enquanto Perséfone é a semente raptada por Hades e levada para as profundezas da terra, Deméter encarna a face da própria terra, destituída de plantas/vida, ela está "nua"/seca, pois sua beleza luxuriante e fértil foi roubada.

Perséfone, ao contrário de Deméter em suas vestes negras, sintetiza a beleza jovem, cheia de viço, desejável, ela é a flor pronta a ser colhida, promessa de vida. E como nos contos, é sua beleza que a perde.

Opondo-se à sujeira e à velhice, a beleza jovem e tenra é um perigo que deve ser combatido e, muitas vezes, um mal do qual a heroína deve ser salva. A beleza é fonte do desejo erótico, do prazer, do pecado da luxúria, e quanto mais natural a beleza, mais perigosa ela é, sobretudo para os cristãos da baixa Idade Média. Se, na Antiguidade clássica, a beleza era associada à fecundidade e à fertilidade, entre os cristãos, ela é uma manifestação do demônio, tentação que faz o homem perder sua alma imortal e, como tal, tem na mulher jovem e bela o seu instrumento.

Em São Jerônimo (Epist. 45,5) tem-se a condenação dos banhos, por serem eles contrários à castidade, uma busca da sensualidade, da qual convém manter-se afastado. Clemente de Alexandria fez a distinção entre quatro espécies de banhos: para o prazer, para se aquecer, para a limpeza e por razões de saúde. Somente este último motivo era válido, em sua opinião. A pele alva, fresca, limpa de manchas é tentadora, ao passo que o corpo sujo e abjeto não é desejável, não incita ao pecado.

É por isso que as jovens heroínas dos contos são apresentadas como belas, de peles alvas e macias, cabelos sedosos, muito mais belas, em sua simplicidade, sem joias e adornos, que suas irmãs, repletas de rendas e adornos. Há nessa descrição da heroína um conflito, uma tensão, que só será "resolvida", superficialmente, com a bondade e a passividade apresentada por elas. Enquanto herdeiras das *kórai* gregas, elas apresentam traços figurativos comuns, a beleza e o viço da natureza plena de vida, pronta a procriar e a germinar a nova vida. Esse lado é nefasto e perigoso. Mas, ao mesmo tempo, elas apresentam alguns traços figurativos das santas e mártires da Igreja, portanto, positivos e que as redime de sua beleza perigosa. Dentre eles, o desapego aos bens materiais e à vaidade, daí o seu trajar simples, pobre mesmo, sem ornamentos; além da bondade de coração; o respeito pelos pais e pelas leis sociais e cristãs; a aceitação passiva de seu destino, sem rebeldia ou questionamento. Em contrapartida, a madrasta e a bruxa escondem seu verdadeiro aspecto, de velha desgrenhada e suja, sob a face de uma mulher madura, mas bela e sedutora,[32] capaz de atrair o desejo do pai da jovem ou do rei, subjugando-o com seus poderes mágicos, que, em última instância, revelam-se como expedientes da sedução, da luxúria selvagem e natural. Essas Senhoras perigosas e sedutoras são ávidas de poder e não se submetem ao jugo masculino ou social, à margem da sociedade, pois não respeitam suas regras e códigos morais, elas são mostradas como demônios disfarçados. Mas nem a madrasta é tão má assim, nem a jovem heroína é tão dócil e tola. Sob a máscara romântica e cristã ainda é possível divisar a união de mãe e filha e de como a "velha" auxilia a jovem a passar de virgem a mulher. E como não poderia deixar de ser, essa passagem transgressora e feminina se dá fora dos limites sociais, na floresta.

Dos contos selecionados, *Branca de Neve*, dos irmãos Grimm, apesar da redução, é o que apresenta o maior conjunto figurativo comum ao das narrativas míticas, por isso ele será o norteador da análise, os demais serão utilizados para referendá-la.

O conto, *Branca de Neve*, mantém uma passagem habitual em outros contos, o desejo da jovem rainha de ter uma criança, porém, apresenta características pouco comuns aos demais, como o desejo de que a criança fosse um "retrato" da natureza que a envolve:

---

32 Há um conflito na descrição da madrasta e da bruxa, não se pode definir exatamente se ela é bela e se disfarça de velha, ou o contrário. De qualquer forma, as duas faces, a da beleza e a da velha bruxa, compõem a identidade perigosa da madrasta.

Num dia de inverno, quando os flocos de neve caíam do céu como penas, achava-se uma rainha costurando, sentada junto a uma janela emoldurada de madeira de ébano. Enquanto costurava e olhava para a neve, espetou o dedo com a agulha e dele caíram três gotas de sangue na neve. E, como o vermelho ficava tão bonito na neve branca, ela pensou: "Bem que eu poderia ter uma criança tão alva como a neve, tão corada como o sangue e de cabelos tão negros como a madeira da janela!". Passado algum tempo, a rainha deu à luz a uma linda menina, tão alva como a neve, tão corada como o sangue e com cabelos tão negros como a madeira da janela, razão pela qual lhe deu o nome de Branca de Neve. Logo depois do nascimento da criança, a rainha morreu. (Grimm, 1994, p.4)

Nesse pequeno trecho da narrativa, é possível observar primeiro a reincidência do ato de costurar associado ao de gerar uma criança, ao espetar o dedo na agulha, e fazer cair três gotas de sangue na neve, tem-se a figurativização da defloração da jovem esposa e de sua gravidez.[33] Igual a semente, o período de gestação de Branca de Neve é o inverno, contando-se nove meses, o nascimento da menina se dá na primavera. Branca é como a mãe desejava, de pele alva como a neve, corada como o sangue e de cabelos negros como o ébano. Além da relação da criança com o mundo natural, a neve, o sangue e as árvores, elementos que remetem aos ritos iniciáticos e às fases de esterilidade e produtividade dos campos, Branca apresenta um conjunto de traços de grande beleza, o que indica um estado saudável, portanto, fértil.

A morte da rainha, logo após o parto, e sua substituição por outra esposa, bela, mas vaidosa e orgulhosa é explicada tanto por Bettelheim (1995, p.83-91), quanto por Marina Werner (1999, p.251-73), como uma camuflagem à rivalidade mãe-filha, dentro dos códigos morais vigentes. No período romântico, era pouco adequado apresentar uma mãe maltratando e expulsando a filha (às vezes nora), vista como uma rival dentro da casa. Sua morte e substituição por outra, sem laços consanguíneos, era mais conveniente e menos chocante para a clientela dos

---

33 Assim como a união das deusas com seus consortes, toda relação sexual é fecunda. Dentro dos preceitos cristãos, a sexualidade deve servir para gerar filhos, portanto, o desejo da rainha é satisfeito.

contos. Portanto, pode-se ler a madrasta de Branca, que se casa com o rei um ano após a morte da primeira rainha, como a sua própria mãe.[34] Geralmente, a disputa entre a madrasta/mãe e sua filha só irá se efetivar na adolescência da jovem, quando ela se torna apta a reproduzir, ou, como no conto de Branca de Neve, quando ela deixa a infância e entra na idade dos sete anos. Entre os gregos, é com essa idade que os jovens iniciam sua educação, no caso das meninas, aos sete anos são colocadas sob os cuidados de Ártemis, como pequenas ursas, só deixando seu santuário após a corrida ritual, quando despem as vestes cor de açafrão,[35] deixando a "vida selvagem de ursas", e se integrando à sociedade.[36] Essa idade marca o início de um ciclo selvagem e livre, sem as coerções sociais, mas que prepara a jovem para assumir seu lugar de esposa e mãe no grupo.

É com sete anos que Branca de Neve é levada à floresta pelo caçador, a mando da madrasta, para ali ser morta. A morte aí indicada é ritual, pois a jovem, quando afastada do grupo, morre para a vida que levava, adaptando-se ao seu novo mundo, assumindo uma nova identidade, da mesma forma que deverá "morrer" novamente para reingressar na sociedade, após seu exílio na floresta. São ritos de passagem importantes e que perduram até hoje em diversas culturas.

No período que passa na floresta, Branca de Neve se aloja na casa dos sete anões, semelhante ao conto *Os sete corvos*, de Beetz, no qual a jovem Hilda, a heroína, vai para uma casa na floresta, uma confraria masculina, e passa o dia sozinha, só revendo os "irmãos" ao cair da noite; Branca de Neve também só revê os anões ao anoitecer, quando estes retornam do trabalho nas minas. O aspecto animalesco, apresentado pelos irmãos no conto *Os sete corvos*, é substituído pela

---

34 A ambiguidade é mantida no conto quando o narrador trata a madrasta sempre por rainha, nunca por madrasta, somente no final, última página, é que essa denominação aparece. O termo rainha recobre ainda a figura da Senhora, termo usado para as Deusas Mães.
35 A cor de açafrão só era permitida às prostitutas, signo de sua liberdade sexual, como estas, as jovens ursas não precisam respeitar as regras sociais, vivem livres, num estágio selvagem.
36 Cf. Louise Zaidman, 1991, p.363

deformidade dos anões, pois como os animais, eles são seres ligados à natureza, gênios da terra e do solo, os anões acompanham frequentemente as fadas nas tradições dos povos nórdicos. Mas, se as fadas têm aparência aérea, os anões, por sua vez, estão ligados às grutas, às cavernas nos flancos das montanhas, onde escondem suas oficinas de ferreiros. "Ligados às divindades ctônicas, os anões, com seu pequeno tamanho e uma certa deformidade, foram comparados a demônios" (Chevalier; Gheerbrant, 1989).

É na companhia dos anões que Branca de Neve será iniciada, com o auxílio da rainha, nas questões do sexo.

Na primeira visita da rainha à Branca de Neve, ela se disfarça de vendedora, "pintando o rosto e ficando irreconhecível" (Grimm, 1994, p.11). Branca a trata de senhora e a ilustração não deixa dúvidas de que a bela rainha assemelha-se, agora, a uma velha feia, pobre e de formas opulentas. A rainha oferece cintos de todas as cores a Branca de Neve e lhe mostra um "que era trançado em seda colorida" (ibidem, p.12). Branca a deixa entrar e compra o cinto:

> Filha, disse a velha, como você está mal arrumada. Venha, eu mesma lhe colocarei o cinto.
> Branca de Neve, sem medo, ficou de pé diante da velha e deixou que ela colocasse o cinto novo. Mas a velha rapidamente apertou tanto o cinto que Branca de Neve não conseguia mais respirar e caiu morta. [...] Pouco depois, ao anoitecer, os sete anões voltaram para casa, assustaram-se quando viram Branca de Neve estendida no chão. Ela não se mexia e parecia estar morta. Eles a levantaram e, como viram que o cinto estava muito apertado, cortaram-no ao meio. Então a menina começou a respirar e, aos poucos, se recuperou. (ibidem, p.13-4)

Nessa primeira tentativa de matar Branca de Neve, vê-se a repetição de vários motivos comuns às narrativas míticas das deusas e à suas iconografias: primeiro o aspecto "selvagem", "natural" de ambas, a rainha se assemelha a uma velha, excluída do social, Branca de Neve, jovem ursa, está em desalinho, não composta como deveria. Segundo, a velha lhe oferece um cinto trançado em seda colorida. O cinto, enquanto objeto que figurativiza o sexo/hímen, é reforçado por dois outros motivos: o trançado, que remete ao tecer e ao sexo; e o fio de seda, delicado e brilhante, agente de ligação com a luz, como no mito de Teseu e Ariadne, bem como ao nascimento ou renascimento.

O cinto/hímen colocado ou, mais especificamente, dado a Branca de Neve pela rainha, enquanto mãe que gera uma filha, é muito apertado, impedindo-a de respirar, viver, pois a mulher, em sociedades patriarcais antigas e mesmo na Idade Média, só era considerada como parte do grupo após seu casamento e o nascimento do primeiro filho. Branca de Neve parece morta e só recobra a consciência quando os anões cortam o cinto ao meio, imagem mais do que adequada para a defloração e o rompimento do hímen, o terceiro motivo comum.

O cinto desatado ou cortado figurativiza a defloração da jovem e sua união, não com um dos anões, mas com todos. Como informa Propp (1997, p.138-41), a jovem, na casa da floresta, poderia pertencer a um ou a todos os irmãos. A jovem é despertada para sua vida de mulher após a defloração, antes disso, ela é vista como a crisálida, fechada em seu casulo, adormecida e/ou morta. Há duas passagens que marcam a vida da mulher e ambas estão interligadas: a chegada da menstruação, que indica sua aptidão para gerar, e o casamento, união sexual, que leva à gestação e a transformação da jovem em mulher/mãe, antes disso, ela é apenas a noiva, termo que recobre tanto a jovem que vai se casar, como a que acabou de fazê-lo, só depois de parir é que ela assume seu lugar na sociedade.

Segundo Courtés, os contos apresentam o fenômeno da duplicação e triplicação de sequências, que revelam um mesmo nível isotópico, mas a leitura do material figurativo permite mostrar que os fenômenos de duplicação/triplicação não revelam apenas uma progressão narrativa, mas também, e, sobretudo, uma articulação verdadeiramente mítica (1986, p.104-7). É o caso apresentado no conto *Branca de Neve*. A narrativa retoma a configuração temática da defloração, ou iniciação sexual da jovem mais duas vezes, são as outras duas tentativas de assassinato de Branca de Neve pela rainha.

Na segunda tentativa, a rainha disfarça-se novamente em vendedora e oferece a Branca de Neve um pente envenenado. Com o pretexto de lhe fazer um belo penteado, a velha coloca o pente nos cabelos de Branca de Neve que, imediatamente, cai desmaiada. Novamente, os anões chegam com o cair da noite e retiram o pente de seus cabelos, despertando-a. O pente assume, na narrativa, a mesma função do fuso, da agulha, do espinho e de outros objetos pontiagudos que servem para a perfuração, portanto, é fálico. Os cabelos, enquanto fetiche erótico e símbolo de fertilidade, de fartura, como visto em *Rapunzel*, aqui se aproximam ainda mais do contexto sexual, equivalendo aos pelos pubianos.

Há uma gradação na sequência apresentada, primeiro o cinto é cortado, como o cinto é da esfera do feminino, o foco é no rompimento do hímen; depois se tem uma mudança no foco, agora não mais feminino, mas masculino, o pente/falo que é introduzido e retirado de entre os cabelos/pelos pubianos. O ápice dessa sequência está na terceira tentativa, quando Branca come a maçã, desde Eva, para não nos referirmos a Afrodite, o ato de comer a maçã é sinônimo de relação sexual.

A terceira tentativa de morte, através da maçã envenenada, está assim descrita: "E então, dirigindo-se a um quarto secreto e escuro, envenenou uma maçã. Por fora a maçã era linda, com um lado branco e outro vermelho" (Grimm, 1994, p.17). Nesse pequeno trecho, vê-se uma profusão de camadas figurativas se sobrepondo. Primeiro a ligação da rainha com a Deusa Mãe e sua gruta/sexo, região ctônica de onde bem e mal saem; segundo, as cores apresentadas pela maçã, num contexto cristão, o sexo/maçã é visto como algo ao mesmo tempo puro, o lado branco, e perigoso, o vermelho, no qual se insere o veneno. A mãe/madrasta de Branca de Neve, como símbolo do feminino e como face da Deusa Mãe, irá oferecer a jovem o lado vermelho, perigoso, do sexo selvagem e fora das regras. O conto figurativiza, dessa forma, os perigos da instrução feita pelas mães à suas filhas sobre o sexo, sendo necessária uma supervisão masculina para que a jovem não se perca, quer seja a dos anões, quer seja a do príncipe, que após a iniciação da jovem, vem para salvá-la de seus hábitos selvagens.

Nessa última tentativa, a rainha se disfarça em velha camponesa, mulher que conhece os ritos da terra, que sabe como semear e fazer a terra gerar. Diante da reluta de Branca de Neve em aceitar a maçã, ela a parte ao meio e come a parte branca, deixando a vermelha para a jovem. Como o veneno estava apenas na parte vermelha, a jovem cai desfalecida. E mesmo com a chegada dos anões não é possível revivê--la. Após conhecer o prazer sexual, sua ligação livre com os irmãos, a jovem torna-se perigosa, tanto quanto a rainha, e deve ser colocada sob os cuidados de um homem social, não mais de um, ou vários, tão selvagens quanto ela.

A maçã, como os demais frutos, figurativiza nas representações da antiguidade o seio e, por assimilação, o sexo feminino, sendo um signo de fecundidade, além de estar associada à união sexual. Os valores sedutores da maçã de Afrodite reencontram-se na concepção da maçã do Éden, colhida por Eva, símbolo do desejo erótico e da transgressão.

A dupla coloração da maçã, branca e vermelha, traz ainda mais um dado para a análise, pois desde o início do conto, o vermelho é associado ao sangue e à vida, enquanto o branco é ligado à neve, ao inverno e à esterilidade. Dessa forma, a divisão feita pela rainha, branco, sem veneno, para ela e vermelho, com veneno, para Branca de Neve, revela a condição de esterilidade da rainha, já impedida de gerar, e a de fecundidade/fertilidade plena de Branca, já dentro da puberdade, tendo recebido sua primeira menstruação e iniciada nos segredos do sexo. Assim, Branca de Neve e rainha são partes complementares do todo maçã/feminino – ciclo de continuidade da vida, que leva a filha a substituir a mãe, que não é mais fecunda.

O sexo, enquanto livre e fora das convenções, é visto como a maçã vermelha e tentadora do conto, um perigo a ser evitado, ou regulado pelo social. É por isso que Branca fica em suspensão até o momento em que o príncipe aparece, exposta no caixão de vidro, ela é a beleza/promessa de filhos a ser comprada, possuída e guardada, como um tesouro, por um homem que saiba usar esse tesouro em prol da sociedade.

Os objetos que provocam a morte nos contos, segundo Propp, e que aparecem em Branca de Neve, pertencem a três grupos: 1º as roupas e os adornos: cintos, camisas, anéis etc.; 2º objetos que são introduzidos sob a pele: pentes, agulhas, farpas, fusos etc.; 3º as substâncias introduzidas no corpo: maçãs, peras, uvas e, mais raramente, bebidas (1997, p.144). De maneira geral, os objetos fálicos perfuram o corpo da heroína, as frutas e líquidos são introduzidos no corpo através da boca, símile da vulva; os adornos e roupas assumem um estatuto feminino, símiles do hímen que é rompido. Todos apontam para a perda da virgindade, de forma ritual.

Após comer a maçã, Branca de Neve é dada como morta realmente. Nas duas tentativas anteriores, o narrador deixava pairar a dúvida – "ela parecia estar morta" (Grimm, 1994, p.14), ou ela "estava estendida no chão como se estivesse morta" (ibidem, p.16).

A morte de Branca de Neve corresponde ao que Propp propõe como solução para o conhecimento adquirido na casa da floresta pela irmã e que era vedado às mulheres. A irmã deveria, antes de deixar a casa para se casar, morrer, como os demais iniciados, esquecendo-se do período em que passara na casa, ou guardando o segredo, como os demais irmãos (1997, p.143).

Após sua morte, os anões a lavam com água e vinho, choram sua morte por três dias, mas se recusam a enterrá-la, pois ela continua linda como quando era viva. Eles fazem um caixão de vidro, no qual a colocam, podendo, assim, vê-la de todos os lados. Após gravarem em letras douradas seu nome e sua origem real, colocam o caixão no topo de uma colina e um deles o vigia. Passado muito tempo, Branca de Neve continua bela. Um príncipe passa pela floresta, chega à casa dos anões para passar a noite, vê o caixão e tenta comprá-lo dos anões, que se recusam a vendê-lo, porém, o príncipe insiste, pois já não pode viver sem Branca de Neve. Promete, então, "honrá-la e respeitá-la como o mais precioso tesouro", os anões, com pena, lhe dão o caixão que, ao ser transportado, sofre um movimento brusco, que faz com que o pedaço da maçã envenenada salte da garganta de Branca.

Vê-se nessa passagem do conto uma confluência de leituras: a apresentada por Propp, na qual está presente a compra da irmã por um dos jovens da casa da floresta, que a assume enquanto esposa, passando assim à uma união estável e monogâmica; e a da morte ritual da jovem, que deixa para trás sua vida de virgem/*Koré*, selvagem, e assume as responsabilidades sociais, a união com o príncipe e seu retorno a um grupo estruturado. As leituras não se excluem, na verdade, se completam.

Para a festa de casamento de Branca de Neve com o príncipe, a "madrasta malvada" é convidada e, pela primeira vez no conto, a rainha é assim denominada. A madrasta reluta, mas cede à curiosidade de ver a jovem nubente. Ao entrar no salão, aguarda-lhe um par de sapatos de ferro, quentes em brasa, que ela é obrigada não só a calçar, mas também a dançar com eles até cair morta.

Em *A Gata Borralheira* e *A Bela e a Fera*, observa-se que os sapatos e as meias figurativizam o sexo feminino. Enquanto que o sapatinho de cristal de Borralheira conota o sexo/hímen da virgem, as meias, em Bela, correspondem ao sexo já deflorado e a um exercício prazeroso da sexualidade; os sapatos de ferro, quentes em brasa, se opõem aos dois anteriores, ele não pode ser quebrado/rompido como o de cristal, já que o ferro é material resistente, nem é confortável, prazeroso, como as meias, pelo contrário, pesam e queimam, o que indica uma carga negativa dada à relação sexual, que deixa de ser prazerosa, após o final do período fértil feminino, e assume os contornos de uma obrigação, punição, nada agradável à mulher. Referendando a leitura dos sapatos de ferro com a sexualidade, está a dança, que desde o período cretense, é um símile do ato sexual,[37] contexto que perdura em muitas culturas. Obrigar a madrasta a exercer uma atividade sexual extenuante, pois presume-se que ela tenha "dançado" com muitos homens no baile, sendo ela já estéril, é levá-la à morte, mesmo porque, a mulher que sai de seu período fértil não é mais considerada como tal por quase todas as culturas arcaicas. Talvez exista aí um resquício de uma prática ritual muito antiga e violenta, na qual a antiga sacerdotisa/Deusa Mãe, ao ser substituída pela nova e jovem, era violentada até a morte por toda a comunidade masculina. Rito semelhante é descrito por Campbell quando trata, no Capítulo 5 do livro *As máscaras de Deus* (1997), do ritual amor-morte.

Sob o prisma cristão, a "velha", que se obstina em manter-se sexualmente ativa, apesar de não mais poder procriar, é vista como cúmplice do demônio, pervertida e transgressora, ela é um mal que deve ser banido do social. Marina Werner (1999, p.262-3) apresenta,

---

[37] Cf. terceiro capítulo. Outros contos exploram o baile como símile da relação sexual, como, por exemplo, *A Gata Borralheira*.

em sua obra, todo um estudo sobre essa figura transgressora da velha, e informa que:

[...] o tipo de mulher que ameaçava a sociedade por ser sozinha e dependente nem sempre era o das mães apegadas aos filhos ou das viúvas desesperadas e cruéis. Podia se tratar de uma solteirona, uma mãe solteira, uma velha ama ou criada da família – qualquer mulher que envelhecesse desacompanhada era vulnerável... Pois não havia, num sentido radical, nenhum lugar para a solidão feminina no arcabouço conceptual da época... As velhas solteironas ou viúvas, aparecem como uma velha anômala, uma mulher sem marido, desligada das amarras do porto patriarcal, próxima da bruxa e da alcoviteira.

Disso resultaria a punição da rainha. Segundo Propp (1997, p.12-3) e outros estudiosos do mito, quando este passa à narrativa dessacralizada ocorre uma inversão nos papéis. Enquanto a jovem virgem, no rito e no mito arcaico, era a sacrificada às forças da natureza, casando-se com o animal ou oferecendo sua vida/sangue em prol da comunidade, nos contos folclóricos, que tiveram como origem esses ritos, mas que não os veem mais como relação sagrada com a natureza, é a madrasta, a sacrificadora, que sofrerá a ação, ou seja, aquele que fez cumprir os ritos sacrificiais é "punido" pela narrativa, tomando o lugar do sacrificado. É por isso que a bruxa é punida no final do conto com uma fusão com a natureza, um regresso ao estágio natural e animalesco, ou é devorada por animais ligados ao mundo ctônico. No caso, a madrasta de Branca de Neve, que é forçada a dançar até a morte, significa que a jovem Branca de Neve é que deveria ser entregue a todos os jovens iniciados e morrer após várias relações sexuais. Com o esvaziamento do rito e do mito, parece, aos transmissores do relato, mais coerente a morte/ punição da velha do que da jovem. Dessa forma, "o assunto do conto pode, às vezes, ter como origem uma atitude negativa em relação a uma realidade histórica ultrapassada. Por isso, tal motivo (assunto) não pode aparecer como tema do conto enquanto existir uma organização social que o exija, só depois" (Propp, 1997, p.13), e então poderá sofrer uma inversão nos valores antes apresentados.

Os ritos de fertilidade e fecundidade, oriundos da Deusa Mãe, serão subvertidos a partir da sua dessacralização, ou seja, quando outro sistema de crenças entra em vigor, abolindo as antigas práticas e alterando os valores nelas inseridos. Certamente, o período cristão oferece essas condições, muito embora, essas transformações já se fizessem sentir antes disso.

Também no conto *Pele de asno*, de Charles Perrault, que faz parte do conjunto agrupado em torno da confrontação entre a velha e a jovem, a heroína é apresentada sofrendo as consequências do pedido/desejo de sua mãe, feito antes dessa morrer: de que o rei, seu pai, só contraísse novas núpcias com alguém tão bela e cheia de dotes quanto a falecida rainha, sua mãe. É o desejo da rainha no leito de morte que transforma o rei em "monstro", desejoso do incesto. É a "velha" Senhora que incita o rei a sair das regras sociais estabelecidas.[38]

A beleza "luxuriante" da jovem princesa é que a perde, auxiliada por sua fada madrinha, ela tenta impedir ou retardar a união com seu pai, pedindo a este vestidos, que remetem aos elementos da natureza e, portanto, à fertilidade e a fecundidade. O primeiro vestido pedido é cor do tempo, azul e leve; o segundo é cor da Lua, o terceiro, cor do Sol. O tempo, a Lua e o Sol estão ligados à Deusa Mãe desde o Paleolítico e o Neolítico, quer seja enquanto signos que levam à própria Deusa, a Lua e o tempo, quer seja referente ao seu consorte, o Sol/touro. A tudo o rei atende, em um último ato desesperado, a jovem pede a pele do asno, que dá ao reino uma imensa fortuna em ouro toda manhã. O asno, animal ligado às grandes deusas, como Ísis, Ístar e Diana,[39] está associado ao sexo, a libido, a uma vida que se desenrola no plano terrestre e sensual, ou seja, natural, que escapa ao governo do racional/social. Sob esse prisma, o asno figurativiza a própria fecundidade e fertilidade do reino e pedir a sua pele para vestir-se com ela é reclamar para si os atributos da Deusa e iniciar uma jornada para junto do seu mundo natural e selvagem.

---

38 Na versão traduzida por Monteiro Lobato, a culpa pela transgressão é atribuída também a um druida – antigo sacerdote dos gauleses e cujo culto era voltado à Terra-Mãe.

39 Cf. Apuléio – *O asno de ouro*.

A jovem princesa veste-se com a pele "imunda" do animal, *suja* o rosto, os braços e as mãos e parte, assim, disfarçada, para longe do palácio, da sociedade. Ela só encontra abrigo e trabalho numa chácara, espaço limítrofe, no conto, entre o civilizado e a floresta, mesmo assim, é como guardadora de gansos que é aceita, tarefa das mais grosseiras.[40] A jovem sofre de toda a criadagem o escárnio e o desdém, ficando sempre só e isolada. Essa solidão compara-se ao silêncio "imposto" às demais heroínas dos contos.

A sorte de Pele de Asno muda quando o filho do rei, que caçava por ali, vai até a chácara e, curioso, espia pelo buraco da fechadura do quarto de Pele de Asno, que, no momento, usava seu vestido cor de Sol. Maravilhado, o príncipe cai doente de amor e só se recupera depois de reencontrar Pele de Asno.

Os motivos, usados pela narrativa para aproximar o herói da heroína, são um bolo, "da mais alva e pura farinha com a manteiga e os ovos mais frescos" (Perrault, 1941, p.55), e um anel que Pele de Asno deixa cair dentro da massa. O bolo, assim como o anel, remetem à fecundidade/fertilidade. O bolo por ser feito com elementos ligados à produção agrícola, o trigo é o cereal mais nobre associado à Deméter e a outras deusas da terra, e à criação de animais: aves e bovinos, tendo o leite/manteiga, os ovos e o trigo uma conotação de essencialidade, uma vez que todos são produzidos na natureza e não podem ser manufaturados pela mão do homem. O anel, como o cinto, é um símile do sexo feminino e de seus valores fertilizantes.

O desejo de encontrar a dona do anel leva o príncipe a prová-lo em todas as jovens do reino, como o sapatinho de cristal de Gata Borralheira, o anel é muito pequeno e só serve no dedo extremamente delicado de Pele de Asno.

---

40 O aceitar passivo das humilhações e os serviços grosseiros, bem como a sua competente realização das tarefas dadas a ela, correspondem ao traço de bondade, humildade e amor altruísta apresentado pelas heroínas dos demais contos.

Dar o anel ao amado, como figurativização da entrega sexual da jovem é bastante comum também nas cantigas de amigo medievais, além de possuir os mesmos traços/semas vistos para o desatar do cinto de Afrodite. Portanto, a entrega do anel, dentro do bolo, ao príncipe, conota a união sexual da jovem com este, mas sob o signo do natural, do selvagem. Como em *Branca de Neve,* é a velha/mãe que a auxilia, que leva a jovem à iniciação sexual, para depois, voltando ao social, casar-se.

Em *A Bela Adormecida,* de Perrault, dois actantes são responsáveis pela iniciação sexual da jovem e de seu exílio junto da natureza e ambos apresentam traços figurais que os ligam ao universo ctônico da Grande Mãe. Esse par é formado pela velha fada, que os pais esqueceram-se de convidar para a festa do batizado, pois a julgavam morta ou encantada; e a mais jovem das fadas. Tanto a velha fada, que prediz a morte da princesa ao espetar o dedo no fuso de uma roca de fiar, quando completasse 15 anos; quanto à jovem fada, que comuta a pena de morte para um sono de cem anos, findo os quais um príncipe a despertará, são faces do mesmo ator, pois se a velha fada liga-se ao ctônico pela aparência desgrenhada e suja, a jovem fada ressurge após a princesa cair no sono profundo, num carro de fogo puxado por dois dragões alados. Os dragões, assim como as serpentes, são seres ligados a Terra-Mãe, o carro de fogo é um símile do Sol, o brilho uraniano opõe-se ao escuro ctônico, a jovem fada mediatiza esses dois reinos, o inferativo e o superativo, apesar de apresentar traços solares, ela é, ainda, uma versão da Deusa Mãe, quer pelo poder de vida e de morte, ou suspensão de vida, que impõe a todos no palácio para que a princesa não se sinta só ao despertar depois de cem anos, quer pelo poder de fazer crescer o espinheiro, ou roseiral silvestre, em torno do palácio, transformando-o de local social, civilizado, em local selvagem e natural.

A escolha do fuso pela velha fada, para que a princesa se ferisse e morresse, remete, como nos demais contos, à iniciação sexual, ao entrar na puberdade é que a jovem princesa, levada pela curiosidade, explora todo o castelo, chegando a uma "água furtada, no topo da torre, onde vê uma velha a fiar na roca" (Perrault, 1941, p.64). A princesa, que desconhece essa prática, se interessa e tenta imitar a velha, espetando o dedo no fuso. O pequeno sangramento, causado pelo fuso, revela a defloração da jovem, sob a supervisão de uma mulher mais velha e fora da área social, no caso aqui, o ponto mais alto e isolado do palácio. Tanto é assim, que a velha nada sabia sobre o édito do rei, banindo as rocas de fiar do seu reino.[41]

Como as demais heroínas, uma vez iniciada, a jovem deve ser preservada, guardada e protegida dessa sexualidade, que se manifesta selvagem, por isso os espinheiros e o sono de cem anos, que a preparam para o casamento com o *seu* príncipe, regulamentado pelo social. A narrativa é explícita, muitos tentaram chegar até a princesa, mas o espinheiro não os deixava passar, apenas para o escolhido é que os espinhos se abrem. O príncipe escolhido, embora descrito como valente e nobre, não precisa provar suas qualidades, pois os espinheiros se abrem para que ele passe.

Os traços indicadores da fertilidade/fecundidade da jovem princesa estão presentes nos dons a ela dados pelas fadas: a graça, a beleza, o cantar e o *dançar* com maestria; e na descrição feita do aposento para onde ela é levada após o desmaio: "o mais belo aposento do castelo, sobre um leito de ouro e prata" (ibidem, p.64).

Como nas demais narrativas, a jovem é bondosa e tem a aparência de um anjo. O silêncio e o isolamento da jovem são mantidos mesmo após o seu despertar, uma vez que o príncipe só a leva para seu reino depois de passados dois anos e da morte do rei. Nessa versão, tradução de Monteiro Lobato, repete-se a união fora do social, transgressora, como em *Rapunzel*. Embora a narrativa informe que houve um casamento entre Bela Adormecida e o príncipe, este é secreto, não foi referendado por ambos os grupos sociais, o dela e o dele, daí o desdobramento do conto, narrando a relação conflituosa entre a jovem rainha e sua sogra, uma ogra, que retoma o antagonismo original. O conflito de substituição da velha pela jovem só será resolvido com a morte/punição da antiga rainha, passando a jovem a assumir as funções sociais antes exercidas pela antiga rainha. O local de confronto é, novamente, a floresta e a punição da velha rainha acontece quando ela se atira na tina preparada para sacrificar sua nora, seus netos e o cozinheiro. A

---

41 Em algumas versões, é a velha fada que está fiando na água furtada do palácio.

tina estava cheia de cobras, lagartos e sapos, que a devoram, indicando o seu retorno ao mundo selvagem e natural, com forte representação ctônica, pois todos os animais estão ligados à terra e à Deusa Mãe.

Os valores ctônicos, idênticos aos da Deusa Mãe, se fazem presentes, tanto em Pele de Asno, quanto em Bela Adormecida através da sujeira. Em Pele de Asno, pela sua indumentária e aspecto imundos; em Bela Adormecida, quando ela é escondida, junto com seus dois filhos, num caixão, no fundo do galinheiro da casa do cozinheiro da rainha. O quartinho apertado e escuro, onde Pele de Asno mora, assim como o caixão no fundo do galinheiro de Bela Adormecida figurativizam o reino dos mortos, a terra fecunda e escura que recebe a semente/jovem e a "devolve" metamorfoseada para a nova vida.

Em *A Gata Borralheira*, o motivo da velha oponente é triplicado, pois a jovem tem, não só a madrasta como oponente, mas também suas duas filhas, todas mais velhas que Gata Borralheira.

Excluída do social, a Gata Borralheira vive na cozinha, junto ao fogão, nas cinzas, portanto, suja. Seu quarto é um canto do sótão e ela dorme sobre um monte de palha, enquanto suas irmãs têm belos quartos atapetados, camas e guarda-roupas com *espelhos nos quais podem se mirar*. A cozinha e o sótão são espaços limítrofes e ambos conotam a fertilidade/fecundidade. A cozinha por ser o espaço do alimento, pois é aí que ele é guardado e preparado; o sótão, embora ocupe uma posição superativa, é um símile do porão, ctônico e inferativo. Ambos os ambientes são marcados por um espaço reduzido, quente e/ou abafado, com pouca ou nenhuma luz e isolado. A ligação com as sementes é evidenciada na cama feita de palha na qual a Gata Borralheira dorme tal qual a semente em sua casca.

Chama a atenção nesse conto o destaque dado aos espelhos nos quais as irmãs podem se mirar. O espelho, enquanto um paralelo do olhar do outro sobre nós mesmo, é um símbolo da sociedade. O ser humano é incapaz de ver seu próprio rosto sem o auxílio do espelho, ou seja, do olhar do outro. Como a identidade do homem se faz a partir de sua relação com o grupo, não poder se mirar no espelho corresponde a estar excluído do social e não ter uma identidade humana, apenas uma existência natural e/ou selvagem.

Em outros contos, como *Branca de Neve*, o poder se ver é essencial, a madrasta consulta o espelho/sociedade para saber se ainda é a primeira em beleza, ou seja, se ainda pode assumir as funções de Senhora do grupo; Branca de Neve é "censurada" pela rainha por estar tão decomposta, quando ela lhe vende o cinto e o pente, nesses dois momentos do conto, é o olhar da rainha, do outro, e o seu auxílio que permitem a Branca de Neve estabelecer uma troca, embora momentânea, com o social. Sem esse olhar, ela permanece no mundo natural.

Pele de Asno, isolada do mundo, assusta-se ao se ver refletida nas águas do lago, ela percebe, reconhece, através da imagem suja e desalinhada, que está excluída da sociedade e é, a partir desse dia, que ela resolve se vestir e se arrumar nos dias de folga, preparando-se, dessa forma, para retornar ao convívio social, o casamento com o príncipe.

Privada do convívio social, Gata Borralheira só consegue ir ao baile do príncipe com o auxílio de sua fada madrinha, que transfigura os elementos ctônicos, a fertilidade/fecundidade da ordem do natural, em riqueza, da ordem do social: a abóbora em carruagem; os ratos em cavalos e cocheiros; as lagartixas em lacaios e, por fim, os trapos sujos em belos vestidos. A transformação sofrida por Gata Borralheira é a mesma sofrida pela semente, escondida nas entranhas da terra escura e suja, ela retoma seu lugar sobre a terra como planta vistosa e produtiva. Gata, como as demais heroínas, assume seu lugar de jovem *Koré*, não regulada pelo social, ao ir ao baile, embora esteja em ambiente social, ela é estranha a todos, mais bela, elegante e graciosa que todas as demais jovens, ela se veste e se comporta adequadamente, mas ninguém sabe seu nome, nem de onde ela vem. O nome e a origem são valores culturais/sociais e ela não os tem. Como as deusas, ela enreda, seduz o príncipe com seu brilho e o leva a um comportamento selvagem, ele a deseja e persegue. O jogo de sedução entre eles é reforçado pelos doces/frutas dados à Gata Borralheira pelo príncipe e pela dança. Eles dançam a noite toda e Gata Borralheira perde a noção do tempo, ao bater meia-noite ela foge, perdendo o sapatinho de cristal.

A perda do sapatinho de cristal, como indício da perda da virgindade já foi analisada, não sendo necessário retomar, bem como a dança e seu valor sexual. Já os doces e/ou frutas, mais especificamente limões e laranjas,[42] dados à Gata Borralheira pelo príncipe durante o baile, surgem como elementos novos. A laranja e o limão, como todos os frutos de caroços numerosos, são um símbolo da fecundidade. Também na Grécia como na China antiga, oferecer frutos às jovens significava um pedido de casamento, ou união sexual.

Nesse conjunto de heroínas bondosas e madrastas/bruxas malvadas é delineado o ciclo natural da vida, a jovem fértil deve suceder à velha estéril, assumindo suas prerrogativas de produtora, geradora de vida, assim como se sucedem as estações. A vida da mulher/Deusa segue um curso que não pode ser alterado, no qual a velha instrui a jovem sobre os segredos femininos do sexo, da gravidez, da maternidade e da velhice estéril, preparando-a, com seu exemplo, para o dia em que ela também terá de retornar ao mundo natural, não sem antes colocar uma substituta em seu lugar.

Vindas da natureza e semelhantes a ela, as mulheres, embora ocupem um lugar no universo patriarcal da sociedade, não pertencem a ele. Perigosas e transgressoras, elas devem ser confinadas e vigiadas por seus pais, tutores ou maridos. Anjos que salvam e que perdem o homem, delas vem toda a vida e todo o mal.

Da floresta à cidade

As transformações, pelas quais passaram as vênus, levam do natural ao cultural e são sentidas já no período arcaico grego. Nos contos maravilhosos essa tensão entre natural e cultural se intensifica: palavra e imagem inextricavelmente enleadas num jogo-luta de vida e morte, *agón,* mas que *in extremis,* quando atingem a camada figural na qual dorme o mito, estenogramática, suportam-se reciprocamente. Nesse nível, nem a imagem nem a voz podem morrer. Transformação e/ou ponto de ruptura, o conto oscila entre ambos. Dando a ver uma figura feminina que é jogo de elusão/ilusão, feita de presença-ausência,

---

42 Na tradução de Monteiro Lobato, o príncipe oferece doces à jovem; na edição da Kuarup, o tradutor usa limões e laranjas.

ausência camuflada sob o disfarce de uma presença, o conto oculta a Deusa Mãe sob as vestes negras da bruxa e a faz visível na graça e beleza da jovem heroína. Enquanto anjo que salva, a heroína vem à cena para redimir o monstro selvagem e bárbaro, que foi seu consorte no mundo natural das origens, mas que deve, como ela, tornar-se um ser do mundo cultural. Ela é o instrumento usado, pela sociedade judaico-cristã patriarcal, para transformar o monstro em príncipe cristão. Enquanto anjo que perde, ela é a beleza sedutora, perigosa, que leva à transgressão e, como tal, é punida, só retornando ao convívio social pelas mãos do príncipe-marido, agora é ele que vem para salvá-la de sua selvageria natural e sensual, transformando-a em esposa-mãe.

Quer no primeiro grupo de contos analisados, quer no segundo, é perceptível a dessemantização sofrida pelo mito da Deusa Mãe. Também é possível descobrir, sob a máscara racional, referencial, os valores míticos, como os ecos de antigos rituais iniciáticos, com a volta da heroína ao útero da Mãe-Terra, ou seja, ao universo natural e seu posterior retorno para junto do grupo, revigorada; dos ritos propiciatórios para a fertilidade/fecundidade da Deusa Mãe, com a união da sacerdotisa/jovem ao consorte animalesco e dos ritos de substituição da mãe pela filha na espiral do tempo que, igual a si mesma, é também sempre nova.

Da análise dos contos, obteve-se a confirmação da permanência da protofigurativdade da Deusa Mãe na figurativização da heroína e da bruxa, que, por sua vez, alia-se à confirmação de certos motivos – como o da fuga através da floresta; o rasgar dos véus/vestidos da jovem e o ferir-se nos espinhos; o motivo da fiação, que está ligado aos belos vestidos da heroína; assim como o motivo da dança ou baile, no qual a jovem perde o sapato, alguma joia ou outra indumentária qualquer – revelam, em sua estrutura profunda, a protofigurativdade da defloração, que remete ao tema da fertilidade e da fecundidade, estabelecendo as relações transtextuais que levam ao motivo temático da Deusa Mãe. Além dessas confirmações, surge um dado novo: o motivo da sujeira, que remete à protofigurativdade da deusa-semente, recuperando em sua circularidade os mitos e ritos agrários, dentre os quais o de Deméter e Perséfone, um dos mais difundidos.

Todas essas transformações levaram à racionalização do mito e a uma maior elaboração da figuratividade, permitindo, não só desenhar o perfil da Deusa Mãe sobre o das personagens femininas nos contos, mas também, com o auxílio da antropologia, rastrear as pegadas das transformações sociais pelas quais o homem passou: de ser livre e solto, do Paleolítico, a ser estático e fixo, no Neolítico, com a cerealicultura, ser que vai, cada vez mais, se enredando na teia das relações sociais e se afastando do mundo natural, até chegar a não se reconhecer mais nesse espelho. Espelho que revela o olhar do outro sobre nós, alteridade necessária para a sobrevivência do homem e da natureza.

7
A DEUSA RÓSEA OU A SEDUÇÃO DA DIFERENÇA

Do conto maravilhoso ao romance cor-de-rosa

Aparentemente, em uma primeira leitura dos contos maravilhosos e dos romances chamados cor-de-rosa,[1] os contos apresentam-se mais fantasiosos que os romances. A causa disso é a maior proximidade do conto maravilhoso com o mito. Os contos, reelaborados por Perrault e pelos irmãos Grimm, ganharam nova forma discursiva, sofreram transformações que dissimularam e abrandaram suas narrativas, mas, mesmo assim, ainda permaneceram latentes as suas ligações com o mito e o folclore, que, em última análise, é uma das manifestações do mito, porém dessemantizada.

Com as transformações sociais ocorridas ao longo dos séculos, o rito, antes revestido de verdade para a sociedade, vai se tornando narrativa folclórica, esvaziado de sua função sacra, torna-se incoerente, pois aqueles que ainda o praticam não percebem mais a relação simpática, como diria Frazer, entre este e a reação desejada na natureza. Diante disso, o rito transforma-se em "simpatia", crendice, coisa de velhas incultas e de crianças. É nesse ponto que a narrativa se instaura e, por não perceber as relações de troca existentes entre as partes, altera o seu

---

1 Cf. anexo, sinopse dos romances.

conteúdo. Um bom exemplo desse percurso foi visto na "punição" da velha/bruxa, antes a sacrificadora, no lugar da jovem/virgem, a sacrificada à natureza.

A nova lógica, fundamentada na exploração do meio pelo homem como senhor e ser distinto da natureza, não permite mais ver a importância da troca e da manutenção do equilíbrio entre o que se extrai da natureza, o que ela oferece ao homem, e o que este deve lhe devolver, como ocorre nas sociedades arcaicas. É por isso, que a jovem, virgem e plena de fertilidade, não mais deve ser a sacrificada, pois a entrega de um ser belo e jovem ao mundo natural parece incoerente para aqueles que não mais vivenciam o rito e o mito como sagrado, enquanto a velha, feia e impossibilitada de gerar, é tomada como seu substituto natural. Ainda mais quando a velha, devido a sua experiência, assumia nos ritos o papel de "executora" da jovem. Se a velha era antes a mão da natureza reclamando a renovação, no conto ela é a velha má, que por vingança ou inveja, persegue a jovem. O mesmo ocorre com a hierogamia da Deusa/sacerdotisa com seu consorte animalesco. O animal dá lugar ao jovem príncipe.

No conto maravilhoso ainda eram perceptíveis essas relações devido à sua origem mais próxima da cultura agrária, pois os contos folclóricos ou maravilhosos têm estreita ligação com a sociedade rural, cuja população vive da agricultura e do pastoreio e, mesmo estando distante dos mitos arcaicos, ainda estão próximas dos ciclos da natureza e da terra; já nos romances, a percepção das relações de troca entre o homem e a natureza está muito mais distante.

Assim como o rito e o mito serviram de antepassados para o conto, este serve ao romance. Como círculos concêntricos formados na água, ambos têm a mesma origem, mas vão se distanciando até não mais se poder definir o centro, apenas o esvaecer da última onda.

Esse movimento de gradação, que leva do mítico, ou valores de base, ao referencial, ou valores de uso, e que passa pela intermediação do não mítico (Greimas, 1970), corresponde à transformação, discutida por Assis Silva (1995), dos signos naturais (míticos) em culturais (prático/pragmáticos). O distanciamento paulatino que se percebe entre mito, conto e romance faz-se sentir na dessemantização sofrida pelos dois últimos. O motivo original perde seus contornos, ao passo que a figuratividade ganha corpo e uma maior definição ou elaboração. Se, na origem, a forma feminina, a vulva e os seios equivaliam ao conceito mítico de gerar e nutrir, nos períodos posteriores, as joias e adornos substituíram-nas, eles é que figurativizavam o feminino e, portanto, a fonte geradora. Após o cristianismo, a racionalização é maior, os ornamentos ganham novos valores, prático/pragmáticos, mas que ainda fazem sentir os ecos de sua função geradora, mesmo que inversamente, pois a ostentação da beleza feminina é vista como perigosa[2] e pecaminosa. O pecado polariza negativamente os adornos e, portanto, o sexo, mas o reconhece ainda como inscrito nos ornamentos e na beleza. Nos séculos seguintes, do Renascimento em diante, vê-se o valor mítico ser substituído pelo pragmático de tal forma que quase não é possível divisar seus "poderes geradores".

A dessemantização percebida no romance é decorrente de vários fatores, dentre eles, a maior civilidade do homem que, fixado nas cidades, respeitando regras de conduta social, vê, a partir do século XVI, se intensificarem os esforços de codificação e controle dos comportamentos humanos, submetendo o grupo às normas de civilidade, isto é, às exigências do comércio social. Segundo Jacques Revel (1997, p.169-71), "as regras da civilidade que se impõem então podem ser compreendidas como uma manobra para limitar ou até mesmo negar a vida privada". Ao longo de três séculos, é possível observar o deslocamento dessa fronteira que, progressivamente, circunscreve o privado ao íntimo e depois, o íntimo ao secreto ou até ao inconfessável. Para Revel, essa transformação das sensibilidades e das práticas é ainda mais complexa, pois, durante toda a era moderna, ela encobre na verdade uma evolução dupla e contraditória:

[...] por um lado, os procedimentos de controle social tornam-se mais severos; através das formas educativas, da gestão das almas e dos corpos, encer-

---

2 O desejável tem um duplo papel, o de inspirar e até mesmo forçar um acordo e o de atar. Atar é uma das propriedades dos feitiços, daí a ligação da bela e desejável jovem com o feitiço e com a bruxa, seu oposto.

ram o indivíduo numa rede de vigilância cada vez mais compacta. Por outro, constituem-se à margem da vida coletiva espaços protegidos que são objeto de uma revalorização, sendo o primeiro deles o foro familiar. Naturalmente, pode-se compreender essas duas histórias opostas como as duas faces inseparáveis de um mesmo processo que no longo prazo conduz a uma reorganização em profundidade das formas de experiência social. (Revel, 1997, p.170)

Essa reorganização da experiência social é refletida nas narrativas, o didatismo assumido progressivamente por estas e os valores morais apresentados sob norma de conduta, que levam à recompensa ou à punição, transformam a narrativa. O papel controlador e educador da Igreja católica também se faz sentir, influenciando e normatizando as condutas sociais, de civilidade, e, ao mesmo tempo, agindo como bálsamo e conforto para a família.

O movimento evangelista, verificado na Inglaterra do ano de 1820, é um bom exemplo da importância que a Igreja assume na vida cotidiana e familiar. Com a proposta de reformar a Igreja por dentro, o movimento, no princípio, apoiava-se basicamente em *gentry* decaída, mas também tentou atrair a alta burguesia. A mensagem dos evangélicos se concentrava no pecado, na culpa e na redenção. A conversão, a revelação da Luz, a compreensão de sua natureza pelo pecador constituíam uma experiência essencial. A vida espiritual do indivíduo compreendia o núcleo central da visão de mundo e a decadência espiritual e moral da sociedade setecentista se devia ao desaparecimento da qualidade dessa vida.

Para os evangelistas, o verdadeiro cristianismo devia se fundar sobre o empenho em recomeçar a vida desde o princípio. A finalidade era transformar o indivíduo, que se tornaria uma nova pessoa em Cristo. Esse esforço supunha máxima meticulosidade na vida cotidiana. Deus tudo via e ouvia. Um verdadeiro cristão deveria viver sua vida espiritual a cada minuto, a cada hora, a cada dia. Os evangélicos focavam a fé individual no cerne da experiência religiosa. Sob essa perspectiva, o evangelismo via a família como o centro de luta para reformar os hábitos e a moral. O lar, para eles, oferecia um refúgio seguro frente às pressões do mundo exterior e um local de paz (Hall, 1999, p.54-7).

Exemplo desse movimento de transformação das sensibilidades e das práticas pode ser visto na produção literária de Jeanne-Marie Leprince de Beaumont, datado de 1760 em diante, que apresenta uma torrente de escritos pedagógicos para jovens, inspirados nos contos folclóricos, muito antes das versões atenuadas dos irmãos Grimm, e reflete a preocupação da professora bem-intencionada em educar suas alunas para enfrentarem o futuro com obediência e decoro. Os textos ainda permitem ouvir seu desejo piedoso de que as alunas obedeçam a seus pais e de que estas encontrem, no interior de um marido brutal, que talvez seja a sina estabelecida para as meninas, o coração de um homem bom, bastando para isso um pouco de incentivo e docilidade por parte das jovens.

Devido a essa determinação, várias de suas histórias são abertamente didáticas, distanciando-se da atmosfera de perversidade irreverente vista em D'Aulnoy, ou mesmo do romancismo intrincado de Willeneuve; autoras anteriores a Madame de Beaumont, na corte de Luís XIV, lutaram por uma melhora no caráter e propósito do casamento, questão moral vital para o universo feminino do século XVII e XVIII (Werner, 1999, p.307-33).

Madame de Beaumont acena com recompensas e castigos, fala de santos sofredores e conclui com mensagens eminentemente cristãs, tendo como intuito formar o senso moral das meninas. Segundo Marina Werner,

> [...] entre o possível incitamento de D'Aulnoy em 1699 e os conselhos ansiosos de Beaumont, cerca de sessenta anos depois, entre os contos de resoluções imprevisíveis de D'Aulnoy e os desfechos modelares de Beaumont, torna-se possível perceber a leviandade do *Ancien Régime* recuando, e o culto romântico à *sentimentalité* e à *bonne volonté* afirmando--se. (1999, p.329)

O "culto", ou expectativa, de uma nova forma de casamento, na qual uma relação de amizade se estabelece entre os cônjuges é posterior à Revolução Francesa, pois a realidade anterior a esta era a de se casarem as filhas em idade muito tenra, aos quatorze ou quinze anos, com estranhos, homens mais velhos e muitas vezes brutais. Esses casamentos, bastante comuns na época, tornavam o conto d' *A Bela e a Fera* uma realidade cotidiana e sem final feliz. Com a Revolução Francesa se introduz uma nova era de escolha comparativamente livre.[3] O conto de fadas *A Bela e a Fera* supunha, de modo geral, um público composto por mulheres que contavam inteiramente com o fato de serem entregues por seus pais a homens que podiam muito bem parecer-lhes monstros. A revolução social que instituiu o casamento romântico e camaradesco como norma alterou de modo irreversível a recepção de tais romances, e, ironicamente, transformou o exame que certas mulheres faziam de sua sorte matrimonial em propaganda materialista para se fazer um bom casamento. A eclipse parcial daqueles contos de fadas que criticavam o casamento, em favor dos que o celebravam, originou-se, parcialmente, da liberdade nova e da possibilidade de se escolher um parceiro (ibidem, 1999, p.313-4).

Contos sobre noivos animalescos oferecem o sonho de que, embora o pai da heroína a tenha entregue à guarda de uma Fera, esta se transformará num jovem radiante, um amante perfeito.

No início da história, a Fera move-se furiosamente, em várias formas monstruosas e defeituosas, suas noivas relutantes lidam com ela chegando a diversos fins, às vezes reconhecendo suas qualidades interiores, outras vezes, quebrando o seu encantamento, mas é sempre a boa vontade e sinceridade da Bela que salva a Fera e a união.

Não é por acaso que, dos romances lidos, a grande maioria apresenta como estrutura de base para a narrativa a união de uma jovem bela e indefesa, geralmente muito ingênua, com um homem mais velho, rico, aristocrata e, no mínimo, ríspido para com a noiva. A priorização desse arcabouço narrativo em detrimento do outro visto também nos contos, da sucessão da velha pela jovem, indica um processo de indu-

---

3 Apesar dessa melhora nas relações, a mulher ainda é vista como símbolo do privado, como mostra Lynn Hunt (1999, p.24-8) ao comentar a supressão das associações femininas em 1793, após a Revolução Francesa, pelo Comitê de Segurança Geral. A justificativa encontrada pelos deputados foi a de que essas associações iam contra a "ordem natural", pois "emancipavam" as mulheres de sua identidade exclusivamente familiar, portanto, privada.

ção na conduta da jovem para a docilidade e a submissão, fazendo de sua conduta passiva e abnegada o meio de atingir a felicidade futura.

O segundo eixo sobre o qual residia o mito, a sucessão necessária da velha pela jovem, ou seja, a manutenção da fertilidade/fecundidade figurativizada na forma feminina perdeu-se quase que por completo. Mesmo na versão da redenção do homem/animal pela jovem, são quase imperceptíveis os traços que conotam a relação sexual, ficando mais evidente a conversão cristã e/ou cultural do homem.

Os próprios contos de fada ao serem direcionados para as jovens e não mais para as crianças tornam-se mais didáticos e encontram nas histórias hagiográficas, como a de Santa Dimpna, um elo para os romances cor-de-rosa. Na história de Dimpna, vê-se o tema do conto *Pele de asno*, o da filha que foge dos desejos incestuosos do pai, acrescido do tema da fé cristã. Dimpna não cede ao pai apenas por questões morais, mas, principalmente, porque já se consagrou ao amor puro e salvador de Deus (ibidem, 1999, p.372-6).

Intermediária entre o conto e o romance, a história de Dimpna mostra não mais o disfarce em animal da heroína, mas os trajes sujos e rasgados; o monstro na floresta é substituído pelo homem brutal e a sua entrega não é a um príncipe, mas a Deus, através da morte. Guardando ainda um traço com as jovens míticas, Dimpna é degolada pelo pai e, a degola, como foi visto anteriormente, equivale à defloração. Em ambos os casos, o sacrifício da jovem resulta num bem, se não para si, pelo menos para o grupo.

O "feminino cristão" não se define como busca de igualdade, mas, ao contrário, como aponta Michelle Perrot (1999, p.142), reivindica a diferença e

[...] se expressa na voz de romancistas como Mathilde Bourdon, Julia Bécour ou Joséphine de Gaulle, que compõe uma espécie de epopeia doméstica na qual se defrontam o bem e o mal: as mulheres e os homens. Por seu gosto pelo poder e pelo dinheiro, os homens trazem o caos e a morte. Anjos do lar, as loiras heroínas, com suas virtudes, restauram a harmonia doméstica.

Esse modelo completo de domesticidade, ainda segundo Perrot, marcado por um angelicalismo, encontra-se em diferentes graus e em todas as camadas da burguesia. Ele varia segundo os níveis das fortunas, medidas pela quantidade de criados e pelo *status* da residência, e conforme as crenças e sistemas de valores. A nostalgia aristocrática, tão marcada no *faubourg Saint-German*, é, em outros lugares, temperada por um crescente desejo utilitarista que atravessa a burguesia francesa de uma maneira muito abrangente. Aqui, insiste-se sobre as funções de representação das mulheres "da classe ociosa", cujo luxo, por si só, expressa a concepção do ser-ter dos maridos e perpetua a etiqueta social. Lá, ressalta-se a importância da economia doméstica e da senhora do lar. Enfim, o filho, sua saúde e sua educação são invocados como fundamentos dos deveres e poderes das mulheres.

Os romances, ao tomarem os contos maravilhosos como estrutura de base para a narrativa, acabaram fundindo dois suportes figurais: o primeiro é o da Deusa Mãe, cujo eixo encontra-se na função geradora e fertilizadora, representada por ela e pelo sexo, e o segundo é o da Virgem Maria e outras santas, que recai sobre a entrega abnegada, a bondade e outros preceitos da moral cristã.

Ao conjugar esses dois polos contrários e contraditórios, o romance transforma a força fertilizadora do sexo em amor sublime, a beleza sedutora em despojamento, quanto mais simples, ingênua e afastada das frivolidades sociais (joias, vestidos, bailes etc.) mais virtuosa é a jovem e, portanto, mais bela. A passividade absoluta ou, em termos semióticos: o *não querer, o não saber e o não poder*, que caracterizariam um *"não sujeito"*, são valorizados na figura feminina, sobretudo em relação ao sexo. Observa-se, nesse momento, a transformação do sujeito-feminino em objeto de desejo da sociedade patriarcal e cristã.[4]

---

4 É interessante notar que, no período da Revolução Francesa, vê-se a figura feminina limitar-se, para os revolucionários, ao papel de mãe e irmã, dependendo, para suas identidades, dos maridos e dos irmãos; enquanto que para Sade elas são objetos sexuais, encerradas em castelos, torturadas para o gozo sexual dos homens. Tanto em uma, quanto em outra versão do feminino, as mulheres não possuem qualquer identidade própria (Hunt, 1999, p.48-51). Em contrapartida, as mulheres sozinhas têm um destino particularmente difícil, sobretudo na sociedade

A valorização desse feminino-objeto manteve-se até o período moderno. Os romances, datados de 1940 e 1950, retratam e "cultuam" um feminino, que, na narrativa, inscreve-se na passagem da aristocracia para a burguesia, pois a paisagem, os hábitos e títulos apresentados pelas personagens ainda guardam os valores aristocratas.

Ao retomarem essa época e valores, os romances manipulam as leitoras do século XX a aceitarem como ideal social, masculino e de perfeição a "princesa descalça", ingênua, pura e submissa, que, por suas "boas qualidades", alcança a felicidade ao lado de um príncipe encantado. Esse processo de manipulação foi e é tão eficaz, que, mesmo hoje, no século XXI, as jovens sonham com um casamento na igreja, vestidas com trajes de princesas medievais, os famosos vestidos de noiva. A opção pelo casamento no religioso bem pouco tem a ver com a fé, nos dias atuais, mas sim com um cenário idealizado. As igrejas católicas são "redutos" medievais incrustados no século XXI, cenário ideal para o casamento da jovem, transfigurada em princesa, com seu príncipe.

Do ponto de vista da transmissão, pode-se ver a fala perigosa das velhas dos contos de fadas ser substituída pela fala de Sant'Ana, mãe da Virgem Maria, que resgata os valores morais e cristãos contidos na educação das jovens por suas mães e/ou avós. Se a narrativa feita pelas velhas senhoras norteava a educação feminina no que lhe era essencial – o gerar e o nutrir – bem como a transformação da virgem em mãe e a violência sexual mediada pelo contrato social do casamento, as narrativas dos romances induzem as jovens à passividade e ao não conhecimento do sexo, valorizando a ingenuidade, ou mais exatamente, a total ignorância sobre o assunto.

O casamento movido pela paixão era reprovado pelas famílias do século XIX, embora algumas mulheres já lutassem por ele. Segundo Michelle Perrot (1999, p.136-8), a educação das jovens desse período

---

rural; as viúvas, tidas como sexualmente perigosas devido à sua suposta luxúria, ficam, por vezes, relegadas ao exterior da casa, em cabanas, com algumas roupas e subsídios; as jovens, prezas sexuais dos pastores ou dos proprietários, muitas vezes eram violadas com o sentimento de uma virilidade legítima. A violação era vivida apenas como uma variante das condutas habituais na relação homens-mulheres (Perrot, 1999, p.138-41).

partia do postulado ideal "de que as jovens não soubessem sequer qual a forma que um homem tem".

Segundo Perrot (1999, p.263-286), a sexualidade torna-se, no século XIX, objeto da vontade de saber, erigida à ciência, tem seu centro na família, dentro de um quadro de regras e normas administrado por ela, sendo, muitas vezes, despojada dessa função pelo padre, e ainda pelo médico, especialista na identidade sexual, testemunha das dificuldades, ministrador dos novos ditames de higiene. Embora o papel do médico no século XIX seja limitado pela demanda ainda restrita.

Tal administração familiar do sexo, geralmente morno, é cercada de silêncio. A tolerância sexual varia segundo os meios, os atos, as idades e o gênero. É aqui que a desigualdade entre os homens e as mulheres é mais marcada. A virilidade é moldada por proezas fálicas, praticadas com bastante liberdade sobre as mulheres e, sobretudo, as moças, podendo-se atentar contra o "pudor" delas, desde que o fato não se faça público. Na segunda metade do século XIX, a maior repressão judiciária parece indicar uma maior sensibilidade sob esse aspecto.

Duas sexualidades recebem uma atenção maior: a do adolescente, cuja puberdade é tida como uma crise de identidade potencialmente perigosa para ele e para a sociedade, a ponto de se enxergar no adolescente um criminoso em potencial; e a das mulheres, que sempre trazem a desgraça.

> Causa permanente de angústia, a sexualidade feminina é controlada pela Igreja, que aqui desempenha um papel fundamental. Toda uma sociabilidade mariana – os rosários em que as mais velhas enquadram as mais novas, as congregações de Filhas de Maria – encerra as jovens numa rede de práticas e proibições destinadas a proteger-lhes a virgindade. A devoção religiosa combate o mundo e o baile. Os próprios meios populares fazem da virgindade das filhas um capital: os pais (ou irmãos) acompanham as moças ao baile, lugar em que frequentemente se dá um encontro brutal dos sexos. (ibidem, p.272)

A família como núcleo da moral, da fé e de toda a organização social veio se firmando ao longo dos séculos e, nos romances, é o eixo sobre o qual se estabelece a felicidade do casal. Construir uma família e mantê-la é o ápice da felicidade burguesa com laivos aristocrata. Nesse universo familiar, a mulher desempenha um papel ambíguo: dela depende o salvaguardar da moral familiar, sua conduta irrepreensível, sua docilidade e submissão garantem a manutenção desse núcleo, no qual ela não desempenha papel de sujeito, mas sim de objeto; em contrapartida, dela também vem todo o pecado, todas as taras e perigos que possam abalar a estrutura do lar. Ao homem, pai, irmão ou marido, cabe governar, gerenciar, vigiar, instruir e conduzir esse ser perigoso, esse demônio que pode levá-lo à transgressão, mas que também pode ser o anjo que o redime de todas as suas culpas.

Teia de centelhas

O arcabouço narrativo presente no mito da Deusa Mãe, que trata da união da Deusa com seu consorte animal, sofreu forte dessemantização ao ser discursivizado no conto *A Bela e a Fera*; ao ser retomado nos romances, a dessemantização, ou tendência ao referencial/pragmático é verificada no aporte figurativo sobre o qual se inscrevem as heroínas dos romances e seus noivos ou maridos. Enquanto o relato mítico buscava um equilíbrio entre os extremos natureza/cultura, os romances tendem ao polo cultural, cabendo ao natural o estigma de selvagem e imoral. A fratura apresentada nos romances se estabelece, assim, sob uma nova ótica, tenuamente já prenunciada nos contos, a da tensão entre duas instâncias do universo cultural: o mundo mundano *versus* o mundo cristão, cabendo ao mundano a aproximação com o natural e, portanto, o inferativo, o pecaminoso.

Nessa tensão entre o universo cultural mundano e o universo cultural cristão é possível discernir o "esvaziamento" dos valores inscritos na Deusa Mãe, ou mais exatamente, a metamorfose desses valores em não valores, como é o caso da sexualidade/sensualidade; e, ao mesmo tempo, o sobreinvestimento de alguns traços figurais, que antes conotavam valores da Deusa Mãe, mas que devido à referencialização sofrida desde os contos, perderam sua fundamentação mítica, passando a ser recebidos pelo leitor como "simples" crosta figurativa estereotipada, é o caso da beleza juvenil apresentada pela heroína, sua habilidade musical, ou ainda a defloração. O componente mítico, embora sufocado sob essa crosta, ainda pode ser recuperado; é dele o brilho fugidio que faz dessas narrativas verdadeiros *best-sellers*. Difusa e fragmentada, a Deusa Mãe e seu mito subjaz na figuratividade profunda, enquanto na superfície textual brilha a moça-anjo, a moça-maçã.

No processo de referencialização, ou pragmatização, sofrido pelo mito até chegar ao romance, observa-se as transformações socioculturais que levam à contrapor a vida mundana à vida cristã. Entre elas, a percepção medieval da mulher como aquela que tem um papel primordial para o bem ou para o mal. Essa ideia se manteve nos romances, cabendo à jovem heroína elevar-se, por meio da religiosidade e da fé, salvando-se, assim, de seu erotismo funesto.

Outro elemento a ser observado nos romances, decorrente de uma postura admonitória do final do século XIX, segundo Werner (1990, p.64-74), é a assimetria entre o valor da expressão masculina e a da feminina, governadas pelas leis do bom comportamento. Aos homens, o falar, ou o bem falar, é conduta obrigatória, já em relação às mulheres, o calar, o silêncio, é que determina a virtude. A fala feminina é vista como rebeldia e desobediência, sendo punida, nos códices romanescos, com a perda de sua desejabilidade, ou seja, quando o objeto do desejo (a mulher) ergue a voz, torna-se menos desejável. A língua e a fala estão associadas à luxúria desde a época de Eva e da serpente, a sedução reside na fala, mas ela só é permitida ao homem. Nos romances e contos, o castigo infligido às faladoras e, portanto às desobedientes, é o da decadência física, a feiúra, a falta da feminilidade, a infertilidade. O falar feminino só irá redimir a mulher quando este se alia à educação dos filhos, à fé, à caridade, mas sempre pautado pela modéstia e comedimento.

A exogamia, assim como a fala, trilha caminhos diversos no tocante a homens e mulheres, os perigos que acompanham esse sistema residem no coração do romance. Os homens partem para protagonizar aventuras fora do lar, não há angústia nessa partida, mas sim expectativa de vitória e romances. A mulher deixa a família, ou o familiar pelo desconhecido para se casar, sendo vítima de paixões poderosas e contraditórias, que trazem em seu âmago o medo imposto pelos limites, não só espaciais, mas de transformação radical de vida, a iniciação sexual, a maternidade, a responsabilidade de uma nova casa.

Nesse contexto, a vida mundana, de prazeres e reuniões sociais é condenada pelos romances, não só para a mulher, mas também para o homem. Se nos contos maravilhosos, o jovem havia sido banido do universo cultural como forma de punição à sua conduta transgressora, cabendo a jovem heroína mediar a sua volta para o civilizado; nos romances, o jovem mundano e libertino é adorado e adulado pela sociedade, meio pecaminoso e demoníaco, residindo exatamente nessa entrega aos prazeres o lado "desumano" e "animalizado" do herói. As jovens que compartilham com o herói os prazeres sociais são igualmente malvistas, sempre apresentadas como destituídas de valores morais; ao passo que a jovem heroína, pura, ingênua e desconhecedora da sociedade e seus vícios é que irá salvar o jovem senhor da ruína moral, revelando-lhe o verdadeiro amor e os prazeres da vida em família, recatados e cristãos.

A exclusão ou afastamento do jovem senhor da sociedade também ocorre nos romances, o seu isolamento em um castelo distante tem como meta retratar a tirania e o pleno domínio do senhor sobre todos à sua volta, além de realçar o caráter violento e sem freio deste, que faz de sua vontade lei. Temido e respeitado pela sociedade, o jovem senhor se coloca, nesses casos, distante e acima da sociedade que o venera. Ainda aí, a jovem heroína é que irá mediar o seu retorno ao seio familiar cristão. Em ambos os casos, quer no excesso de vida mundana, quer no isolamento despótico no castelo, o jovem consorte figurativiza a face da Fera, entendida, aqui, não mais como um ser fisicamente monstruoso, mas como um não cristão, destituído de valores morais apregoados pela Igreja e por parte da sociedade. Já a heroína reúne em si todas as qualidades e virtudes, quase uma santa, ela é o anjo que salvará o senhor, embora sua influência sobre ele se dê pela não ação, ela tudo sofre resignadamente, seu exemplo de bondade e humildade é que transforma o jovem.

A deusa descalça

O perfil feminino apresentado nos romances lidos equivale ao da *Koré*, filha da Deusa Mãe: se esta era possuidora de poder e força, a jovem, ao contrário dela, é bela, delicada e promessa de fertilidade. Nos mitos, somente após a sua defloração, quando a *Koré* se torna a Senhora, é que se observa a face, ao mesmo tempo, bela e terrível da Deusa, antes disso, a *Koré* é a jovem "adolescente" sob a guarda de Atena e/ou Ártemis.

Nos três romances selecionados, as heroínas são bem jovens, entre 16 e 19 anos de idade; órfãs de pais, elas são criadas, quando crianças, por parentes distantes ou tutores, seguindo depois para uma instituição religiosa. Esse período de reclusão e formação das jovens retira-as do mundo e da convivência social, mas permite a todas desenvolverem sua capacidade intelectual, pois são sempre meninas estudiosas e que se sobressaem nos estudos pela inteligência; elas desenvolvem, também, algum dom artístico, o canto ou a música, geralmente o piano, além de outros dotes, como o de excelentes bordadeiras e o conhecimento de línguas. Junto a essas qualidades, acrescenta-se o fato dessas jovens mostrarem-se muito virtuosas, caridosas e de uma fé inabalável – modelos de virtudes, são ainda de uma beleza ímpar.

Traço comum entre a *Koré* e as jovens é o intervalo de cinco a dez anos que passam afastadas da sociedade, período correspondente ao seu amadurecimento. As pequenas ursas, sob o cuidado de Ártemis, iam para o santuário aos cinco ou sete anos de idade, aos treze, após a corrida ritual, colocavam-se a serviço de Atena, deixando sua condição de *Partenoi* no dia do casamento. A educação recebida pelas jovens ursas é a mesma apresentada no mito de Deméter e Perséfone, as meninas aprendiam junto à Ártemis a domarem seus instintos selvagens, tornando-se dóceis e sociáveis; e com Atena, aprendiam a fiar, a bordar e seus deveres de esposas e mães, incluindo-se aí um conhecimento, se não profundo, ao menos suficiente, sobre o sexo.

As jovens dos romances também entram para o internato aos cinco ou sete anos de idade, exceção feita para Mitsi, do romance homônimo, que vai para o colégio religioso aos treze anos de idade. De qualquer forma, a reclusão e a educação são pontos comuns, com a diferença de que, nos romances, o desconhecimento absoluto sobre o sexo é importantíssimo. Como as jovens ursas, as heroínas dos romances são preparadas para integrar a sociedade, mas não a mundana, elas são educadas para o lar, para o ambiente da família, para o privado. E como a *Koré*, as jovens heroínas estão prontas para serem colhidas por seus senhores ao saírem da reclusão. Na beleza e nos dons desenvolvidos pelas jovens, é possível observar pontos comuns com a *Koré* mítica, bem como uma alteração em alguns traços, o que permite ler a influência cristã.

Em *O segredo de Montjoya*, de Max Du Veuzit, a heroína é Natália Sabatier. Órfã de pais, ela é educada por um tutor, Narciso Bonnet, um velho químico sem recursos que a recolhe por caridade. Aos 7 anos de idade, Natália vai para o convento São Marcos, para só sair de lá aos 19. Ao sair, é enviada para Montjoya, onde um emprego a deveria aguardar. Não há na descrição de Natália, até então, mais informações sobre sua aparência, somente na página 21, quando o narrador informará algo sobre o seu aspecto físico: Natália tem cabelos castanhos. Paulatinamente, ele vai revelando alguns traços da jovem: seu sorriso angelical ([s.d.], p.34), os olhos sonhadores (ibidem, p.35) e sua bela aparência no dia do casamento (ibidem, p.83). Em toda a narrativa, é dado grande destaque aos olhos da jovem e aos seus sentimentos, muito mais que a seus traços físicos. Ao longo do romance, Natália é caracterizada como uma jovem esbelta, elegante, graciosa, pálida e de compleição delicada.

Em *Mitsi*, de M. Delly, a protagonista também é uma jovem órfã, filha de uma bailarina húngara, aos 13 anos de idade é mandada por seu tutor, Flaviano Parceuil, a um colégio interno, também de religiosas, onde permanece até os 18. Ao contrário de Du Veuzit, Delly informa o leitor logo no início sobre os belos traços de Mitsi, que tem a pele morena,[5] cabelos negros e olhos castanhos dourados, extraordinaria-

---

5 Embora Mitsi seja descrita no início da narrativa como de pele morena, essa descrição dará lugar, ao longo do romance, a uma pele clara, igual às demais heroínas. A alteração no tom de pele de Mitsi se deve a aproximação desta a um padrão de beleza "moderado", no que tange ao despertar das paixões. Mais adiante esse ponto será melhor explorado.

mente belos e vivos (1956, p.12). Mitsi é descrita como possuidora de um rosto harmonioso e expressivo, um corpo fino e flexível, além de uma graça altiva e distinta. Sua rival, Florine, diz ser ela "possuidora de todas as seduções, além da juventude pujante" (ibidem, p.57-8).

No romance *Escrava...ou rainha?*, também de M. Delly, Lisa de Subrans é órfã de pais, mas fora criada pela madrasta, que sob pressão, casa-a aos 16 anos de idade com o príncipe Sérgio Ormanoff, seu primo, viúvo e com aproximadamente trinta anos de idade. Lisa não recebe educação em colégio de freiras, mas em casa, com um preceptor. Em contrapartida, a jovem havia se convertido ao catolicismo por influência de um amigo, Gabriel des Forcils, já falecido no início da narrativa. Lisa, além de ser profundamente católica possui uma rara beleza, como descendente de russos, ela tem a pele muito alva, os cabelos negros e "olhos de oriental, grandes, magníficos e eloquentes". Como as demais, Lisa possui um corpo esguio e delicado (1947, p.6,15,17,50-1).

É interessante notar nesses três romances, como em muitos outros, a aproximação física das jovens com a de Branca de Neve, todas as três possuem olhos e cabelos escuros, em contraste com a pele alva. Os olhos, geralmente castanhos, possuem tons dourados. Há, nas descrições dessas jovens, além da busca de um exotismo comum ao estilo romanesco – Mistsi é descendente de húngaros e Lisa, de russos – um apelo à palidez das heroínas. A alvura de suas peles indica o que Marina Werner (1999, p.403-7) chama de "garantia de qualidade", a pele clara denuncia a reclusão, o não expor-se ao sol e, sobretudo, aos olhares dos outros, ou seja, são jovens pouco ou quase nada vistas. No universo romanesco, que retoma os valores do século XIX, a vida reclusa e privada, no lar ou no convento, garante a inocência da jovem. Sob outro aspecto, sua beleza "tenra" retoma os semas do ouro e da fertilidade/fecundidade presentes na *Koré*.

Enquanto nos contos maravilhosos o cabelo loiro-dourado da heroína indica sua ligação com o trigo e com a fertilidade da terra, nos romances, essa fertilidade é prefigurada nos olhos brilhantes, de um castanho *dourado*, ou cor de *mel*,[6] que as jovens possuem.

---

6 O mel, como o ouro, é visto, desde a Antiguidade, como símbolo de fertilidade.

A figura loira e ingênua da heroína só aparece em três dos romances lidos: *Elisabete dos cabelos de ouro*, de Eugênia Marlitt; *Entre duas almas*, de M. Delly; e *Paixão que domina*, de Max DeVeuzit. Somente em um romance, *Filha de príncipe*, de DuVeuzit, a protagonista é ruiva, de olhos verdes. Nos demais, as heroínas são morenas claras, como as já citadas, ou não apresentam uma descrição física.

A importância dessas descrições reside não só no fato delas se aproximarem da de Branca de Neve, mas, sobretudo, no fato de coincidirem com a imagem da Virgem Maria, jovem de pele clara, cabelos e olhos castanhos, afastando-se, assim, da beleza loira, pagã e mais sensual de Afrodite e suas "discípulas", como Psique e Rapunzel entre outras, como também de uma associação da tez morena a uma sensualidade perigosa, destruidora e, portanto, não pura.

Se, nos contos, a beleza das jovens vinha na esteira do mito, figurativizando uma capacidade fertilizadora e geradora, nos romances os dois polos dessa beleza, tanto a loira, associada a Afrodite e suas joias/ouro, quanto a de pele morena, associada à terra fecunda e/ou a Lilith,[7] tornam-se perigosas e pecaminosas, cabendo essas às rivais das heroínas, mulheres belas, sensuais, mundanas e destituídas de bondade, caridade e fé. Ao se adotar um dos polos, loira ou morena, para as rivais, percebe-se um novo investimento de valor para essas categorias: as rivais loiras são mulheres frias e calculistas, interesseiras e gananciosas. As "loiras geladas" não desejam o protagonista, mas sim sua fortuna, *status* etc. Usam sua beleza para atraí-lo, num jogo frio e racional. Já as rivais morenas são sexualmente "quentes" demais, encarnando a própria luxúria e todos os perigos dela decorrentes. Passionais, elas arrastam o homem à degradação física, moral e social.

A beleza "modesta", não chamativa, visto que intermediária entre os extremos (loiro/moreno) é a valorizada nos romances, uma vez que, ao contrário da loira ou da morena sensual, a jovem de pele clara e ca-

---

7 Lilith é a primeira mulher de Adão, criada da terra, como ele, ela é "negra" e sensual, senhora de "personalidade", ela se rebela e o abandona indo viver junto dos demônios. Em seu lugar, Deus cria, a partir da costela de Adão, Eva. Lilith, na verdade, é uma das figurativizações da Deusa Mãe, associada a Istar, a Inanna, a Ísis e outras deusas pagãs.

belos escuros possui uma beleza "não agressiva", branda, que desperta a admiração, mas não enlouquece o homem. Essa beleza "discreta" é a que convém à mãe de família, à esposa, a outra, a que alucina, destina-se ao prazer, que é visto, nas narrativas, como transgressão.

A beleza comedida das heroínas é mais uma forma de espiritualizá--las, afastando-as de uma imagem carnal e terrena. Invariavelmente qualificadas como anjos, as heroínas devem apresentar uma auréola de pureza em torno de si, contribuindo para isso, além do aspecto pequeno e delicado de seus corpos, os seus dons musicais ou intelectuais. Mitsi e Lisa cantam divinamente, Lisa toca piano de forma perfeita, Natália possui um intelecto privilegiado, fala mais de um idioma, assim como Mitsi e Lisa. Essa educação "requintada" e os dotes musicais vêm corroborar a imagem angelical das heroínas, desapegadas das questões terrenas e mundanas, elas privilegiam a parte "divina" do ser humano, afastando-as assim da parte carnal.

A beleza simples e natural, destituída de qualquer adorno, joia, ou mesmo um belo vestido, marca o afastamento das heroínas dos desejos mundanos, elas não só não os usam como também não os desejam.[8] Distantes das frivolidades sociais, as jovens heroínas preocupam-se com a elevação do espírito, com as virtudes morais louvadas pela Igreja, em outras palavras, preocupam-se com a beleza interior. Prova desse desapego temos em Natália:

> No caderno diário em que o proprietário de Montjoya dava as suas ordens à órfã, uma pequena nota, certa manhã, tornou Natália alegre como um tentilhão.
> A costureira estará amanhã em Montjoya. Demorar-se-á com ela o tempo que permanecer aqui e trabalhará para si. Fica autorizada a escolher diversos vestidos e bem assim toda a roupa de que carecer, nos tecidos que lhe mostrará. É mister que se apresente convenientemente em Montjoya.
> Qual a rapariga que não acolheria com júbilo semelhante desejo?
> Para Natália, tal atenção do amo valia todas as possíveis palavras de satisfação.

---

[8] Como na narrativa de Santa Dimpna, os trajes rasgados e sujos indicam o caráter elevado e desapegado da heroína.

– De certo o patrão está contente comigo! – explicou ela a Norina com vivacidade – Agora não creio que me mande embora!
A velha examinou o humilde avental de Natália e meneou a cabeça, um pouco zombeteira.
– Não me parece que o senhor Ivo lhe faça um favor especial. Salvo o seu amor próprio, minha pobre pequena, outro vestuário não lhe será supérfluo.
A órfã olhou para o seu trajo com boa disposição de espírito.
– Mas ainda não está gasto. No recolhimento era preciso remendar-se nos sítios que já estavam coçados.
– Sim, e isso devia ser coisa muito elegante! Entretanto, creio que preferirá os vestidos do senhor Ivo às prudentes economias das religiosas.
– Oh, evidentemente! – redarguiu com certa alegria – mas se o senhor Le Kermeur tivesse, como as religiosas, quatrocentas ou quinhentas órfãs a vestir, de certo seria menos generoso!
E as duas mulheres desataram a rir da ideia de um batalhão de raparigas em Montjoya. ([s.d.], p.44-5)

Embora a jovem se alegre com os novos vestidos, o contentamento maior vem do fato de Ivo estar satisfeito com o seu serviço, o que lhe permite ficar em Montjoya.

Do mesmo modo, na cena que precede o casamento, Natália não se reconhece na futura esposa de Ivo, sentindo-se aliviada ao despir o luxuoso casaco de peles.

Este exame fê-la suspirar.
....
Então, sem deixar de ver a sua imagem no espelho, a singular noiva fez escorregar lentamente dos ombros o rico casaco de peles, que caiu no chão em dobras pesadas... tão pesadas! [...] descobrindo a humilde blusa de chita usada diariamente.
Natália ficou aliviada por se encontrar como era realmente: uma empregada assoldadada em quem um patrão poderoso mandava a distância, sem se preocupar com ela, sem sequer procurar conhecê-la melhor.... ([s.d.], p.81)

Em *Escrava...ou rainha?*, Lisa se rebela quando a modista, a mando do noivo, apresenta-lhe um vestido com um decote um pouco maior:

Um belo dia, porém, Lisa insurgiu-se. Tinha ido com a madrasta à casa de uma das mais célebres modistas parisienses provar algumas "toilettes" de baile. Ao ver, porém, o decote sobremaneira exagerado, que lha haviam feito, corou, dizendo num ímpeto de revolta:
– Eu não porei nunca este vestido! É preciso fazer subir mais este corpinho, minha senhora.
– Mas isso não é nada, menina! – ponderou a modista – É apenas um decote moderado. A menina tem uns ombros deliciosos, se bem que ainda um tanto delicados. Cumpre exibi-los, pelo menos, ligeiramente.
– Não, não quero! – repetiu Lisa em tom firme. – Peço-lhe que tenha a bondade de modificar esse corpinho.
– Não te zangues, minha filha! – murmurou-lhe ao ouvido a senhora de Subrans, que não podia compreender semelhante delicadeza de sentimento, porquanto fora, quando jovem, demasiadamente mundana.
– Considera, ademais, que isso muito desagradará Sérgio.
....
Logo, às primeiras palavras, meteu Sérgio os olhos debaixo das sobrancelhas.
– Pois quê?! Decidiste, por tua alta recreação, mandar modificar a "toilette"?
– Oh! Não! Bem vês, Sérgio, que lhe estou a falar justamente sobre isso.
Os lábios tremiam-lhe. Estava deliciosamente encantadora, assim, com os belos olhos medrosos, timidamente suplicantes erguidos para ele.
Desfranziram-se-lhe as loiras sobrancelhas, e Sérgio deu ligeiramente de ombros...
– Louquinha! Quero ser indulgente por esta vez, tanto mais quanto as tuas camareiras hão de repor, logo, as coisas no seu estado, tanto que se faça mister... Meus cumprimentos, Catarina, pela honesta educação que soube dar a este anjo! (1947, p.47-9)

O recato e o decoro da jovem têm sua origem em sua boa educação. Igualmente, Mitsi é apresentada com trajes "mal arranjados" desde o início da narrativa e, quando Cristiano lhe ordena que troque o uniforme por vestidos mais adequados, ela o faz, mas sem qualquer ostentação: "Mitsi estava com um vestido de lã marrom, muito singelo, com gola e punhos brancos. Com aquele trajo austero, parecia uma princesa disfarçada..." (1956, p.99); como convém a uma jovem honrada.

A descrição dos bons sentimentos e das qualidades de caráter das jovens sobrepõe-se à descrição física, que, complementada pela fé cristã, compõem o quadro "espiritualizado" no qual a heroína se insere.

O motivo da fiação, presente nos mitos e nos contos, perdurou, no entanto, nas narrativas dos romances. Todas as jovens se sobressaem em seus trabalhos manuais. Esse motivo, embora completamente dessemantizado, estabelece o elo entre esses anjos diáfanos com a sexualidade e a fecundidade, porém esta é supervisionada pelo marido. No romance *Escrava...ou rainha?*, o príncipe Ormanoff proíbe sua jovem noiva de prosseguir com um trabalho de costura:

– Para que estás aí a trabalhar? – perguntou-lhe secamente o príncipe
– Vê se me largas isso da mão!
E, tomando a peça – era um guardanapo – das mãos de Lisa, consternada, arremessou-a longe, para cima de uma cadeira.
– Não quero que martirizes os dedos em semelhantes horrores – acrescentou ele. – Só permito que te ocupes com alguns bordados delicados. (1947, p.46)

É possível discernir nesse trecho a pragmatização sofrida pela ação, costurar é uma atividade/trabalho que não condiz com o *status* de princesa, trabalho reservado às empregadas; a narrativa parece não guardar traço algum de seu valor mítico, ligado ao sexo e à procriação, ao menos na superfície. Mas ao atentar-se à frase seguinte do príncipe, pode-se perceber a crosta figurativa aí imposta: Sérgio não permite à noiva que *"martirize os dedos em semelhantes horrores"* (ibidem, p.46). Bordar ou costurar são atividades semelhantes, como se explica a diferença estabelecida entre uma e outra para o noivo? No conto *Os sete corvos*, de Beetz (1939, p.113-4), a heroína, Hilda, arranca com os dentes os dedos das mãos para poder fiar os últimos degraus da escada que a leva para junto dos irmãos: como ocorre em outros contos e mitos, a mutilação voluntária, como é o caso de Hilda e Lisa, é um simulacro da defloração. A interdição de Sérgio à noiva é, na verdade, uma suspensão de seus poderes sexuais – como "anjo", Lisa não deve dar vazão aos seus desejos sexuais, a ela só serão permitidos *"alguns bordados delicados"*, ou seja, um exercício moderado e controlado de sua sexualidade, o que equivale dizer que à Lisa é permitida a maternidade, enquanto ação que redime a sexualidade feminina de seus males, mas não o prazer sexual.

O desapontamento de Lisa, perante a interdição de Sérgio, vem referendar a leitura:

> A pobre Lisa sentia-se completamente desamparada. Era, então, verdade, uma existência ociosa e inútil, a que lhe estava reservada, a ela, tão laboriosa e que amava tanto o trabalho sob todas as formas? (1947, p.47)

Nos hinos homéricos analisados já surgiam os "esplendidos trabalhos", ensinados por Atena às jovens, como uma figurativização do sexo. No mito de Perséfone, ela é seduzida por Zeus, na forma de serpente, enquanto fia sob os cuidados de Atena.

Mitsi mostra-se igualmente contrariada ao ser deslocada de suas funções de roupeira, na casa da Sra. Debrennes, para a de ama do pequeno Jacques:

> – Ah! Já estás aqui?
> A despenseira examinava desdenhosamente a moça que se levantara. [...]
> – Bem. Vais por mãos à obra quanto antes, mas não como roupeira. A Sra. presidente quer que substituas a ama do pequeno Jacques, que está desde ontem no hospital, atacada de escarlatina.
> Mitsi olhou desolada para Marta. [...]
> – Bem se vê que não te agrada. Que pena! Todavia precisas adaptar-te, minha pequena... (1956, p.53)

Sua habilidade com as roupas brancas já havia sido referida no romance como uma qualidade especial. Embora afastada da função de roupeira, Mitsi tricota enquanto cuida de Jacques[9] (ibidem, p.80). Mesmo Natália, que difere das duas anteriores, pois trabalha na biblioteca de Ivo como secretária, ausenta-se de sua função para costurar, junto com a costureira da aldeia, os seus novos vestidos, mostrando-se bastante habilidosa e feliz com essa função.[10]

No processo de tornar as heroínas seres mais espiritualizados que carnais, o motivo da fiação, ligado à sedução, que nos contos maravilhosos apresentava-se figurativizado na aquisição de belos vestidos para ir ao baile e atrair o príncipe, ou em termos semióticos, permitia à heroína /poder-poder-fazer-querer/, prova principal dentro dos três segmentos do esquema narrativo canônico proposto por Courtés (1986, p.76) para os contos maravilhosos, é sobrepujado pela habilidade musical ou intelectual, atividades mais elevadas e espiritualizadas.

Os belos vestidos e ornamentos que transformavam as heroínas dos contos, dando-lhes poderes sobre o macho/príncipe, permitindo-lhes seduzi-los, são vetados nos romances. As jovens sempre se apresentam vestidas modestamente, como é o caso de Lisa ao conhecer o príncipe Ormanoff; ou mal vestidas, em uniformes grosseiros de colégios, como ocorre com Mitsi e Natália. Os vestidos e, sobretudo, as joias[11] só lhes serão ofertados por ocasião do casamento, sempre escolhidos pelo futuro marido, que lhes impõe seu gosto e desejo.

Nos três romances, o bom gosto dos Senhores é louvado e são eles que escolhem pessoalmente os vestidos e adornos das jovens, não só no momento da compra, mas também no uso diário, é por determinação deles que elas usarão tal ou qual vestido.

---

9   Ocorre em Mitsi e na sua ação de tricotar, a mando da Sra. Debrennes, um eco dos ensinamentos sexuais da velha/Deusa à jovem *Koré*. É a velha que obriga a jovem a tricotar, a velha já não o faz, como diz Cristiano, recriminando sua avó por fazer caridade usando o serviço alheio (1956, p.80-1). Sob a crosta figurativa da bondade de Mitsi se esconde a sucessão da antiga Deusa Mãe pela jovem.
10 Cf. *O segredo de Montjoya*, p.44-6.
11 A análise das joias ofertadas pelos maridos às jovens será feita junto com a questão da defloração.

Em *O segredo de Montjoya*, Ivo primeiro oferece à Natália vestidos simples, cujos tecidos ele recomendou à costureira ([s.d.], p.44). Depois, para o casamento, Ivo compra todo o enxoval da jovem e o envia a ela (ibidem, p.80-1). A velha Norina, que ajuda a jovem a se vestir para o casamento confirma:

> – Verdade seja que o patrão sempre teve bom gosto... Antigamente só se rodeava de objetos artísticos e preciosos... era para ele uma necessidade viver num meio harmônico. (ibidem, p.83)

Em *Escrava... ou rainha?* É ainda mais explícito o domínio do príncipe Ormanoff sobre as vestes de Lisa:

> Ao cabo de seis dias de noivado, a senhora de Subrans, Lisa e o príncipe partiram para Paris. Sérgio decidira que cumpria irem até lá, a fim de encomendar o enxoval e as "toilettes" da futura princesa. Catarina e a enteada apearam-se à porta de um hotel, à margem esquerda, onde todos os dias, uma das carruagens do príncipe Ormanoff vinha buscá-las para as conduzir às mais afamadas lojas de modas. Era o próprio Sérgio quem escolhia os vestidos, os chapéus, as peles, impondo sempre o seu gosto, – aliás, muito fino, por isso que possuía o instinto da beleza, – à noivinha ingênua e timorata, um pouco atolambada, ela que nunca transpusera Périgneux, e ignorava todos aqueles requintes do luxo e da vaidade, que se estadeavam em sua frente. Sua opinião nunca era consultada. O que Sérgio decidisse, estava decidido, só restava inclinarem-se à sua vontade. (1947, p.47)

Na sequência do romance, outra passagem revela a voz de comando do príncipe sobre a toilette da esposa:

> Sérgio regulamentou até os mínimos pormenores da toilette que a esposa deveria trazer nessa reunião, relativamente íntima.
> E à noite, quando Dacha e Sônia acabaram de vestir a jovem senhora, veio ele dar o derradeiro lance de olhos de árbitro supremo.
> Desta vez, não teve nada que dizer. Lisa estava ideal na sua toilette crepe da China cor-de-rosa pálido, que lhe caía em longas e suaves pregas ao redor do talhe esbelto. [...]

Sérgio envolveu a moça num longo olhar investigador, dizendo laconicamente:
— Muito bem.
— Realmente, poderia alguém acreditar que Sua Alteza não ficasse satisfeito? — murmurou Sônia, quando o príncipe e a mulher se retiraram do aposento... (ibidem, p.79)

O vestido de noiva, o primeiro a ser usado pela jovem na troca do guarda-roupa, substitui o de baile. Bela e elegante, a jovem noiva é conduzida ao seu novo estatuto, sem, no entanto, tê-lo desejado ou agido de maneira a conquistá-lo. O casamento, defloração, é sempre imposto à jovem, que passivamente se deixa conduzir pelo novo senhor, o marido.

Essa ausência de um poder sedutor ativo nas jovens recobre sua assepsia sexual. Nos mitos, a Deusa Mãe assume o controle de sua sexualidade, de seus desejos e os impõe ao consorte, é o caso de Afrodite ao seduzir Anquises (Homero, *Hino a Afrodite I*), a deusa veste-se, adorna-se e perfuma-se para atrair o jovem. Os adornos, as joias e véu usados por Afrodite figurativizam o sexo e o poder gerador da deusa, já nos hinos homéricos, estes sofreram uma pragmatização, mas a deusa é ainda a senhora de suas joias, de seu cinto/sexo, é ela quem determina quando, onde e a quem serão oferecidos, ao escolhido cabe apenas aceitar a união sexual com a deusa.

Nos contos, a sedução é o instrumento que leva a jovem ao casamento, a um vínculo social, apesar das transformações que convertem a hierogamia em casamento, é ainda a jovem que, com o auxílio da fada madrinha, age, indo em direção ao príncipe, munida de seus vestidos e encantos para seduzi-lo, conquistá-lo.[12] Nos romances, as jovens desconhecem esse desejo de encantar, de envolver, de conquistar. Passivas, elas são objetos, o noivo as escolhem antevendo as possibilidades de beleza nelas contidas, só depois de tomarem posse desses belos objetos é que eles os adornam e expõem ao olhar público.

---

12 Toma-se aqui os contos maravilhosos em sua totalidade, mas ao se atentar para a estrutura dos romances, que privilegiam o conto d'*A Bela e a Fera*, a passividade das jovens equivale ao da Bela no início da narrativa, embora, no final do conto, é ela quem decide o seu destino.

A jovem dos romances é proporcionalmente mais virtuosa e bela quanto mais destituída for de joias, belos vestidos e adornos. A joia, o ouro, as vestes finas e delicadas de Afrodite figurativizam, já na Antiguidade, o sexo e o poder gerador da Deusa Mãe paleolítica e neolítica. Estes foram dessemantizados nos contos, passando a pureza da jovem, no nível discursivo, a ser mais valorizada que as joias, atribuindo assim um valor "menor" ao poder gerador feminino e, portanto, ao sexo e à Deusa Mãe, muito embora o conto ainda lhes credite valor no nível profundo. No romance, o sexo, bem como sua figurativização nas joias e vestes, assume um não valor, ou antes, um valor negativo, a sexualidade é combatida, perigosa, ela deve estar sob o domínio completo do homem, ele é quem escolhe o que se adapta à jovem, a ela cabe aceitar a imposição feita pelo macho.

No momento em que a narrativa dos romances oferece ao leitor a jovem destituída de qualquer veste ou adorno embelezador, cabendo ao noivo/marido oferecê-los a ela, a heroína é colocada como ser proibido de exercer, ou até de conhecer, a sua sexualidade, esta só deverá ser conhecida e usufruída após o casamento, sob a orientação e a imposição do marido.

Em *O segredo de Montjoya*, Natália é tão absurdamente ignorante das questões sexuais que acredita que se casar com Ivo significa apenas usar seu nome e assumir algumas funções sociais. O diálogo entre Natália e Norina não deixa dúvidas sobre isso:

A voz de Norina cortou-lhe as meditações.
– O que não compreendo – dizia a velha – é a sua noite passada sozinha no antigo quarto. O senhor Ivo não a acompanhou?
– Para quê? – observou Natália – Eram horas de dormir e não precisava de ninguém para me ajudar a despir.
A tranquila resposta da órfã pasmou a criada.
– Não, mas... A senhora é maravilhosa! Com as mãos nos quadris, a mulher estacara diante de Natália e examinava-a.
O cândido rosto e a expressão muito pura do olhar fizeram-na menear a cabeça.
– Seja como for, minha pequena, é bom não ser tão ingênua! Estou em crer que as boas irmãs de quem sempre fala, se esqueceram de instruí-la

do que é necessário saber quando uma pessoa se casa. Decerto o senhor Ivo a achou ontem à noite muito desenxabida.
Admirada, Natália olhou para a excelente mulher.
— Creio que não desgostei o senhor Le Kermeur — afirmou — Pelo contrário, tenho a impressão de haver correspondido docilmente a tudo quanto esperava de mim. Sou pouco faladora ele não fala muito. Contudo, afigura-se-me que o dia de ontem se passou como o senhor Le Kermeur o desejava...
— O dia não digo que não! Mas a noite!
— A noite?!
— Passou-a sozinha?
— Evidentemente! Com quem queria que eu a passasse?
Estas palavras pareceram tão formidáveis a Norina, que não insistiu mais.
— Ora! — pensou — Que o senhor Ivo desembarace a meada! Se é assim tão ingênua, há de ver-se em assados! Que lhe preste, a franguita! ([s.d.], p.93-4).

A boa postura das jovens heroínas também passa pela obediência e pelo comedimento, no caso da fala e dos gestos; quanto mais discretas e silenciosas, mais virtuosas e belas elas se tornam.

A obediência cega das heroínas é tão espantosa quanto a sua ingenuidade e o seu desconhecimento sobre o sexo. Natália, de *O segredo de Montjoya*, é enviada por seu tutor a Montjoya e, apesar de nunca ter viajado sozinha, de não ter mais referências sobre o local para onde se dirige e a quem deve se apresentar para o suposto emprego de secretária, ela vai, causando espanto até mesmo a Ivo, seu patrão ([s.d.], p.31-5). Mitsi, igualmente, segue as ordens que lhe dão, não ousando impor-se. Já Lisa, de *Escrava... ou rainha?*, só se rebela quando Sérgio a impede de professar a sua fé, no restante é dócil e deixa-se governar, vendo nisso uma obrigação da esposa:

— Tens medo de mim Lisa? — perguntou ele em tom quase meigo.
— Sim, um pouco. Perdoe-me... — murmurou Lisa corando.
— Isso não me desagrada, uma vez que esse temor não te tolha os movimentos nem te paralise a língua. Tenciono fazer-te muito feliz, contanto que sejas dócil à direção que te vou dar.

— Farei tudo o que o senhor quiser, — disse a donzela, docemente.

Lembrando-se-lhe logo os conselhos do Apóstolo acerca da submissão da esposa ao marido, ao mesmo tempo que pensava que, criança ainda, mais do que as outras tinha necessidade de se conformar em eles. (1947, p.42)

Se a face da *Koré* coube à heroína nos romances, da jovem pronta para o rapto, a da Deusa Mãe, senhora de seu desejo e que não se submete ao homem, coube à rival ou antagonista da heroína. Diversamente dos contos, a rival não é uma bruxa, pelo menos na aparência, na maioria das vezes, as narrativas as apresentam como mulheres mais velhas do que as heroínas, de comportamento livre, donas de fortunas ou posição social invejável; fortes e decididas, elas lutam pelos seus desejos, ombreando-se aos homens. Esse comportamento mais expansivo e aguerrido é complementado por uma vivência social: mundanas e frequentadoras da sociedade, as rivais, muitas vezes, são belas atrizes, cortejadas e disputadas pelos homens.

Se a música e o canto conotam a elevação espiritual da heroína, as demais artes, como a dança, a interpretação e mesmo o canto lírico, quando profissionalizados, revelam uma falha de caráter, inserindo a jovem em um universo suspeito, é o outro lado da sociedade, o que se opõe ao familiar e ao privado, o público. E se as jovens eram resguardadas dos olhares, pouco vistas, as rivais primam por uma exibição constante aos olhares e desejos masculinos.

Jogando com esses dois universos tão distintos, a narrativa apresenta a rival com cores fortes, quer seja no gosto extravagante ou exagerado de suas roupas e joias, quer seja no uso de maquilagem, vetado às heroínas, ou ainda no contraste de seus cabelos com a pele e os olhos. Loiras de olhos azuis frios e cínicos, morenas de peles queimadas e olhos de um verde devastador, ruivas de olhos amarelos semelhantes às lobas, todas possuem olhares e trejeitos insinuantes. As rivais potencializam ao máximo a sexualidade e a sensualidade feminina. Ao contrário das heroínas, muito pálidas, frágeis e pequenas, as rivais possuem corpos mais "robustos", são mais fartas de carnes, de aspecto mais saudável e resistente do que as heroínas, elas primam em suas descrições por formas curvas e arredondadas, recuperando a leitura feita para a Deusa

Mãe paleolítica e neolítica, nas quais essas mesmas formas indicavam o poder fertilizador e fecundador da Deusa e do sexo. Situadas no extremo oposto às heroínas, as rivais figurativizam a luxúria selvagem e natural, a sexualidade negativa e transgressora, pois fora do seio familiar, tal qual a da bruxa nos contos maravilhosos, ou a da Deusa Mãe, ctônica e perigosa.

Dos três romances escolhidos, só Natália não tem rival, em *Mitsi* a rival é Florine, assim descrita logo à primeira página do romance: "... muito loira, de uma beleza incontestável. Os olhos de um azul intenso tinham muito brilho e a frescura da tez podia sofrer qualquer confronto. Montava com garbo" (1956, p.5). Logo após essa bela descrição de Florine, o narrador revela o lado insensível da jovem:

> Quando a amazona e os cavaleiros iam atingir a grade, passaram por uma mulher e uma criança que caminhavam pesadamente. A mulher era alta, forte e trajava como uma camponesa em dia de festa. Um vestido mal feito, de pano grosseiro, envolvia completamente o corpinho franzino da menina. E o rosto miúdo e muito moreno desaparecia debaixo de um pavoroso chapéu de palha escura, guarnecido de fitas desbotadas. Carregava um saco que parecia pesar bastante: sua companheira trazia ao braço um enorme cesto. No momento em que o cavalo de Florine passava ao lado dela, espantou-se e, recuando, atropelou-a. A mulher lançou um grito de espanto. Cristiano, que se achava à frente dos companheiros, voltou imediatamente e perguntou:
> – Que houve? Magoaste-te?
> Mas a criança levantando-se de pronto, respondeu com voz trêmula:
> – Não, não sinto nada...
> – Tolinha, não podias caminhar à margem da estrada? – exclamou Florine. (ibidem, p.7)

Ao longo de todo o romance, Florine é "desmascarada", sua conduta confirma a insensibilidade mostrada no início, além de revelar um caráter fraco, bajulador, interesseiro. Esse desmascaramento de Florine vem acompanhado de novas descrições físicas da jovem, menos elogiosas que a do início, elas mostram seu envelhecimento e a perda da "frescura da mocidade".

Em outros romances, como *O rapto de Jadette*, de Dyvonne, a rival da protagonista, Jadette, é Vallia, cantora do Scalla de Milão. O narrador, que já a havia introduzido em outra passagem ricamente vestida, a faz surgir novamente entre os convidados: "voltaram-se todos. Sobre a soleira do terraço, harmoniosa, conquanto teatral, sob imenso chapéu verde, Vallia, a cantora de cabelos cor de acaju, conservava-se imóvel. [...] Ela aproximou-se, linda, embora um pouco corpulenta" (1956, p.65-6).

Vallia é toda chamativa, mais adiante o narrador destaca seus olhos verdes, "mais verdes ainda pelo reflexo do chapéu" (ibidem, p.66). Sua beleza ruiva, de olhos verdes e sinuosa lembra uma serpente.

Sensual e liberada, Vallia é uma mulher que luta por seu amor. "Vallia amava Joel desde a muito, e era mulher que faria tudo para conquistar o jovem. Infeliz daquela que se interpusesse entre ambos. Aquela ruiva de olhos verdes deixaria de lado qualquer escrúpulo, para não se privar de seu amor." (ibidem, p.67). O pouco escrúpulo de Vallia vai se confirmar quando esta se alia à tia de Jadette para afastá-la de Joel, a tia de Jadette deseja que esta se case com seu filho, Máximo.

Em *Elisabete dos cabelos de ouro*, de Marlitt, a "rival" de Elisabete é Berta, jovem morena, de cabelos e olhos negros que brilham como dois sóis. Berta é de origem humilde e se deixa seduzir por Emílio Hollfeld, jovem inescrupuloso que se apaixona por Elisabete, mas por ela é repelido. Berta é descrita como jovem sem moral, meio louca e "bruxa" que odeia Elisabete por causa de Emílio e, por isso, tenta matá-la. Berta, além de uma beleza sensual, usa de todos os expedientes de faceirice para se fazer notar, embora não tenha posses, ela usa todos os recursos para se adornar, pentear e aproximar-se das jovens ricas e mundanas.

De todas as rivais dos romances lidos, Várvara, de *Escrava... ou rainha?*, é a que apresenta o perfil mais instigante:

> Era uma moça de uns 25 anos, de pequena estatura, magra, algo constrangida, trajando um vestido de seda preta, muito simples, sem enfeites. Abundantes cabelos de um loiro cor de linho, muito macios e cuidadosamente tratados, cobriam-lhe a cabeça pequenina [...]. A cútis era alva, picada de sardas, os traços finos, bem conformados, exceto o

nariz demasiado pequeno. Os longos cílios loiro-pálidos levantaram-se, deixando entrever umas pupilas amarelas, que causaram a Lisa a mais desagradável impressão.

....

Lisa estendeu-lhe a mão, que Várvara apertou nos longos dedos de unhas compridas, cuja vista deu a lembrar involuntariamente à moça as garras de um lobo capturado, num dos invernos precedentes, nos arredores de Péroulac. Observou ela que a menina Dougloff tinha atitude muito humilde, de olhos modestamente baixos. Várvara afastou-se logo, como sombra discreta, sem que o príncipe lhe dirigisse a palavra. (1947, p.63-4)

Várvara, ao contrário de outras rivais, não é mundana, não possui uma beleza sensual, sua descrição a aproxima da bruxa, não por possuir traços feios, mas devido aos seus vestidos pretos, única cor que usa; seus olhos e unhas de loba, seus cabelos de um loiro quase branco, lembrando cabelos de velha. E entre todas, ela é a única que premedita um assassinato sem ser camuflado – ela planeja apunhalar Lisa e só não o faz porque os lobos surgem junto da cabana e ela acredita ser mais violenta a morte de Lisa se os lobos a estraçalharem viva.

A semelhança de Várvara com a bruxa dos contos maravilhosos ocorre, sobretudo, por sua proximidade com o mundo natural, tal qual a bruxa, Várvara assemelha-se ao mundo selvagem, mais exatamente, aos lobos – olhos, garras e um comportamento "discreto", que inúmeras vezes é descrito como uma sombra inesperada e ameaçadora que surge junto de Lisa ou se esgueira pelos corredores do castelo. A comparação de Várvara com uma sombra perigosa que ronda Lisa, a associar ao mundo ctônico, escuro, inferativo e do demônio. O cinzento,[13] a sombra corresponde a um afastamento do divino, da luz e do bem, marcando, assim, o lado maléfico de Várvara. Se na Antiguidade o ctônico estava ligado à Deusa Mãe e sua fertilidade, nos romances sob a influência cristã, este se transforma em espaço de perigo e pecado, no qual se encerra todo o mal. Sob essa ótica, é que Várvara é desqualificada novamente no final do romance, ela é uma subversiva.

---

13 Esse item será analisado mais adiante.

A subversão da jovem demonstra a sua personalidade traiçoeira e não um perigo político ou um caráter independente.

Enquanto nas demais rivais as joias, vestes e adornos constituem o elo com a luxúria e o sexo, passando do universo mundano ao natural, já que este último é visto como espaço do pecado, do demônio e, portanto, da luxúria, em Várvara tem-se o retorno ao natural, ao selvagem, ao subversivo, que se opõe ao civilizado. Sóbria e sem adornos, ela é a versão da Senhora dos Animais, terrível e perigosa. E é como Senhora dos Animais que ela decide entregar Lisa aos lobos, retomando, assim, o sacrifício da jovem ao mundo natural, através da união (morte) com um, ou mais, consorte animal.

Junto às heroínas e às suas rivais, encontram-se, ainda, as velhas senhoras. Ora boas, amas que cuidam e zelam pela heroína, assemelhando-se às fadas madrinhas dos contos maravilhosos, nesse caso, são geralmente de extratos humildes da sociedade, pouco esclarecidas, ingênuas e simples, muito parecidas com suas protegidas. Quando, más e perversas, essas senhoras se ligam às rivais, quando estas existem. Porém, com ou sem a presença das rivais, são as velhas senhoras que ditam as regras. Mundanas, senhoras da sociedade e próximas dos protagonistas, avós, tias, elas jamais são as mães. Como ocorria nos contos, tanto as mães das heroínas, quanto a dos protagonistas, estão ausentes, falecidas, sendo substituídas pela avó, excepcionalmente pelo avô, na criação dos filhos; no caso do protagonista masculino, é essa ausência do amor materno que, eventualmente, o transforma em homem cínico, rude e não caridoso.

Polarizadas entre a heroína e sua rival, a velha torna-se uma extensão das jovens, quando boa, ela pouco interfere na narrativa; quando má, é responsável por parte dos sofrimentos da heroína, sem, contudo, ter a mesma função da bruxa dos contos de levar a jovem heroína ao conhecimento do sexo e lhe permitir assumir o lugar de senhora. Quase não é perceptível nos romances a função da velha Deusa Mãe como preparadora da jovem para substituí-la junto do consorte. Essa face da deusa e da bruxa foi bastante referencializada. Exceção feita para Catarina de Subrans, madrasta de Lisa, do romance *Escrava... ou rainha?*, que não só desempenha o papel de madrasta da heroína, mas também é a responsável pela morte da mãe desta, Xenia, sua prima e primeira mulher do Sr. de Subrans. Apaixonada por ele, Catarina desloca os degraus da velha torre onde Xenia havia subido, e, ao descer, a condessa cai, ferindo-se gravemente. Tempos depois, Xenia morre em consequência da queda (1947, p.141). Catarina casa-se com o viúvo e tem com ele um casal de filhos, mas, ao contrário das madrastas dos contos, não maltrata a enteada, cria-a como se fosse uma filha, embora não seja dada a grandes demonstrações de carinho. Quando Lisa completa 16 anos de idade, Catarina resolve que é necessário apresentá-la à sociedade, a fim de casá-la; na primeira visita social que ambas fazem à casa dos De Cérigny, encontram o príncipe Ormanoff, que reconhece Catarina e se interessa por Lisa. O príncipe, conhecedor do segredo de Catarina, usa-o como forma de forçar a Sra. de Subrans a lhe conceder a mão de Lisa (ibidem, p.12-32). Catarina, mesmo sabendo do temperamento difícil e dominador do príncipe e de que Lisa poderá ser infeliz, cede.

No perfil de Catarina de Subrans observa-se a figura da mulher tomada pelo amor/luxúria, que não hesita em matar a rival para realizar seu amor; depois a da madrasta, pouco afetiva, que entrega a jovem enteada nas mãos de um "monstro", como informa o diálogo travado entre duas convidadas para a caçada na propriedade dos Cérignys: " – É medonho o seu compatriota, condessa! Brrr!... Não serei eu quem lhe há de procurar a sua segunda mulher!..." (ibidem, p.16). É ai, ao forçar o casamento de Lisa com um homem mais velho, totalmente desconhecido e que, apesar de belo e rico, é visto com horror, em decorrência de seu comportamento para com a primeira esposa, já falecida e de sua opinião sobre o sexo feminino, que Catarina desempenha o papel da velha Deusa Mãe, oferecendo a jovem enteada ao consorte viril. Lisa, tal qual a *Koré* mítica, assume seu lugar junto ao Senhor dos Animais, o consorte da Deusa Mãe. O príncipe Ormanoff, como se verá mais adiante, apresenta todas as características desse consorte animalesco, de fertilidade pujante e força bruta.

Nos demais romances, a velha má surge como antagonista social da heroína, geralmente por ter uma pupila ou afilhada que quer ver casada com o jovem senhor e/ou por temer que a nora, não escolhida por ela, assuma as funções sociais e mundanas que, invariavelmente, estão ao seu encargo. É o caso do romance *Mitsi*, no qual a Sra. Debrennes persegue Mitsi e acalenta a ideia de casar Florine com o neto Cristiano, pois Florine, além de sua "afilhada", não irá privá-la da organização de festas e outros eventos sociais, ou seja, ela continuaria a ser a Senhora da casa.

Quando a jovem não possui uma rival, como em *O segredo de Montjoya*, têm-se duas figuras de velhas, a irmã do tutor de Natália, que o domina e o induz a se "desvencilhar" de Natália, e Norina, a velha criada de Ivo, que embora não seja afetuosa, é correta para com Natália. Ambas, a irmã do tutor e Norina, pouco influem na narrativa. A irmã do tutor desempenha ainda uma função de maior impacto na estrutura narrativa, embora só apareça no início desta, Norina, que está presente no restante do romance, nada influi efetivamente no mesmo.

O Senhor dos domínios

O consorte, desde os períodos Paleolíticos e Neolíticos, afigura-se como uma personificação do princípio fecundante masculino. Sua descrição prima por ressaltar as formas alongadas, angulosas e pontiagudas, todas fálicas. Com o sobreinvestimento figurativo dado a este nos romances e contos, vê-se o personagem masculino sintetizar dois aspectos: o do animal, selvagem, sexualmente agressivo, e o do homem, civilizado, educado e que se adapta às regras sociais.

Nos contos maravilhosos, ele pode ainda aparecer como monstro, animal metamorfoseado, que, só ao final da narrativa, reassume a forma humana. Nesse caso, a aparência do monstro segue os contornos angulosos do touro pré-histórico. Nos romances, a forma animal é substituída: o jovem senhor é belo, aristocrata, possui gosto apurado, o que é indicado pela sua elegância, quer no vestir-se, quer em tudo o que possua, casas, carruagens etc. Aparentemente, ele se insere plenamente no mundo cultural, mas alguns traços revelam que, sob a máscara de homem social, se esconde a face da Fera. O primeiro desses traços são os olhos.

Os olhos, geralmente azuis, possuem tonalidades que vão do azul metálico e frio ao cinza. Como no caso do lobo das histórias infantis, os olhos cinza indicam a crueldade, o instinto sanguinário e violento da fera. O cinzento, ou cinza, indica, segundo Chevalier e Gheerbrant (1989), "um estado de obscurecimento da meia-consciência", o simbolismo assumido pelas cores e pela luz na tradição cristã revela que o alto, Deus, é luminoso e que no jogo de sombra (cinza) e de luz existe uma força ascensional. Os olhos cinza do jovem senhor conotam, dessa forma, o seu aspecto animal, ligado à natureza, ao selvagem e, portanto, afastado de Deus. Em oposição a esses olhos de sombra, têm-se os olhos luminosos das heroínas, de um castanho dourado. O castanho remete à terra e a seu poder gerador; o dourado, ao ouro, à pureza desse metal, o mais nobre de todos, e à luz divina e incorruptível dos cristãos.

Em Mitsi, o narrador assim apresenta a jovem sob o olhar de Cristiano: "Cristiano teve um sorriso zombeteiro. Estranhos fulgores perpassaram no seu olhar, *cravado* no rosto fremente da jovem de um *encanto divino* e nos *olhos belíssimos* que o visconde outrora chamara de *olhos de fogo*" (1956, p.68, grifo nosso). Cristiano, logo no início da narrativa, é caracterizado pelos olhos: "de um azul tão escuro, que em certos momentos pareciam negros" (ibidem, p.10). Ele possui um olhar carregado de ironia ao qual "mesmo as mulheres mais experimentadas evitavam o fulgor das pupilas..." (loc. cit.); é esse olhar que crava em Mitsi, cujo encanto divino do rosto é completado por olhos de fogo. Há nesse jogo de sombra e luz toda uma definição de caráter. Cristiano, selvagem, cínico, possui *punhais* no olhar – a escolha do verbo cravar para designar o olhar lançado para Mitsi revela a frieza de lâmina e a dureza que existe nesse. O olhar de Cristiano é como o punhal,[14] arma que perfura/fere a jovem heroína. A cor azul, cinza, tendendo ao negro de seus olhos revela ainda a "alma pouco iluminada" do jovem. Como seus olhos demonstram, ele se insere no mundo ctônico, inferativo,

---

14 O punhal, no seu conjunto sêmico, equivale ao falo, cf. análise feita para os consortes da Deusa Mãe, Capítulo 2. Quando o narrador diz que Cristiano crava seus olhos em Mitsi, sugere que esse a penetra, possui-a, viola-a com seu olhar. Mais adiante esse item será expandido.

escuro, que, na simbologia cristã, associa-se ao demônio, ao pecado, à luxúria. Em contrapartida, Mitsi revela em seus olhos de fogo toda a pureza e brilho de uma alma pura. O fogo está ligado ao Espírito divino, purificador e regenerador, não só na doutrina cristã, mas também na Índia, na Grécia, na China etc. (Chevalier; Gheerbrant, 1989). Para os cristãos, Cristo (e alguns santos) revificava os corpos, passando-os pelo fogo da fornalha da forja. O fogo, nos ritos iniciáticos de morte e renascimento, associa-se ao seu princípio antagônico, a água; a purificação pelo fogo, portanto, é complementada pela purificação da água (ibidem). As heroínas, com seus olhos dourados e brilhantes, "purificam" seus consortes no fogo de seu olhar e também os lavam em suas lágrimas.

Ainda dentro da simbologia das cores, tem-se que o cinza fumê, tendendo ao negro, é a cor do corpo, "o Adão de teu ser", segundo Alaoddwala Semanani, autor do século XIV citado por Chevalier e Ghebrandt (1989). Ao conferir aos olhos dos protagonistas a cor azul/cinza, os autores aproximam-nos ainda mais à parte carnal, animal do ser, afastando-os, dessa forma, do divino, do espiritual.

No conjunto dos romances lidos, observa-se, assim, uma oposição entre /alto/ vs /baixo/, /claro/ vs /escuro/, /divino/ vs /animal/ na qual os protagonistas assumem um dos polos: ao homem é associado o /baixo/, o /escuro/, o /animal/; à mulher jovem o /alto/, o /claro/, o /divino/, sendo esses dois polos entendidos, na estrutura profunda, como uma dicotomia entre o mundo e os signos culturais e o mundo e os signos naturais. O seu local de encontro é o limite/fronteira entre eles: o castelo cercado pelo bosque ou floresta – os domínios do Senhor dos animais.

Na leitura do protagonista dos romances como Senhor dos animais, além dos olhos, também o caráter autoritário, forte, enérgico apresentado por todos os jovens senhores, sua perícia na caça, associada com a força física, sua coragem e intrepidez, e sua grande fortuna reforçam essa posição de Senhor dos animais.

Esse conjunto de características dadas aos jovens nos romances, recobre os semas indicadores de fertilidade do consorte da Deusa Mãe. A pujança fecundante deste vem figurativizada na enorme riqueza do protagonista, como foi visto nos contos, sobretudo em *A Bela e a Fera*:

os domínios da Fera fazem ver uma exuberância de vida, quer seja no âmbito do natural, quer seja no cultural.

O poder econômico e a riqueza são mostrados nos domínios magníficos, nas terras, castelos ricamente mobiliados e no ouro, formas assumidas nas transformações figurais da fertilidade/fecundidade, que se estendem aos demais bens materiais, como a abundância de alimentos, as festas que o protagonista oferece em seu castelo que são ricamente descritas nos romances. Esse universo fértil e fecundo do castelo situa-se atrás, ou no centro, de uma floresta densa e assustadora, ou seja, fora do mundo civilizado. Território selvagem que é habitado pela Deusa Mãe e o local escolhido, nos mitos das grandes Mães, para a união desta com seu consorte, como mostra o hino homérico a Afrodite e outros mitos.

A floresta cheia de espinheiros e difícil de transpor é uma nova figurativização do cinto da Deusa Mãe, já vista nos contos maravilhosos, limite a ser transposto, que guarda o ventre da Deusa-Terra, perpetuamente fecundo e cheio de vida, protegido e habitado por seu consorte, mas de "propriedade" da Deusa. O Senhor dos animais deve proteger os domínios da Senhora, usando sua força e coragem, além de fecundar a Deusa, a fim de que esse universo luxuriante e pleno de vida se mantenha. Ao levar a jovem (*Koré*) para lá, o consorte respeita o ciclo natural de substituição da antiga deusa, já velha, geralmente prefigurada na avó do protagonista, pela jovem que se unirá a ele, e ambos serão responsáveis pela manutenção da fertilidade/fecundidade do grupo e da Terra.

É o caso de Cristiano, do romance *Mitsi*, logo no início da narrativa, o leitor é informado de que o jovem já combatera na guerra, corajoso, ele se destacara pela valentia. Ao retornar da guerra, retomou os estudos, que foram completados com brilhantismo, inteligência e extrema facilidade. Com a doença do pai, Cristiano a princípio interessou-se pelas forjas,[15] mas logo

---

15 As forjas de propriedade de Cristiano vêm reforçar ainda mais sua ligação com o lado uraniano e solar do consorte. Como foi visto na análise do hino homérico a Afrodite, esta também se une a dois grandes senhores associados ao fogo: Ares e Hefesto.

[...] se deixou seduzir pela vida mundana, cujos sucessos satisfaziam plenamente o seu orgulho. Adulado em casa e fora, dispondo de uma fortuna quase ilimitada, [...], tornara-se o mais perfeito egoísta do mundo, cuidando unicamente de satisfazer a sua vontade extravagante e os seus desejos caprichosos. (1956, p.56)

O contorno figurativo dado a Cristiano revela seus poderes de consorte – a força e a coragem demonstrada na guerra colocam-no como igual ao touro/Fera mítico, temido por sua agressividade; sua fortuna conota o poder gerador, *quase ilimitado*,[16] daquele que é responsável pela manutenção da vida, ou seja, aquele que deve fecundar a Deusa. Seu caráter orgulhoso, egoísta e autoritário assume na narrativa o lugar da face monstruosa/animalesca do antigo consorte. O adensamento figurativo sofrido pelos romances substitui a face animal pela falha de caráter, aproximando, assim, esse homem, altamente "civilizado" e inserido na sociedade, do bárbaro, do selvagem, uma vez que ele não respeita os valores cristãos. Como já foi dito, no universo do romance o polo próximo do natural é o que se opõe à doutrina cristã, vista como ápice de elevação espiritual e, portanto, de humanização.

O lado selvagem de Cristiano pode ainda ser observado em algumas passagens do romance: quando ele ameaça Mitsi com o cão Átila (ibidem, p.37); em seu desejo lascivo e transgressor por Mitsi (ibidem, p.83-4, 107-8); nas corridas vertiginosas de carro e com os animais mais perigosos da cavalariça (ibidem, p.213). Mas como toda Fera, Cristiano tem um lado bom, que aos poucos vai sendo despertado pela heroína. A narrativa vai, paulatinamente, revelando esse seu outro lado: quando Cristiano salva Mitsi, ainda criança, de se afogar no lago (ibidem, p.28); ao impedir uma injustiça para com empregados da forja (ibidem, p.91-2) e ao casar-se com Mitsi para reparar a reputação da jovem, comprometida por ele (ibidem, p.200-2).

Tanto em Cristiano, quanto em Sérgio Ormanoff, do romance *Escrava...ou rainha?*, os dois aspectos, "animal" e "humano", concen-

---

16 A propriedade de Cristiano possui maravilhosos jardins, um parque imenso que se funde à floresta, também de propriedade do jovem. Como a Fera d'*A Bela e a Fera*, seus domínios são magníficos.

tram-se no mesmo protagonista. Sérgio também é senhor de belos e prósperos domínios, incluindo um castelo isolado no meio da floresta; como Senhor dos animais, ama caçar e se sobressai nesse esporte, é corajoso, bravo e dominador, possui olhos verdes, mas que chegam à cor negra quando contrariado. É altivo, belo e aristocrata, seu caráter pouco difere do apresentado por Cristiano, a ponto de chantagear Catarina para obter a mão de Lisa (1947, p.28). E não se detém em usar a força para impor-se à jovem esposa e fazer valer os seus desejos, como no caso da reclusão que impõe a esposa por esta o ter desobedecido (ibidem, p.90). Seu caráter violento e dominador é mostrado ainda na passagem em que chicoteia um de seus guardas florestais por ter espantado seu cavalo e quase tê-lo feito cair (ibidem, p.100-1).

Os romances apresentam ainda outras formas figurativas para o consorte, uma delas é atribuir-lhes alguma deficiência física. Em *A noiva do automato*, de Du Veuzit, o protagonista é Jehan de Saumatre, jovem ferido na guerra, seu aspecto é cadavérico e terrível. Jehan é aparentemente incapaz de falar, parece não ter consciência de si e do mundo ao seu redor, além de se locomover com muita dificuldade, daí sua relação com o automatismo.

Sabina apieda-se de Jehan e acaba por descobrir que o jovem está plenamente consciente, que consegue comunicar-se e não revela isso a irmã para que ela não sofra ainda mais com a sua condição. Aos poucos, Sabina vai se afeiçoando a Jehan, embora o tema, pois seu aspecto é monstruoso:

> Ajudei-o a levantar-se; depois, devagarinho, a passos miúdos, guiando-lhe os pés desajeitados que se arrastavam no solo, chegamos ao terraço cheio de sol.
> Confesso que o coração apressara as palpitações, enquanto o acompanhava.
> Este grande corpo desarcado, com movimentos sacudidos, horrorizava-me um pouco, enquanto o segurava. Há todo momento tinha a impressão de que ia dobra-se em dois e estatelar-se no solo.
> ....
> Deixamos o terraço e chegamos ao parque.

Uma pequena álea através do arvoredo, sabiamente talhada, abria-se diante de nós. Seguimo-la.
....
Tive um movimento de receio.
— Ah! Meu Deus! Vai cair!
— Não — explicou.
Voltou-se para o meu lado e viu-me vermelha, esfalfada. Bruscamente, a mão dele dirigiu-se para o meu lado e pegou-me no braço. Enquanto o olhava estupefata, e perguntava a mim mesma se não sonhava, ele deu-me o braço, para me ajudar. *Levou-me pela álea adiante.* [...]
Não sonhava. *Era ele, sem dúvida nenhuma, quem me arrastava, era ele ainda quem me sustinha e me ajudava a andar!*
Debaixo do meu braço, sentia o dele, rígido, como se fosse de ferro. E a pressão era tal, que estava unida a ele sem me poder desprender, a cada solavanco do seu andar sacudido repercutia-se nos meus próprios movimentos. [...]
Havia então momentos em que o débil encontrava novamente um pouco da sua força de outrora? E subitamente, recordaram-me pedaços de frases pronunciadas pela criada. Dissera-me:
— Há momentos em que é preciso vigiá-lo, *porque se torna mau...são precisas muitas pessoas para o dominar... tem o diabo no corpo!*
Estremeci. Esta expressão popular tomava repentinamente a meus olhos uma significação terrível. *Muito pequenita junto daquele ser monstruoso que me arrastava, tinha consciência da minha fraqueza.*
Levantei meu olhar para ele, para sossegar logo que lhe avistasse *o rosto disforme*, mais doloroso que mau. Mas ai! *Visto assim, pareceu-me mais horrível do que nunca!* Sob o esforço que fazia para me levar, os músculos do pescoço pareciam saltar através da pele magra. Por baixo da barba emaranhada, o queixo saliente e quadrado, estendido para adiante, aparecia bestial, acentuando mais ainda o ricto infernal dos lábios delgados.
Que figura de pesadelo me evocava ele, novamente?
Quis desembaraçar-me e fugir, mas implacavelmente, *como se fosse feita por um braço de aço, a pressão aumentava ainda mais.* Procurei detê-lo, obrigá-lo a parar no seu andamento mecânico, mas as minhas pernas nada podiam fazer senão deixarem-se arrastar. A minha fraqueza era absoluta.
Tive a impressão dum fauno desvairado que me arrastava contra vontade. Dei um grito, horrorizada. Bruscamente, o estranho autômato parou. [...]
([s.d.], p.55-7)

Nessa passagem há toda uma tensão entre o homem e o monstro, tendo como ápice a comparação de Jehan feita por Sabina na qual ela o compara a um *fauno desvairado*, o que aponta para uma simbiose de homem e animal marcada por intensa sexualidade. Em todos os trechos sublinhados, pode-se perceber na cobertura figurativa a aproximação desse homem ao consorte da Deusa, que rapta a jovem *koré* e que faz dela a sua nova senhora: a força descomunal apresentada por Jehan; sua vontade imperativa de "arrastar" Sabina pela álea de árvores (novamente aqui o bosque, o limite entre o civilizado e o natural – todos os encontros, a sós, de Jehan e Sabina se dão no bosque); e, sobretudo, a sugestão de que esse fauno, diabo, leva-a ao pecado, a uma entrega sexual. Apesar dessa aparência monstruosa e altamente sexualizada, Jehan é, o tempo todo, referido no romance como de excelente caráter, elevado, bom e correto.

Como nos demais romances, é a piedade cristã que aproxima Sabina de Jehan, na superfície, ao menos, pois a atração da jovem pelo "monstro" é a mesma que se observa no conto d'*A Bela e a Fera*, ou seja, a da jovem *Koré* que substituirá a antiga Deusa Mãe, assumindo suas funções junto ao consorte animalesco. Essa tensão feita de atração/repulsão da jovem pelo noivo/marido "monstruoso" é comum a todos os romances e marca o transpor do limite entre a virgem, a *Koré*, e a Senhora, ou seja, a defloração.

Outra forma de figurativizar a dupla face do consorte, homem e animal, é o seu desmembramento em dois, a criação de um par antagônico e complementar, que de alguma maneira permanece unido na narrativa, quer por vínculo consanguíneo, quer devido a suas funções sociais ou profissionais. O melhor exemplo disso tem-se em *O segredo de Montjoya*, no qual os protagonistas masculinos são irmãos gêmeos: Ivo e Jaime Le Kermeur.

Jaime, que fora desfigurado na guerra, vive escondido numa parte isolada e não cuidada, selvagem, do castelo,[17] onde mora com o irmão

---

17 Sempre que há desmembramento da figura do consorte, cabe ao "lado animal" a parte do castelo em ruínas e no qual o jardim foi tomado pelas plantas selvagens, ou seja, o lado animalizado do consorte habita a parte selvagem do castelo.

Ivo. Jaime, antes da guerra, fora em tudo superior ao irmão, segundo Ivo, tanto no físico, mais "sólido e bem construído", alto, bonito, robusto; quanto na inteligência, "o primeiro a se formar na politécnica" ([s.d.], p.149). Ao contrário de Jaime, Ivo se diz "franzino e achacado" (ibidem, p.150). Após o ferimento do irmão, "que devastou o rosto e fez desse belo rapaz uma visão de horror... um monstro que se arrastou durante cinco anos pelos hospitais e que os melhores cirurgiões não conseguiram tornar menos hediondo" (ibidem, p.150-1), Ivo e Jaime vão para Montjoya a fim de isolarem-se. Ivo se dedica ao irmão por "bondade cristã", pois acredita que é seu dever de irmão privar-se do mundo, uma vez que Jaime dele está excluído.

Há, aqui, uma oposição complementar nos dois irmãos: Ivo é íntegro, correto, educado e em tudo civilizado, desde seus nobres sentimentos para com o irmão até em seu amor por Natália; como convém ao caráter espiritualizado de Ivo, sua aparência é menos "agressiva" do que a do irmão. Jaime, ao contrário, é forte, selvagem, dominador, tanto na aparência, quanto em seu comportamento para com o irmão, a quem impõem suas ordens, e nos seus desejos lascivos para com Natália. Jaime é o *Cavaleiro negro* ou o *Lobo* que aterroriza os moradores da vila junto a Montjoya, como conta a costureira a Natália (ibidem, p.46 et seq.).[18]

Ao casar-se com Natália, Ivo o faz para permitir ao irmão a posse sexual da jovem, sem que esta fosse difamada. Ivo, em momento algum, disputa os favores sexuais de Natália com o irmão, mostrando assim seu caráter elevado.

A dicotomia civilizado/selvagem vem reforçada no espaço habitado pelos irmãos, enquanto a Jaime é reservada a parte não cuidada

---

[18] Pode-se pensar que assim como a figura feminina foi dividida em dois aspectos (benéfico/maléfico), a masculina também, cabendo à beleza excessiva, como no caso de Jaime, Eros e outros senhores, um perigo a mais, pois denuncia sua tendência à luxúria. No caso da beleza feminina, há uma pequena variação nos romances, embora perigosa, ela se salva pela fé e bondade da heroína, a religião impede a bela jovem de dar vazão a seus instintos eróticos, conquanto seja ainda ela a "culpada" de despertar os instintos animalescos em seus consortes. Mas também será ela a redentora do macho, domando seus instintos lascivos e tornando-o moderado.

e selvagem do castelo, bem como as montanhas e a noite, as sombras ou trevas; a Ivo cabe o lado cuidado do castelo, apto a receber, o social, o dia, o iluminado.

Como os demais senhores, Jaime e Ivo são possuidores de grande fortuna e a intrepidez e coragem com que Jaime cavalga à noite, saltando os abismos e atemorizando os aldeões, que o julgam um fantasma ou demônio, conota sua virilidade. Ivo, apesar de civilizado, é um caçador, como mostra a passagem em que ajuda Natália, que torcera o tornozelo, a voltar para casa ([s.d.], p.109).

Muito semelhante ao mito de Eros e Psique e do conto *A Bela e a Fera* no arcabouço narrativo, *O segredo de Montjoya* tem em Jaime a figura do amante monstruoso e assustador, que visita a jovem à noite, em meio às trevas, sem que essa possa ver-lhe o rosto, interdição que pesava também sobre Psique. Como Eros, Jaime foge de Natália quando esta o espera no quarto, munida de uma lanterna, que os criados usavam nos trabalhos da propriedade e na lida com os animais ([s.d.], p.131). A única fonte de luz, descoberta por Natália, aproxima novamente Jaime do mundo selvagem e natural, tal qual os animais e a parte "selvagem" de Montjoya, ele é iluminado pela luz de uma lanterna, fraca e débil, se comparada a iluminação elétrica que Montjoya possui e que é interrompida cedo. Ivo, ao contrário de Jaime, locomove-se e é visto por Natália iluminado pela luz solar pois, geralmente, eles se veem durante o dia, ou pela luz elétrica ([s.d.], p.109-24).

Após o casamento de Natália com Ivo, a narrativa inverte a face dos irmãos, ao menos no nível discursivo, apresentando Ivo com um aspecto mais rude, com a barba por fazer. Ele mesmo, espantado com o desejo de Natália de receber um beijo seu, compara-se a uma fera:

> Numa espécie de hipnose, Natália estendeu-lhe o rosto
> – Beije-me
> O castelão teve ligeiro sobressalto logo reprimido.
> – Na verdade, Natália, queres conhecer o sabor um pouco forte de um beijo de fera? Gracejou – tem singulares curiosidades.
> – Tanta, que, até hoje nunca vira um homem de barba – concordou, sorrindo meditativamente.

– É verdade. Hoje todos se barbeiam, e agora pareço-lhe menos civilizado.
– Mas a ocasião é rara – [...]
– Beije-me...para que eu sinta a estranha impressão!
– Oh! Arranha muito! – observou Ivo, rindo.
E, não podendo furtar-se por mais tempo ao convite de sua mulher, pousou-lhe os lábios na pálida face que ela lhe apresentava. Empregou até certa condescendência em fazer-lhe sentir o que era uma barba de homem que começa a crescer, porque se divertiu em fazer-lhe roçar a cara com a sua.
– E então? É Macia?
– Não! É áspera! [...]
– Do lado da barba está a onipotência – volveu, com ênfase – Acaba de o perceber: Quem nela se roça pica-se.
– Sim – aquiesceu Natália docemente – Agora já sei [...] ([s.d.], p.126-7)

Nesse trecho, Ivo, por estar com a barba por fazer, coloca-se ao lado do mundo não civilizado, na análise dos contos *Barba Azul*, *O monstro peludo*, *O primeiro que aparecer*, no qual o herói é um bode cinzento, e *Chapeuzinho vermelho*, já se observava a importância figurativa da barba e dos pelos para o macho/consorte. Na verdade, os pelos hirsutos, ásperos, que ferem, arranham a pele macia das jovens têm a mesma conotação dos espinhos e galhos que rasgam as suas vestes na fuga pela floresta, ou seja, são símiles do falo.

Em contrapartida, Jaime, o amante lascivo que se insinua no quarto de Natália à noite, apresenta-se a esta bem barbeado.

Enquanto ele, de joelhos diligenciava abraçá-la, Natália lembrava-se, com enternecimento, da comoção que sentira à tarde, quando ousara, com os dedos, afagar o louro cabelo do marido.
Quis encontrar de novo a deliciosa sensação. Desprendendo uma das mãos, levou-a ante ela. Em movimentos desajeitosos, pois que não via, tocou a fronte tépida e os dedos procuravam sem leveza o abundante, mas invisível cabelo.
A impressão sentida não lhe acordou a que desejava evocar. De resto, a mão do marido viera procurar a sua para a comprimir contra a face,

contra os lábios, sem que o turbilhão das palavras de amor cessasse a sua desvairada canção.

Maquinalmente, os dedos da jovem afloraram com lenta carícia os lábios e a face que o homem lhe encostava à palma da mão. A órfã sentiu o contato de uma carne infinitamente lisa e macia...tão macia até, que os seus dedos curiosos renovaram os gestos e o homem agarrara-os com a boca como frutos que lhe passeasse debaixo do nariz.

E isto trouxe-lhe esta confidência:
– Não repara em como a minha cara é macia? Todas as noites me barbeio cuidadosamente, no último momento, antes de vir ter contigo, na esperança de que, talvez, obtenha o beijo que desejo de si. ([s.d.], p.120-1)

A tensão estabelecida pela narrativa entre os dois irmãos é clara, no animal existe, em parte, o civilizado e vice-versa, o que acaba por igualar parcialmente os dois homens, pois ambos são viris e capazes de fecundar a jovem *Koré*.

Aparentemente, parece que Natália escolhe o amante pelo carinho, ou desejo que lhe desperta, mas, na verdade, ela, como Lisa, de *Escrava... ou rainha?*, obedece a uma lei social e religiosa: "Nas trevas habituais, sentada entre almofadas no divã do quarto, a órfã esperava a chegada *daquele que lhe dera o nome*" ([s.d.], p.118). Natália "ama" Ivo porque ele lhe deu o nome e, mesmo Ivo, no final do romance, demonstra ter se afeiçoado a Natália, apenas porque ela usa seu nome, revelando assim sua maior distância em relação a Jaime, este sim, apaixonado por Natália, a quem deseja como mulher, com ardor. Ivo a respeita e a quer como esposa, sem traço de luxúria.

O lado negro, carregado de conotações lascivas e viris de Jaime, que o faz equivaler ao demônio e, portanto, a imagem antiga do consorte da Deusa, está não só em ser ele o Cavaleiro negro ou o Lobo, alusão mais do que óbvia ao conto *Chapeuzinho vermelho*, mas também na sua ligação com o escuro:

> Era ingênua e completamente pura, mas, havia alguns meses, as leituras feitas ao acaso, sem indicação e apenas escolhidas pelos títulos, abriram-lhe um pouco os olhos sobre coisas de que até então não suspeitava.

> O amor, esse laço do coração entre dois seres de sexo diferente e de que, no recolhimento, nunca se falava, afigurava-se-lhe agora um sentimento normal.
> Por outro lado, as visitas daquele ser estranho, as palavras inflamadas e cheias de ternura, faziam-na suspeitar de manifestações pouco sentimentais... Sentia confusamente que fora milagre não haver mais intimidade e não se ter dado o irreparável entre ela e o misterioso visitante que, durante algum tempo, julgara ser o marido.
> O que a preservara de semelhante abominação fora o seu medo instintivo das trevas; esse terror nervoso que lhe fazia temer a sombra e os seus mistérios, essa ideia enraizada nela de que tudo o que é agradável e belo aparece às radiosas claridades do dia, enquanto o príncipe das trevas deve espalhar todo o mal de que está repleta a sua alma maldita.
> De fato, fora a sua própria natureza, a sua alma luminosa e clara que haviam guiado através dos embustes noturnos surgidos ante os seus passos no grande palácio de Montjoya...
> E Natália, a despeito da angústia que a empolgava perante tão estranhos acontecimentos, [...], ajoelhou e agradeceu ao céu havê-la protegido até agora de todo o perigo maior... ([s.d.], p.136-7)

Nesse trecho a oposição /luz/ x /trevas/, /espiritual/ x /carnal/ é bem marcada. Jaime, por só aparecer à noite, está ligado às trevas e, portanto, ao demônio, bem como aos perigos de uma sexualidade exacerbada e pecaminosa; Natália defende-se dessa tentação demoníaca por meio de sua *alma luminosa e clara*, é a fé, a boa educação religiosa que permite a jovem escapar do *perigo maior*, a perda da virgindade, que conota o exercício efetivo de sua sexualidade, de sua identidade.

O perigo dessa sexualidade feminina fica bem explicitado quando Ivo compara Natália a Eva – a *mulher* enviada por Deus e que fora uma *tentação* para o irmão (ibidem, p.152-3), embora Natália seja pura e ingênua e nada faça para despertar o desejo em Jaime e Ivo, só a sua presença é o bastante para desequilibrar a antiga harmonia existente na vida dos dois irmãos.[19]

---

[19] De qualidade literária muito superior, mas que retoma essa mesma imagem da mulher como Eva e pomo da discórdia entre dois irmãos, é o conto de Jorge Luís Borges, *A intrusa*.

A união de Jaime e Natália afigura-se perigosa, Ivo explica isso a jovem: "Minha Natália, não chore – disse Ivo com infinita ternura – O homem obedece às vezes ao seu instinto que o transforma, em certas ocasiões, em animal feroz. O amor de meu irmão podia ser perigoso para si..." ([s.d.], p.158).

O perigo dessa união residia na libertação de dois instintos selvagens, o de Jaime, a Fera e o de Natália, a fêmea, ambos do âmbito do natural. Natália sob os cuidados de Ivo, que mantêm os desejos da jovem sob controle, não corre o risco de perder-se na selvageria, no natural, o que, fatalmente ocorreria numa união com Jaime.

Semelhante ao *O segredo de Montjoya*, *O mistério de Malbackt*, também de Du Veuzit, apresenta duas personagens masculinas que se opõem e se complementam, um aristocrata, Sir Roland, tido como louco e preso em uma das torres de seu castelo,[20] o outro, o seu carcereiro Piercy, homem rude, brutal e violento.

Margarida, a jovem heroína do romance, acaba mediando esse antagonismo. Primeiro salva Piercy das chicotadas do Barão Dumbuy e ajuda-o com os ferimentos, depois cuida de Sir Roland, adoentado. Em ambos os casos, ela se torna a Senhora desses "homens-animais". Na passagem com Piercy e o Barão, ela não só conquista Piercy, como afronta o Barão, seu tutor, que representa ainda outro lado do homem-animal.

> Enquanto falava, aproximou-se de uma panóplia e tirou comprido chicote.
> – Fora com o casaco, traidor maldito! Vais receber o castigo que mereces!
> – Perdão, meu bom amo! Implorou o criado...
> E fazendo sibilar o chicote, três vezes fustigou a face do desgraçado rapaz. Um grito agudo cortou os ares e no rosto moreno apareceram compridos sulcos sangrentos.
> Até aquele momento tinha me conservado imóvel no meu lugar e como que indiferente à cena..., mas vendo a crueldade do meu tutor, uma onda de sangue me subiu à cabeça e repelindo a cadeira de um salto precipitei-me, colocando-me entre o barão e a vítima, em risco de ser eu quem recebesse as chicotadas.

---

20 Torre habitada por Sir Roland situa-se na parte em ruínas do castelo.

....

No entanto não recuei e continuei a fazer com o corpo um escudo ao criado, sempre de joelhos no mosaico.

....

– Endoideceu!
– Quis impedi-lo de cometer uma barbaridade, Sr. barão
– Este miserável não é digno da sua compaixão, posso afirmar!
Volveu a Piercy um olhar carregado de indescritível desdém.
– Levanta-te, animal, e vai lavar esse focinho imundo...
– Se me dá licença, irei eu própria tratar-lhe as feridas – declarei...

....

– Como poderei pagar-lhe, Miss Margaret! É a primeira pessoa que se interessa por mim. Aqui, sou o espantalho de todos os outros criados, que me aceitam entre eles à força e pelo receio; o patrão despreza-me, como teve ocasião de ver. E a Miss, tão jovem, tão linda, digna-se interessar-se e defender um miserável como eu.

....

– Nunca o esquecerei, a fé de Piercy – declarou de braço estendido e com ar solene – De hoje em diante conte com a minha dedicação para a vida e para a morte.[21] (1946, p.44-7)

Ao socorrer Piercy, Mag transforma-se em sua Senhora, sob seus pés ela tem o mais violento criado do Barão que, semelhante ao criado, aproxima-se da face da Fera, só que dissimulada pelo trato social.

Quanto a Sir Roland, aparentemente duro e terrível para com todos, tem seu espírito transformado por Mag – as circunstâncias de sua prisão é que levaram Sir Roland a desconfiar de todos e não crer em nada (ibidem, p.109). Mag regenera, pela sua bondade, Piercy e o próprio Sir Roland, que possuía bom caráter, assumindo, assim, a própria figura da Senhora dos animais, "dominando" o caráter agressivo de Piercy, conquistando a confiança do tutor, outro ser agressivo, embora dissimulado, e unindo-se a Sir Roland que, como os demais protagonistas, possui todas as características do consorte, a beleza física, a força e a fortuna.

---

[21] Piercy é um assassino, o Barão o tinha sob seu serviço em troca de silenciar os seus crimes, mas Mag lhe salva a alma e este acaba morrendo ao salvá-la.

Os domínios do Senhor

Como ocorria nos mitos e nos contos maravilhosos, o local de encontro entre o senhor e a jovem heroína se dá no limite entre o civilizado e o natural, geralmente em florestas, bosques ou locais alagadiços. A jovem é levada para o castelo do marido ou senhor, que fica em local isolado, com pequenas trilhas que conduzem a ele, ladeadas de precipícios e de difícil acesso; cercado ou fazendo limite com a floresta. O castelo é sempre descrito como uma massa cinza e sombria que se destaca no alto da montanha. Em vários romances, está parcialmente em ruínas.

– É ali que fica Montjoya.
Por instantes, ela olhou, sem compreender, para a sombria montanha de imaculado cume de neve que lhe designavam. Depois, adivinhando um equívoco, precisou:
– Falo de uma casa que pertence ao senhor Le Kermeur...Uma casa que se chama Montjoya.
O homem pareceu buscar na memória:
– Não vejo... a menos que não seja essa grande casa que se eleva do outro lado do Gordolasque, para Trés-Crous.
– Se é essa, fica longe daqui. Para que lado?
– Para além, nas alturas... completamente na montanha.
A rapariga seguiu com a vista a direção indicada pelo braço do homem.
....
Entre as grandes árvores despidas, Natália, após três horas de caminho, viu de repente surgir uma claridade. Em breve se encontrou no planalto onde, ao ar vivo e translúcido, Montjoya erguia para as nuvens as espessas muralhas de pedras cinzentas e o torreão ameado. ([s.d.], p.17-21)

A descrição do castelo de Malbackt também se pauta nas cores cinzas, nas rochas e no caminho difícil:

Malbackt! – proferiu simplesmente.
O meu olhar seguiu a direção indicada.
Visto de longe, o aspecto do castelo tornava-se imponente. Era enorme construção de pedra escura, com quatro grandes torres elevando-se

nos ângulos. Essas torres, guarnecidas de ameias e seteiras, erguiam-se acima das muralhas que pareciam defender-lhes a entrada. Pesadas muralhas, também guarnecidas de ameias e protegidas por largo fosso, rodeavam o corpo principal, transformado assim o castelo em verdadeira fortaleza.

A grandiosa moradia, que devia ter muitos séculos de existência, fora construída no extremo do planalto, num ponto que se prolongava sobre um glen escarpado e bastante largo que o rodeava quase por todos os lados.

Para atingir o castelo, como nos explicou o nosso guia, não havia outro caminho além do que acabávamos de percorrer, visto os flancos do glen, quase a prumo, serem completamente inacessíveis.

O sítio era absolutamente deserto; pior do que isso, estéril e escalvado.
....
– Como tudo isso é triste! – exclamei depois de ter contemplado por muito tempo o domínio.

– Sim, – respondeu Benedita – e para mim não é surpresa: um caminho tão bravio não podia trazer-nos senão ao covil de um urso.

Sorri à comparação.

– Não rias, Margarida! – prosseguiu com seriedade. – Quem sabe se o interior do castelo não corresponde ao aspecto desolador do exterior...Isto não é a morada de uma alma cristã. É uma verdadeira prisão. (1946, p.17-8)

Esse conjunto que mescla a sombra e a floresta, assemelhando-se mais a uma prisão do que a um castelo de contos de fadas, ainda traz inscrito todos os semas que conotam o reino da Deusa Mãe e sua fertilidade/fecundidade.

O aspecto austero e cinzento da construção corrobora a leitura feita até aqui do marido associado ao demônio, ao mundo inferativo. Como nos mitos, a caverna escura e úmida é o ventre da Deusa, cercada por uma vegetação luxuriante que a protege, cinturão de espinhos e galhos emaranhados que só permitem a passagem do consorte, daquele que tem por função guardar e fecundar a Grande Mãe. Esse universo ctônico e carregado de valores eróticos é para onde é levada a jovem *Koré*, pois como substituta da Deusa Mãe é aí que ela deve morrer para o seu estatuto de virgem e renascer como a Senhora. A crosta figurativa que encobre essa morte/renascimento, acompanhada pela violação da jovem, se faz presente nos romances pela prisão da jovem, quer seja em seu quarto, quer seja na torre ou no calabouço. Em *Escrava... ou rainha?*, Lisa é levada por Sérgio para o castelo de Kultow, onde a prende sem direito a sair:

... Lisa entrou, após ele, na grande morada de aspecto feudal, cujo interior, profundamente iluminado pela eletricidade, estava decorado com extraordinária suntuosidade e todos os requintes do mais exigente conforto moderno.
– Eis aqui os teus aposentos, Lisa, – disse o príncipe, detendo-se no primeiro andar. – Até nova ordem, não saíras daqui, e aqui tomarás as tuas refeições.
Lisa estremeceu mas não protestou... (1947, p.88)

Lisa só sai de sua prisão ao ficar muito doente e quase morrer.

Igualmente trancada e impossibilitada de fugir encontra-se Natália, de *O segredo de Montjoya*, o caminho que leva à vila é impraticável no inverno, sendo necessário descer pelo cabo aéreo, cuja autorização depende de Ivo. Em seu quarto foram colocadas barras na janela a mando de Jaime, temeroso de que a jovem, ao tentar fugir-lhe durante as visitas noturnas, se precipitasse no abismo ([s.d.], p.108).

Mitsi, do romance homônimo, é presa em um quarto pequeno e imundo por seu tutor Flaviano, de onde só consegue sair com o auxílio de Cristiano (1956, p.167-91). Como Lisa, Mitsi quase morre durante a sua prisão, ambas perdem os sentidos e entram num estado de torpor e inconsciência.

Nos demais romances, vê-se as heroínas presas em torres e calabouços, como ocorre com Mag em *O mistério de Malbackt*: primeiro ela fica presa em seu quarto, situado em uma das torres, depois no calabouço do castelo, junto com Sir Roland (Du Veuzit, 1946, p.180, 187-99). Elisabete, de *Elisabete dos cabelos de ouro*, fica presa em uma velha torre de convento, sendo salva por Rodolfo (Marlitt, 1954, vol.2, p.151 et seq.); Isma, de *A cativa do deserto* (Hull, [s.d.]), é presa por Said em seus aposentos, só saindo de lá quando consente em casar-se com ele; Eliana, de *O poço misterioso* (Du Veuzit, 1951), desce no poço e desaparece, só retornando com o auxílio de João, também tido como morto ao cair no mesmo poço.

Todas essas prisões recuperam, na realidade, o ciclo de morte/renascimento ao qual a jovem *Koré* é submetida nos mitos e ritos; tal qual Perséfone, elas são levadas para o útero da terra, figurativizado nos romances pelos quartos, torres, calabouços ou poço, passando por um estágio de inconsciência e debilidade física durante a prisão, para depois serem libertadas, renascerem transformadas. No conjunto figurativo do romance, a defloração que acompanha o confinamento da jovem é indicada pelos ferimentos, arranhões etc. que a jovem sofre durante esse intervalo de tempo ou em momento próximo a este.

Como qualquer neófito, o jejum, o transe inconsciente a que se submetem as heroínas tem o intuito de purificá-las, prepará-las para o renascimento na nova vida – a fronteira entre a virgem e a senhora é rompida, do mesmo modo que a jovem rompe o cerco feito pela floresta, internando-se nela até atingir o centro/ventre da Deusa, ao embrenhar-se pela floresta, a jovem assume sua identidade selvagem, de Senhora das feras, identifica-se com a Deusa Mãe e assume o lugar desta. É nesse momento que ela se une ao consorte, numa hierogamia regida pelo selvagem, pelo universo natural.

Da dor e do prazer

Todos os pontos de contato levantados até o momento entre o mito da Deusa Mãe e os romances não teriam razão de ser se, nas narrativas dos romances, não fosse possível divisar a união da jovem com o consorte, ou seja, se o romance não houvesse figurativizado, de alguma forma, a hierogamia da Deusa com seu consorte.

A hierogamia, como os demais itens, sofreu um processo de intensa pragmatização ou referencialização, seu arcabouço mítico foi dessemantizado, restando apenas alguns vestígios dessa união. Enquanto nos hinos homéricos a união da Deusa com o consorte ainda era explicitada, embora já se utilizasse a imagem do "desatar o cinto de Afrodite" para referir-se à entrega sexual da Deusa; nos contos, a união sexual apresenta-se bem mais camuflada, figurativizada na morte aparente da heroína.

Os objetos que provocam a morte nos contos obedecem à classificação dada por Propp (1997, p.144): o grupo das roupas e adornos, cintos, camisas, anéis etc. colocados nas heroínas; o grupo dos objetos que são introduzidos sob a pele, pentes, agulhas, fusos, farpas etc.; e o grupo das substâncias ingeridas pelas heroínas, maçãs, peras, uvas e, mais raramente, bebidas. Em *Branca de Neve* (Grimm, 1994), observa-se o uso dos três expedientes, que possuem uma gradação na sequência apresentada: primeiro o cinto que é cortado, como o cinto é da esfera do feminino, o foco é no rompimento do hímen; depois tem-se uma mudança no foco, agora não mais o feminino, mas o masculino, o pente/falo que é introduzido e retirado de entre os cabelos/pelos pubianos. O ápice dessa sequência se dá na ingestão da maçã, o ato de comer a maçã equivale a relação sexual. Em *A Bela Adormecida* (Perrault, 1941) a posse sexual é figurativizada pelo espetar o dedo no fuso da roca de fiar; mais chocante e com imagens mais violentas, a posse sexual de Hilda, do conto *Os sete corvos* (Beetz, 1939), é figurativizada pelo arrancar dos dedos das mãos com os dentes pela própria jovem.[22]

Os romances seguindo, em sua maioria, a estrutura do conto *A Bela e a Fera* figurativizam a defloração da jovem pelo rasgar de suas vestes na fuga pela floresta; em outros, a violência sexual sofrida pela jovem é substituída por ferimentos leves feitos no punho, rosto ou braços da jovem pelo marido ou senhor.

Dos romances lidos, vários apresentam o motivo da fuga, ou corrida, através da floresta, na qual a jovem se fere e rasga as suas vestes.

Os vestidos assumem, nos romances, assim como nos contos, o lugar do véu de Afrodite, que, na corrida pela floresta, são rasgados, despedaçados pelos espinhos, pelos galhos, que também ferem e fazem sangrar as mãos e pés da jovem.

A análise das representações da Deusa Mãe do Paleolítico e do Neolítico, mostrou que os punhos e tornozelos eram intercambiá-

---

22 Cf. análise detalhada apresentada no capítulo 6.

veis, na figurativização do erótico para os primeiros homens, com o cinto ou o sulco do baixo ventre presente nas vênus, no universo sinedóquico e metafórico assumido pelos contos e romances, os pés e as mãos são correlatos do sexo; fazê-los sangrar, cortados pelos espinhos, é, novamente, camuflar a defloração em uma ação que se pretende destituída de desejo erótico, embora reforçada pela corrida, rito pré-nupcial[23] em diversas culturas arcaicas, e pelos presentes ligados à esfera do sexual e da fertilidade/fecundidade, como pulseiras, anéis e outras joias.

Em *Mitsi* há uma sequência nos motivos ligados à defloração: primeiro Cristiano tenta colocar um anel na mão de Mitsi, agarrando a mão da jovem, que procura esquivar-se. Por/tirar um anel do dedo conota a posse sexual, o anel, assim como o cinto, possui os mesmos semas vistos para o sexo feminino,[24] quando Cristiano tenta introduzir o dedo de Mitsi no anel tem-se uma mudança no foco, como ocorre com o pente em *Branca de Neve*. O anel, símile do sexo feminino, está nas mãos de Cristiano, enquanto o dedo, falo, está na mão de Mitsi, cabe a ela aceitar essa união. Esse sentido é reforçado pelo contexto, Cristiano deseja Mitsi como amante e é ela que deve decidir se aceita ou não o oferecimento.

Algo semelhante ocorre no romance *John. Chauffer russo*, Du Veuzit, 1955, no qual Micaela, a heroína, encontra-se em coma, mas torna-se consciente quando em seu dedo é colocada a aliança de

---

23 A corrida pré-nupcial entre os gregos marca a passagem da *Koré* para a idade adulta, além de por fim à sua existência de ursa – jovem selvagem, não adequada à sociedade. Após deixar de ser uma ursa, a jovem encontra-se apta a assumir suas funções sociais de esposa e mãe. No conto é sintomático que a corrida de Augusta se dê no momento em que ela decide deixar a sua vida de jovem solteira e aceite o contrato social de casamento proposto pelo Monstro. Como a análise demonstra não se trata de unir-se sexualmente à fera, mas sim de assumir responsabilidades sociais – culturais, pois antes, Augusta e o Monstro viviam num mundo natural, no qual os valores socioeconômicos estavam ausentes ou em suspensão. É por isso que ao aceitar o contrato de casamento, não só o Monstro reassume seu aspecto humano, mas toda a corte/sociedade também retorna ao mundo cultural, deixando o natural.

24 Análise apresentada para os adornos das Deusas Mães.

casamento com Sacha (1955, p.238). Aqui o anel cumpre a mesma função do beijo (união sexual) do príncipe em *A Bela Adormecida*, que desperta a jovem adormecida para a nova vida, de mulher e não mais de virgem.

Na sequência dos motivos apresentados em *Mitsi*, observa-se a tentativa de Cristiano de possuir a jovem. Ele a abraça e beija, ela o esbofeteia e foge, na fuga, ela é agarrada pelo camareiro, que também a deseja, Mitsi se desvencilha dele e corre em direção à floresta:

> Ela arrancou o braço das mãos do camareiro e deitou a correr loucamente, não tendo outro desejo senão o de fugir... fugir dessa casa maldita onde tanto sofrera no passado e onde agora, aos olhos do mundo, embora aparentemente perdida a honra, esse bem mais precioso do que a própria vida.
>
> A tempestade vinha perto, Mitsi não via mais nem os relâmpagos cada vez mais frequentes, nem as nuvens cor de chumbo, nem os raios que abalavam a atmosfera carregada. Fugia como um animal encurralado, atravessando os jardins, transpondo a pequena porta do parque e seguindo na direção da floresta, a procura de um lugar onde pudesse estar só... para pensar na sua grande dor.
>
> Começavam a cair as primeiras gotas grossas e mornas. Antes que Mitsi tivesse tempo de alcançar a floresta, chovia torrencialmente e fulgurantes clarões cortavam o espaço.
>
> A moça estava inteiramente molhada quando logrou alcançar o arvoredo. Mas não percebia nada. Continuava a correr, entrando casualmente nos pequenos atalhos cobertos de musgo, indiferente *às ramadas que lhe rasgavam a roupa e a despenteavam na passagem. Por fim, exausta, ofegante, com os ouvidos a zunir, deixou-se cair ao solo*, junto do muro arruinado de uma velha casa de guarda, abandonada. (1956, p.110)

A fuga/corrida de Mitsi pela floresta, assim como a de Bela do conto *A Bela e a Fera*, revela uma ambiguidade sensual, encharcada pela chuva e pelo suor, os ramos rasgam-lhe a roupa, despenteiam-na, deixam-na ofegante, com os ouvidos a zunir. Como o rasgar do vestido pelos ramos equivale ao rompimento do hímen pelo falo, há nessa passagem toda uma figurativização da violação de Mitsi pelos dois homens, ou, ao menos, por Cristiano, o consorte explícito.[25] Após sua fuga/violação, Mitsi adoece e quase morre, ela passa por um período de inconsciência, do qual depois retorna.

A narrativa reafirma ainda uma vez o motivo da união sexual. Tentando escapar de Cristiano e de seus próprios desejos, Mitsi pede ajuda ao tutor para voltar ao colégio de freiras, local onde acredita estar protegida de Cristiano e de seus instintos sexuais. Flaviano, juntamente com a avó de Cristiano, planeja livrar-se de Mitsi e, embora pareça concordar com os planos da jovem, leva-a para o hotel de Ana Bolomeff, local suspeito e sujo. Ana dopa Mitsi e rouba todas as suas roupas para impedir-lhe a fuga:

– Vem, pequena, quero mostrar-te o quarto.

Mitsi seguiu-a, com passos vacilantes e o coração oprimido pela angústia, porque sentiu logo a armadilha em que caíra. [...]

Seguindo a estranha hospedeira, Mitsi atravessou uma peça escura, passou diante de uma cozinha cheirando horrivelmente a mofo, marchou ao longo de um corredor, lobrigando na passagem uma pequena secretária e uma escadaria ostentando um tapete rasgado e poeirento. Depois Ana abriu uma porta que rangia pavorosamente e Mitsi viu diante dela um pequeno pátio mais parecendo um poço contornado de muros. Dali se desprendia um cheiro nauseante de água de esgoto. A mulher abriu uma porta, à direita, dizendo:

– Aqui está teu quarto.

Era um sujo cubículo, iluminado apenas pela luz que atravessava a bandeira envidraçada da porta. Uma cama arqueada com cobertas imundas, uma mesa de madeira, sarapintada de nódoas, suportando um jarro e uma bacia rachada e uma cadeira coxa constituíam o mobiliário. O chão de terra batida parecia não ter sido varrido há muitos meses e as paredes, então, atestavam a ausência absoluta de limpeza.

Mitsi, recuou, protestando vivamente:

– Senhora, eu não posso dormir aqui!

---

25 A caracterização do espaço onde Mitsi é encontrada também figurativiza a sua defloração: o muro arruinado e a velha casa da guarda abandonada, ambos destituídos de sua função, a de proteger e impedir a violação de um lugar; assemelham-se ao hímen, que tinha por função proteger a virgindade da jovem.

A outra encarou-a com um sorriso mau.
– Por que? Se tens com que pagar, dou-te outro quarto. Do contrário, este serve-te bem. Vamos, tira o chapéu e vem para a cozinha, porque preciso de gente que trabalhe.
....
– Não, eu não tenho fome. Não posso engolir hoje um só bocado.
A outra ironicamente:
– O meu almoço não agrada, sem dúvida, à senhorinha. Enfim, quero mostrar-me condescendente hoje. Há leite naquele pote. Vou dar-te uma xícara.

Mitsi não recusou sentindo necessidade de acalmar as contrações do estômago, para suportar a luta e os dissabores que lhe reservaria aquela estranha situação. Notou um sabor desagradável no leite mas esforçou-se por bebe-lo todo. Depois continuou a auxiliar Ana [...]
Pouco a pouco uma grande lassidão a invadia. Um torpor aniquilava-lhe o pensamento, dando às pálpebras um grande cansaço... A voz azeda de Ana elevou-se de repente:
– Estás com um sono doido, pequena. Vai descansar. Amanhã estarás melhor. Tomou-lhe o braço guiando-a até o cubículo. Mitsi, quase inconsciente, deixava-se levar. Caiu pesadamente sobre o leito e pouco depois adormecia profundamente.
Ao acordar, o seu cérebro entorpecido só concebia ideias vagas... Mas a luz baça que se filtrava pela bandeira suja, fê-la voltar à dura realidade. Meio erguida na cama sórdida, ela lançara um olhar aflito à roda de si.
Num relancear de olhos, deu por falta da roupa. Sobre a cadeira, ao pé do leito, viu uma espécie de saia esfarrapada e um blusão de chita de uma limpeza duvidosa. No chão, por baixo da cadeira, estavam uns chinelos com os saltos inteiramente gastos. (ibidem, p.177-80)

A descrição física do local para onde Mitsi é levada corrobora em tudo a degradação física e moral à qual a jovem é submetida. Aqui, os semas que conotavam o inferativo e o ctônico, como a escuridão, são acrescidos da sujeira, do mau cheiro, do roto, do gasto, do velho, além de obedecerem a uma interiorização, aprofundamento no espaço, aproximando ainda mais o mundo ctônico do demoníaco.

Mitsi, novamente, fica semiconsciente e beirando a morte (ibidem, p.191). A indicação de que ela foi dopada por Ana e a sua "nudez" sobre a cama do pequeno quarto/sela indica não só uma possível violação, mas também uma prostituição imposta à jovem.[26] Tal qual Branca de Neve, a jovem entrega-se (ou é entregue) a vários homens, hóspedes (?), em uma união bestial e selvagem, já que fora dos códices de civilidade. O hotel de Ana Bolomeff corresponde à casa dos anões no meio da floresta e Ana à bruxa, ou à Deusa Mãe, e, igual a elas, Ana é a responsável por auxiliar a jovem *Koré* em sua transformação em Senhora.

Mitsi, inconsciente, perde a noção de quanto tempo está presa no quarto do hotel de Ana, sem alimento ou água, a jovem passa por um período de "purificação", como nos ritos iniciáticos, para depois assumir o lugar da Deusa Mãe junto do consorte, Cristiano. É ele quem a resgata do hotel e, posteriormente, casa-se com ela. Como ocorre com Afrodite e outras deusas/*Koraí*, Mitsi, após a sua violação/união sexual, apresenta a face da Senhora terrível, agora é ela que impõe sua vontade ao consorte. Cristiano, subjugado pela força e poder que Mitsi adquire, que no romance é figurativizado pelo amor, coloca-se a seus pés:

> Cristiano disse apaixonadamente:
> – Se estou! E hoje mais do que nunca! Quero conquistar a minha Mitsizinha sombria, a minha almazinha branca... e vingar-me-ei fazendo dela a mais feliz das mulheres. (ibidem, p.202)

Cristiano refere-se à Mitsi como a *sombria*, apesar de sua alma branca, como Afrodite Melaina, a Negra, e outras deusas ligadas à fertilidade/fecundidade e ao mundo dos mortos, Mitsi, após sua passagem pelo útero da Deusa Mãe/Terra, a prisão, e de sua defloração conhece todos os "segredos" da vida/morte/renascimento e, portanto, torna-se apta a trazer a vida, bem como a morte, para os que a cercam. Seu poder é infinito, Cristiano, antes o déspota, agora obedece prontamente aos seus desejos: "Cristiano acederá prontamente ao seu desejo, senhorita. [...]" (ibidem, p.203). O rancor vingativo visto nas deusas após a violação se repete no romance:

---

26 No romance *Meu marido*, de Du Veuzit ([s.d.], p.178-82), a protagonista, Simone, também é dopada pelo marido e acredita ter sido violentada por este durante a sua inconsciência. Tal qual ocorre em *Mitsi*, no nível discursivo a violação é negada, mas no nível profundo ela é confirmada pelos demais semas.

Embaraçada, a velha dama balbuciou:
— Mas, minha filha... então o teu ressentimento é sério?

E como Mitsi não respondia e conservava obstinadamente os olhos baixos para não encontrar os da parenta, esta tomou-lhe as mãos e inclinou-se para beijá-la, dizendo ao mesmo tempo com um ar divertido:
— Isto não é sério! [...] não podes deixar de amar loucamente esse adorável Cristiano!

Mitsi desprendeu bruscamente as mãos, soltando gargalhada surda e dolorosa.
— Amá-lo....loucamente! Se ele conta com isso! [...] (ibidem, p.205)

O ódio voltado ao consorte, como a gargalhada surda e dolorosa dada pela jovem, em tudo se assemelha à face irada da Deusa. As rivais, a avó de Cristiano e Florine, bem como o tutor, são banidos dos domínios da Senhora e ela torna-se a senhora absoluta.

A fusão da face da Deusa Mãe com a da Virgem Maria é notada também no olhar que Mitsi apresenta depois da violação. O olhar terrível de serpente, presente em Afrodite, dá lugar a um olhar lânguido. Mais pálida que antes, mas ainda assim linda, a heroína segue a figurativização da Virgem e outras santas martirizadas, a aparência frágil e abatida, revela, no entanto, uma "força moral" aumentada pelo sofrimento (1956, p.197). Apesar desse conjunto sublimado de beleza feminina, o uso do termo lânguido para definir a nova expressão do olhar de Mitsi conota a entrega sexual e sua mudança de estado, pois, se o primeiro sentido do termo corrobora o aspecto frágil e debilitado da jovem, a palavra lânguido guarda ainda o sentido de voluptuoso, sensual, langoroso – mostrando um aspecto mais sexualizado da jovem.

No final do romance, Mitsi se reconcilia com Cristiano, assim como a Deusa com o seu consorte.

O mesmo arcabouço figurativo, das vestes rasgadas indicando a defloração, é usado em *Elisabete dos cabelos de ouro* (Marlitt, 1954, 2 vols.). Berta é seduzida por Emílio, após a união, ela altera sua fisionomia, torna-se ainda mais arredia e seu ódio contra Elisabete aumenta:

Subitamente o cão se deteve no meio do atalho. Aproximavam-se do parque e já se divisavam os tabuleiros de relva através dos galhos das árvores adolescentes, e ouvia-se o murmúrio das fontes. Hector avistara alguém... Um vulto feminino vinha ao encontro dos viandantes. Elisabete reconheceu Berta, a muda, embora a achasse prodigiosamente mudada.

Sem dúvida a misteriosa moça não dera com o grupo que avançava na sua direção, pois gesticulava animadamente, enquanto caminhava em passos largos. Um forte rubor cobria-lhe o rosto; suas sobrancelhas tinham-se enrugado sob o esforço de uma grande concentração; e o movimento de seus lábios revelava que falava sozinha. Um bonito chapéu branco, enfeitado de flores, escorregara-lhe da cabeça e estava preso ao pescoço pelas alças que cederam: o chapéu caiu sem que a dona percebesse.

Berta continuava a andar rapidamente, de olhos baixos, e somente quando se encontrou bem perto de Elisabete, foi que suas pálpebras se ergueram; deteve-se, horrorizada, como se tivesse pisado uma cobra, e recuou um pouco. A expressão dolorosa de seus traços transformou-se numa amargura pungente; seu olhar expressava ódio e ela apertou convulsivamente as mãos, enquanto uma ligeira exclamação fugiu-lhe dos lábios. Dava a impressão de que ia saltar sobre Elisabete... Reinhard, que se achava ao lado da moça, chegou a empurrá-la. Quando Berta o avistou, soltou um pequeno grito e enfiou-se na mata próxima, onde abriu caminho deixando pedaços do vestido nos espinhos que encontrava... Bem depressa se tornou invisível. (1954, vol.1, p.163-4)

A fúria selvagem de Berta, a perda do chapéu branco, enfeitado com flores[27] e as vestes que se rasgam nos espinhos denunciam a entrega de Berta a Emílio, confirmada no final do romance (1954, vol.2, p.174-7).

Nesse mesmo romance, observa-se na passagem da festa de aniversário de Walde, o jovem senhor, um jogo com conotações sexuais. Por meio de um sorteio, criam-se pares, ou seja, é indicada uma jovem solteira para cada homem solteiro, os casais permanecem com seus pares, a

---

27 O chapéu, como a fita nos cabelos ou na cintura, que a jovem perde é um símile do hímen, as Canções de Amigo exploraram em profusão essa metáfora para a entrega da jovem ao amigo. Também fazem parte do rol de objetos/adornos perdidos pela jovem na fonte ou no campo, o anel e o espelho – todos de formato circular, como foi apontado na primeira parte.

função das mulheres é a de realizar todos os desejos dos companheiros, de servi-los. Sob a ótica romanesca, esses serviços prestados aos homens seriam apenas da ordem do social, como servir-lhes alimento, bebida e dançar com eles; o local escolhido é uma clareira na floresta, junto da velha torre do convento. O jogo social instituído para o aniversário de Walde corresponde, no nível profundo, a uma entrega sexual das jovens aos homens, como foi visto em relação aos contos maravilhosos, o oferecimento de alimentos e, sobretudo, a dança é um símile do ato sexual.[28] A torre, enfeitada para o evento com quatro novos pinheiros, colocados à maneira de "agriettes", e ainda uma enorme quantidade de estandartes, auriflamas e bandeiras na balaustrada, além de festões de flores, transformam o de velho edifício "que havia vários séculos vivia numa *solidão selvagem*" (ibidem, p.53-4), em cenário ideal para a festa de aniversário do consorte viril e animalesco, ou para os jogos de Flora.[29] A festa, no meio da floresta enfeitada e na qual as fêmeas servem os machos, satisfazendo-lhes as vontades mais primitivas: comer, beber, copular/dançar, equivale a um ritual de fertilidade da terra, no qual o par principal, que comanda todas as atividades, é formado pela Deusa/Koré e seu consorte, no caso, Elisabete e Walde.

Confirmando essa leitura tem-se a passagem na qual Walde e Elisabete se dirigem para a torre:

> Os convidados desciam atrás deles; os vestidos de seda das senhoras roçavam o corrimão da escadaria, conversas e risadas ressoavam sob a abóbada sonora do vestíbulo. Todos acompanharam o senhor de Walde até a porta principal do castelo, formando um longo cortejo desdobrado à retaguarda do dono da casa. Porém, ao deixarem o castelo, cada par escolheu um, entre os numerosos atalhos que, através da floresta, conduziam à Torre das religiosas; *muitas senhoras, preocupadas em poupar a sua toilette, preferiram seguir pela estrada, muito bem conservada. O senhor de Walde não*

---

28 Cf. análise do conto *Branca de Neve* e a punição imposta à bruxa no capítulo anterior.
29 Os jogos de Flora, comuns na Grécia e, sobretudo, em Roma eram realizados nos campos, na primavera, e compreendiam jogos sexuais, orgias, cuja finalidade era a manutenção da fertilidade da terra.

desconfiou que sua jovem companheira precisava tomar tantas precauções com o vestido de musselina branca, que ela mesma passara, quanto as elegantes com seus vestidos de gaze e de rendas; se suspeitasse disso, provavelmente não teria escolhido o atalho estreito e solitário pelo qual veredou resolutamente.
— Esse atalho costuma ser muito úmido, observou Elisabete, atrevendo-se a formular uma censura indireta em relação ao caminho escolhido por seu companheiro; sentia-se mais disposta a recuar do que a avançar.

Talvez não pensasse no vestido, que podia prender-se em todos os espinheiros da beira do atalho, nem mesmo nos sapatos, muito finos para um chão úmido, mas se preocupasse com o trajeto solitário ao lado do senhor de Walde, sujeita ao risco de ser interpretada com o tom impaciente e imperativo, que ele empregava por diversas vezes, principalmente quando ambos estavam sozinhos.

— Há muito tempo que não chove, respondeu tranquilamente o senhor de Walde; veja as fendas do caminho. E continuou a caminhar, depois de afastar um galho que roçara Elisabete [...] (1954, vol.2, p.54-5, grifo nosso)

O vestido branco, leve e delicado de Elisabete, bem como os seus sapatos "sofre" arranhões e sujam-se no caminho úmido escolhido por Walde, indicando a posse sexual da jovem. Mais adiante, quando Berta tenta matar Elisabete, atiçando contra ela Wolf, o cão perigoso do guarda florestal e que só obedece a Berta, Elisabete tranca-se na mesma Torre das Religiosas e é Walde quem a encontra e salva, arrombando a porta que emperrara e aprisionara Elisabete (ibidem, p.160). Arrombar a porta da torre onde Elisabete está trancada é uma nova figurativização para a união da jovem com Walde.[30]

A figurativização da defloração da jovem/*Koré* nos romances alterna, quase que de maneira equânime, o motivo do véu rasgado na fuga pela floresta com o motivo do ferimento do punho e/ou tornozelo da heroína. Esse ferimento pode ser motivado por diversas circunstâncias: no romance *O poço misterioso*, Du Veuzit, 1951, a heroína Eliana desce no poço do castelo e desaparece, perde-se em túneis que ligam o poço à floresta, depois de muito caminhar na escuridão consegue sair por uma pequena abertura, ferindo-se nos espinhos

---

30 Cf. Análise do mito de Aurora e Títon. Capítulo 1

A abertura, um buraco irregular entre pedregulhos, era apertada e quase totalmente obstruída por arbustos e plantas bravas.

Para alcançar a liberdade, Eliana teve de franquear a saída rastejando entre silvas e espinhos que lhe rasgaram as carnes.

Mas, finalmente, estava cá fora, via sobre a sua cabeça brilhar um céu cor de safira e sentia-se envolta no doce calor do sol luminoso. Libertara-se, enfim, das trevas horríveis, do comprido desfiladeiro que se prolongava pelas profundezas da terra!

Em volta dela, estendia-se a charneca. Até onde a vista podia alcançar, os juncos, alguns mais altos do que ela, cobriam o terreno formando uma espécie de floresta espinhosa.

....

Inconsciente do perigo que corria no seio daquela natureza inculta, caiu num emaranhado de silvas onde o seu corpo desapareceu, ensanguentando-se nos espinhos.

[...]

Em plena charneca bretã, prisioneira daquela vegetação exuberante, selvagem e inacessível que a encobria e ocultava. [...] (1951, p.134-5)

João, que havia sido jogado no mesmo poço por Rogério, fica sabendo do ocorrido e, mesmo ferido, volta ao poço para salvar Eliana.

Tanto Eliana quanto João "morrem e renascem", o encontro/união de ambos se dá na charneca úmida, de vegetação luxuriante e protegida por espinhos – a passagem pelo túnel escuro e úmido, cheio de animais asquerosos e peçonhentos é um retorno ao mundo natural, ao útero da Terra-Mãe e, como as demais heroínas, Eliana ao sair do poço está fraca e debilitada pelo cansaço, pela fome e pela sede. A passagem estreita que a leva para o exterior é cercada por espinhos que ferem/arranham a jovem e a fazem sangrar; novamente aqui, os espinhos/falo rompem a carne delicada da jovem, indicando a defloração. O consorte de Eliana é João que, sendo o único conhecedor do segredo do poço/útero da Deusa, retorna para salvá-la/unir-se a ela.

Os ferimentos causados às jovens podem também serem feitos pelo próprio consorte, indicando, de maneira um pouco mais direta, a violência sexual sobre a heroína, nesses casos, as joias ofertadas pelos maridos às jovens esposas são o instrumento utilizado para feri-las, é o caso do romance *Escrava... ou rainha?*. Lisa ganha de Sérgio um magnífico bracelete de ouro:

> [...] apeando-se à porta de uma joalheira, onde lhe escolhera, sem consultá--la, um bracelete que ele mesmo lhe prendera ao pulso, – larga e flexível cadeia de ouro, cravejada de diamantes e admiráveis rubis, joia soberba, mas sobremaneira pesada para o pulso delicado de Lisa... (1947, p.69)

Esta joia, *cadeia*, imposta à jovem pelo marido, figurativiza o próprio sexo e sua função geradora, tal qual os adornos de Afrodite e das vênus Paleolíticas e Neolíticas.

Os braceletes e tornozeleiras compartilham igualmente os semas e a conotação sexual do cinto ou sulco do baixo ventre. O punho e o tornozelo são regiões caracterizadas por um acinturamento dos membros anteriores, seguido de formas arredondadas ou curvilíneas e semelhantes à forma das ancas, correspondendo à sinuosidade vista para as formas da vênus, como a entalhada em Rond du Barry. A imagem aí esculpida pode figurativizar qualquer uma das partes da deusa: a garganta, o punho, o tornozelo, o ventre ou toda a deusa. É por isso que tanto as vênus paleolíticas quanto Afrodite exibem *belos adornos*, numa montagem sinedóquica, que articula a relação da parte com o todo; e metafórica, pois articula uma relação de citação anafórica imprópria entre dois diferentes segmentos de discurso, tomando-se como imagem citante a imagem citada, contextualmente instituída (Lopes, 1986, p.66). Os adornos equivalem ao sulco do baixo ventre, que por sua vez equivale ao sexo; da mesma forma que a garganta, o punho e o tornozelo são permutáveis com o ventre.[31]

Da mesma forma, o ouro corresponde ao poder fecundador/gerador da Deusa que, no processo de dessemantização do mito, substituiu a fertilidade, a riqueza, enquanto produtividade da terra e do homem, pelo metal, poder econômico, status social, no qual é confeccionada a joia/adorno.

---

31 Cf. análise detalhada dos adornos das vênus e de Afrodite – capítulos 1 e 2.

Sérgio, portanto, obriga a *koré*/Lisa a assumir suas funções sexuais junto a ele e será essa mesma pulseira, colocada no punho delicado da jovem, que irá figurativizar a sua defloração:

Os dedos de Sérgio enterram-se no delicado pulso da moça, justamente no sítio que se achava rodeado pela cadeia de ouro: Lisa reteve um gemido de dor, sentindo os agudos elos lhe penetrarem na carne.
....
Latejava-lhe o pulso contundido. Retirou o bracelete, não sem que lhe redobrassem as dores, pois a pressão havia enterrado fundo os elos na carne delicada. Banhou o punho em água fresca, e tornou a colocar a pulseira. Cumpria que ninguém visse esses traços da brutalidade do príncipe Ormanoff. (1947, p.85-6)

O punho/sexo perfurado pelos elos/falo da pulseira corresponde à defloração, união brutal e selvagem, como as já vista entre a *Koré* e o consorte. Após a violação, Lisa adoece e passa por períodos de inconsciência, mas ao contrário das demais *Kórai*, que voltam, imediatamente, sua fúria contra o consorte, Lisa se mantém dócil e solícita e isso é atribuído à sua alma cristã. Só mais tarde, quando Sérgio reafirma a proibição de Lisa seguir a fé cristã, é que ela se volta contra ele (ibidem, p.144-5).

Sérgio escapou de boa! Pouco depois que a senhora partiu, trouxeram-no quase desacordado, com o braço e o ombro lacerados pelas garras de um urso. Felizmente, diz o doutor Vaguédine que o seu estado não é grave. Não quis recolher-se à cama – um Ormanoff só chega a tal extremo quando em presença da morte, e fá-lo então para sempre. Encerrou-se no gabinete de trabalho, ordenando que ninguém o interrompesse. Parece que, por mais um pouco, o urso estrangulava-o. Em boa hora, porém, Sérgio conseguiu cravar-lhe no coração a sua faca de caça.

Lisa tomou-se de sincera comoção. Em falta de um afeto que não podia ter pelo marido, sua alma era demasiado cristã e sobremaneira sensível, para que se não compadecesse do sofrimento do homem que a trazia sob implacável despotismo.
....

... Lisa penetrou numa sala, dela ainda desconhecida, – uma peça muito ampla, forrada de magníficos couros de Córdova, iluminada por vitrais antigos. Os requintes de luxo moderno ali se mesclavam com um fausto inteiramente oriental, onde soberbas peles de ursos negros e brancos davam uma nota selvagem. (ibidem, p.122-4)

Nesse trecho do romance é reafirmado o caráter de Fera de Sérgio, não só na sua luta corpo a corpo e vitória sobre o urso, mas também na descrição que se segue dos aposentos de Sérgio, mostrando-o como admirável caçador e que vive num ambiente requintado, mas onde o selvagem, o natural se faz presente. Do mesmo modo, o caráter de anjo salvador, regenerador de Lisa é confirmado. São suas lágrimas, símbolo da bondade cristã e elevação espiritual, que transformam Sérgio, a Fera, em um adorável marido, carinhoso e gentil.

O príncipe, curvando um pouco a alta corporatura, tomou entre as mãos a cabecinha de Lisa:
– Porque é uma criatura perversa [Várvara]... e tu, tu és um anjo.
E seus lábios pousaram sobre a fronte da moça. [...]
Durante alguns minutos, permaneceu Lisa estupefata, perguntando a si mesma se não estaria sendo ludíbrio de um sonho...
Oh! Se Deus permitisse esse milagre!
....
[no livro das horas] [...] Na frente, sob uma cruz luminosa, circundada de açucenas e violetas, liam-se em letras de ouro, as palavras consoladoras: "Aquele que semear entre lágrimas, colherá entre júbilo".
– Gabriel, roga ao Senhor misericordioso que faça que as minhas lágrimas recaiam sobre essa alma, a fim de que a abrandem e conduzam até Ele: murmurou a moça. (ibidem, p.138-9)

No trecho destacado pode-se observar que o ouro, a luz e o brilho são semas que conotam a elevação espiritual, o poder de Deus e não mais o poder sexual da Deusa/jovem, como ocorria no mito e/ou nos contos. De todos os romances lidos, este e *Elisabete dos cabelos de ouro* são os de maior apelo à fé cristã. Lisa é caracterizada como uma mártir da Igreja, que acima de tudo, até mesmo da própria vida, coloca a sua fé:

– Amá-lo! Ao senhor! Ao senhor, o meu verdugo?! O senhor, que tanto me faz sofrer, e que até imagina, depois de me haver privado dos consolos da religião, defender-me a recordação sagrada da amizade de um santo, – de um santo, que já se foi deste mundo?! E impertigou-se-lhe diante, repentinamente forte pela indignação e pela dor, os olhos chamejantes, bela, de uma sobrenatural beleza de cristã intrépida. Nesse instante, não era mais a criança timorata, senão a mulher revoltada, defrontando a injustiça, fazendo rosto à tirania moral, que pretendiam exercer sobre ela. (ibidem, p.144-5)

O aspecto furioso e belo que Lisa apresenta diante de Sérgio é o da Deusa terrível em sua cólera após a violação, os olhos chamejantes, a criança tornou-se mulher, mas diversamente da Deusa, Lisa se encoleriza, aparentemente, não devido a violência sexual sofrida, mas em decorrência da proibição de professar a sua fé. A transformação sofrida por Lisa, embora justificada pela religião, recupera a força e poder adquiridos pela *Koré* após a união com o consorte, quando ela se torna a Senhora. O romance, após a cena da defloração, vai indicando o poder que Lisa ganha sobre Sérgio, que embora lute contra o "amor" que sente pela jovem, acaba sendo subjugado por ela.

Como os cristãos entregues aos leões, Lisa será jogada aos lobos por Várvara (ibidem, p.156-9), salva pelos guardas florestais, ela é levada para o castelo e, finalmente, tem Sérgio a seus pés, Lisa é agora a rainha e a Senhora: "-Tranquiliza-te, minha Lisa, minha *rainhazinha*! Amo--te, *podes fazer de mim o que quiseres*." (ibidem, p.161). As lágrimas de Lisa, sua abnegada entrega e a religião transformam Sérgio, que se torna um homem de família exemplar (ibidem, p.165-76), ele não é mais o caçador, o senhor de sociedade, mundano e "selvagem", mas um homem voltado à esposa e ao lar.

Conjugando a figurativização vista em vários contos, o motivo da defloração em *O segredo de Montjoya* apresenta-se mais complexo. Natália pertence a dois senhores, opostos e complementares, Ivo é, aparentemente, mais civilizado que Jaime, mas nas passagens que conotam a violação da jovem ocorre uma compensação figural, aproximando os dois irmãos.

Jaime procura Natália à noite em seu quarto, Ivo encontra-se com ela fora do castelo e durante o dia. Jaime, o selvagem, une-se à jovem dentro de um espaço "social", privado, o quarto. Após várias tentativas, o visitante noturno consegue beijar a jovem, apesar do seu temor:

> ... o homem colocou-se diante dela e atraía-a aos seus braços; com ardência os lábios vinham esmagar os seus.
> Surpreendida, Natália não pode evitar esse beijo, mas foi como que descarga elétrica que bruscamente a atingisse, quando o pensamento estava longe.
> ....
> Sentia o terror de ser presa de um monstro. Desde que ele entrara no quarto, esse terror empolgava-a. ([s.d.], p.122)

O beijo dado em Natália por Jaime conota a entrega da jovem, que será reforçada na imagem da luta travada entre ambos e do caos e destruição a que se reduz o aposento da jovem, após a última visita de Jaime.

> Curvara-se para o chão a fim de pegar na lanterna e levantá-la a altura do desconhecido rosto. O intruso, porém, não lhe deu tempo. Instintivamente correu para ela e imobilizou-lhe o braço que já agarrara a lanterna.
> Então, foi uma estranha luta. O homem segurava Natália pelas costas, de maneira que esta não podia ver-lhe a cara nem projetar sobre ele a luz reveladora. E, mantendo-a o mais delicadamente possível para não a magoar, procurava, com um pontapé, atirar para longe a lanterna, com o fim de apagá-la.
> ....
> Não falavam, mas ela ouvia-lhe a respiração ofegante e a ele parecia-lhe que a adversária devia surpreender-lhe o ruidoso tique-taque do coração cansado.
> Era evidente que o desconhecido se esforçava por não ferir a jovem; os seus movimentos eram moderados e apenas os esboçava com uma espécie de hesitação. (ibidem, p.134-5)
> ....
> E Natália, a despeito da angústia que a empolgava perante tão estranhos acontecimentos, apesar do inquietador ambiente daquele quarto de cadeiras caídas, de móveis desordenados e que estava ainda impregnado

da luta dramática que aí se travara, Natália ajoelhou e agradeceu ao céu havê-la preservado até agora de todo o perigo maior... (ibidem, p.137).

Jaime, surpreendido pela lanterna, agarra Natália pelas costas, conotando uma sodomização da jovem. Essa leitura se sustenta primeiro no que Eduardo Peñuela Cañizal denomina de sobredeterminação contextual.[32] Ao analisar diversas pinturas representando Adão e Eva, Peñuela informa que a posição dada à maçã nos quadros obedece a um erotismo cifrado pela Igreja e/ou pintores do medievo, no qual ela é índice do tipo de relação amorosa praticada pelo casal. Dessa forma, a maçã assume diferentes lugares na pintura: entre Adão e Eva, a união sexual convencional; atrás de Eva, neste tipo de representação, Eva é retratada como adolescente e a maçã indica a sodomia; mais de uma maçã representada na tela, uma Eva oferece a Adão, outra ela esconde nas costas, indicando, os prazeres proibidos ou não reservados ao companheiro. Em nenhuma das pinturas a maçã é representada atrás de Adão. Esses quadros, mais que uma representação pontual da Bíblia, são uma máscara do erotismo.

Dentro desse contexto, de um erotismo cifrado desde o medievo e, tendo-se em mente que os romances em questão trabalham com um arcabouço mítico, narrativo e figurativo que passou pelo crivo da Igreja, sofrendo aí um adensamento sêmico, é possível afirmar que na cena de luta entre Jaime e Natália ocorre uma sobredeterminação contextual denunciada pelo figural. Além disso, o caráter selvagem e perigoso de Jaime, afirmado por Ivo, em passagem já citada ([s.d.], p.158), confirma a indicação. O amor de Jaime por Natália é tido como perigoso e transgressor, movido por seu instinto animal. O perigo da bestialidade, da animalização que é vista nessa união, ocorre pela liberalização do poder gerador/sexual da fêmea e também pela transgressão dos códigos de moralidade apregoados pela Igreja.[33] Outros índices da defloração

---

32 Peñuela, E.C. (ECA–USP–SP) Comunicação pessoal, curso de pós-graduação: *Artes visuais e literatura*, 1991, UNESP – Araraquara.

33 Durante a Inquisição, um dos motivos pelos quais as mulheres eram condenadas por feitiçaria era a prática da sodomia (Sallmann, J-M. *As bruxas: noivas de Satã*. Rio de Janeiro: Ed. Objetiva, 2002).

são: a desarmonia que se verifica no aposento da jovem após a luta, contrastando com a harmonia inicial do ambiente; e o grande esforço físico feito por Jaime. Natália, infinitamente mais frágil do que ele, não poderia se opor ao jovem; como nas cenas de fuga pela floresta, a ambiguidade sensual se repete, mas referindo-se a Jaime: ofegante, com o coração descompassado, indicando o esforço físico realizado. Jaime, um homem forte, não teria necessidade de grande esforço para dominar Natália, portanto, não é em decorrência da imobilização dela que viria esse esforço. Reforçando os demais índices, essa luta ocorre no mais completo silêncio, dado estranho à verossimilhança narrativa, o "natural" seria a jovem pedir por socorro, uma vez que já desconfiava que o visitante noturno não era o seu marido e sua recusa em deixar-lhe ver o rosto só confirmaria isso. Mas ambos ficam em silêncio, deixando perceber a aquiescência da jovem na união. Jaime, por sua vez, esforça-se em não a machucar.

Diversamente da união de Natália com Jaime é a sua união com Ivo, marcada pelo espaço selvagem e natural, Natália encontra-se fora de Montjoya,

> Para fugir à solidão que lhe pesava cada vez mais, na grande moradia silenciosa,[34] Natália retomara, a despeito do frio, os longos passeios solitários em torno do planalto de Montjoya.
> Para estar sempre só e não contar com o socorro de pessoa alguma, a órfã afoitava-se pouco a pouco.
> Tão medrosa de noite, mostrava-se intrépida de dia. Tomando atalhos que mal se viam na neve, atrevia-se a aventurosos passeios, longe dos pontos frequentados.
> Certo dia, escorregou numa pedra gelada e caiu tão desastradamente, que feriu o pé.
> Quando se levantou e quis voltar para casa, a dor não a deixou.
> ....
> Mas o caminho a percorrer era longo e, após meia hora de esforço, Natália ia a renunciar, quando um ruído de passos próximos lhe permitiu pedir socorro.

---

[34] Natália se assemelha em muito a Psique e a Bela, como estas, ela fica durante o dia sem ver "ninguém", ou seja, sem ver o seu consorte/marido.

Pensava que se tratasse de um criado que andasse a apanhar lenha, mas, entre as agulhas de neve dos pinheiros, reconheceu Ivo Le Kermeur, de espingarda em bandoleira, que voltava de uma caçada aos gamos.
Ao ver a mulher ajoelhada na neve, o castelão aproximou-se com presteza e inquiriu:
Que está aqui a fazer, Natália?
Caí – confessou francamente.
Está ferida?
Sim...Não! Não sei; o pé dói-me e não posso andar.
O caçador ajoelhara diante dela e, descalçando as luvas, obrigara-a a sentar-se para melhor poder examinar o pé doente.
....
Com o sapato e a meia tirados, o homem pegara-lhe no pé ferido. Já o inchaço lhe tomava o tornozelo.
– Bonita entorse – murmurou, apanhando neve e começando a esfregar-lhe os músculos magoados.
A dor fez-lhe quase arrancar um grito. No entanto, resistiu; era preciso não importunar com os seus queixumes a boa vontade do marido. ([s.d.], p.109-10)

O planalto coberto de neve e os atalhos invisíveis equivalem à floresta e seus caminhos cheios de espinhos, os pinheiros estão cobertos de "agulhas de neve", e é essa neve fálica que faz Natália machucar o tornozelo. Ivo, "despe" o pé de Natália, tira-lhe a meia e o sapato, a nudez do tornozelo corresponde à revelação do sexo da jovem e à sua defloração, uma vez que o sapato, já analisado em *Cinderela*, e a meia, em *A Bela e a Fera*, são símiles do hímen e da vulva. Segundo Dumezil (1992, p.39-44), os pés femininos são um símbolo da fecundidade e deles emana uma força, uma atração sexual atestada em inúmeras culturas. Associados a deusas ctônicas e aos rituais de fertilidade, como na Rússia, na Baixa Francônia, na Capadócia e outras regiões, os pés descalços, que tocam o solo, ou passam por sobre ele, transmitem-lhe sua força, por isso é que as jovens, nessas regiões, percorrem os campos descalças, a fim de promover-lhes a fecundidade.

A massagem feita por Ivo e que quase faz Natália gritar de dor, reforça a conotação sexual dessa figurativização. Ainda mais quando ela reprime seus queixumes para não importunar o marido. O prazer sentido pela jovem é expresso um pouco mais adiante numa frase bastante ambígua, proferida por ela: " – *Como é bom* – *balbuciou*" (ibidem, p.111). A frase, mesmo no nível discursivo, deixa dúvidas sobre a que ela se refere: se a massagem feita por Ivo, se ao próprio Ivo em sua atitude cortês para com ela. Embora o texto "mascare" a frase, afirmando em seguida, tratar-se de Ivo; sob a perspectiva do motivo da defloração, fica evidente que ela se refere à união sexual. O carinho que Natália faz nos cabelos do marido fortalece essa ideia. A ambiguidade dessa passagem já se fazia notar logo no início, quando o narrador nos diz que Natália retoma os passeios *"para estar sempre só e não contar com o socorro de pessoa alguma"*, a jovem procura uma aventura e não quer que ninguém se interponha entre ela e a "fera".

Se Jaime, o selvagem, evita machucar Natália, trata-a com brandura, Ivo, o "civilizado", não é tão delicado, ao menos na camada profunda do texto.

A divisão, socialização de Natália não pode ser indefinida, assim como a jovem na casa dos homens, aludida por Propp (1997), ela deverá escolher, ou ser escolhida, por um dos irmãos; o tom moralizante e pedagógico das narrativas romanescas faz a escolha: Jaime suicida-se.[35]

A fúria de Natália, após a violação, volta-se sobre Ivo, agora o único senhor. Natália foge do marido e, em sua nova vida, agora em sociedade, ela se transforma, muda os cabelos, a maneira de se vestir, torna-se mais mundana e sensual. Embora continue uma jovem honesta e correta, ela é desejada por vários homens, clientes da livraria na qual é empregada. Ivo, sozinho em Montjoya, sofre com a ausência da jovem e tenta manter-se ligado a ela através das cartas que lhe envia, mas Natália se rebela e deixa a cidade na qual estava sem informar nada a ele. Após a mudança, Natália encontra a carta escrita por Jaime, que Ivo lhe dera ao sair de Montjoya, mas que ela não abrira. Na carta, Jai-

---

[35] Nos outros romances, nos quais a jovem é disputada, explicitamente ou não, por dois senhores, o mais selvagem sempre é punido, ora com a morte, ora com a loucura. É o caso do romance *O poço misterioso; O mistério de Malbackt; Miséria dourada e Marísia; Casamento tentador* etc.

me redime o irmão da culpa pelo casamento e revela que Ivo também a ama. Natália desespera-se por ter abandonado o marido, Ivo, que saíra a sua procura, encontra-a e ambos se reconciliam.

Como nos jogos de Flora, que a orgia sobre a terra plantada garantia a boa colheita, e na hierogamia da Deusa com o consorte, que permitia a manutenção da vida do grupo, a defloração de Natália resulta também em benefícios para o grupo. Reintegrados ao social, o casal planeja fundar uma família, mas não em Montjoya, local isolado e selvagem demais. O antigo castelo será transformado em moradia para os irmãos de armas de Jaime que, como ele, eram mutilados ou deformados. A herança deste, deixada para Natália, será empregada para assegurar o conforto deles ([s.d.], p.221-4).

O tom didático e moralmente correto do romance é acentuado no último parágrafo:

> De mãos entrelaçadas, não mais falaram...As suas almas estavam de acordo num mesmo pensamento, com um mesmo fim, com uma mesma visão de futuro: o lar a fundar, a manter, a perpetuar...
> A finalidade humana... ([s.d.], p.224)

A jovem bela e pura redime, com sua fé e moral elevada, o Homem/ fera, retirando-o de sua selvageria, de um mundo onde a sua vontade cria uma moral só para si, fazendo-o voltar a um mundo civilizado, familiar e privado, fazendo-o curvar-se perante as leis que regem a maioria e caminham a par com o uso ([s.d.], p.170). O prazer da vida calma, em família, e na fé cristã é a felicidade sonhada e apregoada pelos romances.

Mulher-teia

Enquanto o conto maravilhoso oscilava entre a transformação e o ponto de ruptura, ocultando a figura da Deusa Mãe nas vestes negras da bruxa e a fazendo-a visível na graça e na beleza da jovem heroína, o romance cor-de-rosa tende ao ponto de ruptura, a Deusa bela e terrível açucara-se, transforma-se em Virgem submissa e pura. A nudez fecunda da Deusa não é mais coberta por joias e véus que, ao mesmo tempo, que velam, revelam seu poder; nos romances, as formas da Deusa tornam-se diabólicas e, para não corromperem o mundo e a si mesmas, elas devem ser ocultas sob as vestes pesadas e grossas dos colégios religiosos.

A beleza arrebatadora e luxuriante da Deusa cede lugar à beleza neutra, branda da mulher-mãe de família; a determinação e a ira dão lugar à face angelical e passiva. Mas, se no universo do romance a Deusa parece ter sucumbido sob as vestes da Virgem/Santa, o didatismo do romance e o propalar de uma conduta moralmente adequada às jovens, demonstra que a força e o poder feminino é temido ainda mais.

A submissão feminina ao homem e o temor de sua sexualidade, vigiada, guardada e negada por pais, irmão, maridos e toda uma sociedade patriarcal, demonstra a força ainda existente na imagem da mulher/Deusa geradora de vida. Tanto é assim que, apesar da submissão, da transformação da Deusa em feminino-objeto, é ela a responsável pela felicidade do casal, é nela que se deposita a honra, a fé, a moral e, principalmente, o poder de regenerar o homem/macho de sua vida selvagem, mundana e pecaminosa. Se a Deusa Mãe era a responsável pela vida na Antiguidade, entendida como a existência em sua plenitude, no romance a virgem/deusa é a responsável pela alma, pela vida espiritual do grupo que a cerca, ou seja, a família.

No percurso realizado do mito ao conto maravilhoso e deste ao romance desenha-se nitidamente a teia das relações sociais que, paulatinamente, vão se tornando mais e mais intensas, complexas, prendendo o homem e imobilizando a mulher em seu centro. Como a viúva-negra, a mulher ainda é a origem da vida e da morte, da virtude e do pecado, mas como a aranha, ela também é prisioneira de sua própria teia. Seu poder vem, agora, de não mais ter poder, de não mais agir, de não mais exercer seu direito de escolha – negada em sua condição de Sujeito, o feminino cristão afirma-se na negação, seduz pela diferença.

A teia, antes feita na natureza, agora é sustentada pela mão de Deus, um deus pai poderoso, dominador e repressor. O ciclo natural da vida, a espiral mítica da Deusa Mãe – Deusa Filha, foi quebrada, o prazer sexual, norteador das funções da Deusa, transformado em pecado, condenando tanto a mulher como o homem – banidos do paraíso da Deusa, a humanidade vaga numa terra cheia de perigos para a alma – o corpo, vigiado e mortificado, deve ser purificado a fim de permitir a união da alma com Deus. O casamento, a família e todo um código de moral e abstinência dos prazeres levam a essa nova forma de vida, só possível após a morte. Ao negar o feminino, o homem nega a própria vida e busca uma espiritualização impossível, uma vez que ainda dentro da vida. É por isso que, apesar de todo o sobreinvestimento figural e de toda a dessacralização da Deusa Mãe, ela ainda subjaz enraizada na figura virginal da jovem/santa e na união desta com seu consorte mundano/pecador, portanto, animal, pois se opõe ao mundo espiritual. Em um extremo de referencialização da Deusa se chega novamente ao mítico, à Santa.

Mulher-teia, a Deusa Mãe se cristaliza, torna-se objeto de desejo, doce fruto a ser colhido, mas não sem o perigo da serpente.

Referências bibliográficas

AGULLOL, R. (Dir.). *História geral da Arte*. Arte: a beleza e suas formas. Espanha: Ediciones Del Prado, 1997.

APOLLONIO DE RHODES. *Argonautiques*. Trad. F. Vian. Paris: Les Belles Lettres, 1987.

APULLÉE. *Les métamorphoses*. Tome II (Livre IV-VI). Trad. Paul Vallette. Paris: Les Belles Lettres, 1946.

APÜSHAN, V. ... A Mmá, La Tierra. In: GONÇALVES, A. J.; ROCA, J. M. (Orgs.). *Antologia poética Brasil-Colômbia*. São Paulo: Unesp/AEUC, 1996.

ARIÈS, P.; DUBY, G. (Org.). *História da vida privada 1*: do Império Romano ao ano mil. Trad. Hildegard Feist. São Paulo: Companhia das Letras, 1989.

_____. *História da vida privada 2*: da Europa feudal à Renascença. Trad. Hildegard Feist. São Paulo: Companhia das Letras, 1990

ARIÈS, P.; CHARTIER, R. (Orgs.). *História da Vida Privada 3*: da Renascença ao Século das Luzes. Trad. Hildegard Feist. São Paulo: Companhia das Letras, 1997.

ARISTÓFANES. *Les Acharniens*. Trad. Hilaire Van Daele. Paris: Les Belles Lettres, 1958.

_____. *Ploutos*. Trad. V. Coulon. Paris: Les Belles Lettres, 1963.

_____. *Les Oiseaux*. Trad. V. Coulon. Paris: Les Belles Lettres, 1967.

_____. *Lysistrata*. Trad. V. Coulon. Paris: Les Belles Lettres, 1967.

ASSIS SILVA, I. *Figurativização e metamorfose:* o mito de Narciso. São Paulo: Editora Unesp, 1995.

_____. A escuta do sensível. In: _____. *Corpo e sentido:* a escuta do sensível. São Paulo: Edunesp, 1996. p.7-19.

_____. (Org.). *Corpo e sentido:* a escuta do sensível. São Paulo: Edunesp, 1996.

BALOGH, A. M. Noir: o corpo como cifra do erótico emergindo do estético. In: ASSIS SILVA, I. (Org.). *Corpo e sentido:* a escuta do sensível. São Paulo: Edunesp, 1996. p.163-176.

BARROS, M. N. A. de. *As deusas, as bruxas e a Igreja*: séculos de perseguição. Rio de Janeiro: Editora Rosa dos Tempos, 2001.

BARTHES, R. *Mitologias.* Trad. Rita Buongermino. São Paulo: Difel, 1987.

_____. *O óbvio e o obtuso.* Trad. Isabel Pascoal. Lisboa: Edições 70, 1990.

BAUMANN, H. *Le Bouquet d'Athéna:* les plantes dans la mythologie et l'art grecs. Paris: Flammarion, 1984.

BAILLY, R. *Dictionnaire des synonymes de la langue française.* Paris: Larousse, 1947

BEETZ, von K. O. O primeiro que aparecer. In: _____. *Os cavalinhos encantados.* Trad. José Pinto de Carvalho. São Paulo: Livraria Acadêmica e Saraiva & Cia., 1939. p.79-94.

_____. Os sete corvos. In: _____. *Os cavalinhos encantados.* Trad. José Pinto de Carvalho. São Paulo: Livraria Acadêmica e Saraiva & Cia., 1939. p.95-118.

_____. Op Henrique e Rosa Silvestre. In: _____. *Os cavalinhos encantados.* Trad. José Pinto de Carvalho. São Paulo: Livraria Acadêmica e Saraiva & Cia., 1939. p.119-130.

_____. O monstro peludo. In: _____. *Os cavalinhos encantados.* Trad. José Pinto de Carvalho. São Paulo: Livraria Acadêmica e Saraiva & Cia., 1939. p.131-158.

_____. A noiva eleita. In: _____. *Os cavalinhos encantados.* Trad. José Pinto de Carvalho. São Paulo: Livraria Acadêmica e Saraiva & Cia., 1939. p.159-178.

BETTELHEIM, B. *A psicanálise dos contos de fadas.* Trad. Arlene Caetano. São Paulo: Paz e Terra, 1995.

BLEGEN, C. W. *Tróia e outros troianos.* Trad. Rodrigo Machado. Lisboa: Verbo, 1966.

BOARDMAN, J. *Los griegos en ultramar*: comercio y expansión colonial antes de la era clásica. Madrid: Alianza Editorial, 1973.

BOCCIONI, U. *Dynamisme plastique:* peinture et sculpture futuristes. Lausanne: L'Age d'Homme, 1975.

BOEHME, J. *Mysterium Magnum.* Vol I e II. Trad. N. Berdiaeff. Paris: Édition Aubier-Montaigne, 1978.

BORGEAUD, P. *La Mère des Dieux:* De Cybèle à la Vierge Marie. Paris: Edition du Seuil, 1996.

BOZAL, V. (Org.). *História geral da arte:* eEscultura I. Espanha: Prado, 1995.

BRANDÃO, J. L. Por que Édipo?. In: _____. (Org.). *O enigma em Édipo Rei e outros estudos de teatro antigo.* Belo Horizonte: UFMG/CNPq, 1984, p.11-18.

BRANDÃO, J. de S. *Mitologia grega I.* Petrópolis: Vozes, 1992.

_____. *Mitologia grega II.* Petrópolis: Vozes, 1994.

BRUMEL, P. (Org.). *Dicionário de mitos literários.* Rio de Janeiro: José Olympio, 1998.

BUENO, F. da S. *Grande dicionário etimológico-prosódico da língua portuguesa.* São Paulo: Saraiva, 1966.

BURCKHARDT, J. *Reflexões sobre a História.* Trad. Leo G. Ribeiro. Rio de Janeiro: Zahar Editores, 1961.

BURKERT, W. *Religião grega na época clássica e arcaica.* Lisboa: Calouste Gulbenkian, 1993.

BURNS, E. M. *História da civilização ocidental.* Trad. Lourival Gomes Machado. Porto Alegre: Editora Globo, 1956.

CALAME, C. *Métamorphoses du mythe dans la Grèce Antique.* Genève: Labor et Fides, 1988.

_____. Illusions de la mythologie. *Nouveau Actes Sémiotiques.* n.12, 1990. p.1-26.

CAMPBELL, J. *As máscaras de Deus:* mitologia Oriental. Trad. Carmem Fischer. São Paulo: Palas Athena, 1995.

_____. *As máscaras de Deus:* mitologia primitiva. Trad. Carmem Fischer. São Paulo: Palas Athena, 1997.

CAÑIZAL, E. P. As estruturas elementares da significação no mito. *Revista de Cultura Vozes,* v.46, p.41-50, 1972.

_____. O corpo e os véus da metalinguagem. In: ASSIS SILVA, I. (Dir.). *Corpo e sentido:* a escuta do sensível. São Paulo: Editora Unesp, 1996. p.211-27.

CARVALHO, S. M. S. *Jurupari:* estudos de mitologia brasileira. São Paulo: Ática, 1979.

_____. Contribution à une théorie anthropologique de la production de la pensée religieuse. *Dialogues d'histoire ancienne.* n.7, 1982, p.7-39.

_____. A cerâmica e os rituais antropofágicos. *Revista de Antropologia.* XXVI, 1983, p.39-52.

_____. O mito de Édipo: uma análise antropológica. In: BRANDÃO, Jac. L. (Org.). *O enigma em Édipo Rei e outros estudos de teatro antigo.* Belo Horizonte: UFMG/CNPq, 1984, p.19-41.

_____. O duplo Jacaré. A cerâmica marajoara. *Perspectiva.* v.9, p.13-34,1986.

CASSIRER, E. *Linguagem e mito.* Trad. J. Guinsburg. São Paulo: Perspectiva, 1972.

CAZENEUVE, J. *Les Rites et la condition humaine.* Paris: Universitaires de France, 1958.

CHADWIK, J. *El mundo micénico.* Madrid: Alianza, 1982.

CHANTRAINE, P. *Dictionnaire étymologique de langue grecque:* histoire des mots. Paris: Éditions Klincksieck, 1980.

CHEVALIER, J.; GHEERBRANT, A. *Dicionário de símbolos.* Coord. Carlos Sussekind. Rio de Janeiro: José Olympio, 1989.

CHIPPAUX, C. Des mutilations, déformations, tatouages rituels et intentionnels chez l'homme. In: POIRIER, J. (Dir.). *Histoire des Mmoeurs.* Vol.I. (Encyclopédie de la Pléiade). Paris: Gallimard, 1990. p.483-600.

CHRISTIE, M. *O jardim do desejo.* Trad. Tati de Melo. São Paulo: Companhia Editora Nacional, 1947. (Coleção Biblioteca das Moças, vol.31.)

COMAR, Philippe. *The human body:* image and emotion. London: Thames & Hudson, 1999.

COSTA, M. H. F. *A arte e o artista na sociedade karajá.* Brasília: Fundação Nacional do Índio, 1978.

COURTÉS, J. *Le Conte populaire:* poétique et mythologie. Paris: PUF, 1986.

DAREMBERG, M. M.-Ch.; SAGLIO, E. D. M. *Dictionnaire des antiquités grecques et romaines.* Paris: Hachette, 1987.

DARNTON, R. Histórias que os camponeses contam: O significado de mamãe Ganso. In: _____. *O grande massacre dos gatos.* Trad. Sônia Coutinho. Rio de Janeiro: Edições Graal, 1988. p.21-102.

DARTEY, L. *Noiva por acaso.* Trad. Beatriz de Almeida. São Paulo: Companhia Editora Nacional, 1949. Biblioteca das Moças, vol. 138.

DEVEZUIT, M. *O mistério de Malbackt.* Trad. Leyguarda Ferreira. Lisboa: Ed. João Romano Torres, 1946.

_____. *O poço misterioso.* Trad. Leyguarda Ferreira. Lisboa: Ed. João Romano Torres, 1951.

_____. *A mulher que venceu.* Trad. João Amaral Jr. Porto: Ed. João Romano Torres, 1952.

_____. *Casamento tentador.* Trad. Henrique Marques Jr. Lisboa: Ed. João Romano Torres, 1952.

_____. *Paixão que domina.* Trad. Leyguarda Ferreira. Porto: Ed. Romano Torres, 1953.

_____. *Um marido ideal.* Trad. A Duarte de Almeida. Lisboa: Ed. Romano Torres, 1954.

_____. *Filha de príncipe.* Trad. Aurora Rodrigues. Lisboa: Ed. Romano Torres, 1954.

_____. *John*: chauffer russo. Trad. A Duarte de Almeida. Lisboa: Ed. Romano Torres, 1955.

_____. *O desconhecido de Castel-Pic*. Trad. Aurora Rodrigues. Lisboa: Ed. João Romano Torres, [s.d.].

_____. *A noiva do automato*. Trad. Aurora Rodrigues. Porto: Edição Romano Torres, [s.d.].

_____. *Meu marido*. Trad. João Amaral Jr. Lisboa: Edições Romano Torres, [s.d.].

_____. *O segredo de Montjoya*. Trad. Henrique Marques Jr. Lisboa: Ed. João Romano Torres, [s.d.].

_____. *Sombra dominadora*. Trad. Aurora Rodrigues. Lisboa: Edições Romano Torres, 1951.

DEFORGE, Bernard. *Le Commencement est un Dieu. Un itinéraire mythologique*. Paris: Les Belles Lettres, 1990.

DELLY, M. *Escrava... ou rainha?* São Paulo: Companhia Editorial Nacional, 1947. Biblioteca das Moças, vol. 26.

_____. *A casa dos rouxinóis*. Trad. Léia de Alencar. São Paulo: Companhia Editorial Nacional, 1948. Biblioteca das Moças, vol. 130.

_____. *Vencido*. Trad. Sarah de Almeida. São Paulo: Companhia Editora Nacional, 1954. Biblioteca das Moças, vol. 60.

_____. *Miséria dourada e Marísia*. Trad. Lígia Estrada. São Paulo: Companhia Editora Nacional, 1955. 1ª e 2ª partes. Biblioteca das Moças, vol. 145 e 146.

_____. *Entre duas almas*. Trad. Sarah de Almeida. São Paulo Companhia Editora Nacional, 1956.

_____. *Mitsi*. Trad. Zara Pongetti. São Paulo: Cia. Ed. Nacional, 1956. Biblioteca para Moças, vol. 158.

DELPORTE, H. *L'Image de la femme dans l'art préhistorique*. Paris: Picard, 1993.

DETIENNE, M. *Les Jardins d'Adonis:* la mythologie des aromates en Grèce. Paris: Gallimard, 1972.

_____. *A Escrita de Orfeu*. Trad. Mario da Gama Kury. Rio de Janeiro: Zahar, 1991.

DEVAMBEZ, P. et al. *Dictionnaire de la civilisation grecque*. Paris: Fernand Hazan Éditeur, 1966.

DEVEREUX, G. *Femme et Mythe*. Paris: Flammarion, 1982.

DEZOTTI, M. C. C. *Pandora Cômica:* as mulheres de Aristófanes. 1997. Tese (Doutoramento em Letras) – Universidade de São Paulo, São Paulo, 1997.

DIEL, P. *El simbolismo en la mitología griega*. Barcelona: Labor, 1976.

ANDRADE, C. D. de. *Poesia completa e prosa*. Rio de Janeiro: Aguilar, 1973, vol. 3.

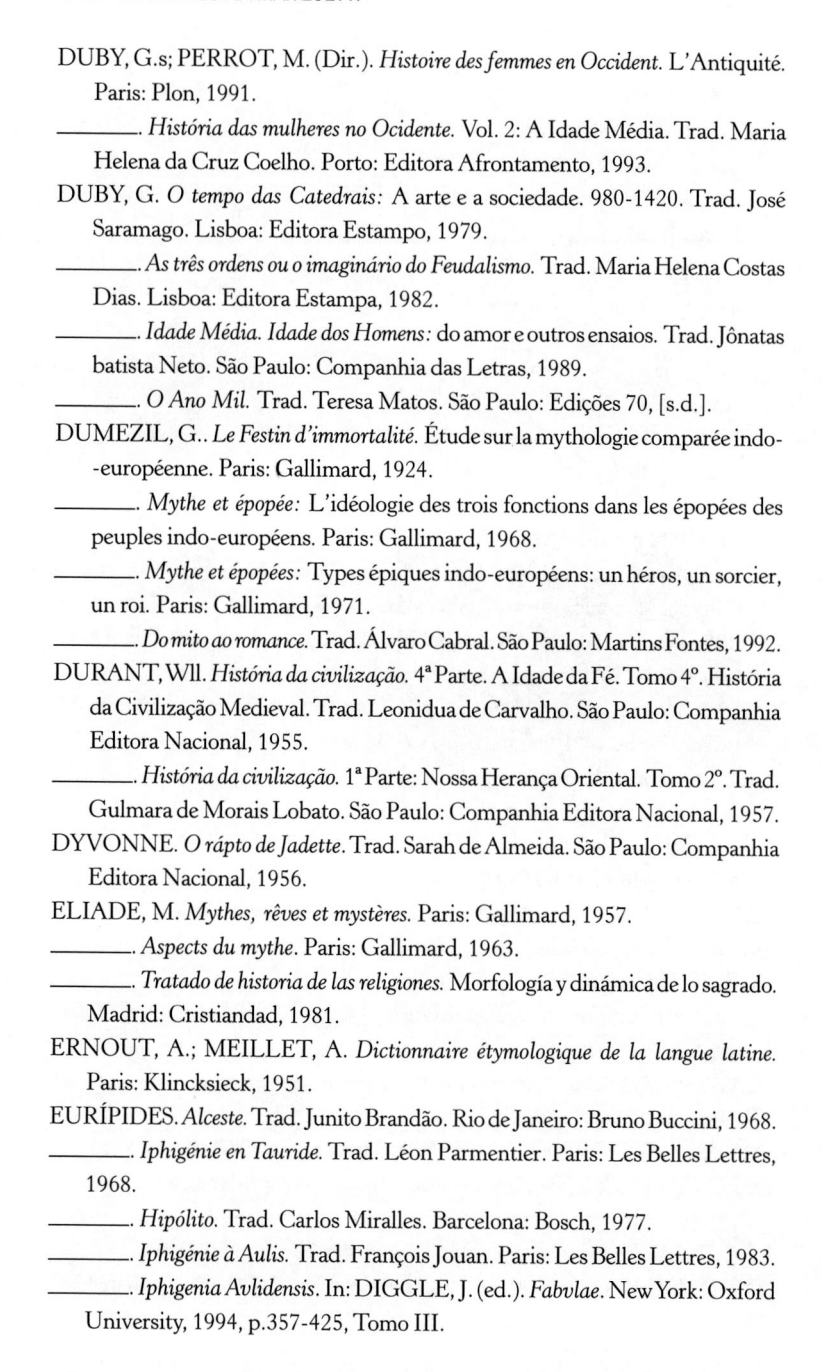

DUBY, G.s; PERROT, M. (Dir.). *Histoire des femmes en Occident*. L'Antiquité. Paris: Plon, 1991.

———. *História das mulheres no Ocidente*. Vol. 2: A Idade Média. Trad. Maria Helena da Cruz Coelho. Porto: Editora Afrontamento, 1993.

DUBY, G. *O tempo das Catedrais:* A arte e a sociedade. 980-1420. Trad. José Saramago. Lisboa: Editora Estampo, 1979.

———. *As três ordens ou o imaginário do Feudalismo*. Trad. Maria Helena Costas Dias. Lisboa: Editora Estampa, 1982.

———. *Idade Média. Idade dos Homens:* do amor e outros ensaios. Trad. Jônatas batista Neto. São Paulo: Companhia das Letras, 1989.

———. *O Ano Mil*. Trad. Teresa Matos. São Paulo: Edições 70, [s.d.].

DUMEZIL, G.. *Le Festin d'immortalité*. Étude sur la mythologie comparée indo--européenne. Paris: Gallimard, 1924.

———. *Mythe et épopée:* L'idéologie des trois fonctions dans les épopées des peuples indo-européens. Paris: Gallimard, 1968.

———. *Mythe et épopées:* Types épiques indo-européens: un héros, un sorcier, un roi. Paris: Gallimard, 1971.

———. *Do mito ao romance*. Trad. Álvaro Cabral. São Paulo: Martins Fontes, 1992.

DURANT, Wll. *História da civilização*. 4ª Parte. A Idade da Fé. Tomo 4°. História da Civilização Medieval. Trad. Leonidua de Carvalho. São Paulo: Companhia Editora Nacional, 1955.

———. *História da civilização*. 1ª Parte: Nossa Herança Oriental. Tomo 2°. Trad. Gulmara de Morais Lobato. São Paulo: Companhia Editora Nacional, 1957.

DYVONNE. *O rápto de Jadette*. Trad. Sarah de Almeida. São Paulo: Companhia Editora Nacional, 1956.

ELIADE, M. *Mythes, rêves et mystères*. Paris: Gallimard, 1957.

———. *Aspects du mythe*. Paris: Gallimard, 1963.

———. *Tratado de historia de las religiones*. Morfología y dinámica de lo sagrado. Madrid: Cristiandad, 1981.

ERNOUT, A.; MEILLET, A. *Dictionnaire étymologique de la langue latine*. Paris: Klincksieck, 1951.

EURÍPIDES. *Alceste*. Trad. Junito Brandão. Rio de Janeiro: Bruno Buccini, 1968.

———. *Iphigénie en Tauride*. Trad. Léon Parmentier. Paris: Les Belles Lettres, 1968.

———. *Hipólito*. Trad. Carlos Miralles. Barcelona: Bosch, 1977.

———. *Iphigénie à Aulis*. Trad. François Jouan. Paris: Les Belles Lettres, 1983.

———. *Iphigenia Avlidensis*. In: DIGGLE, J. (ed.). *Fabvlae*. New York: Oxford University, 1994, p.357-425, Tomo III.

FAIVRE, D. YHWH1 O deus do nariz Ardente. In: LÉVÈQUE, P. et al. (Org.). *A cólera e o sagrado:* Pesquisas franco-brasileiras. São Paulo: Terceira Margem, 2003. p.155-186.
FERREIRA, A. B. de Ha. *Novo dicionário da língua portuguesa.* Rio de Janeiro: Nova Fronteira, 1986.
FLEISCHER, R. Artemis. In: *Lexicon iconographicum mythologiae classicae (LIMC).* Zürich: Artemis, 1993, p.762-763, vol. I.
FLOCH, J-M. *Petites mythologies de l'oeil et de l'esprit:*. Pour une sémiotique plastique. Amsterdam: Hadès-Benjamins, 1985.
_____. *Les Formes de l'empreinte.* Périgueux: Pierre Fanlac, 1986.
_____. *Identités visuelles.* Paris: PUF, 1995.
FRAGOSOS, R. G.; LUISIER, A.; FONT QUER, P. *Historia natural:* vida de los animales, de las plantas y de la tierra. Barcelona: Instituto Gallach, 1953, Tomo III.
FRATUCCI DE GOBBI, V. C. A arte karajá: As litxoko. *Terra Indígena,* n.64, ano IX, julho-set., 1992, p.9-12.
FRAZER, J. G.. *La rama dorada:* Magia y religión. México: Fondo de Cultura Económica, 1956.
FREUD, S. A cabeça da Medusa. In: _____. *Obras completas.* Trad. Jayme Salomão. 1969a, vol. XVIII, p.289-290.
_____. Leonardo da Vinci e uma lembrança de sua infância. In: _____. *Obras completas.* Trad. Jayme Salomão. Rio de Janeiro: Imago, 1969b, vol. XI p.101-25.
_____. Moisés e o Monoteísmo. In: _____. *Obras completas.* Trad. Jayme Salomão. Rio de Janeiro: Imago, 1969c, vol. XXIII, p.95-107.
_____. Totem e tabu e outros trabalhos. In: _____. *Obras completas.* Trad. Jayme Salomão. Rio de Janeiro: Imago, 1969d, vol. XIII.
GENNEP, A. van. *Os ritos de passagem.* Trad. Mariano Ferreira. Petrópolis: Ed. Vozes, 1978.
GETTY, A. *La Diosa:* madre de la naturaleza viviente. Madrid: Debate, 1996.
GHYKA, M. C. *Le Nombre d'or.* Paris: PUF, 1931.
GOERGULHO, G. da S. et al. (Coord.). Bíblia de Jerusalém. São Paulo: Paulus, 2002.
GONÇALVES, A. J. *Laokoon revisitado:* relações homológicas entre texto e imagem. São Paulo: EDUSP, 1994.
GRAVES, R. *The White Goddess:* A Historical Grammar of Poetic Myth. London: Faber and Faber, 1960.
GREIMAS, A. J. *Sémantique structurale:* recherche de méthode. Paris: Larousse, 1966.
GREIMAS, A. *Du sens.* Paris: Seuil, 1970.

─────. *Des dieux et des hommes*. Paris: PUF, 1985.
─────. *De la Imperfección*. Trad. Raúl Dorra. México: Fondo de Cultura Económica, 1990.
GREIMAS, A. J.; COURTÉS, J. *Dicionário de semiótica*. Trad. Alceu Dias Lima et al. São Paulo: Cultrix, 1985.
GRIMAL, P. (Dir.). *Mythologies des montagnes, des forêts et des îles*. Paris: Larousse, 1963.
─────. *Dicionário da Mitologia Grega e Romana*. Trad. Victor Jabouille. Rio de Janeiro: Editora Bertrand Brasil, 1993.
GRIMM, J.; GRIMM, W. *A Bela Adormecida*. Trad. Verônica Kühle. Porto Alegre: Editora Kuarup, 1994a. (Coleção Era uma vez... Irmãos Grimm.)
─────. *Branca de Neve*. Trad. Verônica Kühle. Porto Alegre: Editora Kuarup, 1994b. (Coleção Era uma vez... Irmãos Grimm.)
─────. *O gato de botas*. Trad. Verônica Kühle. Porto Alegre: Editora Kuarup, 1994c. (Coleção Era uma vez... Irmãos Grimm.)
─────. *Chapeuzinho vermelho*. Trad. Verônica Kühle. Porto Alegre: Editora Kuarup, 1997a. (Coleção Era uma vez... Irmãos Grimm.)
─────. *Rapunzel*. Trad. Verônica Kühle. Porto Alegre: Editora Kuarup, 1997b. (Coleção Era uma vez... Irmãos Grimm.)
─────. *O lobo e os sete cabritinhos*. Trad. Verônica Kühle. Porto Alegre: Editora Kuarup, 2000a. (Coleção Era uma vez.... Irmãos Grimm.)
─────. *O pássaro dourado*. Trad. Verônica Kühle. Porto Alegre: Editora Kuarup, 2000b. (Coleção Era uma vez... Irmãos Grimm.)
GROUPE D'ENTREVERNES. *Analyse sémiotique des textes*. Paris: PUF, 1979.
GUIMARÃES, R. *Dicionário da mitologia grega*. São Paulo: Cultrix, 1995.
HALL, C. Sweet Home. In: PERROT, M. (Org.). *História da vida privada 4*: da Revolução Francesa à Primeira Guerra. Trad. Denise Bottmann e Bernardo Joffily. São Paulo: Companhia das Letras, 1999. p.33-87.
HAUSER, A. *História social da arte e da cultura*. Vol. II. Trad. Berta Mendes. São Paulo: Vega/Estante Editora, [s.d.].
HENDERSON, G. *Arte medieval*. Trad. Jamir Martins. São Paulo: Cultrix, 1973.
HESÍODO. *O trabalho e os dias*. Trad.: Mary de Camargo Neves Lafer. São Paulo: Iluminuras, 1991.
HESÍODO. *Teogonia*: a origem dos deuses. Trad.: Jaa Torrano. São Paulo: Iluminuras, 1995.
HOMÈRE. *Hymnes*. Trad. Jean Humbert. Paris: Les Belles Lettres, 1967.
─────. Hymnes à Déméter. In: *Hymnes*. Trad. Jean Humbert. Paris: Les Belles Lettres, 1967. p.25-60.

_____. Hymnes à Aphrodite. In: *Hymnes*. Trad. Jean Humbert. Paris: Les Belles Lettres, 1967. p.141-64.

_____. Hymnes à Artémis. In: *Hymnes*. Trad. Jean Humbert. Paris: Les Belles Lettres, 1967. p.185-90.

_____. Hymnes à Athéna. In: *Hymnes*. Trad. Jean Humbert. Paris: Les Belles Lettres, 1967. p.229-34.

_____. Hymnes à Héra. In: *Hymnes*. Trad. Jean Humbert. Paris: Les Belles Lettres, 1967. p.191-94.

_____. Hymnes à la Mère des Dieux. In: *Hymnes*. Trad. Jean Humbert. Paris: Les Belles Lettres, 1967. p.195-200.

_____. Hymnes à la Terre. In: *Hymnes*. Trad. Jean Humbert. Paris: Les Belles Lettres, 1967. p.239-244.

_____. *Iliade*. Trad. P. Mazon. Paris: Les Belles Lettres, 1967. Tome I-IV.

_____. *L'Odyssée*. Trad. P. Mazon. Paris: Les Belles Lettres, 1967. Tome I-III.

HOOD, S. *A pátria dos heróis*. Lisboa: Verbo, 1968.

_____. *Os minoicos*. Lisboa: Verbo, 1973.

HORTA, G. N. B. P. Dioniso, deus da loucura e da "alma selvagem". In: PESSANHA, N. M.; BASTIAN, V. R. F. (Org.). *Vinho e pensamento*. Rio de Janeiro: SBEC/Tempo Brasileiro, 1991. p.22-33.

HULL, E. M. *A cativa do Sahara*. Trad. Livio Xavier. São Paulo: Companhia Editora Nacional, [s.d.]. (Coleção Paratodos, 39.)

HUNT, L. Revolução Francesa e vida privada. In: PERROT, M. (Org.). *História da vida privada 4:* da Revolução Francesa à Primeira Guerra. Trad. Denise Bottmann e Bernardo Joffily. São Paulo: Companhia das Letras, 1999. p.21-51.

HUSAIN, S. *Divindades femininas:* criação, fertilidade e abundância. A supremacia da mulher. Mitos e arquétipos. Köln: Taschen, 2001.

HUYSMANS, J. K. *El Satanismo y la Magia*. Buenos Aires: Editorial Saros, 1955.

IAKOVIDIS, S. E. *Mycènes – Épidaure*. Athènes: Ekdotike Athenon, 1995.

IRMEN, F. *Langenscheidt Taschenwörterbuch der Portugiesischen und Deutschen Sprache*. Berlin: Langenscheit, 1982.

JEANMAIRE, H. *Couroi et courètes:* essai sur l'éducation spartiate et sur les rites d'adolescence dans l'antiquité hellénique. Lille: L'Observateur, 1939.

JUNG, C. G.; KERÉNYI, C. *Introduction à l'essence de la mythologie*. Paris: Payot, 1974.

KAROUZOU, S. *Musée national*. Athènes: Ekdotike Athenon, 1998.

KERÉNYI, Charles. *La Religion antique:* ses lignes fondamentales. Genève: Georg, 1957. 247p.

_____. *Dioniso*: imagem arquetípica da vida indestrutível. Trad. Ordep Trindade Serra. São Paulo: Odysseus, 2002.

KERENYI, C. *La Mythologie des grecques*. Histoire des dieux et de l'humanité. Paris: Payot, 1952.

LANDOWISK, Viagens às nascentes do sentido. In: *Corpo e sentido:* A escuta do sensível. São Paulo: Editora Unesp, 1996. p.21-44.

LAVEDAN, P. *Dictionnaire Illustre de la mythologie et des antiquités grecque et romaine*. Paris: Hachette, 1931.

LE GOFF, J. *O imaginário medieval*. Trad. Manuel Ruas. Portugal: Editorial Estampa, 1994.

LEDUC, C. Comment la donner en mariage? La mariée en pays grec (IX--IV s.av.J.C.). In: DUBY, G.s; PERROT, M. (Dir.). *Histoire des femmes*: l'antiquité. Paris: Plon, 1991, p.259-317.

LEROI-GOURHAN, A. *O gesto e a palavra 2*: memória e ritmos. Trad. Emanuel Godinho. Lisboa: Edições 70, 1965.

_____. *L'Homme et la matière*. Paris: Albin Michel, 1971.

LÉVÊQUE, P. La Pensée des Chasseurs Archaïques. *Dialogues d'histoire ancienne*, n.7, 1982. p.41-52.

_____. Contribution à une théorie historique de la production de la pensée religieuse dans les sociétés du Paléolithique et du Néolithique. *Dialogues d'histoire ancienne* 7, 1982, p.53-92.

_____. *Bêtes, Dieux et Homme*: l'imaginaire des premières religions. Paris: Messidor/Temps Actuels, 1985.

_____. Les Groupements divins: la sainte famille néolithique. In: _____. *Les Grandes figures religieuses*. Paris: Les Belles Lettres: 1986, p.49-59.

_____. A cólera das Mães. *Itinerários*. n.11, 1997, p.143-151.

LÉVI-STRAUSS, C. *El pensamiento salvaje*. México: Fondo de Cultura Económica, 1964.

_____. *Mythologiques*. Du miel aux cendres. Paris: Plon, 1966.

_____. *Antropologia estrutural*. Rio de Janeiro: Tempo Brasileiro, 1967.

_____. *Mitológicas*. Lo crudo y lo cocido. México: Fondo de Cultura Económica, 1968.

_____. *L'Homme nu (Mythologiques IV)*. Paris: Plon, 1971.

_____. *Antropologia estrutural II*. Rio de Janeiro: Tempo Brasileiro, 1976.

_____. *Minhas palavras*. Trad. Carlos N. Coutinho. São Paulo: Brasiliense, 1986.

LINS, G. N. *A cama na varanda*. Arejando nossas ideias a respeito de amor e de sexo. Rio de Janeiro: Rocco, 2000.

LISSARRAGUE, F. Femmes au figuré. In: DUBY, G.; PERROT, M. (Dir.). *Histoire des femmes*: l'antiquité. Paris: Plon, 1990, p.159-242.

LITTRÉ, É.. *Dictionnaire de la langue française*. Paris: Jean-Jacques Pouvert, 1956.

LOMMEL, A. (Org.). *O mundo da arte*: A arte pré-histórica e primitiva. Lisboa: Expressão e Cultura, 1966.

LOPERA, J. A. (Org.). *História geral da arte*. Pintura I. Espanha: Prado, 1995.

LOPES, E. *Metáfora*. Da retórica à semiótica. São Paulo: Atual, 1986.

LORAUX, N. Qu'est-ce qu'une Déesse? In: DUBY, G.; PERROT, M. (Dir.). *Histoire des femmes en Occident*. Paris: Plon, 1991, p.31-64.

MAGNIEN, V.; LACROIX, M. *Dictionnaire Grec-Française*. Paris: Belin, 1969.

MALHADAS, D.; CARVALHO, S. M. S. *O hino a Deméter e os mistérios eleusinos*. Araraquara: Unesp/ILCSE, 1978.

MARLITT, E. *Elisabete dos cabelos de ouro*. Trad. Ondina Ferreira. São Paulo: Edição Saraiva, 1954. 2 volumes. (Coleção Rosa nº 32 e nº 33.)

MARQUETTI, F. R. *Perseguindo Narciso:* um estudo da protofigurativdade do mito de Narciso. 1995. Dissertação (Mestrado em Estudos Literários) – Universidade Estadual Paulista Dr. Júlio de Mesquita Filho, Araraquara, 1995.

_____. As plantas míticas e seu simbolismo. *Boletim Centro de Estudos e Documentação sobre o Pensamento Antigo Clássico, Helenístico e sua Posteridade Histórica (CPA),* Ano X, nº 19, janeiro/junho de 2005. Campinas, IFCH--Unicamp, 2006, p.171-184.

MARTIN-FUGIER, Ae. Os ritos da vida privada burguesa. In: PERROT, M. (Org.). *História da vida Privada 4:* da Revolução Francesa à Primeira Guerra. Trad. Denise Bottmann e Bernardo Joffily. São Paulo: Companhia das Letras, 1999. p.193-261.

MEA, G. *Dicionário de Italiano-Português*. Portugal: Porto ed., [s.d.].

MÉLÉTZIS, S.; PAPADAKIS, H. *Le Musée archéologique national d'Athènes*. Athènes: S. Mélétzis – H. Papadakis, 1991.

MENDES. M. B. T. *Em busca dos contos perdidos:* o significado das funções femininas nos contos de Perrault. São Paulo: Editora Unesp e Imprensa Oficial do Estado, 2000.

MONIER–WILLIAMS, M. *A Sanskrit–English Dictionary, etymologically and philologically arranged with special reference to cognate Indo–European languages*. Oxford: Clarendon Press, 1974 [1899].

_____. *A Dictionary, English and Sanskrit*. Delhi: Motilal Banarsidass, 1976.

MORENTE, M. G. La época del Gótico Y el Renacimiento. (1250-1500). Tomo IV. In: GOETZ, W. (Dir.). *Historia universal*. Madrid: Espasa--Calpe S/A, 1956.

NEUMAN, E. *A grande mãe:* um estudo fenomenológico da constituição feminina do inconsciente. Trad. Fernando de Mattos. São Paulo: Cultrix, 1998.

_____. *The Minoan Mycenaean Religion and its Survival in Greek Religion.* Paris: Payot, 1950.

NILSSON, M. P. *Les Croyances religieuses de la Grèce antique.* Trad. Matila Ghyka. Paris: Payot, 1955.

OSTROWER, F. *Universos da Arte.* Rio de Janeiro: Campus, 1996.

OTERO, A. de S. (Org.). *Los Evangelios Apócrifos.* Madrid: Biblioteca de Autores Cristianos, 1988.

PANOFSKY, E. *Pandora's box.* Princeton University Press, 1978.

_____. *Significado nas artes visuais.* Trad. Maria Kneese. São Paulo: Perspectiva, 1991.

_____. *A perspectiva como forma simbólica.* Trad. Elizabete Nunes. Lisboa: Edições 70, 1993.

PAPAPOSTOLOU, J. A. *Crète.* Athènes: Clio, 1981.

PARRET, H. A verdade dos sentidos. Aula de semiótica lucreciana. In: ASSIS SIVA, I. (Org.). *Corpo e sentido:* a escuta do sensível. São Paulo: Edunesp, 1996. p.45-66.

PAULY-WISSOWA. *Real Encyclopädie der klassischen Alterstumswissenschaft.* Stuttgart: J.B. Metz, 1896.

PAZ, Octavio. *O arco e a lira.* Trad. Olga Savary. Rio de Janeiro: Nova Fronteira, 1982.

_____. Dama. In: _____. *Libertad bajo palabra. Obra poética (1935-1957).* México: Letras Mexicanas/Fondo de Cultura Económica, 1995.

_____. *A dupla chama.* Amor e erotismo. Trad. Wladyr Dupont. São Paulo: Siciliano, 1999.

PEDRERO-SÁNCHEZ, M. G. *História da Idade Média:* textos e testemunhas. São Paulo: Editora Unesp, 1999.

PERRAULT, C. Pele de asno. In: _____. *Contos de fadas.* Trad. Monteiro Lobato. São Paulo: Companhia Editora Nacional, 1941. p.45-59.

_____. A Bela Adormecida. In: _____. *Contos de fadas.* Trad. Monteiro Lobato. São Paulo: Companhia Editora Nacional, 1941. p.61-74.

_____. A Gata Borralheira. In: _____. *Contos de fadas.* Trad. Monteiro Lobato. São Paulo: Companhia Editora Nacional, 1941. p.75-84.

_____. *O Barba Azul.* Trad. Tatiana Belinky. Porto Alegre: Editora Kuarup, 1994. (Coleção Era uma vez... Perrault.)

_____. *Borralheira:* O sapatinho de vidro. Trad. Francisco Peixoto. Porto Alegre: Editora Kuarup, 1997a. (Coleção Era uma vez... Perrault.)

_____. *O Chapeuzinho vermelho*. Trad. Francisco Peixoto. Porto Alegre: Editora Kuarup, 1997b. (Coleção Era uma vez... Perrault.)

PERROT, M. (Org.). *História da vida privada 4*: da Revolução Francesa à Primeira Guerra. Trad. Denise Bottmann e Bernardo Joffily. São Paulo: Companhia das Letras, 1999.

_____. Outrora, em outro lugar. In:_____. (Org.). *História da vida privada 4*: da Revolução Francesa à Primeira Guerra. Trad. Denise Bottmann e Bernardo Joffily. São Paulo: Companhia das Letras, 1999. p.17 -19.

_____. A família triunfante. In:_____. (Org.). *História da vida privada 4*: da Revolução Francesa à Primeira Guerra. Trad. Denise Bottmann e Bernardo Joffily. São Paulo: Companhia das Letras, 1999. p.94 -103.

_____. Funções da família. In:_____. (Org.). *História da vida privada 4*: da Revolução Francesa à Primeira Guerra. Trad. Denise Bottmann e Bernardo Joffily. São Paulo: Companhia das Letras, 1999. p.105-119.

_____. Figuras e papéis. In:_____. (Org.). *História da vida privada 4*: da Revolução Francesa à Primeira Guerra. Trad. Denise Bottmann e Bernardo Joffily. São Paulo: Companhia das Letras, 1999. p.122 –185.

PESSOA, F. Último sortilégio. In: _____. *Obra poética*. Rio de Janeiro: Editora Nova Aguilar, 1997. p.155-6.

PETTAZZONI, R. *La Religion dans la Grèce antique*. Des origines à Alexandre Le Grand. Paris: Payot, 1953.

PICARD, C. *Les Religions préhelléniques*. Paris: Presses Universitaires de France, 1948.

PIETZSCHKE, F. (Dir.). *The New Michaelis Illustrated Dictionary*. Wiesbaden: F.A Brockhaus, 1958.

PLUTARCO. L-N. In: _____. *Vies*. Trad. R. Flacelière. Paris: Les Belles Lettres, 1964, Tomo I, p.109-166.

_____. Teseu. In: _____. *Vidas paralelas*. Trad. Gilson Cardoso. São Paulo: Paumape, 1991. V.I. p.17-51.

PORTAL, F. *Des couleurs symboliques dans l'Antiquité, le Moyen Âge et les temps modernes*. Paris: PUF, 1837.

PROPP, V. *As raízes do conto maravilhoso*. Trad. Rosemary Costhek Abílio e Paulo Bezerra. São Paulo: Martins Fontes, 1997.

QUALLS-CORBETT, N. *A prostituta sagrada*. A face eterna do feminino. Trad. Isa Ferreira. São Paulo: Paulinas,1990.

RANUM, O. Os refúgios da intimidade. In: ARIÈS, Philippe; CHARTIER, Roger (Orgs.). *História da vida privada 3*: da Renascença ao Século das Luzes. Trad. Hildegard Feist. São Paulo: Companhia das Letras, 1997.

RECLU, M. *Guide de l'herboriste*. Paris: Les Belles Lettres, 1925.

REVEL, J. Os usos da civilidade. In: ARIÈS, P.; CHARTIER, R.r (Orgs.). *História da vida privada 3*: da Renascença ao Século das Luzes. Trad. Hildegard Feist. São Paulo: Companhia das Letras, 1997.

RICHARDSON, N. J. *Commentary of The Homeric Hymn to Demeter*. Oxford: Claredon Press, 1974.

ROMEO, P. G. (Dir.). El Arte Gótico em España. *História Del Arte*. Vol. VIII. Madrid/Barceloa/Buenos Aires: Ed.Labor S/A, 1932.

ROUMEGUÈRE-EBERHARDT, J. Bonecas de fertilidade e estatuetas de argila: suas leis iniciáticas. *Terra Indígena*. n. 64, ano IX, julho/set., 1992, p.13-33.

SAFO. *Safo*: tudo que restou. Trad. Álvaro Antunes. Além Paraíba: Interior, 1987.

SALLMANN, J-M. *As bruxas noivas de Satã*. Trad. Ana L. D. Borges. Rio de Janeiro: Ed. Objetiva, 2002.

SCHWAB, G. *As mais belas histórias da Antiguidade Clássica*: os mitos da Grécia e de Roma. Trad. Luís Krausz. São Paulo: Paz e Terra, 1994.

SÉCHAN, L. *Études sur la tragédie grecque dans ses rapports avec la céramique*. Paris: Honoré Champion, 1967.

SEITERLÉ, G. Artemis, die grosse Göttin. In: _____. *Ephesos, eine neue Deutung der "Vielbrüstigkeit"*. Bâle: Antike Welt, 10, 1979. p.3-16.

SENNETT, R. *Carne e pedra*: o corpo e a cidade na civilização ocidental. Trad. Marcos Reis. São Paulo: Record, 1997.

SISSA, Giulia. *Le Corps virginal*. Paris: Vrin, 1987.

SÓFOCLES. *Philoctète*. Trad. Alphonse Dain. Paris: Les Belles Lettres, 1974.

SOKOVIEDS, V. F. *Magia negra e magia Branca*. Porto: Editorial Inova, [s.d.].

SORIANO, M. *Les Contes de Perrault*: culture savante et traditions populaires. Paris: Flammarion, 1968.

SOULI, S. A. *La Vie amoureuse des grecs anciens*. Athènes: Toubi, 1997.

SOUZA, E. *Dioniso em Creta e outros ensaios*: Estudos de mitologia e filosofia da Grécia Antiga. São Paulo: Duas Cidades, 1973.

SPRETNAK, C. *Lost Goddesses of Early Greece*. New York: Beacon Press, 1984.

STRONG, D. (Org.). *O mundo da arte*: Antiguidade Clássica. Lisboa: Expressão e Cultura, 1966.

TATIT, L. Corpo na semiótica e nas artes. In: ASSIS SILVA, I. (Org.). *Corpo e sentido*: a escuta do sensível, São Paulo: Edunesp, 1996. p.195-210.

THÉMÉLIS, P. *L'Ancienne Corinthe*. Athènes: Hannibal, 1990.

TREUIL, R. et al. *Les Civilisations égéennes du Néolithique et de l'âge du Bronze*. Paris: Universitaires de France, 1989.

TRIOMPHE, R. *Le lion, la vierge et le miel*. Paris: Les Belles Lettres, 1989.

_____. *Le Signe de la pomme:* amour, mystique et politique, la pomme dans tous ses états. Strasbourg: Universitaires de Strasbourg, 1999.

VALÉRY, P. *Cahiers I.* Paris: Gallimard, 1973.

VERBRUGGEN, H. *Le Zeus crétois.* Paris: Les Belles Lettres, 1981.

VERNANT, J-P. *Mito e pensamento entre os gregos.* São Paulo: Difusão Europeia do Livro/Edusp, 1973.

_____. *A morte nos olhos:* figuração do outro na Grécia Antiga. Ártemis e Gorgó. Trad. Clóvis Marques. Rio de Janeiro: Jorge Zahar, 1988.

VERNANT, J-P.; DETIENNE, Ml. *La Cuisine du sacrifice en pays grec.* Paris: Gallimard, 1979.

VEYNE, P. (Org.). *História da vida privada I:* do Império Romano ao Ano Mil. Trad. Hildegard Feist. São Paulo: Companhia das Letras, 1998.

VIDAL-NAQUET, P. *El Cazador Negro:* formas de pensamiento y formas de sociedad en el mundo griego. Barcelona: ed. Península, 1983.

VIRGÍLIO. *L'Eneide.* Trad. A Caro. Firenze: Felice le Monnier, 1927.

_____. *Eneida.* Trad. Nicolau Firmino. Lisboa: Académica de D. Felipa, 1959.

VON BODE, W. Arte del Protorrenascimento en Italia. *Historia Del Arte. Vol. VIII.* Madrid/Barcelona/Buenos Aires: Ed. Labor, 1958.

VRISSIMTZIS, N. A. *Amour, sexe et mariage en Grèce antique.* Athènes: [edição do autor], 1996.

WARNER, M. *Da Fera à loira:* sobre contos de fadas e seus narradores. Trad. Thelma Nóbrega. São Paulo: Companhia das Letras, 1999.

WASSON, R. G. et al. *La búsqueda de Perséfone:* Los enteógenos y los orígenes de la religión. México: Fondo de Cultura Económica, 1992.

WILL, E. Aspect du culte et de la légende de la Grande Mère dans le monde grec. In: *Éléments orientaux dans la religion grecque ancienne.* Actes du Colloque de Strasbourg, 1958. Paris: Universitaires de France, 1960.

ZAIDMAN, L. B. Les Filles de Pandore. Femmes et rituels dans les cités. In: DUBY, G.; PERROT, M. (Dir.). *Histoire des femmes:* l'antiquité. Paris: Plon, 1990, p.363-398.

ZAPHIROPOULOU, P. *Naxos:* monuments et musée. Trad. Béatrice de Tournay. Athènes: Krène, 1988.

ZENÃO DE ELÉIA. Aristóteles – Física, VI, 9.239 b 30 (DK 29 A 27). In: SOUZA, J. C. (Org.). *Os pré-socráticos:* Fragmentos, doxografia e comentários. São Paulo: Nova Cultural, 2000, p.139-144.

ZILBERBERG, C. *Essai sur les modalités tensives.* Amsterdam: Benjamins, 1981.

ZILBEMAN. R. *A produção cultural para a criança.* Porto Alegre: Mercado Aberto, 1982.

Anexos

1. Definição dos termos empregados

As definições que se seguem foram extraídas do *Dicionário de Semiótica* de Greimas e Courtés.

Sema – designa comumente a "unidade mínima" da significação, não é um elemento atômico e autônomo, tirando sua existência do desvio diferencial que o opõe a outros semas. Os semas não podem ser apreendidos a não ser no interior da estrutura elementar da significação.

Semas figurativos – são grandezas do plano de conteúdo das línguas naturais que correspondem aos elementos do plano de expressão da semiótica do mundo natural, isto é, às articulações das ordens sensoriais às qualidades sensíveis do mundo. A mobilização da combinatória sêmica produz grande número de semas que não são, por isso, simples coleção de semas, mas construções hipotéticas, que obedecem a um conjunto de regras de formação. No interior de um semema (organização sintáxica de semas) podem-se distinguir semas contextuais (que o semema possui em comum com outros elementos do enunciado semântico) e semas nucleares que caracterizam o semema (e, eventualmente, o lexema de que depende) na sua especificidade.

Semas nucleares – em semântica, designa-se como núcleo a parte invariável de um lexema, que produz, pela adjunção de semas contextuais, um ou mais sememas. Os semas constitutivos do núcleo são, geralmente, de ordem exteroceptiva: daí sua denominação de figura nuclear.

Semas contextuais – por semas contextuais (ou classemas) entendem-se semas ou feixes sêmicos que são recorrentes na unidade considerada em seu contexto; os semas contextuais fazem então parte da composição de um semema (que pode ser aproximado da "palavra em contexto").

Semema – não pode ser considerado como coleção de semas, produto de uma pura combinatória. Apresenta-se ele como uma organização sintáxica de semas, sendo que as figuras sêmicas contêm muitas vezes, de maneira implícita, estruturas actanciais e/ou configurações temáticas mais ou menos complexas.

Lexema – seria uma unidade de conteúdo do que, em razão de sua cobertura por um formante único, pode dar lugar, uma vez inscrita no enunciado a uma ou diversas unidades de conteúdo denominadas sememas. O lexema não é, por conseguinte, nem uma unidade delimitável do nível dos signos, nem uma unidade do plano do conteúdo propriamente dito. Enquanto configuração que reúne, de modo mais ou menos acidental, diferentes sememas, o lexema apresenta-se antes como produto da história ou do uso, do que como o da estrutura.

Assis Silva traz em seu *Figurativização e Metamorfose* um quadro bastante ilustrativo dos mecanismos de discursivização e recontextualização, além de fazer um breve comentário sobre as relações que ali se delineiam. O quadro (1995, p.93-94) bem como as reflexões são apresentados a seguir.

Quadro 1 – Mecanismos de discursivização e recontextualização

DISCURSIVIZAÇÃO
(Re) Contextualização

Estado$_1$: SÍGNICO   Estado$_2$: SIMBÓLICO

```
semas nucleares   ⎫              ⎫                                                  ⎫ Suporte ⎫ semas
constantes         ⎬ base sêmica ⎬                ← Rearranjo figurativo             ⎬ sígnico ⎬ nucleares
específicos        ⎭              ⎬ base sêmica                                      ⎭          ⎭
cosmológicos                      ⎬ expandida       Percurso figurativo:      A
exteroceptivos                    ⎭                 Fig.1→Fig.2→Fig.3          T
figurais                         ⎫                                            O
                                  ⎬ semema                                    R
semas contextuais ⎫               ⎬ em contexto                                                    semas
variáveis          ⎬ semas        ⎬ mínimo                       FIGURA NARRATOLÓGICA              contextuais
específicos        ⎬ contextuais                                                     aporte
cosmológicos       ⎭                                                                 simbólico
exteroceptivos                                                                                        *
classematizáveis                                   ← Rearranjo classemático                       ⎫ classemas
                                                   → Percurso temático:                           ⎭
classemas       ⎫                                    tema₁ → tema₂ → tema₃
variáveis        ⎬ base
genéricos        ⎬ classemática
noológicos       ⎭
interoceptivos
classemáticos
```

(*) neutralização da oposição

Fonte: Assis Silva, 1995, p.72

De princípios como esses e, sobretudo, dos amplos inventários examinados por Guiraud é possível extrair – com a mediação das considerações greimasianas sobre o binômio denominação/definição – elementos que ajudarão a esclarecer o papel da figuratividade.

Por isso, no esquema acima, cabe à figura nuclear (que é a base sêmica), enquanto *matriz figural*, constituir a *figuratividade profunda*, o estenograma a partir do qual será engendrada a nova forma. Já o papel dos semas (contextuais) que, acrescentados à figura nuclear simples, constituem a figura nuclear complexa – e cuja atuação Greimas examina no que chama de denominação translativa e denominação oblíqua – é fundar a figurativização, o aporte de traços que conferem ao ator os contornos figurativos.

Desse ângulo, a transformação é apresentada, num primeiro momento, como o estabelecimento de um suporte figural e, num segundo, como a construção de um aporte figurativo.

Pelo que ficou dito até agora, o ponto nodal sobre o qual bascula a transformação são os semas contextuais. É aí que a discursivização encena um verdadeiro embate sêmico do qual deverá emanar a metamorfose de um signo "velho" ("em estado de dicionário", como diz Drummond) num signo novo: símbolo vivo.

2. Hinos homéricos

A escolha dos Hinos aqui reunidos foi norteada pela representabilidade das deusas a quem eles se destinam e sua ligação com a Senhora dos Animais. Dentre elas, Deméter, Ártemis, Afrodite e a Mãe dos Deuses são as que mais trazem contribuições para a pesquisa. Os hinos a Ártemis, a Afrodite e à Mãe dos Deuses foram traduzidos diretamente dos originais gregos e procuram ser o mais fiel possível às suas fontes. As traduções contaram com a revisão do professor Fernando Brandão dos Santos e foram realizadas apenas com o intuito de serem "tradução de trabalho", sem qualquer pretensão de tradução poética e definitiva. O hino a Deméter aqui incluído foi anteriormente traduzido pela professora Daisi Malhadas e publicado em 1978 pelo Instituto de Letras da Unesp com análise da professora Sílvia Maria Schmuziger de Carvalho. O hino a Gaia não foi aqui incluído em virtude de sua semelhança com o hino à Mãe dos Deuses.

Os comentadores antigos, citados por Humbert, atestam a antiguidade dos hinos, datados aproximadamente de 600 a.C.

Hino à Mãe dos deuses

1 Canta, musa harmoniosa, filha do grande Zeus,
  a Mãe de todos os deuses e de todos os homens,
  à qual o ressoar do tambor, das castanholas, com o vibrar da flauta,
  apraz, e o uivo dos lobos e o rugir dos leões de olhares brilhantes
5 como também as sonoras montanhas e os vales cobertos de bosques.
  Assim, a ti saúdo, neste canto, do mesmo modo que a todas as
  /Deusas juntamente.

Hino a Ártemis I

1 Canta, musa, a Ártemis, irmã do que fere de longe,
  a virgem arqueira que foi nutrida junto com Apolo.
  Ela dá de beber a seus cavalos em Méles, junto ao junco espesso,
  e depois lança seu carro de ouro velozmente através de Smirna

5 até chegar a Claros, rica em vinhas, onde Apolo, o Arqueiro do
/arco de prata,
senta-se esperando a Arqueira lançadora de flechas.
Assim eu te saúdo, neste canto, juntamente com todas as Deusas.
É começando por ti que eu canto o princípio;
tendo começado por ti, passarei a um outro hino.

Hino a Ártemis II

1 Canto a ruidosa Ártemis de flechas de ouro,
a virgem veneranda, a Arqueira, que abate os cervos com suas flechas.
A própria irmã de Apolo de espada de ouro,
aquela que pelas montanhas umbrosas, de cumes batidos pelos ventos,
5 curva seu arco de ouro, alegrando-se com a caça, lança suas flechas que
/fazem gemer.
Os cumes das altas montanhas tremem
e a floresta cheia de sombra ressoa
com o grito agudo e terrível dos animais selvagens, a terra treme
assim como o mar abundante em peixes.
A deusa de coração valente se lança a todos os lugares e causa a ruína
/entre a raça dos animais selvagens,
mas, depois de elevar seu espírito e alegrar-se,
a Arqueira, que espreita as feras, afrouxa seu arco flexível
e vai para a grande morada do irmão amado,
Febo Apolo, na fértil região de Delfos,
15 para formar o coro gracioso das Musas e das Graças.
Então ela suspende o arco e as flechas para os ombros,
lança-se, vestida com sedutores ornamentos, a dirigir os coros;
elas, lançando uma voz doce, entoam um canto
como Leto, de belos cabelos, ao parir as crianças
20 que são dentre os imortais muito melhores em seus desígnios e atos.
Salvem, filhos de Leto de belos cabelos e de Zeus!
Para mim, eu vos lembrarei em outro canto.

Hino a Afrodite I

1 Conta-me, Musa, sobre os trabalhos de Afrodite de ouro,
de Cipres que fez nascer o doce desejo nos deuses
e submeteu a raça dos homens mortais,
dos pássaros vindos de Zeus e todas as feras selvagens
5 que a terra nutre em grande número tanto quanto o mar.
Todos são objetos de cuidado dos trabalhos de Citeréia de bela coroa.
Mas há três coroações que ela não pode persuadir nem seduzir:
a filha de Zeus, que porta a égide, Atena de olhos brilhantes.
A ela não agradam os trabalhos da dourada Afrodite,
são as guerras que ela ama e o trabalho de Ares –
os combates e as lutas, do mesmo modo que se ocupa dos
/trabalhos esplêndidos.
A primeira ensina aos artesãos que vivem sobre a terra
a fazer os carros de quatro rodas e os carros de duas rodas ornados
/de bronze.
É ela que ensina às tenras virgens, em seus santuários,
15 os esplêndidos trabalhos, para o qual ela põe o gosto na alma de cada uma.
Jamais Afrodite que ama sorrir[1] poderá submeter
às leis do amor a brilhante Ártemis de flechas de ouro;
a ela agrada o arco, a matança de caças nas montanhas,
as harpas forminques, os coros, os claros clamores,
20 os bosques umbrosos e a cidade dos homens justos.
Nem sequer a Virgem Venerável se compraz com os trabalhos de Afrodite –
Hestia – que Cronos engendrou por si mesmo a primeira
e também a mais jovem, segundo a vontade de Zeus porta-égide.
A Senhora foi desejada por Posidão e Apolo,
25 longe de consentir, ela recusa com firmeza;
e pronuncia o grande juramento – que é definitivo –
tocando a cabeça de Zeus Pai que porta a égide:
permanecer a divina deusa virgem para sempre.
No lugar do casamento, Zeus pai lhe dá um belo privilégio:

---

1 O epíteto de Afrodite, φιλομμειδή", *que ama sorir*, será discutido mais adiante no capítulo 1, por hora, indicamos apenas a ligação deste termo a μήδεα – partes sexuais masculinas; daí a possível tradução por *"a qua ama o pênis"*.

30 ela se fixa no centro da casa, para aí tomar posse das gordas oferendas.
Em todos os templos dos Deuses ela é honrada,
ela é junto dos mortais objeto de veneração.
Esses corações ela não pode persuadir
ou seduzir; mais nenhum outro –
35 nem Deuses bem-aventurados nem homens mortais podem escapar
/a Afrodite.
Ela conduz até mesmo a razão de Zeus, que se compraz em lançar o raio,
ele, que é o maior, que tem na partilha a maior parte das honras;
mesmo este espírito sábio, quando ela quer, ela engana,
fazendo-o facilmente unir-se às mulheres mortais
40 e esquecer-se de Hera, sua esposa e irmã,
ela que é a mais bela dentre as deusas imortais,
o astuto Cronos a engendrou a mais gloriosa,
junto com Réia de beleza venerável, a ela Zeus de desígnios eternos
fez sua esposa virtuosa e respeitável.
45 Mas Zeus, por sua vez, lhe incute no coração o doce desejo
de se unir a um homem mortal para que não fosse rapidamente afastada
de um leito humano, e assim ela própria, Afrodite que ama o pênis,
nunca diria entre os deuses, vangloriando-se
com um doce sorriso, que já
50 havia unido tanto os deuses às mulheres mortais,
que deram aos imortais filhos mortais,
como também uniu as deusas aos homens mortais.
Ele então lhe pôs no coração o doce desejo por Anquises,
que apascentava seus bois junto às fontes harmoniosas
55 nas altas montanhas do Ida e cujo aspecto é semelhante ao dos imortais.
Desde o momento em que o vê, Afrodite, amante do pênis,
/o ama ardentemente
e um terrível desejo se precipita em seu coração.
Ela se dirige então a Chipre, penetra em seu templo perfumado,
em Páfos (ali ela tem um santuário e altar perfumados).
60 Ao entrar as portas brilhantes ela abre,
é lá que as Cárites a banham e a untam com óleo imortal,
que é vertido sobre os deuses sempre viventes,
doce ambrosia, que havia sido perfumada só para ela.
Após ter envolvido bem todo o seu corpo com belos tecidos

65 e ser enfeitada com ouro, Afrodite, a sorridente,
   deixa a odorante Chipre para lançar-se até Tróia,
   no alto, entre as nuvens, fazendo rapidamente sua rota
   e chega ao Ida de numerosas fontes, mãe das feras,
   indo diretamente para o acampamento da montanha;
70 e junto com ela caminham, fazendo festa, os lobos cinzentos,
                                          /os leões de olhares
   brilhantes, os ursos e as rápidas panteras, insaciáveis de caça;
   ao ver-se entre elas, alegra-se de todo o coração
   e lança-lhes no peito o desejo; então,
   dois a dois, todos se deitam nos vales umbrosos.
75 Ela mesma veio até os abrigos bem construídos,
   e encontrou nos estábulos abandonado,
   isolado dos outros, o herói Anquises que tem dos deuses a beleza.
   Todos haviam seguido com seus bois às pastagens verdejantes.
   Isolado nos estábulos longe de todos,
80 [ele] ia e vinha tocando a cítara de som penetrante.
   Afrodite, a filha de Zeus, colocou-se diante dele
   como virgem não submetida ao jugo, no talhe e na aparência,
   para que ele não temesse ao percebê-la diante de seus olhos.
   Admirado, Anquises observa com atenção
85 sua aparência, seu talhe e suas vestes brilhantes.
   Ela está vestida com um peplo certamente mais brilhante que
                                          /a chama do Sol,
   traz espirais recurvadas e botões de flores brilhantes,
   colares magníficos, todos ornados em ouro,
   estão em torno de seu delicado pescoço; como a Lua,
90 seu peito delicado brilhava para a admiração do olhar.
   O desejo apodera-se de Anquises, que lhe diz diretamente estas palavras:
   – Salve, Soberana que vens à minha morada, quem sejas dentre
                                          /os bem-aventurados:
   Ártemis ou Leto, ou a dourada Afrodite,
   ou a nobre Têmis, ou Atena de olhos brilhantes
95 ou provavelmente alguma das Cárites, que aqui viestes,
   elas que acompanham todos os deuses, que se chamam imortais,
   ou uma das ninfas que moram nos belos bosques sagrados,
   ou alguma das ninfas que habitam esta bela montanha,
   as fontes dos rios e o prado verdejante.

100 Sobre uma elevação, num local visível de todos os lados,
eu te edificarei um altar para fazer belos sacrifícios
em todas as estações; que tu tenhas o coração benevolente,
dá-me ser entre os troianos um homem distinto;
permite-me de hoje em diante uma geração florescente e também
105 que eu viva muito tempo na ventura vendo a luz do Sol,
próspero entre meu povo até alcançar o limite da velhice.
Em seguida, Afrodite, filha de Zeus, lhe responde:
– Anquises, o mais nobre dentre os homens nascidos da terra,
eu não sou nenhuma das deusas, por que me comparas aos imortais?
110 Ao contrário, mortal sou e a mãe que me gerou é uma mulher.
Meu ilustre pai tem por nome Otreu, talvez de algum modo tenhas
/ouvido dizer,
pois ele reina sobre toda a Frígia de fortes muralhas.
Além disso, eu sei vossa língua tão bem quanto a nossa
porque foi uma troiana que me educou no palácio;
115 ela tomou-me de junto de minha querida mãe ainda pequena e me criou,
é por isso que sei bem a vossa língua.
Agora mesmo Argeifonte de bastão de ouro me arrastou
do coro da ruidosa Ártemis de fuso de ouro.
Nós, muitas jovens e virgens valiosas
120 dançávamos quando um imenso tumulto se formou em torno de nós;
de lá me arrancou Argeifonte de bastão de ouro,
ele me conduziu através dos vastos campos dos homens mortais,
por entre as muitas terras não cultivadas e não habitadas,
por onde vagueiam os animais carniceiros, no fundo dos vales cheios
/de sombras;
125 eu tinha a impressão de que meus pés não tocavam a terra fecunda.
Então, ele disse que junto do leito de Anquises eu seria chamada
de legítima esposa e que eu lhe daria filhos esplêndidos.
Depois de me haver manifestado seu pensar,
Argeifonte, o forte, imediatamente voltou para junto da raça dos imortais;
130 e eu vim até ti, pois tornou-se uma necessidade urgente para mim.
Mas eu te suplico, por Zeus e teus nobres pais,
pois pais humildes não podem ter um tal filho,
conduze-me como virgem e inexperiente no jogo amoroso
e apresenta-me a teu pai e à tua virtuosa mãe,

135 como também a teus irmãos, nascidos do mesmo sangue que tu;
eu não serei para eles uma mulher indigna, mas igual a eles.
Envia rapidamente um mensageiro para a Frígia dos rápidos cavalos
para informar a meu pai e à minha mãe que se inquieta muito;
eles te enviarão abundantes vestimentas, tecidos e ouro,
140 aceita esse esplendido dote.
Feito isso, oferece um banquete de casamento agradável,
caro aos homens e aos deuses imortais.
Assim dizendo, a deusa põe em seu coração o doce desejo,
o amor se apodera de Anquises, que lhe dirige estas palavras, assim
/se expressando:
145 – Se tu és uma mortal, se a mãe que te gerou é uma mulher,
se teu ilustre pai tem por nome Otreu, como afirmas,
e aqui vens de longe por vontade de Hermes, o mensageiro imortal,
tu serás chamada de minha esposa para sempre;
dessa forma, nenhum deus ou homem mortal
150 me impedirá de me unir contigo numa relação amorosa aqui mesmo,
neste momento, imediatamente; e mesmo se Apolo, o arqueiro de arco
/de prata,
lançasse a flecha dolorosa
eu consentiria, ó mulher semelhante às deusas,
após ter subido em teu leito, penetrar nas entranhas da morada de Hades.
155 Assim falando tomou-lhe as mãos, a sorridente Afrodite
voltou-se lentamente, baixou seu belo olhar lançando-o
para o leito bem-guarnecido que ali havia para o príncipe,
mantas macias estendidas, sobre elas
as peles de ursos e de leões de forte rugido,
160 que ele mesmo havia matado nas altas montanhas.
Quando eles iam subir para o leito bem-construído,
ele foi envolvido pela harmonia, beleza e brilho de seu corpo,
seus broches, espirais recurvadas, flores e colares.
Anquises desnuda-lhe a cintura, tira as vestes brilhantes
165 e as coloca sobre o trono tauxiado com prata.
Em seguida, segundo a vontade e o desígnio divinos,
um mortal seduziu uma deusa imortal, sem o saber claramente.
Na hora em que os pastores deixam os campos floridos,
fazendo voltar o gado e os rebanhos dos fortes carneiros para o curral,

170 então, depois de espargir um sono doce e profundo sobre Anquises,
ela envolve seu corpo com as belas vestes.
Depois de envolver bem todo o seu corpo, a divina deusa
põe-se de pé na cabana e sua cabeça toca a viga que sustenta o teto
/bem-construído,
sobre suas faces brilha uma beleza imortal,
175 ela está como Citeréia coroada.
Ela o animou do sono e o chama dizendo estas palavras:
– Acorda, Dardanida, por que tu dormes ainda um sono profundo?
Explica-me se eu pareço estar
como teus olhos me perceberam na primeira vez?
180 Assim disse e ele muito rapidamente deixa o sono para a obedecer.
No momento em que ele vê o pescoço e os belos olhos de Afrodite
é tomado pelo medo e volta seus olhos para outro lado.
Novamente sob o manto ele oculta sua bela face
e suplicando lhe dirige estas palavras aladas:
185 – No mesmo momento em que meus olhos te viram, Deusa,
eu te reconheci como divindade que eras, mas não me falaste com
/sinceridade.
Eu te suplico, por Zeus que porta a égide,
não me deixes viver impotente entre os homens,
mas tem piedade – pois não chega ao florescimento da vida o homem
190 que se deita com as deusas imortais.
Em seguida, Afrodite, filha de Zeus, lhe responde:
– Anquises, o mais nobre dos homens mortais, coragem!
E que teu espírito não se inquiete terrivelmente;
não tenhas pois receio de sofrer algum mal de mim,
195 nem dos demais Bem-aventurados, pois és amado pelos deuses.
Tu terás um filho amado, que reinará sobre Tróia,
e continuamente filhos nascerão de teus filhos.
Enéias será seu nome, porque uma terrível aflição me invade,
por ter caído no leito de um homem mortal.
200 Dentre os homens mortais, os que mais se assemelham aos deuses
em aparência, natureza e belo talhe vêm da vossa raça.
O loiro Ganimedes, que por sua beleza o prudente Zeus raptou,
para que vivendo entre os imortais
ele servisse o vinho aos deuses na casa de Zeus,

205 vê-lo causa admiração e todos os imortais honram aquele
que verte o néctar vermelho numa cratera de ouro.
Caiu sobre o coração de Trós uma dor insuportável por não saber
para onde a divina tempestade teria levado seu amado filho,
ele então se lamenta continuamente todo o dia.
210 Zeus, apiedando-se dele, envia-lhe como resgate por seu filho
cavalos fogosos, aqueles que portam os imortais.
Deu-lhos de presente para portar consigo
e por ordem de Zeus, Argeifonte, o mensageiro, lhe diz:
assim como os imortais, seu filho será sempre jovem, igual aos deuses.
215 Depois que ouviu as mensagens de Zeus,
Trós então não mais se lamentou e alegrou-se em seu espírito
e pleno de alegria se fez levar por seus cavalos de pés rápidos como
/a tempestade.
Ainda da tua raça, Títono, semelhante aos imortais,
foi apanhado por Aurora de trono de ouro.
220 Ela subiu para ir pedir ao filho de Cronos, senhor das nuvens sombrias,
que Títono fosse imortal e vivesse para sempre.
Zeus, fazendo um sinal de aprovação, realizou seu desejo.
Irrefletidamente não veio ao espírito da Augusta Aurora
pedir a juventude e afastar a velhice funesta.
225 Enquanto ele conserva a alegre juventude,
alegra-se com Aurora do trono de ouro, a filha da manhã,
que mora junto ao curso do oceano no fim da terra;
mas quando os primeiros cabelos brancos se espalharam
sobre sua bela cabeça e em sua nobre barba,
230 a Augusta Aurora afastou-se de seu leito,
ela o mantinha com trigo e ambrosia
num de seus palácios e lhe dava belos mantos.
Mas quando a odiosa velhice se lhe abateu completamente
e ele não tinha mais forças para se mover, nem podia erguer seus membros,
235 eis a decisão que se mostrou melhor ao seu espírito:
ela o colocou num quarto e impõe-lhe as portas brilhantes.
Assim, ele emite continuamente um fluxo de som, não há mais
/vigor algum
que reste em seus membros flexíveis como antes.
Eu certamente não te encontrarei entre os imortais tal como ele,

240 pois ser imortal é viver todos os dias.
Mas se vivesses, belo e elegante, tal qual és,
serias chamado de meu esposo
e nunca a aflição envolveria meu forte coração,
mas, sem dúvida, a velhice cruel vai te envolver,
245 pois ela se aproxima dos homens,
funesta, fatigante, e mesmo os Deuses a detestam.
Depois, para mim haveria sempre, entre os deuses imortais e de parte
/a parte,
um grande ultraje por tua causa;
os que antes por meio da minha doce conversa e astúcia
250 com as quais, todos imortais às mulheres mortais, uni,
temo, todos os meus projetos foram vencidos.
Agora minha boca não mais proferirá este nome
entre os imortais, visto que cometi uma enorme falta,
terrível de suportar, que não se pode nomear; errei longe da razão,
255 trago um filho em meu ventre após ter-me deitado com um mortal.
Assim que ele vier à luz do Sol,
será nutrido pelas ninfas de seios fartos que residem nos montes,
elas que habitam esta grande e divina montanha.
Elas não acompanham nem mortais nem imortais,
260 vivem por muito tempo, pois comem o alimento imortal
e com os imortais dançam belos coros;
é com elas que os Silenos e o vigilante Argeifonte
se unem amorosamente no fundo das grutas encantadoras.
Junto com elas, os belos pinheiros e carvalhos de elevadas copas
265 nascem e crescem sobre a terra fértil,
bela e luxuriante nas montanhas elevadas;
eles se elevam imensos e são chamados de bosques sagrados dos imortais;
nenhum mortal os abate com o ferro;
mas, quando se aproxima o destino funesto da morte,
270 secam primeiro as belas árvores da terra;
a casca se consome, tombam seus ramos
e ao mesmo tempo a alma da Ninfa deixa a luz do Sol.
São elas que irão habitar junto de meu filho e o educarão;
[depois que ele conquistar primeiramente a muito amada juventude,

275 as deusas o conduzirão até aqui e mostrarão a ti a criança],
a fim de tudo isso percorrer teu espírito,
eu, no quarto² ano depois desta data, avançarei conduzindo teu filho.
Depois que primeiro tu vires com teus olhos a criança,
tu te alegrarás ao vê-lo, pois será muito semelhante aos deuses;
280 tu o levarás imediatamente para Ílion, batida pelos ventos.
Se qualquer homem mortal te perguntar
quem é a mãe que levava seu amado filho no ventre,
lembra-te de explicar assim como eu te ordeno:
– Dizem que ele é filho de uma ninfa fresca como um botão de rosa,
285 daquelas que habitam estas montanhas revestidas de bosques.
Se disseres, vangloriando-te, irrefletidamente em teu espírito,
que tu te uniste em relações amorosas com Citeréia de bela coroa,
Zeus, em sua cólera, lançará sobre ti o raio flamejante.
Está tudo dito, sê prudente em teu espírito e te preserve,
290 sem me nomear, teme a cólera divina.
Assim falando ela se lançou no céu batido pelos ventos.
Salve, Deusa, que reina sobre Chipre, bem-construída;
tendo começado por ti, passarei para um outro hino.

Hino a Afrodite II

1 Cantarei a bela Afrodite de coroa de ouro,
Deusa veneranda que se tornou Senhora de todos os adornos de Chipre,
que fica junto ao mar, onde o forte sopro úmido de Zéfiro a levou,
do alto da onda do mar ressonante
5 entre a branda espuma: as Horas, de diademas de ouro,
a acolheram com alegria e lhe deram vestes imortais,
sobre a cabeça divina colocaram uma bela e bem-trabalhada coroa
/de ouro,
nos lóbulos da orelha, brincos
de flores de ouropel e de ouro precioso;

---

2 O termo usado no texto grego é Πέμπτον "cinco anos". Todavia, como os gregos contam a partir de um e não de zero, essa data corresponderia, para nós, ao 4° ano de vida da criança.

10 elas ornaram seu tenro colo e sua garganta argêntea
de colares de ouro com os quais elas mesmas,
as Horas com diademas de ouro, ornadas iam
para o gracioso coro dos deuses na morada de seu pai.
Após ter posto sobre seu corpo todos esses ornamentos,
15 elas a conduziam até os imortais. Eles a saudavam com alegria
e jogavam seus olhos e mãos sobre ela, cada um deles desejava recebê-la
como legítima esposa e conduzi-la até sua morada,
tanto eles admiravam a forma de Citeréia, coroada de violetas.
Salve, Deusa dos olhos brilhantes e de doce sorriso. Permite-me arrebatar
20 a vitória nesse concurso e dá-me compor meu canto.
Eu pensarei ainda em ti em outro canto.

Hino a Afrodite III

1 Cantarei Citeréia nascida em Chipre,
ela que oferece aos mortais doces presentes.
Sua face graciosa sorri sempre e porta a flor da sedução.
Salve, Deusa, soberana de Salamina, a bem-construída,
5 e de Chipre que fica junto ao mar.
Dá-me um canto que seduza
e eu pensarei ainda em ti em outro canto.

3. Levantamento: o lexema "Mãe"

Sânscrito

Termo mais comum, de origem indo-europeia: *màtç*
a) derivação de Mâ muito duvidosa [medir; medir a partir de algum padrão; comparar com; preparar; gestar/arranjar; forma; construção; mostrar, exibir]
b) mãe, qualquer mãe (aplicável também aos animais); a terra, vaca; no plural dual: águas; no plural: as divindades mães ou energias personificadas das deidades principais, intimamente ligadas à adoração de øiva; no plural: as 8 classes de ancestrais femininos (mãe, avó, bisavó paterna e materna, tia etc.), mas também aplicada a outros parentes femininos mais velhos na conversa familiar.

Derivações de:
a) JAN "gerar, produzir, criar, causar; a causa de um nascimento": *jananã* "a que gera";
b) pra-JAN "expelir o produto (feto, ovo, fruto etc.), gerar, dar frutos, procriar": *prajanikà, prajàyinã* "a que gera";
c) Sæ "gerar, procriar, dar frutos, produzir": *praså, prasavinã* "a que gera";
d) AMB "ir" (cf. ambu "água") *ambà, ambikà, ambàlikà* "a que faz ir"; "boa-mãe" como forma de tratamento [cf. alemão Amme "enfermeira", velho alemão Amma]. (Monier-Williams, 1974; 1976)

Grego
Μηφτηρ, ου, μήτηρ – mãe, pátria; fonte produtora, por ext. nutriz; matriz, molde, útero, vulva da porca, rainha das abelhas, coração da mata. (Magnien; Lacroix, 1969)

Latim
Mater – mãe, matriz, sinônimo de geratriz (genetrix); produtora; mulher plena ou que nutre – a mãe que nutre o infante, portanto, nutriz; causa, fonte, origem. (Ernout; Meillet, 1951)

Italiano
Madre – mãe, origem, causa, fonte, matriz. (Mea, [s.d.])

Francês
Mère – mãe, fêmea que deu a vida a um infante; fêmea de animais; fig. a terra, nossa mãe comum; causa, fonte, origem, nutriz (a terra que nutre), lugar que produz. (Littré, 1956)

Português
Mãe – mulher ou qualquer fêmea que deu a luz a um ou mais filhos; pessoa muito boa, dedicada, desvelada; fig. fonte, origem, berço; madre; mãe-do-corpo = útero; matriz, útero, seio.
Útero – órgão onde se gera o feto dos mamíferos; [sin.(pop.) matriz, madre, ventre (bras.) mãe-do-corpo]. (Ferreira, 1986; Bueno, 1966)

Inglês
   Mother – mãe, progenitora; madre, freira; matriz, fonte, origem, incubadeira; nutriz. (Pietzschke, 1958)

Alemão
   Mutter – mãe, madre, útero, matriz.
   Mutterkuchen: útero ou placenta; *Mutterleib*: seio; *Schrauben mutter*: porca. (Irmen, 1982)

4. Gráfico: o "fazer transformador" – da função prática à função mítica

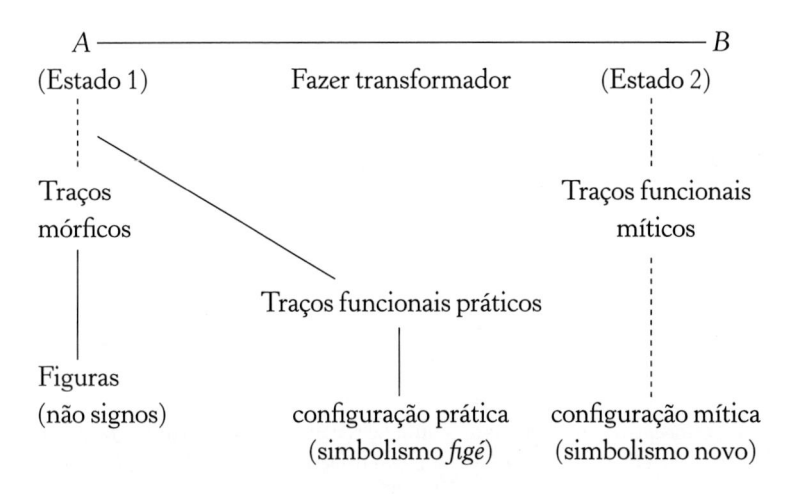

```
A ─────────────────────────────── B
(Estado 1)      Fazer transformador      (Estado 2)
   │                                        │
   │╲                                       │
Traços           ╲                       Traços funcionais
mórficos            ╲                    míticos
   │                   ╲                    │
   │          Traços funcionais práticos    │
Figuras                  │
(não signos)      configuração prática    configuração mítica
                  (simbolismo figé)       (simbolismo novo)
```

Fonte: Assis Silva, 1995, p.72

5. Mudanças climáticas e culturais da Europa ocidental

Fonte: Lommel, 1966, p.12

6. Sinopse dos romances

Max de Vezuit

O segredo de Montjoya
Trad. Henrique Marques Jr. Lisboa: Ed. João Romano Torres, [s.d.].

Personagem feminino: Natália Sabatier, jovem órfã de pai e mãe, muito pobre, foi educada numa instituição religiosa, muito ingênua. Tem como tutor um velho químico sem recursos, ao terminar os estudos o tutor a envia para Montjoya para trabalhar como secretária. Ela vai só e quase sem dinheiro.

Personagens masculinos: Ivo e Jaime Le Kermeur, irmãos gêmeos, Jaime foi desfigurado na guerra e vive isolado numa parte em ruínas e selvagem do castelo. Jaime é o Cavaleiro Negro, ou o Lobo, que atemoriza os moradores da região, que o tomam por um fantasma que galopa à noite.

Ivo incialmente rejeita Natália, mas, a pedido do irmão Jaime, concorda em aceitá-la como secretária. Depois de oito meses, Ivo a pede em casamento. Como a jovem não quer deixar o castelo, aceita o pedido, embora quem a deseje seja Jaime. Ivo pede que o irmão a possua. O plano fracassa, pois as investidas de Jaime, sempre à noite e no escuro, assustam a jovem, que o repele. Numa dessas tentativas

Natália tenta ver o rosto do "visitante noturno", ele foge e se suicida. Jaime deixa uma carta para Natália na qual lhe explica tudo e lhe diz que o irmão, Ivo, a ama. Ela abandona o marido e vai para a cidade, onde vive semi-isolada e só, mas aprende arruma um emprego e modifica seus hábitos e aparência. Depois de muito procurar, Ivo a encontra, e finalmente os dois ficam juntos.

A noiva do autômato
Trad. Aurora Rodrigues. Porto: Edição Romano Torres, [s.d.].

Personagem feminino: Sabina de Présec, jovem órfã, 20 anos, mora com a sua tia avó, Ágata, de 82 anos (rabugenta, sovina e sem sentimentos para com a sobrinha), numa herdade onde se cultivam uvas, Présec.

Personagem masculino: Jehan de Saumatre, o autômato, jovem ferido na guerra, de aspecto horrível, cadavérico, mas com sentimentos e moral elevados. Tem uma irmã, Branca, de 26 anos, que cuida dele. Jehan e Branca são muito ricos, Jehan é proprietário da Bela Vista, enorme propriedade que faz divisa com Présec, tendo um bosque entre ambas.

A avó de Sabina quer casá-la com Pedro Desormiers de Bredannes, homem forte, de feições grosseiras, ruivo, com barbas, de 39 anos e mau caráter. Sabina apaixona-se por Jehan, apesar do seu aspecto. Ela é informada sobre a possibilidade de cura para o mal de Jehan, que se submete a uma delicada cirurgia e se restabelece. Ele pede à irmã, Branca, que diga a Sabina que, após uma breve melhora, ele piorou muito e enlouqueceu. Jehan deixa seus bens para Sabina e reaparece como João, amigo de Branca e Jehan, para hospedar-se em Bela Vista, agora de propriedade de Sabina. Ela apaixona-se por João, mas teme quebrar a promessa de esperar por Jehan. João a pede em casamento para Jehan, ela aceita e, no final, descobre que João é Jehan recuperado. Branca casa-se com o médico do irmão.

A mulher que venceu
Trad. João Amaral Jr. Porto: Ed. João Romano Torres, 1952.

Personagem feminino: Nicole de Grammont, jovem francesa, educada em bom colégio, mas nada conhece da vida. Órfã de mãe, o pai, Luciano de Grammont, é de antiga família aristocrática, mas falida, trabalha de guarda-caça para o Duque de La Muette.

Personagem masculino: Lorde Harry Blackenfield, jovem mimado e rico, órfão desde os 16 anos de idade, quando herda uma imensa fortuna.

Lorde Harry conhece Nicole num acidente de caça na propriedade do Duque de La Muette, cai do cavalo, quebra a perna e algumas costelas, sem poder ser locomovido, fica aos cuidados de Nicole e Delfine, velha ama de Nicole. Apaixona-se por Nicole e casam-se. Lorde Harry tem vergonha da origem humilde da família de Nicole e de sua inexperiência no mundo mundano. Após o nascimento do filho de ambos, Mick, separam-se, Nicole desaparece e o marido passa a cuidar do filho, que não desejava. Descobre, depois de um longo período, que ama a esposa, muda de vida, deixa de ser um *bom vivant*, torna-se bom pai e passa a procurar Nicole. Esta, por sua vez, passa a viver sozinha, torna-se independente e socialmente experiente (muda sua maneira de vestir-se, de pentear-se e seus hábitos simples). Lorde Harry a encontra e ficam juntos.

Um marido ideal
Trad. A Duarte de Almeida. Lisboa: Ed. Romano Torres, 1954.

Personagem feminina: Claude Frimonde, jovem órfã, rica e mimada, é loira de olhos negros. Vive na companhia da governanta, Maria Jousserand.

Personagem masculina: Didier Valencourt, se faz passar por um pobre advogado, mas que é um escritor famoso e muito rico. Alto, moreno, de olhos cinza, elegante e inteligente.

Claude, lendo um romance espanhol, resolve "comprar" um marido, vai até uma agência de casamentos e escolhe Didier Valencourt, que se faz passar por um pobre advogado, pois numa festa ouve a história da jovem e se interessa pela extravagância da situação e acredita que seja um bom tema para um romance.

Claude e Didier casam-se, o casamento não é consumado (clausula do contrato matrimonial), depois de quatro meses entram em desacordo e tentam o divórcio. Didier abandona Claude por dois meses. Reencontram-se no tribunal, Claude declara-se ao marido e eles reatam. Final feliz.

Meu marido
Tradução João Amaral Jr. Lisboa: Edições Romano Torres, [s.d.].
Personagem feminina: Simone Montagnac, jovem órfã francesa, criada em colégio de freiras.
Personagem masculina: Walter Anderson, escritor inglês.

Simone vê-se casada de repente com Walter. Ambos foram ludibriados pelo tutor de Simone, que casa outra mulher com Walter, fazendo-a se passar por Simone. Com a morte do Tutor, o caso vem a tona, a mulher que se fez passar por Simone já havia desaparecido. Por motivos legais e também por que fora o último pedido da mãe de Simone e de um tio de Walter, ambos acabam concordando em manter o casamento.

Há entre ambos uma antipatia natural, eles se desentendem completamente. Simone acredita ter sido violentada pelo marido numa tarde, após uma discussão, quando ele lhe dá um calmante. Simone ameaça abandoná-lo, ele ameaça suicidar-se caso ela o abandone. No final todos os equívocos são desfeitos, Walter não a violou, eles descobrem que se amam e que ele era o jovem garoto que ela traz a foto na corrente.

O poço misterioso
Trad. Leyguarda Ferreira. Lisboa: Ed. João Romano Torres, 1951.
Personagem feminina: Eliana de Surtot, jovem rica, órfã de pai.
Personagem masculina: João de Valmont, jovem de família antiga, aristocrática, mas arruinada, órfão de pais, sem profissão, sem dinheiro, mas de excelente caráter; Rogério Croixmaire, jovem rico, dissimulado, hipócrita. Primo de João e Noivo de Eliana.

Os primos brigam por causa de um empréstimo pedido por João a Rogério, que o nega. João o chantageia, mas é para ajudar um amigo endividado (que se suicida em função da dívida), e Rogério joga João no poço do castelo, que já tinha lendas sobre fantasmas. Rogério acredita ter matado o primo.

Eliana chega ao castelo e se interessa pelo mistério do poço, há um incidente com uma espingarda, que faz o guarda-caça descer ao poço, ele não encontra a espingarda e Eliana desce ao poço, desaparecendo.

João, que não havia morrido, sabe do túnel existente no poço e resolve salvá-la. João encontra Eliana e ambos passam alguns dias na casa de um amigo, Eliana apaixona-se por João, que já a amava. Por fim casam-se. Rogério enlouquece.

John. Chauffer russo
Trad. A Duarte de Almeida. Lisboa: Ed. Romano Torres, 1955.

Personagem feminina: Micaela Jourdan-Ferrières, órfã de mãe. Jovem morena, inteligente e altiva. Filha de um antigo fabricante de conservas, um milionário burguês.

Personagem masculina: Alexandre Isborsky, apelido Sacha, jovem príncipe russo, órfão de pais, foi desterrado após a revolução russa. Foge para a França onde se emprega como motorista para se manter e terminar o doutorado em medicina. É jovem, bonito, loiro de olhos azuis, aristocrático, inteligente e calmo.

Sacha vai trabalhar para Micaela, que o trata de forma ríspida. O jovem se apaixona por ela, que não aceita se casar com ele por causa do desnível socioeconômico. Após alguns incidentes, eles se casam finalmente, mas escondido do pai da jovem, que não aceita um casamento desigual. Micaela cai doente e assim que pode foge para junto do marido. O pai descobre o título de nobreza de Alexandre e aceita a união de ambos.

Casamento tentador
Trad. Henrique Marques Jr. Lisboa: Ed. João Romano Torres, 1952.

Personagem feminina: Gilberta de La Saponaire, jovem órfã, bela e rica. Os pais morreram em um acidente. Seu tutor é o Tio, que lhe arruma um casamento de conveniência para esconder uma gravidez, fruto de um estupro.

Personagem masculina: Rodolfo de Fragon, órfão de pais, jovem oficial de família tradicional, mas sem dinheiro. Só possui uma parenta, uma Tia, Sofia de Fragon, que lhe arruma o casamento com a jovem Gilberta. Rodolfo aceita pois está endividado no jogo.

O estupro da jovem ocorreu durante uma escalada na Suíça, por um homem que cobiçava sua fortuna e acreditava que a estuprando se casaria com ela. Ele foi morto pelo tio da jovem.

A jovem não sabe que Rodolfo desconhece sua gravidez, o Tutor de Gilberta e a Tia de Rodolfo nada lhe dizem a esse respeito. Rodolfo ao descobrir a gravidez de Gilberta, em decorrência de um acidente de carro, quando ela perde o bebe, rompe com ela e se isola. Só tornarão a se ver quando esta, após financiar em segredo os inventos do marido, cruza o oceano junto com ele no avião inventado por ele. Após a viagem eles reatam e são felizes.

O desconhecido de Castel-Pic
Trad. Aurora Rodrigues. Lisboa: Ed. João Romano Torres, [s.d.].

Personagem feminino: Diana de Kernac, jovem de 18 anos, órfã, criada pela avó num velho castelo fortificado, situado no alto de uma montanha de difícil acesso.

Personagem masculino: Paulo Dhor, príncipe regente de Dilvania, moreno, alto, magro, olhos azuis, autoritário.

Paulo é amigo da avó de Diana, que o recebe no castelo sob o disfarce de professor de línguas para Diana. Desde o início há uma relação de atração e repulsão entre Diana e Paulo. Por sugestão deste, a avó envia Diana para Paris por quatro meses, quando a jovem aprende a viver em sociedade. Depois desse período retorna, mas não se deixou corromper pela vida fútil da cidade. Paulo se declara a Diana e se casam.

O mistério de Malbackt
Trad. Leyguarda Ferreira. Lisboa: Ed. João Romano Torres, 1946.

Personagem feminina: Margarida Dumart, órfã de pais. Tem como tutor o Barão Evérard Dumbuy, que vive em um castelo na Escócia. Paga os estudos de Margarida em um colégio de freiras, quando ela os completa, leva-a para morar junto com ele. Junto com Margarida vai a sua ama, Benedita.

Personagem masculina: Sir Roland, verdadeiro herdeiro do castelo, é mantido como louco por Dumbuy, do qual usurpou os direitos sobre o castelo. Sir Roland é guardado por Piercy, homem bruto e violento.

O castelo de Malbackt fica no alto de uma montanha, o caminho que leva até lá é perigoso, a estrada é ladeada por precipícios. O castelo faz limite com campos e florestas. É um local deserto, estéril e escarpado. Metade do castelo é habitado e metade está em ruínas.

Margarida trabalha com Dumbuy, como sua secretária todos os dias na Biblioteca, aos poucos o barão vai confiando mais e mais nela. Sir Roland faz uma greve de fome e o Barão é obrigado a pedir a margarida para lhe auxiliar com o doente, é aí que Mag conhece Sir Roland, que se mostra sempre duro e terrível. Em uma ocasião Mag defende Pearcy de levar umas chicotadas do Barão, o que lhe garante a gratidão de Pearcy. Depois de um longo tempo, Mag descobre que o Barão roubou os direitos de Sir Roland, tenta ajudar a este e acaba presa na torre e depois no calabouço, junto com sir Roland, por ordens do barão. Pearcy mata o barão e liberta os dois. Margarida casa-se com Sir Roland.

Sombra dominadora
Trad. Aurora Rodrigues. Lisboa: Edições Romano Torres, 1951.

Personagem Feminina: Arlete Dalimours, órfã de pai, para fugir ao assédio do padrasto, mais jovem que a mãe de Arlete, vai para Paris, emprega-se num atelier de costura para ganhar a vida.

Personagem Masculina: Pedro Lussan, jovem nobre e correto, de olhar duro e cinza. Sobrinho de Anatole Lussan, velho que vive num asilo e com quem Arlete se casa, o casamento é apenas um contrato, pois Arlete não deseja passar por solteirona, situação delicada para uma jovem sozinha em Paris, e também porque uma tia deixa para sua mãe uma herança, que só receberá depois do casamento de Arlete.

Após a morte de Anatole Lussam, Arlete passa a ser perseguida por Pedro, que vem a Paris atrás do Tio, que julga ter roubado a fortuna do pai, como encontra o tio já morto e casado com uma jovem, imagina que o dinheiro esteja com Arlete. No final tudo se esclarece, o tio não havia roubado o pai de Pedro, este se apaixona por Arlete e vice-versa e acabam casando-se.

A mãe de Arlete, jovem e sexualmente ativa, por casar-se novamente e desejar o marido, mais jovem que ela, tem sua conduta criticada no romance. Ela não é mostrada como uma mãe correta e amorosa para com os filhos. Já Arlete é a filha boa e que a tudo se submete para não magoar a mãe.

Filha de príncipe
Trad. Aurora Rodrigues. Lisboa: Ed. Romano Torres, 1954.
Personagem feminina: Gyssie de Wrisse – jovem ruiva, olhos verdes, alta e magra. Órfã de mãe, Valentine, que morre ao dar a luz. O pai, um holandês, Gys de Wriss, engana a Valentine com um falso casamento, abandonado-a meses depois. Valentine muda de Paris para Bretanha, onde morre. Gyssie é criada pela ama Maryvone, bretã, e a madrinha, Sra. Le Kérec.
Personagem masculina: Alex Le Gurum, oficial da marinha, apaixona-se por Gyssie e a ajuda a encontrar o pai. Jovem rico, inteligente e correto, é o sobrinho da Sra. Le Kérec, de quem herda o castelo. Alex permite que Gyssie continue a morar no castelo, embora não a conheça. Após alguns desencontros, Gyssie casa-se com Alex.

Educada pela madrinha, Gyssie aprende datilografia aos 18 anos para poder ganhar a vida. Aos 20 anos recebe o diário de sua mãe, onde esta conta sua história. Existem duas histórias no romance, a narrativa da história da mãe de Gyssie e a desta, semelhantes e paralelas.

Paixão que domina
Trad. Leyguarda Ferreira. Porto: Ed. Romano Torres, 1953.
Personagem feminina: Ana de La Boissière – órfã de mãe e já adulta perde o pai, que a deixa na miséria. Jovem loira, aristocrata. Vive em La Muette com Gundina, a criada.
Personagem masculina: Daniel Mareuse, neto de Tomás Rasquin, velho avarento, de antigo pastor de La Muette passou a maior credor do pai de Ana. Daniel, jovem forte, loiro, é advogado e assume a causa do avô, contra Ana, mas apaixona-se por ela e a defende, sem no entanto prejudicar o avô.

Após alguns desencontros, o casal fica noivo. O maior impedimento para a paixão de ambos é Daniel ser neto de Tomás Rasquin, mas ao final os jovens se casam. Romance diferente dos demais, o jovem é que sofre nas mãos da aristocrata Ana.

M. Delly

Mitsi
Trad. Zara Pongetti. São Paulo: Cia. Ed. Nacional, 1956. Biblioteca para Moças, vol. 158.

Personagem feminina: Mitsi Drovno, filha de Ilka Drovno (uma bailarina austríaca) e Jorge Dourvres (um jovem milionário francês). A família dele não aceita o casamento. Mitsi é considerada filha de Ilka e de pai desconhecido. Com a morte da mãe, é criada por uma parenta, depois por um tutor e, com a morte da esposa deste, é levada à casa dos parentes do pai. Sofre discriminação da avó, Sra. Debrennes, que só ama ao neto Cristiano.
Personagem masculina: Cristiano, Sr. De Tarlay, jovem inteligente e altivo, muito irônico e *bom vivant*, que possui grande beleza e fortuna.

Mitsi é levada por Flaviano Parceuil, administrador dos Debrennes, a um colégio interno, aos 18 anos, belíssima, inteligente e de linda voz, retorna para a casa da família Debrennes, onde se torna ama de Jacques, menino de saúde debilitada, filho de Cristiano com a Condessa Wanzel, que faleceu ao dar à luz.

Cristiano apaixona-se por Mitsi, que não sede aos seus impulsos. O jovem Jacques morre. Mitsi, em uma de suas fugas de Cristiano, passa a noite na floresta, no meio de uma tempestade – adoece gravemente e quase morre. Abandona o castelo e dirige-se a Paris, com o auxílio de Parceuil, que a leva ao hotel de Ana Bolomeff para trabalhar. Sofre diversos males neste hotel.

Cristiano, cada vez mais apaixonado, procura informações sobre o passado da jovem, descobre que Ilka era nobre, dançarina honesta e morreu em decorrência do parto prematuro. Parceuil, o administrador, perseguiu Ilka por ela o ter desprezado e fez o mesmo com a criança. Cristiano encontra-a e a pede em casamento, embora Mitsi pareça odiá-lo, aceita para "limpar a sua honra". Final feliz.

Escrava ou rainha?
São Paulo: Companhia Editorial Nacional, 1947. Biblioteca das Moças, vol. 26.

Personagem feminina: Lisa de Subrans, órfã de pais, educada pela tia, que havia atentado contra sua mãe numa disputa amorosa.
Personagem masculina: Príncipe Sérgio Ormanoff, jovem orgulhoso e não sentimental, já viúvo. Casa-se com Lisa porque esta se parece fisicamente

com a antiga esposa. Rude a princípio com a nova esposa, acaba se transformando em bom esposo devido a dedicação da jovem.

Lisa, com 16 anos, é obrigada pela tia a um casamento de conveniência. A jovem é bela, inteligente, muito religiosa, bondosa e de ânimo forte, além de possuir uma voz comovente e encantadora. Ormanoff casa-se com Lisa porque ela se parece fisicamente com a antiga esposa. Rude a princípio com a nova esposa, acaba se transformando em bom esposo devido a dedicação da jovem.

A casa dos rouxinóis
Trad. Léia de Alencar. São Paulo: Companhia Editorial Nacional, 1948. Biblioteca das Moças, vol. 130.

Personagem feminina: Lilian Sourzy, jovem bela gentil e amorosa, muito inteligente e de bela voz. Órfã de pai, com a mãe está doente e sem recursos vai morar com a Tia, Lady Stanville muito rica. Após a morte da mãe, aos dez anos de idade é enviada a um internato, só retorna seis anos depois. Passa a trabalhar na fábrica do primo Hugh.

Personagem masculina: Hugh de Stanville, jovem rico, que maltrata Lilian, ciumento e tirânico, mas após muitos desencontros, Lilian se casa com Hugh, que se transforma num homem bom.

Vencido
Trad. Sarah de Almeida. São Paulo: Companhia Editora Nacional, 1954. Biblioteca das Moças, vol.60.

Personagem feminina: Myriam, órfã de pais, bela, inteligente, graciosa, cristã e de bons princípios, tem uma voz maravilhosa que comove a todos quando canta. O suposto avô da jovem é desprezado e odiado na aristocracia. Myriam tem uma irmã, Raquel, doente, ambas são entregues à família do Conde de Harnstedt para que as cuide.

Personagem masculino: Siegbert Hanstedt, filho do Conde Hanstedt, assume a tutela das irmãs após a morte do pai. Ambas vão para um internato e só retornam depois de longo tempo, Myriam aos 16 anos.

É imposto o casamento a Myriam e Siegbert, por promessa dos pais antes de morrer. Eles se casam sem se verem, só muito mais tarde é que o Conde verá sua esposa e se dará conta da sua beleza. Antes do final feliz há muitos desentendimentos entre o jovem casal, mais tarde o conde se apaixona por Myriam, descobre sua origem aristocrática, transforma-se num bom marido e tudo termina bem.

Miséria dourada e Marísia
Trad. Lígia Estrada. São Paulo: Companhia Editora Nacional, 1955. I^a e 2ª partes. Biblioteca das Moças, vol. 145 e 146.

Personagem feminina: Marísia, tem um pai e irmão doentes, órfã de mãe. De família burguesa, Marísia dá aulas para uma família aristocrata falida, todos muito orgulhosos. A jovem é bela, inteligente, cristã, bondosa e muito amorosa para com sua família, além de ser excelente musicista.

Personagem masculino: Conde Walter, médico amador, por conta do título de nobreza. Confronta-se com Marísia, mas acabam se casando, o jovem deixa de ser orgulhoso e segue a sua vocação de médico.

A cena em que Marísia salva a vida do Conde, colocando-se diante de um bandido que o quer apunhalar é ponto de interesse, é pela abnegação do gesto que ela o conquista e começa a transformá-lo. A jovem recebe um ferimento na mão.

Entre duas almas
Trad. Sarah de Almeida. São Paulo Companhia Editora Nacional, 1956.

Personagem Feminina: Valderez de Noclare – jovem loira, filha mais velha de seis irmãos. Nobres arruinados, ela é quem cuida dos irmãos mais novos e faz todos os trabalhos da casa, inclusive os mais pesados, a mãe é doente e o pai um jogador. Valderez é muito religiosa.

Personagem Masculina: Elias Ghiliac, moreno, olhos azuis, cínico e muito belo, jovem nobre, muito rico, escritor famoso, adulado por toda a sociedade e família. Elias é viúvo e tem uma filha. Casa-se com Valderez por contrato, precisa de um herdeiro homem e uma mãe para a filha.

A mãe de Elias é uma senhora bonita e não quer que a nora seja sua rival na sociedade e na beleza. No dia do casamento do filho, ela alerta Valderez de que o filho é incapaz de amar e só se interessa por estudar as pessoa. O casal não consuma o casamento devido a um desentendimento logo após a cerimônia. Com o passar do tempo ambos se apaixonam um pelo outro. A felicidade do casal só ocorre devido à boa alma da jovem, caridosa e religiosa, ela transforma Elias.

Dyvonne

O rápto de Jadette
Trad. Sarah de Almeida. São Paulo: Companhia Editora Nacional, 1956.

Personagem feminino: Jadette, mestiça de branco e mongol, pele clara e cabelos negros. Órfã de pais, ela mora com a Tia, Sra. Aster, duas primas e um primo, é tratada como a empregada da casa.

Personagem masculina: Joel, jovem rico e aristocrata, apaixona-se por Jadette, mas tem uma amante, Vallia.

Vallia é cantora e trama contra a união de Joel e Jadette com a tia desta, interessada em casá-la com o filho, Máximo, jovem bruto, jogador de futebol, depois que Jadette recebe uma herança milionária. Jadette chega a se casar com Máximo no civil, mas a trama é descoberta e ela foge a caminho da igreja para um convento, depois casa-se com Joel.

E. M. Hull

A cativa do Sahara
Trad. Livio Xavier. São Paulo: Companhia editora nacional, [s.d.]. Coleção Paratodos, n°39. Original inglês

Personagem feminina: Isma Crichton, jovem inglesa com posses, mas não milionária, inteligente, altiva, monta muito bem e adora cavalos. Órfã de pais, foi muito boa para o seu pai durante a doença. Tem como apaixonado um amigo da infância, David.

Personagem masculina: Said, jovem mouro, moreno, enérgico, vive nas cidades das pedras, no meio do Saara. Conhece Isma na casa de David e a convida a conhecer o Saara, Isma aceita e parte junto com Hoyt, um amigo americano de ambos.

Said, a irmã e Hoyt planejam uma rebelião das tribos árabes, Hoyt se faz passar por arqueólogo, mas é contrabandista de armas. Said apaixona-se por Isma e a prende na Cidade de Pedra até que ela aceite se tornar sua esposa. Ela aceita coagida, evita Said o tempo todo, descobre que ama David. Said morre em uma emboscada e Isma retorna para David.

Eugênia Marlitt

Elisabete dos cabelos de ouro
Trad. Ondina Ferreira. São Paulo: Edição Saraiva, 1954. 2 volumes. Coleção Rosa n° 32 e n° 33. Original alemão.

Personagem feminina: Elisabete Gnadewitz Ferber, jovem loira, de olhos azuis e cabelos dourados, ela é a primogênita de uma família pobre, a mãe é de origem aristocrática, o pai um burguês. Tem um irmão caçula. Elisabete vive com a família em uma grande cidade, passando grandes privações, Elisabete dá aulas de piano para ajudar a sustentar a família. A mãe recebe de herança um velho castelo em ruínas e a família muda-se para lá. O castelo fica junto da propriedade do Príncipe Regente, onde o tio de Elisabete é guarda florestal. Todos são muito religiosos na família.

Personagem masculina: Rodolfo de Walde – aristocrata, culto, muito justo, mas duro e, aparentemente, sem sentimentos, tem trinta e seis anos de idade e é solteiro. Viaja pelo mundo fazendo pesquisa histórica junto com seu secretário, Sr. Reinhard. Rodolfo possui uma irmã, Helena, doente, ela não pode andar, apaixonada por Emílio Hollfeld, um jovem esnobe, pouco culto, mas belo, sabe se fazer agradar a Helena, pois lhe interessa a herança da jovem.

Emílio seduz Berta, agregada do guarda florestal, prometendo casar-se com ela. Berta é descrita como uma jovem bela, morena, de olhos e cabelos negros, mas sem moral, meio louca ou bruxa. Esta antipatiza com Elisabete desde o início; quando Emílio se apaixona por Elisabete e é repelido por esta, Berta jura vingar-se da jovem. Rodolfo se apaixona por Elisabete e depois de muitos contratempos causados por Emílio, Berta e a Mãe de Emílio, ambos se casam.

Léo Dartey

Noiva por acaso
Trad. Beatriz de Almeida. São Paulo: Companhia Editora nacional, 1949. Biblioteca das Moças, vol. 138.

Personagem feminina: Cosette, americana, de boa cultura, órfã de pai, vai morar em companhia de uma dama rica, Mme. Gage, de quem se torna dama de companhia. Junto de Mme. Gage frequenta muitas festas e diversões.

Cosette sofre um acidente e vai parar no Castelo da Sra. Aubert-Dubreil, com mais três parceiros. É envolvida por Aube numa trama que a casa com Alain, mas ela se interessa por Jean. No final tudo se resolve e Cosette casa-se com Jean.

May Christie

O jardim do desejo

Trad. Tati de Melo. São Paulo: Companhia Editora nacional, 1947. Coleção Biblioteca das Moças, vol.31. Original inglês.

Personagem feminina: Camila, jovem órfã, bonita e rica.

Personagem masculina: Elliot Glyn – jovem belo, mas sem fortuna

O romance se passa entre a Inglaterra, França e África. Camila apaixona-se por Glyn, embora possua outros pretendentes. Reggie Van Tuyl, que deseja casar-se com ela por causa de sua fortuna, atrapalha seu relacionamento com Glyn, mas depois de alguns desencontros Camila e Glyn casam-se na África.

Obs.: Os romances de origem inglesa não trazem nenhuma ligação com o relato da Deusa Mãe. Geralmente apresentam uma inversão em relação aos romances franceses e mesmo aos romances alemães, nos ingleses as heroínas são ricas e os heróis pobres.

Crédito das ilustrações

Figura 1 – Museu Arqueológico de Atenas. Foto: Acervo da autora.

Figura 2 – Museu Arqueológico de Naxos. Foto: Acervo da autora.

Figura 3 – Cabinet des Médailles, Département des Monnaies, Médailles et Antiques de la Bibliothèque Nationale de France. Foto Marie-Lan Nguyen (2010). Fonte: Wikipédia (CC – Creative Commons Attribution – Generic license). Disponível em: <http://upload.wikimedia.org/wikipedia/commons/3/3f/Woman_wreath_CdM_De_Ridder_508_n1.jpg>; <http://commons.wikimedia.org/wiki/File:Woman_wreath_CdM_508_n2.jpg>. Acesso em: 30 ago. 2012.

Figura 4 – Tampa Museum of Art. Disponível em: <http://gregcookland.com/journal/2012/01/06/aphrodite-and-the-gods-of-love-at-mfa/picmfaaphroditebathing-vessel-loutrophoros-depicting-a-bridal-procession/>. Side A: bride, Eros, groom, and Nike. Foto: Maria Daniels. Disponível em: <http://www.perseus.tufts.edu/hopper/image?img=1991.08.0074&type=vase&redirect=true>. Acesso em: 30 ago. 2012.

Figura 5 – Museu Arqueológico de Éfeso. In: RIBEIRO JR., W. A. A Ártemis de Éfeso. Portal Graecia Antiqua, São Carlos. Disponível em: <www.greciantiga.org/img/index.asp?num=0169>. Acesso em: 30 ago. 2012.

Figura 6 – Museu Arqueológico de Delfos (Grécia). Foto: Flávia Regina Marquetti (1998).

Figura 7 – Nationalmuseet (Copenhagen). RIBEIRO JR., W. A. Espelho de bronze e vaso. Portal Graecia Antiqua, São Carlos. Disponível em: <www.greciantiga.org/img/index.asp?num=0867>. Acesso em: 16 jul. 2012.

Figura 8 – Museu do Louvre (Paris). Disponível em: <http://pt.wikipedia.org/wiki/Ficheiro:Pyxis_Peleus_Thetis_Louvre_L55.jpg>. Acesso em: 30 ago. 2012. Licença: domínio público.

Figura 9 – Museu de História Natural de Viena. Autor: Matthias Kabel, Wikipedia. Disponível em: <http://pt.wikipedia.org/wiki/Ficheiro:Vestonicka_venuse.jpg>; <http://pt.wikipedia.org/wiki/Ficheiro:Vestonicka_venuse_back.jpg>. Acesso em: 30 ago. 2012. GNU Free Documentation License e CC.

Figura 10 – Museu de Brno (República Checa). Autor: Petr Novák, Wikipedia. Disponível em: <http://pt.wikipedia.org/wiki/Ficheiro:Vestonicka_venuse.jpg>, <http://pt.wikipedia.org/wiki/Ficheiro:Vestonicka_venuse_back.jpg>. Acesso em: 30 ago. 2012. Licença: CC – Creative Commons. Acesso em: 30 ago. 2012. Licença: Domínio público.

Figura 11 – Museu de Brno (República Checa). Disponível em: <http://www.nihilum.republika.pl/Zd/Zd_Dolni_Vestonice_04.jpg>. Acesso em: 30 ago. 2012. Licença: Domínio público.

Figura 12 – Museu de Brno (República Checa). Autor: Locutus Borg. Disponível em: <http://www.nihilum.republika.pl/Zd/Zd_Dolni_Vestonice_03a.jpg>. Acesso em: 30 ago. 2012. Licença: Domínio público.

Figura 13 – Instituto de Arqueologia da Academia Ciências, em Brno (República Checa). Norte da Morávia, (Reno-Danúbio). Disponível em: <http://www.nihilum.republika.pl/W_Petrkovice_01.htm>. Acesso em: 30 ago. 2012. Licença: Domínio público.

Figura 14 – Gruta de LaMadeleine (Dordogne). Disponível em: <http://www.nihilum.republika.pl/W_Magdeleine_03.htm>. Acesso em: 30 ago. 2012. Licença: Domínio público.

Fig. 15 – Museu Nacional de Antiguidades, em Chalosse (França). Disponível em: <http://www.nihilum.republika.pl/W_Brassempouy_01.htm>. Acesso em: 30 ago. 2012. Licença: Domínio público.

Figura 16 – Vênus de Lespugue, c. 26.000 a.C. e 24.000 a.C., Museu do Homem (França) Pirineus. Disponível em: <http://www.nihilum.republika.pl/W_Lespugue_01.htm>. Acesso em: 30 ago. 2012. Licença: domínio público.

Figura 17 – Musée d'Aquitaine, em Dordogne (França). Foto: Duncan Caldwell. Disponível em: <http://www.nihilum.republika.pl/W_Laussel_04.htm>. Acesso em: 30 ago. 2012. Licença: domínio público.

Figura 18 – Musée d'Aquitaine, em Dordogne (França). Disponível em: <http://pt.wikipedia.org/wiki/Ficheiro:Venus-de-Laussel-vue-generale-noir.jpg>. Acesso em: 30 ago. 2012. Licença: Creative Commons - Atribuição 3.0 Não Adaptada.

DA SEDUÇÃO E OUTROS PERIGOS   493

Figura 19 – Caverna de Tito Bustillo (Espanha). Disponível em: <http://www.nihilum.republika.pl/W_Tito_Bustillo_02.htm>. Acesso em: 30 ago. 2012. Licença: domínio público.

Figura 20 – ROC-aux-sorciers, Angles sur l'Anglin, Viena (França). Disponível em: <http://en.wikipedia.org/wiki/File:Roc-aux-Sorciers-02.jpg>. Acesso em: 30 ago. 2012. Licença: domínio público.

Figura 21 – Musée des Antiquites Nationales, Saint-Germain-en-Laye (França). Disponível em: <http://www.nihilum.republika.pl/Zd/Zd_Laugerie_Basse_02.jpg>. Acesso em: 30 ago. 2012. Licença: domínio público.

Figura 22 – Caverna de Altamira (norte da Espanha). Disponível em: <http://pt.wikipedia.org/wiki/Ficheiro:Techo_de_Altamira_(replica)-Museo_Arqueológico_Nacional.jpg>. Licença: domínio público. Acesso em: 30 ago. 2012.

Figura 23 – Musée des Antiquites Nationales, Saint-Germain-en-Laye (França). Baixo Pirineus. Disponível em: <http://www.nihilum.republika.pl/W_Isturitz_01.htm>. Acesso em: 30 ago. 2012. Licença: domínio público.

Figura 24 – Caverna de Lascaux (França). Disponível em: <http://pt.wikipedia.org/wiki/Ficheiro:Lascaux_painting.jpg>. Acesso em: 30 ago. 2012. Licença: domínio público.

Figura 25 – Caverna de La Marche - Lussac-les Chateaux - Vienne - França. Disponível em: <http://www.nihilum.republika.pl/Zd/Zd_Marche_06.jpg>; <http://www.nihilum.republika.pl/Zd/Zd_Marche_02.jpg>. Acesso em: 30 ago. 2012. Licença: domínio público.

Figura 26 – Instituto de Arqueologia da Academia Ciências, em Brno (República Checa). Disponível em: <http://www.nihilum.republika.pl/W_Pavlov_02.htm>. Acesso em: 30 ago. 2012. Licença: domínio público.

Figura 27 – Centro de Arqueologia de Origens Humanas, Universidade de Southampton. Gruta de Rond du Barry - Alto do Loire. Desenho: José Fernando Rios.

Figura 28 – Piatra Neamt Museum (Romênia). Desenho: José Fernando Rios.

Figura 29 – Brooklyn Museum. Desenho: José Fernando Rios.

Figura 30 – Museu de Arte Cicládica, Cíclades (Atenas). Desenho: José Fernando Rios.

Figura 31 – Museu de Arte Cicládica, Cíclades (Atenas). Disponível em: <http://commons.wikimedia.org/wiki/File:Paris_-_Louvre_-_Statuette_femenine.jpg>. Licença: GNU Free Documentation License. Acesso em: 30 ago. 2012.

Figura 32 – Museu Arqueológico Nacional (Atenas). Desenho: José Fernando Rios.

Figura 33 – Museu de Cagliari (Sardenha). Desenho: José Fernando Rios.

Figura 34 – Museu Arqueológico de Naxos, Cíclades (Grécia). Desenho: José Fernando Rios.

Figura 35 – Heraklion, Archaeological Museum. Desenho: José Fernando Rios.

Figura 36 – Heraklion, Archaeological Museum. In: RIBEIRO JR., W.A. Deusa ou orante com braços elevados. Portal Graecia Antiqua, São Carlos. Disponível em <www.greciantiga.org/img/index.asp?num=0049>. Acesso em: 3 jul. 2012.

Figura 37 – Museu do Iraque em Bagdá. Suméria. Desenho: José Fernando Rios.

Figura 38 – Museu Arqueológico Nacional de Atenas. Desenho: José Fernando Rios.

Figura 39 – Museu Arqueológico Nacional de Atenas. Desenho: José Fernando Rios.

Figura 40 – Heraklion, Archaeological Museum. In: RIBEIRO JR., W.A. "Pithos" decorado. Portal Graecia Antiqua, São Carlos. Disponível em: <http://www.greciantiga.org/img/index.asp?num=0636>. Acesso em: 3 jul. 2012.

Figura 41 – Heraklion, Archaeological Museum. Autor: Svilen Enev. Disponível em: <http://commons.wikimedia.org/wiki/File:Exhibit_Archaeologycal_Museum_Athens.JPG?uselang=pt>. Licença: GNU Free Documentation License e CC - Creative Commons - Atribuição 3.0 Não Adaptada. Acesso em: 30 ago. 2012.

Figura 42 – Heraklion, Archaeological Museum. Autor: Aeleftherios. Disponível em: <http://pt.wikipedia.org/wiki/Ficheiro:P1010629_crop.png>. Licença: Creative Commons - Atribuição - Partilha nos Mesmos Termos 3.0 Não Adaptada e GNU Free Documentation License. Acesso em: 30 ago. 2012.

Figura 43 – Heraklion, Archaeological Museum. Foto: Flávia Regina Marquetti (1988).

Figura 44 – Heraklion, Archaeological Museum. Disponível em: <http://greciantiga.org/img/index.asp?num=0054>.

Figura 45 – Heraklion, Archaeological Museum. In: RIBEIRO JR., W. A. Jóia minóica com abelhas. Portal Graecia Antiqua, São Carlos. Disponível em: <www.greciantiga.org/img/index.asp?num=0247>. Acesso em: 3 jul. 2012.

Figura 46 – Museu Hermitage, São Petersburgo (Rússia). Compilação feita por: Zenodot Verlagsgesellschaft mbH. Disponível em: <http://en.wikipedia.org/wiki/File:Rembrandt_Harmensz._van_Rijn_026.jpg>. Licença: Domínio público e GNU Free Documentation License. Acesso em: 30 ago. 2012.

DA SEDUÇÃO E OUTROS PERIGOS   495

Figura 47 – Museu do Prado (Espanha). Disponível em: <http://commons.wikimedia.org/wiki/File:Tizian_012.jpg>. Licença: Domínio público e GNU Free Documentation License. Acesso em: 30 ago. 2012.

Figura 48 – Alte Pinakothek (Munique). Disponível em: <http://commons.wikimedia.org/wiki/File:Rogier_van_der_Weyden_-_St_Columba_Altarpiece_-_WGA25656.jpg>. Licença: public domain. Acesso em: 30 ago. 2012.

Figura 49 – National Gallery, London. Disponível em: <http://en.wikipedia.org/wiki/File:Crivelli_Carlo,_Annunciation.jpg>. Licença: public domain. Acesso em: 30 ago. 2012.

Figura 50 – Convento de São Marcos, atualmente convertido em Museu Nacional de São Marcos (Florença). Uploaded by JoJan. Disponível em: <http://pt.wikipedia.org/wiki/Ficheiro:ANGELICO,_Fra_Annunciation,_1437-46_(2236990916).jpg>. Licença: Creative Commons - Atribuição 2.0 Genérica. Acesso em: 30 ago. 2012.

Figura 51 – Uffizi Gallery (Florença). Disponível em: <http://pt.wikipedia.org/wiki/Ficheiro:Simone_Martini_-_The_Annunciation_and_Two_Saints.JPG>. Licença: domínio público. Acesso em: 30 ago. 2012.

Figura 52 – Museu Condé (Musée Condé) instalado no histórico Château de Chantilly, Chantilly (França). Disponível em: <http://www.flickr.com/photos/odisea2008/6795540733/sizes/o/in/photostream/>. Licença: Creative Commons. Acesso em: 30 ago. 2012.

Figura 53 – Kunsthalle (Hamburg). Autor: Zenodot Verlagsgesellschaft mbH (coleção de reproduções compiladas pelo The Yorck Project). Disponível em: <http://de.wikipedia.org/w/index.php?title=Datei:Meister_Bertram_von_Minden_008.jpg&filetimestamp=20050520044709>. Licença: domínio público. Acesso em: 30 ago. 2012.

Figura 54 – National Gallery (Londres). Autor: Zenodot Verlagsgesellschaft mbH (coleção de reproduções compiladas pelo The Yorck Project). Disponível em: <http://pt.wikipedia.org/wiki/Ficheiro:Robert_Campin_005.jpg>. Licença: GNU Free Documentation License – domínio público. Acesso em: 30 ago. 2012.

Figura 55 – Museu do Prado. Disponível em: <http://commons.wikimedia.org/wiki/File:Pedro_Machuca_-_The_Virgin_and_Souls_in_Purgatory_-_WGA13802.jpg>. Licença: domínio público. Acesso em: 30 ago. 2012.

Figura 56 – Museu Nacional de Arte Antiga (Lisboa). Disponível em: <http://commons.wikimedia.org/wiki/File:Luis_de_Morales_-_Virgem_e_o_Menino_(Lisboa).JPG>. Licença: domínio público. Acesso em: 30 ago. 2012.

Figura 57 – Real Museu de Antuérpia. Disponível em: <http://en.wikipedia.org/wiki/File:Fouquet_Madonna.jpg>. Licença: domínio público. Acesso em: 30 ago. 2012.

Figura 58 – Bayerisches Nationalmuseum (Munique). Foto: Andreas Praefcke. Disponível em: <http://pt.wikipedia.org/wiki/Ficheiro:Seeoner_Madonna.jpg>. Licença: domínio público. Acesso em: 30 ago. 2012.

Figura 59 – Catedral de São Vito (Praga). In: KARLINGER, HANS. Arte Gótica. Madrid-Barcelona-Buenos Aires: Editorial Labor, 1932. p.638.

Figura 60 – Catedral de Colonia (Alemanha). In: KARLINGER, HANS. Arte Gótica. Madrid-Barcelona-Buenos Aires: Editorial Labor, 1932. p. 453.

Figura 61 – Abadia de Coulombs (Paris). In: KARLINGER, HANS. Arte Gótica. Madrid-Barcelona-Buenos Aires: Editorial Labor, 1932. p. 420.

Figura 62 – Bode Museum (Berlim). Autor Sailko. Disponível em: <http://commons.wikimedia.org/wiki/File:Luca_della_robbia,_madonna_col_bambino,_firenze,_1450_ca.JPG>. Licença: GNU Free Documentation License e Creative Commons Attribution-Share Alike 3.0 Unported license. Acesso em 01/09/2012.

Figura 63 – Museo Nazionale (Firenze). Disponível em: <http://caccioppoli.com/Madonna%20and%20Child/Luca%20della%20Robbia%20madonna--and-child-916.jpg>. Licença: GNU Free Documentation License e Creative Commons Attribution-Share Alike 3.0 Unported license. Acesso em 01/09/2012.

Figura 64 – Galeria Pitti (Florença). Disponível em: <http://commons.wikimedia.org/wiki/File:Fra_Filippo_Lippi_-_Madonna_with_the_Child_and_Scenes_from_the_Life_of_St_Anne_(detail)_-_WGA13238.jpg>. Licença: public domain.

Figura 65 – Disponível em: <http://pt.wikipedia.org/wiki/Ficheiro:Botticelli_-_A_Virgem_do_Magnificat_2.jpg>. Licença: domínio público.

Figura 66 – Galeria Urffizi. Autor da compilação: Zenodot Verlagsgesellschaft mbH (colección de reproducciones comiladas por el Proyecto Yorck). Disponível em: <http://commons.wikimedia.org/wiki/File:Sandro_Botticelli_060.jpg?uselang=es>. Licencia de Documentación Libre GNU Domínio público. Acesso em 01/09/2012.

Figura 67 – Catedral de Essen (Alemanha). Autor: Arnoldius. Disponível em: <http://en.wikipedia.org/wiki/File:Essen_muenster_goldene_madonna-3.jpg>. Licença: Creative Commons Attribution-Share Alike 2.5 Generic.

DA SEDUÇÃO E OUTROS PERIGOS   497

Figura 68 – Catedral de Nuremberg (Nuremberg). In: KARLINGER, HANS. Arte Gótica. Madrid-Barcelona-Buenos Aires: Editorial Labor, 1932. p. 462.

Figura 69 – Pinacoteca de Brera (Milão). Disponível em: <http://it.wikipedia.org/wiki/File:Carlo-Crivelli-Madonna-della-Candeletta_21.jpg>. Licença: Domínio público. Acesso em 01/09/2012.

Figura 70 – Igreja de San Martin (Colmar). Disponível em: <http://en.wikipedia.org/wiki/File:Martin_Schongauer_Madonna_in_Rose_Garden_.jpg>. Licença: Domínio público. Acesso em 01/09/2012.

Figura 71 – Wallraf-Richartz-Museum & Fondation Corboud (Colonia). Autor da compilação: Zenodot Verlagsgesellschaft mbH (colección de reproducciones comiladas por el Proyecto Yorck). Disponível em: <http://pt.wikipedia.org/wiki/Ficheiro:Stefan_Lochner_007.jpg>. Licença: Domínio público. Acesso em: 01/09/2012.

Figura 72 – Madona del Seto, Luca Della Robbia. Relevo em barro esmaltado – Museu Nacional de Bargello (Florença). Fonte: BODE, Wilhelm Von. Arte Del Protorrenacimento em Italia. Madrid-Barcelona-Buenos Aires: Editorial LABOR S.A., 1932. p. 262.

Figura 73 – British Library (Londres). In: KARLINGER, HANS. Arte Gótica. Madrid-Barcelona-Buenos Aires: Editorial Labor, 1932. p.569.

Figura 74 – Museu do Prado. Disponível em: <http://commons.wikimedia.org/wiki/File:The_Immaculate_Conception,_by_Giovanni_Battista_Tiepolo,_from_Prado_in_Google_Earth.jpg?uselang=es>. Licença: Domínio público. Acesso em 01/09/2012.

Figura 75 – Museu do Prado. Disponível em: <http://pt.wikipedia.org/wiki/Ficheiro:Imaculada_-_Murillo.jpg>. Licença: Domínio público. Acesso em 01/09/2012.

SOBRE O LIVRO

Formato: 14 x 21 cm
Mancha: 23,7 x 42,5 paicas
Tipologia: Horley Old Style 10,5/14
Papel: Offset 75 g/m² (miolo)
Cartão Supremo 250 g/m² (capa)
1ª edição: 2013

EQUIPE DE REALIZAÇÃO

Coordenação Geral
Marcos Keith Takahashi

Imagem de capa
Lauro Monteiro

Impressão e Acabamento:

psi7

Printing Solutions & Internet 7 S.A